经济管理类专业基础课教材系列

货币金融学

（第二版）

杨秀萍　主编

翟　璐　胡予晓　邵　若　副主编

科学出版社

北　京

内 容 简 介

本书主要介绍和阐述了货币、银行和金融市场的基础知识、基本理论和基本业务。全书分为13章，内容包括货币与货币制度、金融中介机构、利率与利率结构、外汇与汇率、金融市场、商业银行、中央银行、货币供给、货币需求、通货膨胀、货币政策、金融监管、金融发展与创新等金融理论与行为。全书结构完整、体系完善，知识性、理论性、业务性并重，内容紧跟国际国内经济金融发展的新动态。每章的开篇案例、知识链接、阅读资料、案例分析等栏目，不仅内容丰富，而且理论密切联系实际。

本书适合作为普通高等院校经济管理类本科生教材，也可作为从业人员了解金融基础知识的参考资料，以及经济金融工作者的培训教材。

图书在版编目（CIP）数据

货币金融学 / 杨秀萍主编．—2版．—北京：科学出版社，2016
（经济管理类专业基础课教材系列）
ISBN 978-7-03-048822-0

Ⅰ．①货… Ⅱ．①杨… Ⅲ．①货币和银行经济学-高等学校-教材
Ⅳ．①F820

中国版本图书馆CIP数据核字（2016）第134260号

责任编辑：王彦刚 都 岚/ 责任校对：王万红
责任印制：吕春珉 / 封面设计：东方人华平面设计部

科学出版社 出版
北京东黄城根北街16号
邮政编码：100717
http://www.sciencep.com

北京中科印刷有限公司 印刷

科学出版社发行 各地新华书店经销

*

2012年8月第 一 版 开本：787×1092 1/16
2016年6月第 二 版 印张：22 1/4
2021年8月第八次印刷 字数：528 000

定价：58.00元

（如有印装质量问题，我社负责调换〈中科〉）
销售部电话 010-62136230 编辑部电话 010-62135397-2016（HF02）

第二版前言

本书自2012年8月第一版出版以来，已经连续印刷了多次，不仅在高校中被广泛使用，而且也深受社会广大读者的欢迎。在过去的几年里，国际国内经济金融发展很快，美国在次贷危机走过7个年头的2015年转变了量化宽松的货币政策，美元加息效应，带动了国际金融市场的汇率波动，给人民币汇率形成机制带来了新的挑战。随着人民币加入SDRs篮子，人民币国际化步伐正在加快。新常态下，国内经济下行压力依然存在，金融市场波动频繁，商业银行竞争激烈，互联网金融以低成本高效率冲击传统金融模式的同时，也带来了新的金融风险，金融监管面临着挑战。货币金融领域的这些新变化、新特点、新业务、新知识和不可避免带来的新的理论研究，有必要及时地反映到教材中来。在此背景下，我们与时俱进，对本书进行了修订再版。

第二版继承了第一版的特点和优势，坚持结构完整、体系完善和知识性、理论性、业务性并重的基本原则，注重将现代金融的前沿思想和创新实务纳入其中，力图充分反映国际国内货币金融领域的最新变化。

第二版对部分章节进行了调整，比如由第一版的14章凝练合并成了13章，并新增加了“互联网金融”一节；对大量数据进行了更新，充实和丰富了案例专栏、知识链接和拓展阅读等内容。总之，各章内容均有不同程度的增删和补充。

为便于教师授课，本书配有PPT课件，可向科学出版社索取。同时，本书是辽宁省省级精品课程和辽宁省大学精品资源共享课程“货币金融学”课程所使用的配套教材，学生和广大读者可以登录辽宁省普通高等学校本科教学网(http://www.upln.cn/)，进入“教学资源中心”，点击“资源共享课”，选择“货币金融学”课程（沈阳师范大学杨秀萍主讲）同步观看授课视频，跟随各个知识点的视频授课，自主学习。

本书第二版的修订工作由沈阳师范大学金融系主任杨秀萍教授担任主编。杨秀萍教授提出编写大纲和要求，经本书全体作者多次集体讨论后分工撰写而成稿，最后由杨秀萍教授负责对全书进行总纂和定稿。各章编写人员如下：杨秀萍、赵慧娥（第1章），杨秀萍、杨春（第8章），翟璐（第2章、第3章），胡予晓（第4章、第7章），邵若（第5章、第10章、第12章），尹梦秋（第9章），杨秀萍、胡予晓（第6章），翟璐、杨秀萍（第11章），贾峤、杨秀萍（第13章）。由于工作变动的原因，本书初版的部分作者不再参与第二版的编写工作，但他们对第二版的成稿奠定了基础，故在此一并对他们的贡献表示深深的感谢。

在修订的过程中，我们充分征求和吸收了任课教师、学生和金融机构等社会读者的建议。限于编者能力和水平，缺点错误在所难免，恳请经济金融界的同仁、读者批评指正。

杨秀萍
2016年3月

第一版前言

1991 年春，邓小平同志在视察上海浦东新区“金融先行”的开发建设时指出：“金融很重要，是现代经济的核心。金融搞好了，一着棋活，全盘皆活。”在经济金融化、经济全球化、金融全球化的 21 世纪，货币金融理论无论是在政府宏观经济分析与决策中，还是在微观主体经济金融投资行为选择中，均处于举足轻重的地位。特别是随着各国经济的发展，国民金融意识的提高，投资理财开始走向企业与家庭，投资避险、防范金融危机对财富冲击的金融意识亦全面高涨。反映在高校的教学上，“货币金融学”已成为普通高等院校金融学专业的主干课程，是经济类、管理类专业的专业基础课程，还是非经济类专业的选修课程。因此，编者组织编写了这部融传统金融与现代金融于一体、宏观金融与微观金融紧密衔接、理论性与应用性有机结合、借鉴中西方不同教材体例的创新型货币金融学教材，以期满足人们学习货币金融学知识的需要。

本书是辽宁省省级精品课程和辽宁省大学精品资源共享课程“货币金融学”所使用的教材，全书的编写得到了辽宁省教育厅的支持。内容上不仅注重将现代金融的前沿理论和创新实务纳入，还始终坚持内容的系统性、完整性和相对稳定性，体现了融知识性、理论性、前瞻性和启发性于一体的鲜明特色。

全书共分 14 章，涵盖了货币金融完整的知识体系：①金融学基础，包括货币与货币制度、利率与利率结构、外汇与国际金融知识体系；②金融机构与业务，包括商业银行和非银行金融机构、中央银行知识体系；③金融市场与工具，包括货币市场、资本市场、外汇市场、黄金市场与工具，以及其他衍生金融市场知识体系；④货币调控与监管，包括货币供给、货币与通货膨胀、货币政策、金融监管知识体系；⑤金融理论，包括资产需求理论、货币需求理论、货币均衡理论、金融发展理论知识体系。每章章首设有“开篇案例”，章末有进一步的“案例分析”，前后呼应；章前设有“知识目标”和“知识要点”，章后设有“小结”和“思考题”，以便巩固所学知识点；正文中设有“阅读资料”“知识链接”。所有这些只为了一个目的，即培养学生理论联系实际分析问题、解决问题的能力。

本书配有讲座视频、讲义、PPT 课件、在线测试试卷、试题库、综合案例、参考答案等，读者可到辽宁省普通高等学校本科教学网（http://www.upln.cn/）查询，PPT 课件也可向科学出版社索取。

本书由杨秀萍负责编写大纲和统稿、定稿工作。具体编写分工如下：杨秀萍编写第 1 章、第 14 章；杨童舒编写第 2 章；翟璐、杨秀萍编写第 3 章；卢颖编写第 4 章；方芳、杨秀萍编写第 5 章；杨童舒、杨秀萍编写第 6 章；胡予晓编写第 7 章；尹梦秋编写第 8 章；尹梦秋、杨秀萍编写第 9 章；邵若编写第 10 章；翟璐、赵慧娥编写第 11 章；翟璐编写第 12 章；徐肖冰编写第 13 章。

张玉智教授对本书的编写进行了指导，研究生郭丽婷、沈乐颖、罗丽丽在制作与本书配套的讲义、PPT 课件等教学辅助资料方面做出了贡献，在此一并感谢。本书在编写过程中参考了大量文献，谨向有关作者表示诚挚的谢意。

本书虽精心编写，但难免存在不尽如人意的地方，恳请读者不吝赐教，以便再版时修订完善。

杨秀萍

2012 年 7 月于盛京

目　录

第1章

货币与货币制度

知识目标

1. 了解货币的产生和发展，理解和掌握货币的定义。
2. 掌握各种货币形式的演化和特点。
3. 理解货币的本质，掌握货币的功能。
4. 理解和掌握货币层次划分的目的、依据与方法。
5. 掌握货币本位演进的历程和货币制度的构成要素。

基本概念

货币　资产　流动性　实物货币　可兑现的纸币　信用货币　电子货币
货币金属论　货币名目论　交易媒介　价值尺度　货币层次　狭义货币
广义货币　货币制度　本位币　辅币　劣币驱逐良币规律

开篇案例

货 币 之 谜

诺贝尔经济学奖得主米尔顿·弗里德曼（Milton Friedman）在他的《货币的祸害：货币史片段》一书中揭示“货币之迷”时举了以下例子。我们可以比较一下两张相同尺寸的长方形纸片，其中一张纸片的背面大部分是绿色，正面有一幅亚伯拉罕·林肯（Abraham Lincoln）的头像，这张纸片的每一个角上都有一个数字“5”，同时还有一些别的图案。人们可以用这张纸片换到一定量的食物、衣服或其他物品。人们都愿意做这种交易。第二张纸片或许是从一本印刷精美的杂志上剪下来的，它的正面可能也有一幅头像、一些数字和其他图案，背面也可能是绿色的，但它却只能用来点火。这里的区别在哪里呢？5美元钞票上印制的图案解答不了这个问题。5美元钞票上仅仅是印着“联邦储备银行券、美利坚合众国、5美元”字样，还有一些小一点的字是“本券为合法货币，可用以偿付一切公私债务”。多年之前，在“美利坚合众国”和“5美元”之间，还有“可兑付”字样。那么，这是不是说，政府会用某种实实在在的东西来换你手上的这张纸呢？根本不会，这里的意思只不过是，如果你到联邦储备银行，要求出纳员兑现，他将给你5张同样的纸片，只不过上面的数字从“5”换成了“1”，亚伯拉罕·林肯的头像换成了乔治·华盛顿（George Washington）的头像。如果你从这5张纸片中再拿出一张，要求出纳员兑现这张1美元钞票，他会给你一些硬币。如果你把这些硬币熔化掉（尽管这样做是非法的），并把它当作金属卖掉，你肯定卖不出1美元。现在钞票上不再有“可兑付”字样了，尽管同样也不说明什么问题，但至少更加坦率了。“法定货币”的含义是，政府将接受这张纸作为偿债和纳税之用，法院也将认可这张纸可以清偿按美元计算的债务。那么，为什么私人在进行货物和劳务交易的时候，也会接受这张纸呢？简单的答案，也是正确的答案——是，私人之所以接受这些纸张，是因为他们相信，别人也会接受这些纸张，每个人的经验证明这些绿色的纸张有价值，可以充当交易媒介。尽管共同拥有的这种纸制的货币具有价值是约定俗成的虚拟的信念，人们仍然固守着，但我们也不能说这种虚拟是不可摧毁的：“一钱不值”（not worth a continental）这一术语，就使人们想起大陆会议为了支持美国独立战争而过量发行大陆币，促使纸币允诺的清偿力不再有相等的信用，其结果是人们只有在枪口指着的时候才肯接受大陆币。

（资料来源：Milton Friedman. 1994. Money Mischief: Episodes in Monetary History. New York Harcourt Brace & Company）

那么，到底是什么决定了本章“开篇案例”中谈到的这张具有价值的、绿色的5美元纸币所能交换的商品量呢？要完整地回答这一问题，我们必须首先理解什么是货币和货币制度，货币是如何产生和演变的，货币的功能是什么以及货币总量是如何被计量的。这就是本章要学习与讨论的主要内容。

1.1 货币的产生与演变

1.1.1 货币的含义

1. 货币的定义

什么是货币？到现在为止，经济学家还没有给出一个简单而精确的定义。因为在现代社会，货币可能意味着很多东西，它的表现形态多种多样且不断变化，不仅包括人们通常理解的能够直接用来交易支付的现金——纸币和硬币，还包括支票和储蓄存款以及新兴的电子支付手段等。

在经济学意义上对货币的界定是一个重要问题，不仅关系到一个国家的货币制度，更关系到现代信用货币制度下各国货币当局或中央银行控制货币供给（money supply）的能力与手段的重要方面。因此，经济学家把货币（亦等同于货币供给）定义为任何一种在商品购买或劳务支付中或债务偿付中被普遍接受的物品。

可见，经济学家关于货币的定义很宽泛，其意义在于囊括一定时期经济体货币总量，便于货币当局或中央银行实行总量控制，调控宏观经济。

理解经济学意义上的货币定义，需要和通常习惯认识区别开来。

2. 货币与通货

通常，人们去购物时会互相提醒："你带够钱了吗？"这个"钱"指的一定是现金，即通货（currency）——流通中的纸币和硬币。

仅仅将纸币和硬币作为货币来界定，在经济分析中显然太狭隘了，因为支票同样可以用来支付所购买的商品和劳务，支票存款账户也应该被当作货币看待。储蓄存款如果很容易地立即转换成通货或者支票存款账户，那么它同样能够发挥交易支付的功能。所以，现代经济学将可开列支票的活期存款与现金一起包括在狭义的货币定义之中，将定期存款、储蓄存款、其他存款以及各种短期信用工具（如银行承兑汇票、短期国库券等）包括在广义的货币定义之中。

3. 货币和财富

通常，人们说某个人很富有，很有钱。这个"钱"意味着他不仅拥有大量的现金、银行存款，还拥有豪宅、私家车等其他财产。

财富（wealth）可以定义为能够储藏价值的各种财产的总和，它不仅包括货币，还包括诸如债券、股票、艺术品、汽车、住宅、土地、家具等建立在所有权基础上的所有形式的资产。把货币等同于财富，显然太宽泛了。货币是财富的一般性代表，一切财富可以折合成货币来表示，但不意味着财富本身就是货币，货币只是构成了财富的一部分。在美国，货币大约只相当于财富总量的 2%，即使是最广义的货币也不超过财富总量的10%。如果将货币等同于财富，在经济分析中就无法界定货币在财富增长中的作用，无法使人们在货币资产和其他资产中进行选择，无法发挥货币在商品购买和劳务服务中的直接支付功能。

4. 货币和收入

通常，人们说："我的朋友找到了一份很好的工作，挣钱很多。"这个"钱"是收入的意思。收入（income）是指在时间单位里获得的收益。它是一个流量概念，是潜在货币财富的表现形式，而货币是一个存量概念，是指在一个特定时点上的特定收入额。如果有人说自己的收入是 2000 元，那么需要确定这是一天的还是一个月的或者是一年的收入额。在一个特定时点上，他的收入量才能被确定，潜在的货币财富转化成现实的货币财富。

5. 货币和现实的购买力

在现代经济社会中，符合经济学家对货币下的定义的事物很多，抑或是财富的总和，但前文已经界定了货币不等同于财富，那么又如何理解？

这与货币的现实购买和支付能力这一特性有关。现代社会已不是物物交换的时代，而是信用货币时代，代表财富的各类资产如果具有很强的流动性，直接可以实现商品的购买和劳务的支付，这种资产才可称为货币。

资产（asset）是指收益的要求权或者具有所有权的财产。流动性（liquidity）是指资产转换成交易媒介（现金）的难易程度和速度。流动性强是指该资产的交易市场非常发达，具有很多的买家，资产能够以较低的成本迅速变现。也就是说，资产转换成现金非常便利，资产本身的价值不受损失或较少地受损失。货币在所有资产中流动性最强，因为它本身就是交易媒介，无须转换成其他任何东西就可以直接用于购买或债务的支付。其他资产在转换成货币的过程中会涉及交易成本。例如，甲在出售房子时必须支付交易税，如果甲急需现金支付即付账单，他可能会为了急于将房子出售而不得不接受一个较低的价格。因此，只有流动性强的资产才有可能转化成现实的货币，实现货币的购买和支付能力。

所以，如果要全面准确地理解经济学意义上的货币，就必须深刻理解货币与货币供给、货币与通货、货币与财富、货币与收入，以及货币与直接的、现实的购买和支付能力的关系。

1.1.2 货币的产生

货币不是从来就有的，它是商品生产和商品交换发展到一定阶段的产物。

1. 物物交换遭遇双方需求的“不对称”

在人类社会出现了生产的分工，产品有了交换需要的早期，曾存在没有货币的物物交换经济。物物交换是指人们直接交换各自手中的商品或服务。例如，甲用一只羊换乙的两斗米，乙用自己的一斗米交换丙的两匹布等。物物交换的特点是只有满足交易双方的“需求的双重巧合”和“时间的双重巧合”，才能实现交易的成功。起初在狭窄的交换范围内这种交换并没有什么不便，但随着生产的发展、分工的细化，交换的种类和空间越来越扩大，交易时间也出现不一致性，物物交换的不便性——难以克服双方需求的“不对称”问题便暴露无遗。例如，一位生产锄头的铁匠，要把自己锻造的锄头拿到市场上去换布匹，而有布匹的主人不需要锄头而需要羊毛，铁匠就不得不去找卖羊毛的人；几经周折他终于找到了卖羊毛的人，可是不巧的是羊毛的主人需要纺线机，而不需要锄头，铁匠就又不得不去找卖纺线机的人；如果铁匠千辛万苦找到了卖纺线机的人，而且这个卖纺线机的人恰好需要锄头，他才能将锄头交换成纺线机，再将纺线机交换成羊毛，再将羊毛交换成布匹。如果卖纺线机的人同样不需要锄头，而需要其他商品，这个可怜的铁匠还要继续寻找并交换下去，即使这样，也存在永远不会交换成功的可能。

物物交换存在着明显的交易过程复杂、交易时间较长的缺陷。确定多次的交易对象和进行多次的中间交易去寻找双方需求的“匹配”与“对称”会花费大量的时间和精力，这种花费在商品和劳务交换上的时间和精力被经济学家称为交易成本。显然，纯粹的物物交换是一种效率低下、成本高昂的交易方式，也只能限于简单的商品经济，因此，它逐渐成为生产力发展的桎梏。

2. 商品交换的便利需要促成了货币的产生

货币是为了克服物物交换的困难而产生的，是便利交换的产物。为了克服物物交换经常遭遇的双方需求的“不对称”，人们在经常地和频繁的交换中积累了经验，发现了问题的关键所在。他们发现，有些东西往往比其他的东西更易被人接受。于是，他们先把自己的产品换成这些东西，然后再用这些东西去换自己所需要的物品。久而久之，这些东西中最被普遍接受、最易于和其他任何物品相交换的“特殊物品”就从交换中逐渐地分离出来，经常地被用来充当一般等价物，成为交易双方换取自己所需的其他物品的媒介和手段。这种“特殊物品”就变成了货币，货币由此产生。

3. 马克思对货币产生过程的科学论证

在货币产生的过程中，形形色色的商品曾充当过一般等价物。为什么形形色色的商品货币会殊途同归，都演变为近现代的金属货币、纸币甚至出现了电子货币了呢？马克思的货币理论，能够解开“货币之谜”。

马克思认为，只把货币作为克服物物交换困难的技术手段来理解，而不从商品的内在矛盾和商品价值形态的发展来认识是肤浅的。马克思是从商品和商品交换入手分析货币起源的。商品是社会分工和私有制的产物，在经济学上把商品定义为“为交换而生产的劳动产品”。商品具有两重性，即使用价值和价值。使用价值是指商品能满足人们的某种需要，如粮食可以充饥、衣服能够御寒；价值是指凝结在商品中的一般的、无差别的人类劳动，它只能通过与另一种商品交换而表现在交换价值上。商品交换使商品价值得到表现，因此，商品交换的发展阶段不同，商品价值的表现形式也相应地从低级向高级发展，经历了简单的或偶然的价值形式、扩大的或总和的价值形式、一般价值形式和货币价值形式 4 个阶段。货币则是价值形式发展的最后结果，货币的产生过程如图 1.1 所示。

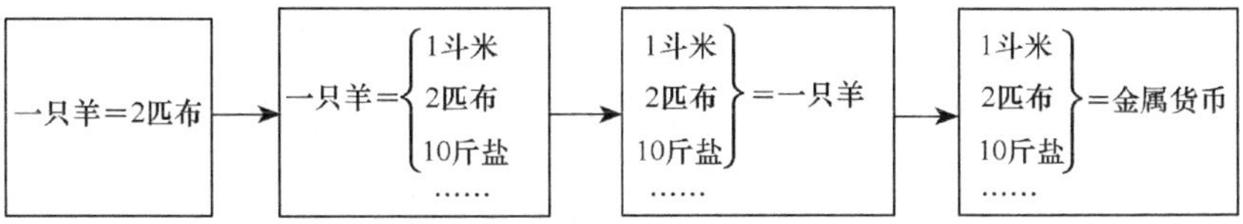

1. 简单的或偶然的价值形式阶段　2. 扩大的或总和的价值形式阶段　3. 一般价值形式阶段　4. 货币价值形式阶段

图 1.1　货币的产生过程

商品交换处在简单的或偶然的价值形式阶段，是指一种商品的价值仅仅由另外一种商品来表现，如 1 只羊＝2 匹布。这种价值形态虽然反映的只是产品转化为商品的萌芽状态，但却包含着一切价值形态以及货币的秘密。

商品交换处在扩大的或总和的价值形式阶段，是指一种商品的价值，已经不是偶然地在另一种商品上表现出来，而是经常地由一系列商品表现出来。但在扩大的或总和的价值形式中，等价物还是特殊的等价物，缺少共同的单位来表现商品价值。因此，直接物物交换的实现还必须以交换双方相互需要对方的劳动产品为前提，这对商品交换来说仍然是困难的。

商品交换处在一般价值形式阶段，是指生产者逐渐把自己的商品先换成一种大家都愿意接受而又可经常用来交换的商品，然后再用此商品去换取所需的商品。这样，大家都愿意接受的商品就成了一般媒介物。此时，所有商品同时用一种商品来表现自己的价值，就是一般价值形态。一般等价物出现以后，商品交换发生了本质变化，从直接的物物交换发展为通过一般等价物做媒介的间接交换。

商品交换处在货币价值形式阶段，是指一切商品的价值固定地由一种特殊的商品（即货币）来表现，它是价值形式的最高阶段——货币的产生。

一般价值形式与货币价值形式并没有根本区别，不同之处仅在于一般价值形式中的一般等价物是不固定的，在货币价值形式中，一般等价物是固定的，如货币固定在贵金属——黄金或白银上。

固定地用来充当一般等价物的特殊商品的出现，标志着货币的演进开始突破把货币的价值基础建立在自身的使用价值之上，使货币形态开始向抽象的价值形态演变。也就是说，人们交换到“特殊商品”不是目的而是手段，因为通过“特殊商品”能够交换到自己需要的所有其他商品。特别是金属这种“特殊商品”作为货币可以是不足值的，但仍可作为等价物被人们所接受，使代表价值的符号——纸币、电子货币等得以出现。可见，货币是为了适应交换的需要而从交换过程中产生出来的，它是商品经济发展的必然产物。但只有到了金属货币阶段，才产生了真正意义上的为流通所需要的货币。货币的产生过程是一个从简单到复杂再到简单，从具体到抽象，最后变成完全的价值符号的过程。

4. 可以作为一般等价物的物品所具有的特质

在历史发展过程中，不同阶段、不同地区往往采用不同的物品作为一般等价物。中国最早的货币产生于4000多年前的夏代，那时货币主要是海贝、布帛和农具；世界上其他地区曾使用牲畜、象牙、可可豆等作为货币。各种物品交替、暂时地发挥一般等价物的作用。长期的交易经验使人们发现，可以有效发挥货币功能的物品必须满足以下几个条件：它必须易于标准化，可以容易地确定其价值；它必须能被普遍接受；它必须易于分割，因此很容易“找零”；它必须易于携带；它不易快速腐化变质。

随着交换的发展，货币对以上5个特质的要求越来越高，普通商品货币越来越不适合作为货币，而金、银、铜等金属比其他任何商品都能更有效地发挥货币的性能，普通商品货币也就逐渐被金属货币替代，因而金属日益成为货币商品。金属充当货币的优点非常突出，尤其是金属可以按不同比例多次分割，分割后还可冶炼还原。金属易于保存，特别是金、银、铜都不易被腐蚀，这些特性使金属，特别是贵金属成为最理想的作为货币的商品。正如马克思概括的那样：“金银天然不是货币，但货币天然是金银。”

1.1.3 货币形态的演变

货币自产生以来在不同的历史发展阶段以不同的形态表现出来，并伴随支付体系的变化不断地发展变化着。归纳起来，货币的演变形态（指充当货币的材料）可以分为实物货币、可兑现的纸币和不可兑现的信用货币。

1. 实物货币

实物货币又称为商品货币（commodity money），包括金属货币。商品货币是指用实物商品充当货币，作为一般等价物。它是货币演变的最初形态，如古希腊的牛、羊，非洲和印度等地的象牙以及后来的金、银、铜等金属商品都曾充当过商品货币。从实质上来讲，商品货币是足值货币，即它作为交易媒介的价值和作为具体商品的价值是相等的。随着交换的发展，牲畜的不可分割性和其他商品货币的不耐磨、不耐损性等，使商品货币越来越集中在金、银等金属商品上。在一些古代文明较发达的国家，白银是主要的货币商品。中国自宋代以来直至 20 世纪 30 年代，白银一直是主要的商品货币。西欧自公元 13 世纪以来，金币逐渐增多，到 18～19 世纪日益占据主要地位。20 世纪初，在世界主要的工业化国家中，黄金已成为垄断性的商品货币。

但是，不管金、银的特性多么适合当作货币，以其为基础的支付体系仍然存在问题：这种货币过于沉重，异地运输十分困难。试想，如果只用硬币购买商品，它们会在口袋上磨出破洞来；如果要进行购置房产之类的大额交易，还必须要租一辆货车来运送硬币。不过，正是金属铸币占领流通，又不断地使自身的价值实体与其所代表的社会价值抽象分离出来以后，才使现代信用货币的出现成为可能。首先货币供应量受到金、银等贵金属产量的限制，接着人们逐渐发现金属铸币在流通中会发生磨损和减重，但仍按面值流通使用，于是渐渐出现了作为代用货币的纸币。

2. 可兑现的纸币

可兑现的纸币又称代用货币、表征货币，代表金属货币充当交易媒介和流通手段。可兑现是指纸币可兑现金、银等贵金属，也就是发行纸币的钱庄、商号和后来的政府、银行承诺纸币可以兑换为贵金属硬币或者是规定数量的贵金属。人们在商品交换中接受纸币，实际是接受了纸币发行人的信誉。从这个意义上说，纸币是一种可兑现的代用货币或信用货币。代表金属货币使用的纸币或银行券，其本身价值低于货币价值，是一种不足值货币。但市场中流通的纸币作为交易媒介，背后有承诺的规定数量的金银做保证，持币人有权随时向发行者将纸币兑换为金银货币或金银条块。代用货币解决了金属货币流通所产生的一些不便问题，但由于代用货币的发行数量取决于金属准备量，贵金属开采供给的不足使它不能满足增加货币量的需求。随着金本位制的崩溃，可兑现的纸币便由不可兑现的信用货币所替代。

3. 不可兑现的信用货币

不可兑现的信用货币（简称“信用货币”），即法律规定该货币形式作为流通中的货币，但是不能兑换为贵金属硬币或者贵金属。也就是说，信用货币不但其本身价值低于其货币价值，而且它也不再代表任何贵金属，不能与金属货币兑换。实际上，信用货币已经成为一种货币价值符号，目前世界上几乎所有国家都采用这种货币形态。信用货币是新的货币形态不断克服旧的货币形态的缺陷而产生的，更是金属货币制度崩溃的直接后果。信用货币之所以能够流通，为人们所普遍接受，其原因在于人们需要货币，并不在于货币本身，而在于货币能够购买到的东西。也就是说，信用货币虽然不像实物货币那样本身具有一定的价值，但作为货币的信用货币，它代表了一定的购买力。这种购买力是发行信用货币的政府或银行的承诺。信用货币可以表现为法定纸币、支票、电子货币等形态。

（1）法定纸币

现代社会中使用的不可兑现的信用货币是法定纸币，即政府宣布以纸币作为法偿货币。法定纸币有很多优点。既然是政府依靠行政命令以法律的形式发行的，在一个国家或地区一般只允许一种法定纸币流通，因此法定纸币具有统一性。法定纸币又便于携带，根据经济需要政府可发行不同面值的纸币，使用起来很方便。但是，只有在人们能够信任纸币发行当局、纸币印制技术发展到极难伪造的程度之后，纸币才能够作为交易媒介。由于纸币已经演变成为一种法律协议，所以国家能够根据自己的意愿对其进行调整。实际上，2002 年许多欧洲国家废止各自的货币改用欧元的时候，就是这样做的。

纸币也有缺点，因为它不可兑换，所以一个政府如果大量发行纸币就会造成恶性通货膨胀。这种事例在历史上已多次出现，如 1923 年的德国以及 20 世纪七八十年代的部分拉美国家。纸币的缺点还在于容易被盗，而且在批量交易时，由于数量过大而产生高昂的运输成本。为了解决这个问题，伴随着现代银行业的发展，出现了支付体系的下一个发展成果——支票。

（2）支票

一般来说，包括纸币和铸币在内的通货——现金构成现代社会信用货币的主要形式，但在信用制度比较发达的国家，支票作为支票存款的表现形式已成为信用货币的主要内容。支票是在银行开立支票账户的存款户根据协议向银行签发的即期无条件支付命令。它的含义是只要支票的善意持票人向银行提示支票，银行就要无条件地将支票上标明的款项按照持票来人的要求划入其存款账户或向其支付现金。支票作为支票存款的表现形式，可以随时通过银行将款项从债务人的支票账户划转到债权人的账户，因而在商品和劳务的支付以及债务的清偿中被普遍接受，发挥着货币的职能。不仅如此，支票存款在现代社会中已成为主要的货币形式。这是因为，使用支票不但可以减少因使用现金而带来的遭受丢失和失窃损失的风险，而且由于传递方便、省去找换零钱等程序，可以减少交易成本；同时，支票经收款人背书后还可作为清偿债权债务关系的工具。

现代的信用货币是以纸币为主导的一种货币形态，现金与支票是整个社会支付系统的重要组成部分。但随着信息技术迅速发展、金融创新不断深化，电子货币支付系统正在取代支票，甚至还可以取代现金，促使社会向无现金时代变革。

（3）电子货币

电子货币从字面上看就是电子形态的货币，它不具有实体性，而是电子载体所包含的信息，其价值以电子形式储存。电子货币是信用货币发展的更高阶段。当前，最具代表性的电子货币就是银行信用卡、借记卡、网上支付账户（又称电子现金和电子支票）。电子支票是指使用者通过 Internet 签发类似支票的替代物，将这种电子支票传送给另一方，对方随后将之传给银行。一旦接收银行确认该电子支票有效，资金就会从签发者的银行账户上转移到接受者的银行账户上。整个过程都是电子化的，所以比使用纸质支票要廉价而且更为快捷。据美国的专家估计，使用电子支票进行交易的成本不到使用纸质支票成本的 1/3。目前，电子货币已成为人们广泛运用的支付工具。由于电子货币使用便捷而有效率，人们不禁问，人类是否会很快过渡到一个没有现金的社会，所有的支付活动都要通过电子方式实现？

阅读资料

我们在向一个无现金的社会行进吗

早在数十年前，有关无现金社会的预测就已经出现，但直至今日，这个预测仍然没有变成现实。1975 年，《商业周刊》曾经预言，电子支付方式“不久将改变货币的定义”，并将在数年后颠覆货币本身。近年来，通过智能卡培养消费者使用电子货币习惯的试验项目仍然没有成功。1995 年诞生于英国的 Mondex 作为最早的储值卡，虽然经过大力推销，使用范围仍然局限在为数不多的英国大学校园中。在德国和比利时，虽然数以百万的人们携带着嵌入计算机芯片的银行卡，可以使用电子货币，但只有很少的人用这些东西来支付。为什么我们向无现金社会行进的速度如此之慢呢？

虽然电子货币比纸质货币更为方便和高效，但多种因素阻碍了纸质货币体系的消亡。首先，要使得电子货币成为主要的支付形式，需要花费较高的成本购置所需的计算机、读卡器、通信网络等。其次，电子支付方式带来了安全性和私密性的问题。我们经常从媒体中听到，未经授权的黑客闯入了某个计算机数据库，并更改了其中储存的信息。这种现象并不罕见，不法之徒很可能通过电子支付体系进入银行账户，将其他人的账户资金据为己有。要防止这种犯罪行为并非易事，需要开发一个全新的对付安全问题的计算机科学领域。利用电子支付方式还有另一个后果，就是会留下有关购买习惯的大量个人信息。人们担心政府、雇主和商户会得到这些数据，从而侵入我们的私人领地。这些讨论的结论就是，虽然未来电子货币的使用会更加广泛，但正如马克·吐温所言，“对现金消亡的判断是夸大其词了”。

（资料来源：米什金．2011．货币金融学．郑艳文，荆国勇，译．北京：中国人民大学出版社）

4. 准货币

现金和使用支票的存款货币等，在清偿债务及购买商品时，均按面额接受，最具有流动性，是最基本的货币形式。但是，许多经济学家认为，上述货币形态不足以涵盖所有具有货币性的资产。例如，银行存款中的定期存款（包括可转让定期存单）、通知存款，虽然不能凭票支付，但一般也可以提前支取变现，构成现实的支付能力。这些金融资产由于很容易变现，可以视为近似货币或准货币。短期政府债券、具有现金价值的人寿保险单、外币存款、外汇信托资金及外币定期存单，甚至在证券市场上流通的股票、长期债券等都可以很快地货币化，也可以看作准货币。在现代信用货币制度下，黄金作为实质货币已退出了历史舞台，但黄金的非货币化并不彻底。黄金仍然是各国政府重要的储备资产。因此，黄金也可以被看作是一种准货币。

1.1.4　货币的本质

1. 经济学发展史中有关货币的观点

货币的本质在经济史学术界上一直存在着争论，具有代表性的观点归纳如下。

（1）货币金属论

货币金属论把货币和贵金属混同，认为货币是商品，本身必须具有实质价值。贵金属内在价值稳定，只有贵金属能够充当货币。货币的价值正是由贵金属的内在价值决定的。因此，货币等同于贵金属。作为贵金属的金银天然就是货币，只有金银才是一国的真正财富。其早期代表人物为英国经济学家亚当•斯密（Adam Smith）等人。20 世纪 70 年代，西方经济受到通货膨胀的冲击，于是又有学者重新提出货币金属论。货币金属论没有认识到货币在流通领域发挥交换媒介职能作用时，可以用没有内在价值的货币符号来代替，而仅仅将货币作为一种实际财富来认识。这种观点混淆了作为一般等价物的货币和实物商品货币的区别，因而是片面的。

（2）货币名目论

货币名目论与货币金属论相反，基本观点是否认货币的商品性和货币的实质价值，认为货币只是一种便于交换的技术工具，是换取财富的价值符号，是一种观念的计算单位，是一个票券。其早期代表人物主要有英国经济学家尼古拉斯•巴本（Nicholas Barbon）等人。当代还有一批西方经济学者，如德国经济学家乔治•克纳普（George Knapp），也认为货币本质上就是“票券的支付手段”。货币名目论否定货币的商品性，等于否认了货币是具有内在价值的商品的表现形式，否认了货币是从一般商品中游离出来充当一般等价物的“特殊商品”的本质，割裂了货币和一般商品的内在联系，使货币的存在失去了客观依据。因而也是片面的。

（3）货币法定论

货币法定论是一种具体化了的货币名目论。其基本观点是认为货币是由国家创造的，与货币自身是否具有内在价值无关。早期，英国经济学家巴本曾提出，货币的价值不是货币本身所具有的，而是由国家权威规定的。后来，德国新历史学派经济学家克纳普著书《货币国定论》，再次从法律的角度去分析货币的本质，认为货币是法制的创造物；货币不过是一种支付手段，与创造货币的材料无关；只要有国家法律的权威，就可以自由选定货币支付手段。货币法定论除了犯有货币名目论同样的错误外，还将货币这一经济范畴偷换成法律范畴，而各国通货膨胀或通货紧缩的实践，也证明了这一货币定义是站不住脚的。

（4）货币数量论

货币数量论观点用货币数量来解释货币属性、货币价值以及货币与商品价格的关系。货币数量论否认货币本身所具有的商品属性和内在价值，认为货币价值是由货币供给的数量所决定的，对于既定的商品供给，货币数量增加，货币价值下降；货币数量减少，货币价值提高。古典货币数量论认为货币是中性的，和实质经济没有关系。现代货币数量论的代表人物美国经济学家米尔顿•弗里德曼也认为货币不过是“购买力的暂栖所”。尽管现代货币数量论认识到了货币数量的变动短期使收入、就业、物价发生变动，货币便成为一种重要的经济变量，并且将货币视为国家调控和管理经济的重要工具，具有十分积极的意义。但是，现代货币数量论同时也认为，从长期来看货币也是中性的。货币数量论强调了货币作为交换媒介的职能作用，忽视了货币价值与实质经济的内在联系，因此，其对货币本质的理解明显地犯有与货币名目论同样的错误。

2. 马克思对货币本质的科学概括

以上 4 种观点对货币的认识显然肤浅和具有片面性，缺乏全面、科学和逻辑的深刻分析。马克思在对商品货币价值形态发展的历史长河的深刻研究中揭示了货币的本质，提出“一般等价物”理论，科学完整地概括了货币本质。马克思把货币定义为：从商品世界中分离出来的、固定充当一般等价物的特殊商品，并能反映一定的生产关系。

（1）货币是商品

货币是商品，它与商品世界的其他商品一样，都是人类劳动的产物，是价值和使用价值的统一体。正因为货币和其他一切商品具有共同的特性，即都是用于交换的人类劳动产品，它才能在交换、发展的长期过程中被逐渐分离出来，成为不同于一般商品的“特殊商品”。

（2）货币是一般等价物

货币是商品，但不是普通的、一般的商品，它是从商品世界中分离出来的、与其他一切商品相对立的特殊商品。货币商品不同于其他商品的特殊性，就在于它具有一般等价物的特性，发挥着一般等价物的作用。货币商品作为一般等价物的特性，具体表现在以下两个方面：①它是表现和衡量一切商品价值的材料；②它具有与其他一切商品直接相交换的能力，成为一般的交换手段。

（3）货币是固定充当一般等价物的“特殊商品”

人类社会价值形态的自发发展是由简单的、偶然的价值形态阶段到总和的、扩大的价值形态阶段，再到一般价值形态阶段。在一般价值形态阶段，充当一般等价物的商品很多，但它们不是货币，因为它们只是在局部范围内临时性地发挥一般等价物的作用；货币则是固定充当一般等价物的商品，是在一个国家或民族市场范围内长期发挥一般等价物作用的“特殊商品”。

（4）货币是生产关系的反映

固定充当一般等价物的货币是商品经济社会中生产关系的体现，即反映产品由不同所有者所生产、所占有，并通过等价交换实现人与人之间社会联系的生产关系。

由于商品经济存在于迄今为止社会历史发展的不同阶段，货币也就成为不同社会形态下商品经济共有的经济范畴，所以不能把特定社会形态中货币功能的不同表现形式视同货币的本质。

1.2 货币的功能

货币的功能即货币发挥的作用。货币的作用是由货币的本质决定的。货币在从实物货币到信用货币的发展过程中，发挥着交易媒介、价值尺度、价值储藏、支付手段等功能。其中，货币作为交易媒介是货币产生的直接原因，是货币与生俱来的功能，所以交易媒介连同价值尺度构成货币的基础功能，其他功能是随着经济的发展衍生出来的。

1.2.1 交易媒介

货币在商品买卖中充当交换的媒介，便发挥了交易媒介的功能。这一功能是货币克服物物交换双方需求“双重巧合”困难的直接产物。以货币为媒介的商品交换是连续不断的过程，货币在买者和卖者之间不停地运动，形成了货币流通。从这个意义上来说，作为交易媒介的货币发挥着流通手段的作用，交易媒介的功能亦是流通手段的功能。作为交易媒介和流通手段的货币具有以下特点。

1）必须是现实的货币，即必须要有现实货币作为购买手段进行商品交换，实现“商品—货币—商品”的循环过程。那么，经济体中究竟需要多少现实的货币作为流通手段呢？货币的“多”与“少”与既定的商品和劳务的交换需求，以及进一步的商品和劳务的供给又是什么关系呢？这涉及经济体中有关货币供求数量、货币是否中性以及如何宏观调控的重大问题，本书将在后面章节回答上述问题。

2）货币是交换的手段而不是交换的目的。人们卖出商品、换回货币，关心的不是交换媒介和流通手段本身有无价值，而是能否换回自己需要的与卖出的商品同等价值的物品。因此，作为交换媒介和流通手段的货币可以是不足值的，也可以是无内在价值的价值符号。正是从这个意义上，才产生了无内在价值的纸币等信用货币。

1.2.2 价值尺度

货币的第二种功能是价值尺度，也称记账单位。也就是说，货币可用于衡量经济社会中商品和服务的价值。人们用货币来衡量商品和服务的价值，正如用千克来计量质量、用千米计量距离一样，可以对不同的商品和服务的价值进行比较。商品交换的比较价值用价格来表示，价格是货币价值的表现形式。

货币作为价值尺度的重要性，比较没有货币作为价值衡量尺度的物物交换的经济就可以清楚地看到。物物交换的一个明显的缺陷就是缺少一种共同的单位来衡量和表示各种商品与服务的价值。一件商品或服务的价值可以用它在市场上所能换取的其他商品或服务的数量来表示。在物物交换的情况下，市场上每件物品要交换的其他物品的数量不能简单地用一个商品数量来表示，而必须用市场上有多少其他商品就要用多少个其他商品的数量来表示。如果仅仅是简单狭小的物物交换，如经济社会中只存在 3 种商品——面包、故事书和鞋子，这样人们只需知道 3 种价格就可以明白如何在这三者之间进行交换：用故事书表示面包的价格（即购买一块面包所需要支付的几本故事书的价格）、用鞋子表示的面包的价格及用鞋子表示的故事书的价格。随着商品生产和商品交换的不断扩大，经济社会中不仅仅是少量的商品和服务在交换，而是多种，这时没有统一的货币单位来表示商品和服务的价格就变得交易成本高昂。具体表现如下：第一，如果经济社会中有 10 种商品，那么人们需要知道 45 种价格来实现它们之间的交换；如果是 100 种商品，那么人们需要知道 4950 种价格……交易成本之高显而易见。第二，在物物交换经济中，如果要去货架上陈列 1000 种不同商品的商场购物，会有多么困难。假如 1 千克牛肉的价格是 1 千克豆油，1 千克猪肉的价格是 5 千克白菜，人们就很难确定哪个价格更便宜。要想使价格具有可比性，每种商品的价格标签上都应标有 999 种不同的价格，而读这些价格所花费的时间就是高昂的交易成本。

要想解决这个问题，就需要把货币引入到经济社会中，把所有的商品都用货币单位来标价，这样人们能够用货币，如用人民币来表示故事书、面包以及鞋子的价格。这时，假定在经济社会中有 10 种商品，人们只需要 10 种价格，有 100 种商品也只需要 100 种价格，以此类推。在一个拥有 1000 种商品的商场中，人们只需要查看 1000 种价格，而不是 499 500 种价格。

在经济社会中，货币作为记账单位，大幅度减少了人们需要查看的价格数量，所以大大地降低了交易成本。随着经济变得更为复杂，货币的这种功能所能带来的好处也越来越明显。

货币在发挥价值尺度功能时具有观念性的特点，因为货币表现商品的价值只是给商品标价，这时并不需要实在的货币，只要是观念上的或想象中的货币就可以了。

知识链接

物物交换经济中商品价格标价数量计算方法

当经济社会有 n 种商品时，确定人们所需要的 n 种商品相互交换的比较价值的价格表现形式（用能换取的其他商品和服务的数量表示）的公式为

$$\frac{n(n-1)}{2}$$

式中：n 为商品价格标注数量。

例如，如果有 10 种商品，我们需要的价格数量为

$$\frac{10(10-1)}{2}=\frac{90}{2}=45$$

1.2.3 价值储藏

货币具有价值储藏的功能是指：第一，货币具有推迟实现购买力的能力，即购买力跨越时间的储藏；第二，货币作为财富表现形式之一，是一种资产，在商品和服务价格稳定的前提下，人们以储蓄形式保有货币资产时，会给人们带来价值的增值。

人们利用货币的价值储藏功能将自己取得收入的时间和支出的时间分离开来。货币的这一功能非常有用，因为大多数人并不想在获得收入的当时就进行支出，而是等到有时间或是有商品或服务需要的时候再进行支出。货币代表了一般性的购买力，也就是具有价值储藏功能，弗里德曼所说的“货币是购买力的暂栖处”就包含了这层意思。

货币具有价值储藏的功能并不是独一无二的。任何资产，不管是货币、股票、债券、土地、房产、艺术品还是珠宝等财富形式，都可以用于价值储藏。很多资产在作为价值储藏手段时，比货币具有更多的优点：它们通常能给持有者带来更高的利息收入、资产升值或提供居住等使用价值的功能。而人们愿意保有货币作为价值储藏的形式之一，是因为货币本身就是交易媒介，是最具流动性的资产。

信用货币发挥价值储藏功能的优劣（约束条件）取决于物价水平，因为货币价值依赖于价格水平。如果所有价格上涨一倍，就意味着货币价值下降了一半；相反，所有价格减半，就意味着货币价值上升一倍。在通货膨胀时期，物价水平急速上升，货币也迅速贬值，人们就不愿意以货币形式来保有财富。在极端通货膨胀时期，月通货膨胀率超过 50%，情况就更是如此。在第一次世界大战之后，德国发生了恶性通货膨胀，甚至超过了 1000%。到 1923 年，德国的物价水平比两年前上涨了 300 亿倍。即使是购买最基本的物品，也需

要数量惊人的货币。例如，在恶性通货膨胀末期，买一片面包就需要装上一手推车的现金。货币贬值得如此迅速，以至于在一天中，要分几次向工人支付薪水，而工人也要赶回家将领到的薪水尽快花出去，以免它变得一文不值。这种情况下，没有人愿意持有货币，通过货币进行的交易越来越少，物物交换盛行，交易成本飞速上升，经济产出急速下降。

1.2.4 支付手段

现代经济是信用经济，建立在信用经济基础上的商品和服务的交易行为往往不全是“一手钱一手货”的即时交易行为，大量地表现为商品的赊销赊购的“预付货款”、“货到付款”和“延期支付”等形式上。当货币作为交易媒介和价值尺度，又脱离开了商品和服务的“一手钱一手货”的即时交易时，是作为价值运动的独立形式进行单方面转移。这时，货币实际上发挥了支付手段的功能。这一功能是货币的交易媒介功能和价值尺度功能的派生功能。在商品赊销赊购和延期支付的情况下，买卖合约完成后要经过较长时间，购买者才向销售者支付货币。在这之前，合约双方构成了建立在信用基础上的债权债务关系，直到款项最终清偿，信用交易行为结束。因此，货币作为支付手段时，等值的商品和货币在交换过程中的两极不再同时出现，货币不再是简单的交换媒介，而是作为补充交换行为的一个环节，作为交换价值的绝对存在，独立地结束商品交换的整个过程。

随着经济的不断发展，货币作为支付手段，不仅在商品赊销赊购、清偿债务方面，而且还在银行信贷、财政收支、工薪租金、消费信用、国际收支等领域，发挥着越来越大的作用。支付手段的形式也越来越多样化，有现金、存款、各类票据、各种结算凭证以及信用卡、电子货币等。可以认为，作为信用经济的现代经济，就建立在货币发挥支付手段的功能的基础之上。

发挥支付手段功能的货币同发挥交易媒介或流通手段功能的货币一样，都是处于流通过程中的现实货币。流通中的每一枚货币，往往是交替地发挥这两种功能，即曾发挥着流通手段功能的货币可用作支付手段，而经过一次或几次支付后，又可再作为流通手段用于购买，等等。因此，所谓“流通中的货币”，就是发挥支付手段功能的货币和发挥交易媒介或流通手段功能的货币的总和。

货币支付手段出现后，一方面，在交易过程中，没有钱可以先进货，没有货可以先收钱，在时间、地区、行业之间大范围地调节资金和货物的平衡，使社会生产得以顺利进行，从而促使商品流通进一步扩大；另一方面，由于赊销预付在全社会形成一个互相影响、互相制约的债务链，一旦债务链中的任何一个环节断裂，都可能导致商品流通和社会再生产出现困难，甚至酿成货币危机，导致经济危机。

货币的支付手段功能相当程度上取决于货币价值的稳定程度，因为不同时期的货币的时间价值存在差异性，特别是在通货膨胀或通货紧缩的条件下，这需要运用计算现值的方法来进行调整。

知识链接

信　用

信用是以偿还为条件的商品或者货币的借贷行为，体现一定的债权债务关系。信用有借方和贷方两个关系人：贷方为授信者，即债权人；借方为受信者，即债务人。

最早的信用是实物借贷，在货币产生后，货币借贷逐步取代实物借贷而占据主导地位。早期的信用属于高利贷性质，随着资本主义生产关系的确立，逐步形成了现代的信用关系。

信用可以根据不同主体分为商业信用、银行信用、国家信用和消费信用。

1）商业信用是指工商企业之间在进行商品和劳务交易时以延期支付和预付货款的形式提供的信用，它是其他信用关系的基础。商业信用的优点在于方便和及时，但是其规模和范围都有限。

2）银行信用是指银行及其他金融机构通过贷款、贴现等方式以货币形态提供的信用。银行信用规模巨大，可以全方位聚集社会资金。

3）国家信用是政府以债权人的身份筹措资金的一种借贷行为，其主要形式是发行公债。

4）消费信用是工商企业、银行及其他金融机构以消费品为对象，向消费者提供的信用，主要采用分期付款、消费贷款、信用卡等方式。

（资料来源：杨长江，张波，王一富．2008．金融学教程．上海：复旦大学出版社）

1.3 货币的计量

1.3.1 货币计量的意义与依据

货币是引起经济波动的一个重要因素，市场中作为交易媒介和流通手段的货币的多少，直接关系到宏观经济总量的平衡。市场上某一时点的货币存量是中央银行制定货币政策的依据。随着市场经济的发展，尤其是 20 世纪 60 年代以来金融创新浪潮的不断兴起，许多新的金融工具都不同程度地带有“货币性”，有的能直接作为货币发挥作用，有的略加转化就能发挥流通手段和支付手段的功能，使货币流通的范围不断扩大，流通中货币的形式也多种多样，从而使信用货币的计量面临需要解决的新问题。

尽管世界各国中央银行都有自己的货币统计口径，但是，无论存在着何等差异，其划分的基本依据和意义却都是一致的。各国中央银行在确定货币供给的统计口径时，都以流动性的大小，即作为流通手段和支付手段的方便程度作为标准。流动性程度较高，即在流通中周转较便利，相应地，形成购买力的能力也较强；流动性较低，即周转不方便，相应地，形成购买力的能力也较弱。显然，这个标准对于考查货币市场与商品市场均衡、实施宏观调控有重要意义。同时，还要考虑统计指标的可控性、可测性、可调整性。

便于进行对宏观经济运行的监测和货币政策的操作，是对中央银行划分货币层次的重要要求。例如，中央银行在讨论控制货币供应指标时，既要明确到底控制哪一层次的货币以及这个层次的货币与其他层次的界限何在，同时还要回答实际可能控制到何等程度，是否便于调整。否则，就谈不上货币政策的制定，制定了也难以贯彻。

1.3.2 各国货币计量的统计口径

按照国际货币基金组织（International Monetary Fund，IMF）的口径，货币层次一般可做以下划分。

1. 现金

现金（M_0）是指流通于银行体系以外的现钞和铸币，包括居民手中的现金和企业单位的备用金，但不包括商业银行的库存现金。这部分货币可随时作为流通手段和支付手段，因而具有最强的购买力。

2. 狭义货币

狭义货币（M_1）由 M_0 加上商业银行的活期存款构成。由于活期存款随时可以签发支票而成为直接的支付手段，因此，它同现金一样是最具流动性的货币。M_1 作为现实的购买力，对社会经济有着最广泛而直接的影响，因而是各国货币政策调控的主要对象。

3. 广义货币

广义货币（M_2）由 M_1 加上准货币（quasi-money）构成。准货币一般由定期存款、储蓄存款、外币存款以及各种短期信用工具（如银行承兑汇票、短期国库券等）构成。准货币本身是潜在的货币而非现实的货币，但由于它在经过一定手续后，能够较容易地转化为现实的货币，进而加大流通中的货币量，故称为亚货币或近似货币（near money）。由于 M_2 包括了一切可能成为现实购买力的货币形式，因此，对研究货币流通的整体状况具有重要意义，尤其是对货币供应量的计量以及对货币流通未来趋势的预测均具有独特的作用。近年来，一些发达国家货币供应量调控的重点，就出现了由 M_1 向 M_2 转移的趋势。

在国际货币基金组织的口径下，世界各国对货币层次的具体划分各不相同，而且还随着本国经济和金融市场的变化进行相应的调整。例如，从 1980 年以来，作为美国货币当局的美国联邦储备体系（以下简称“美联储”）就多次改变货币计量口径，最终确定了货币总量（monetary aggregate）的计量标准（见表 1.1）。

表 1.1 美联储货币总量的计量指标

项目	2008 年 11 月的价值（10 亿美元）
M_1＝通货	804.9
＋旅行支票	5.6
＋活期存款	405.9
＋其他可开具支票的存款	306.1
M_1 总计	1522.5
M_2＝M_1	1522.5
＋小额定期存款	1351.0
＋储蓄存款和货币市场存款账户	4007.1
＋货币市场共同基金份额（非机构）	1053.9
M_2 总计	7934.5

资料来源：www. federalreserve. gov/releases/h6/hist.

我国从 1984 年开始探讨对货币供给层次的划分，并于 1994 年第三季度开始正式按季公布货币供给量的统计监测指标。按照国际货币基金组织的口径，现阶段我国货币计量划分为以下三个层次：

$$M_0=\text{流通中现金}$$

$$M_1=M_0+\text{活期存款}$$

$$M_2=M_1+\text{定期存款}+\text{储蓄存款}+\text{其他存款}+\text{证券公司客户保证金}$$

式中：M_1 为狭义货币量；M_2 为广义货币量；M_2-M_1 是准货币。

表 1.2　我国 2005～2015 年各层次货币供应量（年末余额）

（单位：亿元人民币）

年份	货币和准货币（M_2）	货币（M_1）			准货币（M_2-M_1）
		总量	现金（M_0）	活期存款	总量
2005	296 040.13	107 279.91	240 32.82	832 47.09	188 760.22
2006	345 603.59	126 035.13	270 72.62	989 62.51	219 568.46
2007	403 442.21	152 560.08	303 75.23	122 184.85	250 882.13
2008	475 166.60	166 217.13	342 18.96	131 998.17	308 949.47
2009	610 224.52	221 445.81	382 46.97	183 198.83	388 778.72
2010	725 851.79	266 621.54	446 28.17	221 993.37	459 230.25
2011	851 590.93	289 847.73	507 48.50	239 099.23	561 743.20
2012	974 148.80	308 664.23	546 59.77	254 004.46	665 484.57
2013	110 6524.98	337 291.05	585 74.44	278 716.61	769 233.93
2014	122 8374.81	348 056.41	602 59.53	287 796.88	880 318.40
2015	139 2278.11	400 953.44	632 16.58	337 736.86	991 324.67

资料来源：根据中国人民银行网站发布数据整理，http：//www.pbc.gov.cn.

注：自 2011 年 10 月起，货币供应量已包括住房公积金中心存款和非存款类金融机构在存款类金融机构的存款。

1.4 货 币 制 度

随着商品生产和交换的发展，货币的形式及货币的发行、流通和使用等内容也在不断地发生变化，从而形成了不同的货币制度。货币制度既是一国经济制度的重要组成部分，同时货币制度的内容也需要与经济发展的水平相适应，并随着社会经济发展相应地进行调整。因此，在人类社会经济不断进步的同时，货币制度也表现出一系列的演变发展过程。

1.4.1　货币制度的基本内容

1. 货币制度的概念

货币制度又称“币制”或“货币本位制”，是指一个国家或地区以法律形式确定的货币流通结构、体系和组织形式。一个国家或地区为了保持其货币流通的正常和稳定，通常要制定、颁布一系列的法律和规定。这些法律和规定强制性地把有关货币流通的各个方面、各个要素联系起来，并在实践进程中不断地修正、补充，从而形成一个有机整体，这就是一个国家或地区的货币制度。

2. 货币材料与货币本位

规定货币材料是货币制度最基本的内容。在金属货币流通的条件下，货币金属是整个货币制度的基础。货币制度规定以何种金属铸造本位货币，就称之为何种本位币制度，如金本位制、银本位制、金银复本位制等。货币材料虽然是由国家规定的，但国家不能随心所欲地任意指定某种金属为货币材料，它是由客观经济发展的进程所决定的，国家规定只是对流通中已经形成的客观现实进行法律上的肯定。在不兑现的信用货币流通的条件下，国家不规定单位货币的金属含量，纸币成为流通中商品价值的符号，纸币币值以流通中商品的价值为基础，这就是目前世界各国所普遍实行的纸币本位制。

3. 货币名称、货币单位和价格标准

货币制度要规定本位币的名称，货币名称通常是以习惯形成的。例如，英国的货币名称是“英镑”，美国为“美元”，印度为“卢比”，我国为“人民币”等。货币制度要明确货币的单位及其划分。例如，英国的本位币单位为“镑”，镑以下为“便士”、“先令”等；我国人民币的单位为“元”，元以下为“角”“分”等。在金属货币流通条件下，价格标准是铸造单位货币的法定含金量。例如，根据美国 1934 年 1 月的法令，1 美元的含金量为 0.888 671 克；按照 1870 年的英国铸币条例，1 英镑的含金量合 7.97 克。可见，在金属本位制度下，货币单位与货币的价格标准是密切相关又各不相同的两个概念。但是，在当代纸币本位制下，货币不再规定含金量，货币单位与其价格标准逐渐融为一体，货币的价格标准即为货币的单位及其划分的等份，如元、角、分。

4. 本位币、辅币及其偿付能力

（1）本位币和辅币本位币

本位币或辅币本位币（standard money）亦称主币，是一个国家的基本通货和法定的计价结算货币。在金属货币流通条件下，本位币是指用货币金属按国家规定的货币单位和价格标准铸造的铸币，其名义价值（面值）与实际价值（市场金属价值）一致，为足值货币。在表征货币流通条件下，本位币依附于其发行基础——金属货币，表征货币只是金属本位币的符号。在当代纸币本位制度下，纸币已经成为独立的本位币，由该国货币制度所确定，是流通中商品价值的符号。

辅币（fractional currency）是本位币以下的小额货币，主要供小额零星交易和找零之用。在金属货币流通条件下，辅币以贱金属铸造，其实际价值低于名义价值，为不足值货币。法律规定，辅币可按固定比例与本位币自由兑换，以确保辅币可以按名义价值流通。在当代纸币本位制度下，辅币即为本位币单位以下的小额零星货币。

（2）本位币的铸造及其偿付能力

在金属货币流通的条件下，为保证本位币正常铸造、发行和流通，货币制度主要有以下规定。

1）本位币自由铸造和熔毁的规定。无论是国家还是私人，都可以将其持有的货币金属送铸币厂，按照国家规定的货币名称、单位和价格标准铸造成本位币，也可以将持有的金属本位币送铸币厂熔为金属条块，铸币厂仅收取少量的铸造费用或熔化费用。金属本位币的自由铸造和熔毁具有重要的经济意义：一方面，使本位币可以自发调节货币流通，满足流通中对货币的需要量；另一方面，又可以保证本位币的名义价值与实际价值相一致。

2）本位币“无限法偿”（unlimited legal tender）的规定。所谓无限法偿，是指无限的法定支付能力，即法律规定不管是用本位币偿还债务或其他支付，也不管每次支付的本位币的数额大小，债权人和收款人都不得拒绝接受，否则视为违法。

3）本位币磨损公差（limits of tolerance）的规定。所谓磨损公差，即法律规定流通中本位币的实际重量与法定重量之间一个可允许的最大差额。本位币可能由于铸造技术或自然磨损等原因，使其实际重量与法定重量不符，为了保证本位币的名义价值与实际价值相一致，从而保证本位币的无限法偿能力，各国货币制度中通常都规定本位币的实际重量与国家规定的标准重量相比可能允许的最大差距，也就是磨损的最大限度。例如，1870 年的英国铸币条例规定，1 英镑金币的标准重量是 123.274 47 格令，磨损后的铸币重量不得低于 122.5 格令，如果低于这一重量，可以请求政府兑换新币。

在当代纸币流通的条件下，纸币是由国家垄断发行、强制流通的价值符号。除中央银行外，任何单位和个人都不得自行印制、变造和故意损毁货币，否则视为非法行为，并按国家有关法律的规定予以惩处。纸币本位币同样具有无限法偿能力。

（3）辅币的铸造及其偿付能力

在金属货币流通的条件下，对于辅币，货币制度主要有以下规定。

1）辅币限制铸造的规定。辅币只能由国家铸造，不准公民铸造。这是因为金属辅币是不足值货币，铸造辅币可获得额外收益，国家垄断辅币铸造权，可使这部分收益归国家所有。如果允许公民自由铸造辅币，就会造成公民为获得“额外收益”而用贱金属大量铸造不足值的辅币，使辅币充斥市场，影响货币流通的稳定。

2）辅币“有限法偿”（limited legal tender）的规定。所谓有限法偿，是指每次支付辅币的数量不能超过规定的额度，否则债权人或收款人有权拒收。但是，用辅币缴税、向政府兑换本位币的数额则不受此限。

3）自由兑换的规定。辅币与本位币之间按固定的比例可以自由兑换，目的在于保证名义价值高于实际价值的辅币能正常流通。

在纸币本位制条件下，各国对辅币法偿能力的规定不完全相同，有的规定为有限法偿（如美国），有的则没有做明确规定（如我国）。

5. 发行保证制度

发行保证制度又称为发行准备（或储备）制度，是指通过银行发行的信用货币作为价值符号依靠什么来保证其币值稳定的制度。在表征货币形态下，发行银行券和辅币的银行必须建立金属储备制度，以保证银行券和辅币能随时兑换成金属本位币或本位币金属。凭金属准备发行的银行券，可以通过自由兑换调节流通中的货币量，使之与货币需要量相一致，以有效保持货币流通的稳定。

随着商品流通和货币流通的发展，货币发行的商业信用保证和国家信用保证也随之发展起来。银行通过商业票据贴现向流通中投放信用货币为商业信用保证，由于投放到流通中的信用货币有相应的商品做保证，可保证货币购买力和商品供应量的基本平衡，从而使货币流通基本保持稳定。国家信用保证一般是指银行通过买入政府债券向流通中投放信用货币，由于这些投放的货币无金属储备可供兑现，又无相应商品可满足其购买力的需求，因此，凭国家信用发行的信用货币不具有稳定货币流通的保证作用。

自20世纪30年代以来，世界各国在先后放弃金本位货币制度的同时，也不再规定发行保证制度。发行信用货币的中央银行虽然拥有大量的黄金外汇储备，但既不规定信用货币的含金量，一般也不建立黄金外汇与信用货币发行之间的比例关系，因此，并不属于信用货币的发行保证制度。少数国家和地区由于特殊的背景和历史原因，也有用发达国家的国际通用货币（外汇）作为本国或本地区的货币发行保证。例如，我国的人民币只规定了经济发行（商业信用）原则，而无发行保证制度；我国香港特别行政区则以外汇（美元）作为港元的发行保证。

6. 规定货币的对外关系

规定货币的对外关系，即规定本国法定货币同外国货币是自由兑换货币还是非自由兑换货币（管制货币）。货币的对外关系，是由一国的政治、经济、文化和历史传统等诸多因素决定的。

1.4.2 货币制度的演变

货币制度自产生以来，从其存在形态看，经历了银本位制、金银复本位制、金本位制和不兑现的信用货币制度。

1. 银本位制

银本位制是最早出现的货币制度，而且持续的时间也比较长。在公元前及公元初期，欧洲许多国家，均曾有银币流通。16～19世纪，银本位制在世界许多国家盛行。

在银本位制中，白银是本位币的币材，银币具有无限法偿能力，可以自由铸造和熔化，其名义价值与实际价值相等。银本位分为银两本位与银币本位。银两本位是以白银的重量单位——两作为价格标准，实行银块流通的货币制度。银币本位则是以一定重量和成色的白银，铸成一定形状的本位币，实行银币流通的货币制度。

银本位制的出现是和当时的生产力发展相适应的。在银本位制盛行的时代，大多数国家实行银币本位，只有少数国家实行银两本位。例如，我国于1910年宣布实行银本位制，但实际上是银圆和银两混用，一直到1933年，当时的南京国民政府才宣布“废两改圆”，实行银圆流通。

资本主义的发展使大规模的贸易增多，白银的体积大但价值低，因此不能适应经济发展的客观需要。19世纪以后，随着生产白银的劳动生产率不断提高，白银的价值不断下降，金与银之间的比价大幅度地波动，影响了经济的稳定发展，因此，许多国家纷纷放弃了银本位制。

2. 金银复本位制

金银复本位制是指以金和银同时作为币材的货币制度。在这种制度下，金银两种铸币都是本位币，均可自由铸造，两种货币可以自由兑换，并且两种货币都是无限法偿货币。金银复本位制盛行于 16～18 世纪资本主义发展初期。这一时期，资本主义的商品生产和流通进一步扩大，交易额也不断增加，一方面小额交易需要更多的白银，另一方面越来越多的大额交易使黄金的需要量扩大；同时，黄金的供给量也由于人工开采的增加而增加，使金银复本位制代替银本位制成为可能。

金银复本位制按金银两种货币的不同关系又可分为平行本位制、双本位制和跛行本位制。

（1）平行本位制

平行本位制是金银两种货币均各按其所含金属的实际价值任意流通的货币制度。国家对金银两种货币之间的交换比例不加固定，而由市场上自发形成的金银比价自行确定。但是，市场机制形成的金银比价因各种原因变动频繁，造成交易混乱，因而使平行本位制极不稳定。

（2）双本位制

双本位制是指国家以法律形式规定金银两种货币的比价，两者按法定的比例流通。双本位制试图克服平行本位制下金币和银币比率频繁变动的缺陷，实际上事与愿违，反而形成了国家官方金银比价与市场自发金银比价平行存在的局面，而国家官方金银比价较市场自发金银比价显然缺乏弹性，不能快速依照金银实际价值比进行调整。因此，当金币与银币的实际价值与名义价值相背离时，实际价值高于名义价值的货币（良币）通常被收藏、熔化而退出流通，实际价值低于名义价值的货币（劣币）则充斥市场，即所谓的“劣币驱逐良币”规律，这一规律又称“格雷欣法则”。因此，在某一时期，市场上实际上只有一种货币在流通，很难有两种货币同时并行流通的局面。这也成了许多国家向金本位制转变的动因。

（3）跛行本位制

跛行本位制是指国家规定金币可自由铸造而银币不允许自由铸造，但金币与银币可以按固定的比例兑换。实际上，银币已经降为金币的附属物，因为银币的价值通过固定的比例与金币挂钩，而金币是可以自由铸造的，其价值与本身的金属价值是一致的。因此，从严格的意义上来说，跛行本位制只是金银复本位制向金本位制的过渡形式。

与银本位制相比，金银复本位制有其先进之处：金银并用满足了当时生产扩大对通货的需求，金币与银币的价值高低不同，可以分别适用于批发交易和小额交易。但是，金银复本位制是一种不稳定的货币制度，因为货币作为一般等价物具有独占性和排他性。随着黄金产量的增加和经济的发展，西方各资本主义国家先后过渡到金本位制。

3. 金本位制

金本位制又称金单本位制，它是以黄金作为本位货币的货币制度，主要有金币本位制、金块本位制和金汇兑本位制三种形式。

（1）金币本位制

金币本位制是以黄金为币材，铸造金本位币流通的货币制度。金币本位制的主要特征包括：①铸造金币，有金币流动，金铸币无限法偿；②金铸币可自由铸造、自由熔化为金块（条）；③银行券和辅币作为价值符号，能自由兑换金铸币或黄金；④黄金可以自由输出入国境；⑤建立金准备制度，保证价值符号（表征货币）的可兑换性。

金币本位制是一种相对稳定的货币制度，对资本主义经济的发展曾起过积极的作用。

1）由于币制相对稳定，不会发生通货膨胀，从而为促进商品生产的发展和商品流通的扩大提供了良好条件。

2）在稳定的货币制度下，信用关系不受币值波动的影响，因而促进了信用事业的发展。

3）在金币本位制下，由于各国都以黄金作为币材，各国货币含金量的比率相对稳定，而外汇行市的稳定显然有利于国际贸易的进行，同时，对外贷款和投资的安全性也有了保障。

自 1816 年英国最早宣布实行金币本位制开始，到 1914 年各国金币本位制崩溃，这种货币制度盛行了将近 100 年的时间。第一次世界大战开始后，由于各参战国纷纷把黄金集中于国库，用于向国外购买军火，签发大量不兑换黄金的纸币以弥补军费支出，使银行券失去了兑现黄金的可能性，各参战国陆续停止了银行券兑现制度，宣告了金币本位制的崩溃。

（2）金块本位制和金汇兑本位制

1924～1928 年，资本主义经济进入相对稳定时期，各国开始酝酿恢复金本位制度。但是，由于各国经济发展不平衡，黄金分布极不平衡，加上黄金产量的增长远远落后于商品生产和流通的扩大，典型的金币本位制已无法恢复，而只是建立了两种被称为“残缺不全”的金本位制——金块本位制和金汇兑本位制。

金块本位制又称为生金本位制，其主要特点如下：①不铸造金币，没有金币流通，实际流通的是纸币——银行券；②银行券规定含金量，但不能自由兑换黄金，只能在规定的数额以上兑换金块（如 1925 年英国规定银行券 1700 英镑以上才能兑换金块）；③黄金集中由政府保管，作为银行券流通的保证金。金汇兑本位制又称为虚金本位制，其主要特点如下：①不铸造金币，没有金币流通，实际流通的是纸币——银行券；②中央银行将黄金和外汇存入另一个实行金本位制国家的中央银行，并规定本国货币与该国货币的兑换比率；③银行券规定含金量，但不能直接兑换黄金，只能兑换外汇；④政府或中央银行通过按固定比价买卖外汇的办法来稳定本国币值和汇率。

金块本位制和金汇兑本位制是两种不稳定的货币制度。原因如下：①这两种货币制度都没有铸币流通，黄金失去了流通手段的职能，从而也失去了自发调节货币流通的可能性；②由于银行券不能自由兑换黄金，所以，一旦过多就会贬值；③在金汇兑本位制下，本国货币制度依附于外国货币制度，一旦外国货币制度发生动摇，本国货币制度也必然随之动摇。

4. 不兑现的信用货币制度

不兑现的信用货币制度又称为不兑换纸币本位制，是指由中央银行代表国家发行以纸币为代表的国家信用货币，由政府赋予无限法偿能力，并强制流通的货币制度。

1929～1933 年资本主义世界性的经济危机，使金块本位制和金汇兑本位制这两种不稳定的货币制度趋于崩溃。1933 年，德国、英国、美国先后放弃了金本位制；1936 年，法国、意大利、比利时、荷兰、瑞士也先后放弃了金本位制，各国普遍实行了不兑换黄金的纸币本位制。1944 年 7 月，在美国布雷顿森林镇召开的国际货币金融会议通过了《国际货币基金协定》，建立了以美元为中心的国际货币体系——布雷顿森林体系。布雷顿森林体系建立了“双挂钩”机制，即美元与黄金挂钩（保持 1 盎司黄金=35 美元的联系），各国货币与美元挂钩（各国中央银行可按规定的官价用美元向美国中央银行兑换黄金），逐渐形成了以美元为中心的国际金汇兑本位货币制度。

20 世纪 70 年代，世界经济动荡不定，金价大涨，各国纷纷用美元向美国中央银行兑换黄金，使美国黄金大量外流，黄金储备下降。为了制止黄金继续外流，美国实行了新经济政策，停止各国用美元兑换黄金，从而宣告了国际金汇兑本位货币制度的崩溃，在世界范围内最后割断了货币和黄金的联系。

不兑现的信用货币制度的主要特点表现在以下几个方面。

1）纸币本位制。纸币本位币是以国家信用为基础的信用货币，无论是现金还是存款，都是国家对货币持有者的一种负债。存款货币是银行代表国家对存款人的负债；流通中的现金是中央银行信贷资金的来源，是中央银行代表国家对持有者的负债。

2）纸币本位制不规定含金量，不能兑换黄金，不建立金准备制度，它只是流通中商品价值的符号。

3）纸币本位制通过银行信贷程序发行和回笼纸币本位币，即纸币本位币通过银行贷款、票据贴现，买入黄金、外汇和有价证券，投放到流通中去；通过收回贷款，收回贴现票款，卖出金银、外汇和有价证券，使流通中的货币向银行回笼。

4）纸币本位币是没有内在价值的价值符号，不能自发适应经济运行的需要。纸币本位制的稳定性取决于国家的货币政策，中央银行必须按经济原则发行货币，并以其作为调控国民经济的重要工具，既控制通货膨胀，又防范通货紧缩。

5）从世界范围看，纸币本位制下的存款货币、电子货币流通具有广泛发展的趋势，而现金货币流通则呈现出日渐缩小的趋势。

1.4.3　中国的货币制度

中国是单一制的社会主义国家，实行统一的货币制度，即人民币制度。1997 年和 1999 年香港和澳门相继回归祖国，由于我国实行“一国两制”的方针，继续维持两地原有的货币制度。

1. 人民币制度

我国现行的货币制度是人民币制度。人民币是 1948 年 12 月 1 日开始发行的，人民币的发行标志着新中国货币制度的建立。

人民币制度建立前，中国有两种货币制度，一是国民政府的货币制度；一是中国共产党领导的解放区的货币制度。

1948 年冬，解放战争的形势日趋明朗，客观上要求建立新的全国统一的货币制度。1948 年 12 月 1 日，中国人民银行（the People's Bank of China）宣告成立，开始统一发行人民币。人民币发行后，人民政府采取了一系列措施肃清伪币，严禁外币和金银流通，逐步收回各解放区发行的货币，实现了货币制度的独立和统一。由于人民币是在恶性通货膨胀的背景下发行的，发行之初还是弥补财政赤字的手段，所以面额较大。1955 年 3

月 1 日，中国人民银行开始发行新人民币，以 1∶10 000 的比率收兑了全部旧人民币，并同时建立起辅币制度。这样就健全了人民币制度。

人民币制度是信用货币制度，它具有信用货币制度的一切特征。人民币制度的内容包括以下几个方面。

1）人民币是我国的法定货币，以人民币支付我国境内的一切公共和私人的债务，任何单位和个人不得拒收。人民币没有法定含金量，也不能自由兑换黄金。

2）人民币的单位是“元”，元是主币，辅币的名称是“角”和“分”。人民币的符号为“¥”，是取“元”字汉语拼音“yuan”的首字母加两条横线而成。

3）人民币由中国人民银行统一印制、发行。每年国务院在国民经济综合平衡的基础上，核准货币发行指标，并授权中国人民银行发行。

4）禁止伪造、变造人民币，禁止出售、购买伪造或变造的人民币，禁止故意损毁人民币，禁止在宣传品、出版物或其他商品上非法使用人民币图样。

5）任何单位和个人不得印制、发售代币票券以代替人民币在市场上流通。

6）残缺、污损的人民币按照中国人民银行的规定兑换，并由中国人民银行负责收回、销毁。

7）中国人民银行设立人民币发行库，在其分支机构设立分库。分库调拨人民币发行基金，应当按照上级库的调拨命令办理。任何单位和个人不得违反规定，动用发行基金。

8）我国建立的金银储备和外汇储备是国际支付的准备金，并非作为货币发行的准备或保证，但对稳定国内货币流通也能起作用。这两项储备是由中国人民银行集中掌管，储备情况定期公布。

9）对人民币的出入境实行限额管理。

10）实行人民币在经常项目下的自由可兑换。

2. “一国两制”下的地区货币制度

根据《中华人民共和国香港特别行政区基本法》和《中华人民共和国澳门特别行政区基本法》，港元和澳门元分别是中华人民共和国香港特别行政区和中华人民共和国澳门特别行政区的法定货币。中国人民银行不在两地设立派出机构，而由中华人民共和国香港特别行政区政府及其有关机构和中华人民共和国澳门特别行政区政府及其有关机构制定和执行其货币政策。人民币和港元、澳元是在一个国家的不同社会经济制度区域内流通的 3 种货币，它们所隶属的货币管理当局各按自己的货币管理方法发行和管理货币。

1.4.4 跨国货币制度的出现

从货币制度诞生之日起，货币发行和货币政策权力就被视为国家主权的核心之一，并且货币统一被看做国家统一的标志。“一个国家，一种货币”这一货币主权的象征意义成为当代货币制度认识的思维定式。然而，在经济和金融全球一体化发展的推动下，市场获得了极大的扩展和深化，对整个货币制度环境形成需求，主权货币制度在市场一体化情况下必然面临新的制度竞争。有什么样的市场，就有什么样的货币制度，目前已成为共识。超国家主权的跨国货币制度开始诞生，“一个市场，一种货币”的市场与货币制度的新框架开始建立，欧元是其典型代表。

1999 年 1 月 1 日，欧元在奥地利、比利时、法国、德国、芬兰、荷兰、卢森堡、爱尔兰、意大利、葡萄牙和西班牙 11 个国家（欧元区国家）正式使用。2001 年 1 月 1 日，希腊加入欧元区，成为欧元区第 12 个成员国。2002 年 1 月 1 日，新的欧元纸币和欧元硬币启用成为欧元区国家的法定货币。欧元由欧洲中央银行（European Central Bank，ECB，以下简称“欧洲央行”）和各欧元区国家中央银行组成的欧洲中央银行系统（European System of Central Bank，ESCB）负责管理。

欧元的启用，结束了欧洲内部货币动荡的局面，创造了相对稳定的货币环境；有利于降低投资风险，减少交易成本，扩大资本市场的融资能力；同时，有利于促进各欧元区国家的财政健康稳定，推动经济增长。但是，欧元作为人类历史上跨国货币制度的创新，在单一货币和新汇率制度运行、跨国中央银行的运作等方面，还存在着不少困难和障碍，有待于在实践进程中逐步加以克服。

在欧元的启示下，各大洲都出现了建立跨国货币制度的动向。在南美洲，秘鲁和厄瓜多尔试图实行以美元为基础的经济一体化；2000 年，被誉为“欧元之父”的罗伯特·蒙代尔（Robert Mundell）大力倡导巴西、阿根廷、乌拉圭和巴拉圭建立南美共同货币。在非洲，西非经济共同体（Economic Community of West African States，ECOWAS）国家领导人曾于 2000 年 4 月 21 日签署协议，规定在此后 3 年内建立统一货币。在亚洲，经历 1997 年金融危机后，为了稳定亚洲的货币环境，一些国家和地区也提出了建立“亚元”的构想；2000 年 5 月，东南亚国家联盟成员国（Association of Southeast Asian Nations，ASEAN，以下简称“东盟”）及中国、日本、韩国的财政部长在泰国清迈就开展东亚金融合作的具体内容及形式进行了商议，签订了著名的《清迈协议》(Chiang Mai Initiative)。《清迈协议》将东盟之间原有的货币互换安排扩展到东盟所有成员国，资金规模已扩大到 10 亿美元；同时，扩大货币互换安排的范围，包括中国、日本、韩国；在东盟成员国、中国、日本、韩国之间签订一系列双边货币互换协议。总体而言，《清迈协议》围绕东亚货币合作做文章，表现出各国携手共同处理突发性金融危机的决心。

蒙代尔预测，在未来 20 年内，将形成美元区、欧元区和亚洲货币联盟三足鼎立的局面。但是，跨国货币制度必须建立在各国经济、政治制度接近，生产力发展水平相近，各国货币政策、经济政策和价值观念趋同的基础之上，因此，需要一个较长的发展和磨合过程。可以预见的是，一个主权国家内部的货币制度发展成为全球性的跨国货币制度，将是货币制度发展的必然历史趋势。

小　结

经济学家将货币（或称货币供给）定义为在商品和服务支付及债务偿还中被普遍接受的物品。

货币不是从来就有的，它是商品生产和商品交换发展到一定阶段的产物，经历了商品货币、可兑现的纸币、不可兑现的信用货币的演化过程。

马克思认为，货币是从商品世界中分离出来的、固定充当一般等价物的特殊商品，并能反映一定的生产关系。

任何用做货币的东西都具有作为交易媒介、价值尺度和价值储藏的功能。现代货币还发挥着支付手段的功能。

各国中央银行在确定货币供给的统计口径时，都以流动性的大小作为标准，划分为M_0、M_1、M_2等层次进行统计。货币的计量成为中央银行制定货币政策的重要依据。

货币制度是指一个国家或地区以法律形式确定的货币流通结构、体系和组织形式。它包括货币材料与货币本位、货币名称、货币单位和价格标准、本位币、辅币及其偿付能力、货币发行保证制度、货币对外兑换关系等规定。

货币制度自产生以来，从其存在形态看，经历了银本位制、金银复本位制、金本位制和不兑现的信用货币制度。

随着世界经济一体化的深入发展，超国家主权的跨国货币制度开始诞生，“一个市场，一种货币”的市场与货币制度的新框架开始建立，欧元是其典型代表。

案例分析

战俘营里的货币

在第二次世界大战期间，纳粹战俘营中流通着一种特殊的商品货币——香烟。当时的红十字会组织设法向战俘提供了各种人道主义物品，如食物、衣服、香烟等。由于数量有限，分发这些定量配给品时自然无法顾及个人偏好，因此这种分配显然是缺乏效率的。有的战俘可能偏爱巧克力，有的战俘可能偏爱奶酪，还有的战俘可能想要件新衬衣。战俘们不同的偏好和平均的物品配置使他们有了相互交易的需求。但是，即便是在战俘营这样一个狭小的范围内，物物交换也显得非常不方便，因为它需要交易双方恰巧相互需要对方想要交换的物品，即“需求的双重巧合”。为了使交换能够顺利进行，需要一种能够充当交换媒介的商品。最终香烟被确定为用以表示物价和进行交易的“通货”。例如，一根香肠可换10支香烟，一件衬衣值80支香烟。服务也可以用香烟来标价，如一个战俘替另一个战俘洗一件衣服可换两支香烟。甚至不吸烟的人在交换中也乐意接受香烟，因为他们知道可以在未来用香烟来交换某种自己想要的东西。在战俘营中，香烟成为交换媒介、计价单位和储藏手段。

（资料来源：Radford RA.1945.The Economic Organization of a POW Camp.Economica, 11:189-201）

【案例思考】

1．香烟为什么能够成为战俘营里的货币？
2．我们愿意接受别人付给我们的钞票，是因为我们对钞票有偏好吗？

思考题

1．什么是货币？它与我们日常生活中所说的现金、财富和收入有何区别？
2．历史上曾经出现过的货币形式有哪几种？推动货币形态演进的动力是什么？
3．货币的功能有哪些？举例说明。
4．如何划分货币的层次？划分货币层次的意义是什么？

5．不同的货币层次包含了哪些方面的内容？
6．简述货币制度的含义及构成要素。
7．金属货币制度有哪些类型？
8．试举例说明“劣币驱逐良币规律”。
9．试说明金币本位制在世界经济中的作用及局限性。

在线学习

1．进入方式

授课视频路径：输入网址“http://www.upln.cn/”→“教学资源中心”→“资源共享课”，单击“货币金融学”（杨秀萍教授主讲），观看本章的教学视频。

2．学习方式

进入本章授课视频，自主完成“练习、作业、测验、案例”等，并通过网页提供的“在线测验、试卷答题”等形式检验自己对知识的掌握情况。

第 2 章

金融中介机构

知识目标

1. 掌握金融中介机构的类型，进而掌握金融体系的构成。
2. 掌握各种金融中介机构的功能及主要业务。
3. 理解金融市场信息不对称条件下的逆向选择与道德风险。
4. 掌握解决金融市场信息不对称的方法。

基本概念

金融体系　金融中介机构　中央银行　金融监管机构　直接融资
间接融资　有价证券　存款货币银行　契约型储蓄机构　投资型中介机构
金融公司　共同基金　货币市场共同基金　政策性金融机构　证券公司
金融信托　金融租赁　交易成本　规模经济　信息不对称　逆向选择
道德风险　资产转换　资产组合

开篇案例

中国的影子银行

2008 年全球金融危机以来，影子银行成为金融监管机构和学术界共同关注的焦点，甚至一度成为金融危机的替罪羊。以美国为首的西方发达国家开始重新审视金融创新带来的风险，继而美国出台了《多德-弗兰克华尔街改革和消费者保护法》（Dodd-Frank Wall Street Reform and Consumer Protection Act），对影子银行体系的资本金、准备金率、杠杆率、资本充足率等一系列问题进行全面监管。欧盟 20 国集团也呼吁金融稳定委员会加强对影子银行的监管。

影子银行系统（the shadow banking system）的概念最早出现在 2007 年的美联储年会上，由美国太平洋投资管理公司执行董事保罗·麦克利雷（Paul McCulley）首次提出并被广泛采用，又称为平行银行系统（parallel banking system）。它包括投资银行、对冲基金、货币市场基金、债券保险公司等非银行金融机构。这些机构通常从事放款，也接受抵押，是通过杠杆操作持有大量证券、债券和复杂金融工具的金融机构。

为促进金融体系稳定而成立的合作组织金融稳定理事会（Financial Stability Board, FSB）对影子银行的定义是：游离于银行监管体系之外、可能引发系统性风险和监管套利等问题的信用中介体系（包括各类相关机构和业务活动）。影子银行引发系统性风险的因素主要包括四个方面，即期限错配、流动性转换、信用转换和高杠杆。

影子银行虽然是非银行机构，但又确实在发挥着事实上的银行功能。影子银行的基本特点可以归纳为以下三个方面：其一，交易模式采用批发形式，有别于商业银行的零售模式。其二，进行不透明的场外交易。影子银行的产品结构设计非常复杂，而且鲜有公开的、可以披露的信息。这些金融衍生品交易大都在柜台交易市场进行，信息披露制度很不完善。其三，杠杆率非常高。由于没有商业银行那样丰厚的资本金，影子银行大量利用财务杠杆举债经营。2008 年次贷危机中，非银行机构将“长期的、有风险的，且流动性相对较差的资产”包装为金融衍生品，如次级债券、担保债务权证，然后被信用评级机构评级后，卖给投资者。影子银行体系为次级贷款者和市场富余资金搭建了桥梁，成为次级贷款者融资的主要中间媒介。

美国桑福德·伯恩斯坦研究公司的数据认为，中国“影子金融”的融资规模大约为 20 万亿元，约相当于银行放贷市场的三分之一，其口径与社会融资规模口径一致。2012 年 11 月海通证券测算的我国影子银行规模大致在 28.8 万亿元，包含信托和委托贷款、银行承兑票据、债券等信用类金融工具和民间借贷及信托融资，实际上类似于广义全社会融资规模当中的非银行贷款融资。

根据国际标准影子银行衡量，中国的标准影子银行产品约 10 万亿元，占银行业全部资产的比重不足 10%。非银行金融机构中的信托公司、金融租赁公司、汽车金融公司、贷款公司、农村资金互助社具有信用创造的功能，可以看做信贷型影子银行，这些机构受中国银监会的监管，其业务规模也不容小视。2012 年 12 月底，信托业总资产超过 7 万亿元，融资租赁业总资产接近 1.8 万亿元，四大资产管理公司总资产 0.76 万亿元，再加上同类影子银行机构的资产，该层面的资产规模也接近 10 万亿元。2012 年 12 月小额贷款公司的贷款余额 0.6 万亿元，融资性担保公司业存在直接放贷问题，2011 年年底资产规模已经达到 9311 亿元。如果把典当行、投资公司、财富管理公司归入民间借贷范畴，这个民间借贷规模也有 3 万亿～4 万亿元的资产规模。另外，民间借贷中有一类属于有组织借贷，如商会、企业家俱乐部等，这些机构向会员或成员收取会费，发放贷款，资金来源可能是大企业从银行获得的授信，这部分规模应该约为 5000 亿元。传统的地下金融，如私人钱庄、借贷经纪人、合会等，其规模不容易统计。

据统计，2012 年年底中国影子银行的资产规模约为 25 万亿元。同期，中国商业银行总资产为 93.6 万亿元，影子银行资产规模占商业银行资产规模的比例约为 26.7%，占中国银监会监管的全部金融机构资产规模约为 18%，而美国的影子银行规模在 2008 年已经超过了商业银行的资产规模。欧洲的影子银行规模也与商业银行规模接近。

不同类型影子银行及其产品发展速度也有较大差异。近年来，我国的信托产品大行其道，融资租赁快速发展，成为影子银行体系中新的增长点。小额贷款、融资担保、典当行等也出现迅猛扩张趋势。这些非银行金融机构在利率定价方面有比较大的灵活性，更能适应市场的发展，比银行有一定的优势。利率市场化改革实际上推动了影子银行的发展。但是，资产证券化业务、货币市场基金、回购交易、信用衍生品在中国的发展速度并不算快。

2008 年美国金融危机以来，各国不断反思金融监管和金融体系的内在缺陷、银行资本与监管的顺周期性，以及监管套利、系统性风险和宏观审慎监管等引起极大关注。自 2009 年下半年以来，中国民间借贷危机事件频发，影子银行的风险开始暴露，对于影子银行的监管已经成为理论界和实务界关注的热门话题。

（资料来源：张红伟．2016．货币金融学·2 版．北京：科学出版社）

那么，金融中介机构的类型是什么？主要功能是什么？各种金融中介机构的业务是什么？这是本章要学习和讨论的主要内容。

2.1 金融体系概述

金融是现代市场经济的核心，一国经济的正常运转离不开一个健全的金融体系。现代意义上的金融体系是指金融资源的集中、流动、配置和再配置的有机整体。在这个体系中，最重要的主体是金融中介机构，它发挥着连接资金的流出方（资金盈余单位）和资金的流入方（资金短缺单位），进而实现金融资源合理流动、有效配置和再配置的功能。中央银行和其他金融监管机构是这个体系中不可缺少的重要组成部分，它们负责制定与组织实施货币政策，规范、监督与引导金融市场稳健发展。现代各国金融体系大多数是以中央银行为主导来进行组织管理的，因此，形成了以中央银行为核心，商业银行为主体、各类银行和非银行金融中介机构并存的金融机构体系。金融中介机构是指以货币资金为经营对象，从事货币信用、资金融通、金融工具交易以及相关业务的企业组织。从广义上说，是专门从事各种与金融活动有关的金融中介服务组织。金融中介机构由各类商业银行、其他非银行金融机构（如证券公司、保险公司、金融公司等）构成；中央银行是负责制定与组织实施货币政策的金融管理机构；其他金融监管机构是指依法对金融中介机构进行市场准入、业务经营、市场退出等监管管理机构。在我国由银行业监督管理委员会、证券监督管理委员会、保险监督管理委员会等部门构成，在美国由证券交易委员会、商品期货交易委员会、通货监理署、全国信用社管理局、州银行和保险委员会、联邦存款保险公司、储蓄监管局等构成。

资金从资金盈余单位转移到资金短缺单位可以通过两个渠道，即直接金融与间接金融，也可称为直接融资和间接融资，如图 2.1 所示。

直接金融是资金短缺单位直接在证券市场上向资金盈余单位发行债务性凭证或股权凭证（即金融工具），如债券或者股票，来融通资金（这方面的知识将在第 5 章专门阐述）。间接金融是资金盈余单位把资金存放（或投资）到银行等金融中介机构中去，再由这些机构以贷款或证券投资的形式将资金转移到资金短缺单位手中。在间接金融中，资金盈余单位和资金短缺单位并不发生直接联系，而是分别同金融中介机构发生一笔独立的交易。

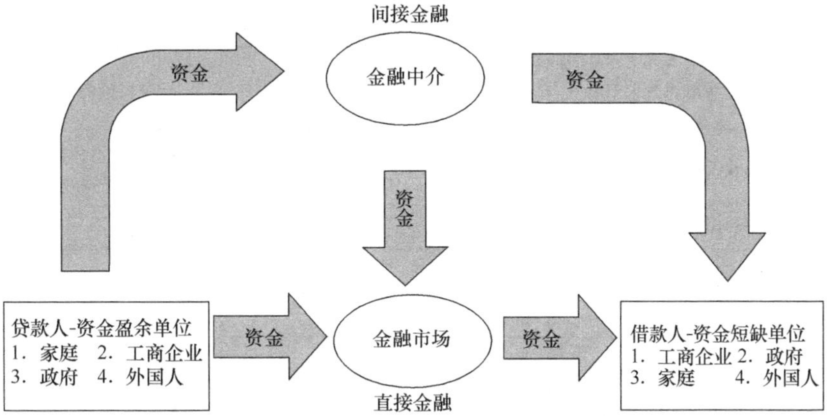

图 2.1　金融体系中的资金流动

在这个过程中，金融中介机构发挥着吸收资金和分配资金的功能，它通过发行债务性凭证或股权凭证来吸收资金盈余者的资金，形成资金盈余单位对金融中介机构未来收益的要求权，即资金盈余单位的金融资产，金融中介机构再把它转化成对资金短缺单位（借款者）的要求权（金融中介机构的资产），实现了资金盈余单位、金融中介机构和资金短缺单位的“三赢”，提高了货币资金的使用效率。

要研究金融市场和金融中介机构在经济社会中的作用，必须首先弄清楚它们的一般结构和运行方式。本章主要介绍金融中介机构的构成及其功能。

2.2 金融中介机构

从事各种金融活动的企业组织统称为金融中介机构，它在经济活动中发挥着重要作用。金融中介机构是资金盈余者与资金短缺者之间融通资金的信用中介，主要以发行债务性证券（如存款凭证）和权益性证券（如股票）的方式形成资金来源，然后把这些资金投向贷款、其他权益性有价证券等金融资产的企业。有价证券（security）简称“证券”，对持有人来说是一种权益性的金融工具，是持有人对发行人未来收入或资产（assets，金融索取权的价值表现或者拥有所有权的财产）的索取权的价值凭证。

金融中介机构可依据不同的标准进行分类。在间接融资领域中，与资金余缺双方进行金融交易的金融中介机构有各种类型的银行；在直接融资领域中，为筹资者和投资者双方牵线搭桥，提供策划、咨询、承销、经纪服务的金融中介机构，有投资银行、证券公司、证券经纪人、金融市场上的各种基金以及证券交易所；与上述金融中介机构并存的是各种保险企业；从事信托、金融租赁、土地和房地产金融活动的金融中介机构，在金融系统中也是重要组成部分。

金融中介机构大致可以分为存款机构（银行）、契约型储蓄机构、投资型中介机构、政策性金融机构及其他金融机构。以美国为代表的发达国家前 3 类金融中介机构的主要资产和负债项目如表 2.1 所示。

表 2.1　金融中介机构的主要资产与负债项目

项目 / 中介机构	金融机构类型	主要负债（资金来源）	主要资产（资金运用）
存款机构（银行）	商业银行	存款	商业贷款、消费贷款、抵押贷款、联邦政府债券与市政债券
	储蓄和贷款协会	存款	抵押贷款
	互助储蓄银行	存款	抵押贷款
	信用社	存款	消费贷款
契约型储蓄机构	人寿保险公司	保费	企业债券和抵押贷款
	财产保险公司	保费	市政债券、企业债券、股票、联邦政府债券
	养老基金、政府退休基金	雇员和雇主缴款	公司债券和股票
投资型中介机构	金融公司	商业票据、股票、债券	消费贷款和企业贷款
	共同基金	股份	股票、债券
	货币市场共同基金	股份	货币市场工具

资料来源：米什金．2011．货币金融学．郑艳文，荆国勇，译．北京：中国人民大学出版社．

2.2.1　存款机构

在金融中介体系中，国际货币基金组织将能够创造存款货币的金融中介机构统称为存款机构（depository financial institutions）或存款货币银行。该类机构是从个人和机构那里接受存款并发放贷款的金融中介机构。这些存款机构的主要资产业务为贷款，主要负债业务为存款，同时可为客户提供多种金融服务。存款类金融机构主要有商业银行、储蓄银行和信用合作社等。

1．商业银行

商业银行（commercial banks）是经济活动中重要的金融机构，是为众多个人、家庭以及政府提供信贷（可贷资金）的主要来源。在美国法律中，商业银行被定义为任何提供支票存款以及提供企业贷款的机构。从一般意义上讲，商业银行是依法接受活期存款，通过发行支票存款、储蓄存款和定期存款来筹措资金，主要为工商企业和其他客户提供工商业贷款、消费者贷款和抵押贷款，并从事广泛金融业务的金融机构。目前，商业银行已成为世界各国金融中介业务最广泛、资金实力最雄厚的存款机构。

2．储蓄银行

储蓄银行的资金来源主要是储蓄存款、定期存款和支票存款，其资金运用主要是发放长期抵押贷款。在不同的国家，储蓄银行有不同的名称，具体来说，美国有储蓄贷款协会、互助储蓄银行，中国有邮政储蓄银行等。

（1）储蓄贷款协会与互助储蓄银行

储蓄贷款协会（Savings and Loan Associations，S&L）与互助储蓄银行（Mutual Savings

Banks）是美国的存款类金融机构。在美国，这些金融中介机构约有 1225 家。它们主要通过吸收储蓄存款、支票存款和定期存款作为其主要的资金来源。过去，这些机构的业务活动受到严格限制，大部分资金被用于向购置住宅的居民发放抵押贷款。近年来，这些限制已经有所松动，于是这些存款机构与商业银行之间的界限逐渐模糊，它们之间越来越相似，意味着竞争将日益激烈。

（2）中国邮政储蓄银行

中国邮政储蓄银行（Postal Savings Bank of China，PSBC）成立于 2007 年，是承继原国家邮政局、中国邮政集团公司经营的邮政金融业务而形成的全国性银行机构，并于 2011 年年底由有限责任公司整体变更为股份有限公司。中国邮政储蓄银行坚持服务“三农”、服务中小企业、服务城乡居民的大型零售商业银行定位，发挥邮政网络优势，强化内部控制，合规稳健经营，为广大城乡居民及企业提供优质金融服务，支持国民经济发展和社会进步。中国邮政储蓄银行的负债业务主要包括吸收人民币储蓄、外币储蓄；资产业务主要包括协议存款、同业存款、债券投资、票据贴现、银团贷款、小额贷款、消费信贷等；中间业务主要包括汇兑、代理收付款项、代理保险、代理承销发行、兑付政府债券、代销开放式基金、提供个人存款证明服务及保管箱服务等。

3. 信用合作社

信用合作社（credit unions）简称信用社，是在西方国家普遍存在的一种互助合作性金融组织。1955 年，在国际合作社联盟成立 100 周年代表大会上通过的《关于合作社界定的声明》，对合作社的定义及原则等做了说明。该声明将合作社定义为人们自愿联合组成的自治性的协会，以通过共同所有和民主控制的企业来满足经济、社会和文化方面共同的需求和渴望。而信用社作为金融中介，是指由同一地区、同一工会或在同一公司工作的职工组成的互助性的金融机构。既有由农民组成的农村信用社，也有由城市手工业者或某一行业等特定范围成员组成的城市信用社。传统意义上的信用社的资金来源主要是信用社成员（即社员）缴纳的股金和吸收存款，该部分存款称为股份，支付给社员的收益一般不以利息而以股利的方式支付；同时，信用社也可以有一定数量的非成员存款。早期，信用社的资金主要被用作向其成员提供小额的消费贷款。20 世纪 80 年代，美国的银行法案允许信用社开设支票账户，除发放消费贷款外，还能发放抵押贷款。近些年来，一些资金充裕的信用社已增加了家庭住房抵押贷款、信用卡贷款，有的信用社还为社员的生产设备更新改造提供中长期贷款。

阅读资料

我国新型农村金融机构

所谓新型农村金融机构，是指经中国银监会批准设立的村镇银行、贷款公司、农村资金互助社三类农村金融机构。由于农业自身抵御自然灾害能力差、风险高和收益不稳定等特点，中国的农村金融长期面临着“失血”难题，很多商业银行纷纷弱化农村市场，减少分支机构，而不良资产率偏高的农村信用合作社对农民信贷支持也非常有限。为解决这一难题，中国政府从2006年开始试点发展农村资金互助社、贷款公司和村镇银行三类新型农村金融组织。因为植根于社会基层，直接服务于农村、广大中小企业等基层对象，这类新型农村金融组织在中国被形象地称为“草根金融”。

与国有商业银行和地方性金融机构相比，这些蓬勃发展的新型农村金融机构具有贷款方式灵活、放款及时、利率机动三大特点，因此受到农户的广泛欢迎。随着大量新型农村金融机构的设立，未来竞争性的农村金融市场有望建立，长期困扰中国农村经济社会发展的金融“缺血”问题有望得到缓解。

甘肃永登新华村镇银行于2013年10月13日挂牌成立，这是我国成立的第1000家村镇银行。自2007年3月设立首家村镇银行以来，这类新型农村金融机构已成为服务“三农”、支持小微企业发展的金融生力军。

（资料来源：中国人民银行天津分行．http://tianjin.pbc.gov.cn/）

2.2.2 契约型储蓄机构

契约型储蓄机构目前主要包括保险公司（insurance company）和养老基金（pension funds），它们是在契约的基础上按期获得资金的金融中介机构。具体来说，契约型储蓄机构以契约的方式定期、定量地从持约人手中收取资金（保险费或养老金预付款），然后按照合约的规定向持约人提供保险服务或养老金。与存款机构不同的是，契约型储蓄机构可以根据概率精确地预测在未来一年时间里需要支付的赔偿额和退休金。因此，它们在选择资产时并不把流动性作为主要考虑因素，而更倾向于将资金投资于较长期的证券，如公司债券、股票以及长期国债等。

1. 人寿保险公司

人寿保险公司（life insurance company）为人们因意外事故或死亡而造成经济损失提供保险，并且通过向退休者每年支付现金的形式销售养老保险的金融机构。人寿保险公司有两种不同的组织形式：一种是股份有限公司型，其股份为股东所有；另一种是基金型，其所有者为各投保人。人寿保险公司的资金来源是按照一定标准收取的保险费。如果发生的事故在投保范畴内，人寿保险公司则会按照契约规定支付保险金。投保人缴纳的保险费费率是按照正常的死亡率统计得到的，根据预计事故发生概率和死亡概率可估算出未来的人寿保险偿付费，即保险金支付可预测性。人寿保险公司的资金主要运用于购买公司债券、股票、发放长期抵押贷款等长期投资。

2. 财产保险公司

财产保险公司（property and casualty insurance company）是对法人单位和家庭提供财产意外损失的金融机构，主要是对火灾、盗窃、车祸等事故造成的财产损失进行保险，包括运输保险、汽车保险、责任赔偿保险、过失诉讼保险、伤害保险等。与人寿保险公司非常相似，财产保险公司的资金来源也主要是保险费收入。然而财产保险公司的保险费费率是根据事故发生的概率和损坏程度来计算的，事故的发生具有不确定性，因此保险费费率的计算不可能像人寿保险公司那样精准。因此，在资金运用上，财产保险公司要比人寿保险公司持有更多的流动性资产，其资金大多投资于市政证券；此外，它们还投资于公司债券和股票，以及政府债券。

3. 养老基金

养老基金（pension funds）为加入养老金计划的雇员以年金的形式提供退休后的收入，是一种类似于人寿保险公司的专门金融机构。任何就业人员只要一直缴纳基金，并且工作到退休，每个月就可以领取养老金。养老基金的资金来源：一是劳资双方的资金积累，即雇主的缴款及雇员工资中的扣除部分或雇员自愿缴纳的款项；二是运用积聚资金的收益，如投资于公司债券、股票以及政府债券的收益等。与人寿保险公司一样，养老基金能够精确地预计出未来若干年中它们必须支付的养老金，因此，其资金主要投资于长期公司债券、绩优股票和发放长期贷款。

2.2.3 投资型中介机构

投资型中介机构主要包括金融公司（finance company）、共同基金（mutual funds）和货币市场共同基金（money market mutual funds，MMMF）。

1. 金融公司

金融公司，又称为财务公司，是指经营部分银行业务的金融机构，它通过发行债券、股票、商业票据或从银行借款获得资金，并主要提供耐用消费品贷款和抵押贷款业务。总的来说，金融公司可以分为销售金融公司、消费者金融公司和商业金融公司 3 类。其中，销售金融公司是由一些大型零售商或制造商建立的，旨在以提供消费信贷的方式来促进企业产品销售的公司；消费者金融公司专门发放小额消费者贷款，旨在为那些在其他渠道很难获得贷款的消费者提供资金；商业金融公司主要向企业发放以应收账款、存货和设备为担保的抵押贷款。

2. 共同基金

共同基金又称互助基金，是将众多的小额投资者的资金集合起来，由专门的经理人进行市场运作，赚取收益后按一定的期限及持有的份额进行分配的一种金融组织形式。共同基金在英国则被称为单位投资信托（unit trust）。共同基金是人们在自愿的基础上，以一定的方式组织基金，并在金融市场上进行投资以获得高收益的金融组织。这类金融中介机构面向私人发行股份，将募集到的资金用于购买由股票和债券组成的各种金融资产组合产品。共同基金通过向投资者发行股份或收益凭证募集社会闲散资金，再以适度分散的组合方式投资于各种金融资产，一方面为投资者谋取高额利润，另一方面可以获得较低的交易成本。适度分散的投资组合还可以使股份持有人持有更加多样化的资产组合，可以在任何时候出让（或赎回）股份，股份的价值由共同基金持有的证券组合的价值决定。可见，共同基金的投资形式同时具备投资组合、分散风险、专家理财和规模经济等多种优点。

3. 货币市场共同基金

货币市场共同基金是主要在货币市场上进行运作的共同基金（货币市场是指投资工具期限在一年以内的金融子市场，第 5 章将作详细介绍）。货币市场共同基金是一种特殊类型的共同基金，是美国金融界在 20 世纪 70 年代后的金融创新。货币市场共同基金首先是基金中的一种，同时，它又是专门投资货币市场工具的基金。与一般的基金相比，除了具有一般基金的专家理财、分散投资等特点外，货币市场共同基金还具有如下一些投资特征：①货币市场基金投资于货币市场中高质量的证券组合，如国库券、大额可转让定期存单、高级别商业票据等。②货币市场共同基金提供一种有限制的存款账户。股份持有人可以根据他们持有股份的价值签发支票。然而，签发支票的权利一般会受到一些限制，通常是签发数额不得低于一定的标准，如在美国，这一标准为 500 美元，而且在最初开设账户的时候，还要求存入相当数量的款项。实际上，货币市场共同基金提供一种支付利息、签票权受到一定限制的支票账户。③货币市场共同基金所受到的法规限制相对较少。

2.2.4 政策性金融机构

政策性金融机构是指那些由政府创立、控股、参股或配以特殊保证条件，不以营利为目的，为贯彻、配合政府社会经济政策或意图，秉持某些特殊的信贷原则，在有关业务领域内从事政策性融资活动，担当政府调控、管理工具职责的金融机构。政策性金融机构最早出现在欧洲，第一家开发银行于 1822 年诞生在比利时。然而政策性金融机构蓬勃兴起则在以下两个时期：一是 20 世纪二三十年代，美国、德国、法国、英国等国为应对金融危机与大萧条在农业、进出口、小企业、住房等领域成立了各种形式的政策性金融机构；二是 20 世纪 60 年代，日本、韩国、印度等国为实施经济复兴计划或经济赶超策略迅速建立覆盖领域非常广泛的政策性金融体系。与其他国家相比，我国的政策性金融机构起步较晚，主要由政策性银行、政策性融资担保机构和政策性保险机构组成。

1. 政策性银行

政策性银行是由政府投资设立的、根据政府的决策和意向专门从事政策性金融业务的银行，其经营活动不以营利为目的，并且根据具体分工的不同，服务于特定的领域。1994 年以前，我国没有专门的政策性金融机构，国家的政策性金融业务分别由 4 家国有专业银行承担。1994 年，为了适应经济发展的需要，根据政策性金融与商业性金融相分离的原则，相继成立了国家开发银行（China Development Bank，CDB）、中国进出口银行（the Export Import Bank of China）和中国农业发展银行（Agricultural Development Bank of China）3 家政策性银行。

1994 年 3 月 17 日，国家开发银行正式成立。2008 年 12 月 16 日，国家开发银行股份有限公司在北京召开成立大会，成为我国第一家由政策性银行转型而来的商业银行。中国进出口银行于 1994 年 7 月 1 日成立，中国农业发展银行于 1994 年 11 月 18 日正式成立，均是直属国务院领导的政策性金融机构。

总的来说，政策性银行与商业银行有共性的一面，如对贷款与融资支持项目要进行严格审查，贷款资金要求还本付息、周转使用等。与商业银行不同的是，政策性银行的资本金多由政府财政拨付；经营时主要考虑国家宏观经济目标和社会效益，不以盈利为目标，但必须考虑盈亏，坚持专业化管理的基本原则，力争保本微利或减少亏损；政府往往为政策性银行设定了特定的资金来源，如发行金融债券或向中央银行举债；有特定的业务领域，原则上不与商业银行竞争。

阅读资料

其他国家的政策性银行体系

目前，许多国家组建了政策性银行，涉及领域较为全面，并构成了较为完整的政策性银行体系。例如，日本的政策性银行体系经过多次变革后变成了著名的“两行六库”，即日本政策投资银行、国际协力银行、中小企业金融公库、农林渔业金融公库、国民生活金融公库、冲绳振兴开发金融公库、公营企业金融公库和住宅金融公库，“两行六库”在2012年合并为日本政策金融公库。韩国设有韩国开发银行、韩国进出口银行、韩国中小企业银行、韩国住宅银行等政策性银行。法国设有法国农业信贷银行、法国对外贸易银行、法国土地信贷银行、法国国家信贷银行、中小企业设备信贷银行等政策性银行。美国设有美国进出口银行、联邦住房信贷银行体系等政策性银行。这些政策性银行在各国社会经济生活中发挥着独特而重要的作用，构成各国金融体系中的一部分。

（资料来源：杜佳. 2006. 货币金融学. 北京：清华大学出版社）

2. 政策性融资担保机构

政策性融资担保机构是向政策性资金支持对象提供融资担保的政策性金融中介机构。我国现有的政策性融资担保机构是由各级政府投资或控股的，主要目的也各不相同。政策性融资担保机构主要接受政策性融资对象的申请，为其在向商业银行等商业性金融中介机构申请贷款时提供信用担保。政策性融资担保机构主要开展“三农”、经济结构转型发展、区域经济开发、中小企业融资以及中低收入者住房融资等领域的业务。

3. 政策性保险机构

政策性保险机构是利用保险的基本运作原理开展政策性金融业务的非银行金融中介机构。政策性保险机构通过收取保险费的方式获得融资，但它获得的保险费收入小于所承担的灾害发生后损失的赔付额，因此，政策性保险机构的部分收入还来自于财政或者再保险公司。政策性保险机构的业务范围包括农业保险、中小企业融资保险以及重大自然灾害保险等。

中国出口信用保险公司（China Export & Credit Insurance Corporation），于2001年12月18日成立，是由国家出资设立、支持中国对外经济贸易发展与合作、具有独立法人地位的国有政策性保险公司。

2.2.5 其他金融机构

1. 证券公司

证券公司（securities company）是指既可从事经纪业务，又可开展自营、承销及其他业务，即同时为本人或客户从事证券买卖、为客户提供服务的金融机构。也就是说，证券公司不吸收存款，也不发放贷款。在不同的国家，证券公司有着不同的称谓，在美国，证券公司被称作投资银行（investment bank）或者证券经纪商（broker-dealer）；在英国，证券公司被称作商人银行（merchant bank）。证券公司的业务范围包括证券发行业务，自营、代理证券买卖业务（投资银行的认购承销业务），证券私募业务，企业的收购与兼并业务，公司重组业务，融资收购业务，创业投资业务，项目融资业务，国际金融业务，投资管理业务，租赁融资业务，资产管理业务等。

2. 信托投资公司

所谓信托，在 1985 年荷兰召开的国际私法会议上通过的《关于信托的承认及其法律适用的国际公约》中被定义为，一个人（即委托人）在生前或死亡时创设的一种法律关系，委托人为受益人的利益或者为某个特定目的，将其财产置于受托人的控制之下。《中华人民共和国信托法》规定，信托是指委托人基于对受托人的信任，将其财产权委托给受托人，由受托人按委托人的意愿以自己的名义，为受益人的利益或者特定目的，进行管理或者处分的行为。我国的信托投资公司是伴随着经济体制改革而建立的，1979 年中国国际信托投资公司（China International Trust & Investment Corporation，CITIC）的成立，标志着新中国信托业的诞生。1998 年，中国人民银行对信托投资公司的功能进行了重新定位，将信托投资公司规范为真正从事受托理财业务的金融机构，实现信托业与银行业、证券业严格的分业经营、分业管理。信托投资公司主要经营资产、动产、不动产信托，基金管理及兼并重组，企业财务顾问等业务，其收入来源主要为手续费和佣金。金融信托是建立在信用基础上的资产（动产、不动产、金融资产等）所有者为获利或其他目的而将财产的管理或处理权委托给受托人（信托投资公司）的一种经济行为，它是在实物信托的基础上演变和发展起来的，是现代信用经济发展的产物。由于金融信托使财产管理、财务管理、投资开发、长期金融、社会福利和公益事业等功能得到充分发挥，在大多数西方发达国家，金融信托已发展成为一个具有相当规模的产业——金融信托业，在国民经济中发挥着不可或缺的作用。

3. 金融租赁公司

我国的融资租赁业起源于 1981 年，最早的金融租赁公司（financial leasing company）以中外合资企业的形式出现，如中国融资租赁有限公司（China Financial Leasing Co.Ltd）。金融租赁是指出租人根据承租人选定的租赁设备和供应厂商，以对承租人提供资金融通为目的而购买该设备，承租人通过与出租人签订融资租赁合同，以支付租金为代价，而获得该设备的长期使用权的一种融资形式。也就是说，出租人只拥有租赁设备的所有权及处置权，而租赁设备的使用权、收益权及与设备有关的其他权利和义务均转给了承租人。金融租赁公司的主要业务有融资租赁业务，吸收股东 1 年期以上定期存款，接受承租人的租赁保证金，向商业银行转让应收租赁款，经批准发行金融债券，同业拆借，向金融机构借款，境外外汇借款，租赁物品残值变卖及处理业务，经济咨询等。

4. 典当行

典当行是主要以财物作为质押而有偿有期借贷融资的非银行金融机构，是中国乃至世界历史上最为古老的非银行性质的金融行业。1987 年，消失了 30 多年的典当业在温州、沈阳等地萌生，随后在全国兴起。1996 年 4 月，中国人民银行颁布了《典当行管理暂行办法》，并随即据此对全国的典当行进行了全面的清理整顿。2000 年下半年，中国人民银行与国家经贸委就典当行监管职责进行了交接，将原由中国人民银行监管的典当行作为一类特殊的工商企业，交由国家经贸委统一归口管理。2001 年 8 月，国家经贸委发布了《典当行管理办法》，对典当行进行了正式的法律界定。

典当行是个高回报、高风险的行业，其风险不仅直接涉及典当行自身的利益，而且还关系到社会的稳定，因而，严格管理、把风险控制到最低限度，是制定典当行管理办法的首要考虑因素。对此，2001 年 8 月，国家经贸委发布了《典当行管理办法》，该办法规定："第一，典当行对同一法人或者自然人典当余额不得超过注册资本的 30%。第二，典当行从金融机构贷款余额不得超过其注册资本；典当行分支机构不得从金融机构贷款。第三，典当行对其股东的典当余额不得超过该股东入股金额，且典当条件不得优于普通当户。"

5. 资产管理公司

组建资产管理公司（assets management corporation）来管理和处置银行的不良资产是国际上的通行做法。20 世纪 80 年代以来，许多国家成立了专门机构处理银行的不良资产。资产管理公司通常在金融业出现危机时由政府设立，不以营利为目的，承担挽救深陷危机的金融业的职责。资产管理公司的职责在于通过向银行系统注入资金以挽救金融业，重建公众对银行体系的信心；通过运用有效的资产管理及变现战略，从银行的不良资产中尽可能多地收回资金；在尽可能少动用政府资金的前提下，使金融业实现资本重组；考虑到政治、经济和社会等方面因素，尽量减轻金融业重组对社会的负面影响。

我国的资产管理公司是经国务院决定设立的收购国有独资商业银行不良贷款，管理和处置因收购国有独资商业银行不良贷款形成的资产的国有独资非银行金融机构。资产管理公司以最大限度保全资产、减少损失为主要经营目标。目前，我国有 4 家资产管理公司，即中国华融资产管理公司、中国长城资产管理公司、中国东方资产管理公司、中国信达资产管理公司，分别接收从中国工商银行、中国农业银行、中国银行、中国建设银行剥离出来的不良资产。中国信达资产管理公司于 1999 年 4 月成立，其他 3 家于 1999 年 10 月成立。2000 年 11 月 20 日，国务院颁布了《金融资产管理公司条例》，进一步明确了资产管理公司的设立、业务范围、经营管理、清算等，并对资产管理公司不良贷款收购的范围、额度和资金来源以及如何实施债转股等核心问题作出了明确的规定。

2.3 金融中介机构的功能

金融中介机构是现代经济的有机组成部分，金融中介机构所创造的信用和提供的金融服务，已成为经济正常运行的保证，并在当代市场经济中承担并发挥着重要的作用。

2.3.1 资金融通

资金融通是金融中介机构最基本的功能，是指金融中介机构通过自身信用活动充当经济行为主体间、货币借贷者间的中间人。金融中介机构通过独特的信用渠道、信用方式以及风险处理技术，将资金从盈余单位转向赤字单位，实现了社会资源的有效转移。现代企业在投融资过程中有两种资金融通方式可供选择：一种是直接融资，另一种是间接融资。在直接融资中，资金供给者和资金需求者之间对于可贷资金的数量、期限、利率等的要求很难达成一致，导致直接融资较难开展。金融中介机构（如银行）可以提供不同数量、不同期限、不同利率的资金服务，既可以满足资金盈余者（存款）的需求，又可以满足资金需求方（贷款）的需求，可使资金融通能够顺利进行，完成将储蓄资金向生产性资金的资金转化。因此，间接融资成为非常重要的融资途径。总的来说，具有资金融通功能的金融中介机构在一个国家的经济运行中扮演着非常重要的角色，主要表现为能够有效动员和筹集资金，合理分配和引导资金流向，有利于提高投融资效益，促进资金在各地区、各部门、各单位间的合理流动，实现社会资源的优化配置。

2.3.2 降低交易成本

金融中介机构能够有效地降低交易成本（transaction cost）。交易成本是指为进行金融交易所花费的时间和金钱，是资金盈余者与资金短缺者面临的最大问题。例如，甲需要 2000 元来购买生产所用的原材料，而乙认为对于自己来说这是一个极好的投资机会，他有足够的资金并想把这笔闲置的资金借给甲。但是，为了保障自己的利益，乙需要雇用一个律师来签署一份关于双方的借贷合同，在借贷合同中需要明确规定甲需要支付给乙的利息、借款时间以及归还本金的时间。签署这样一份法律合同来规范该笔交易需要乙支付 500 元费用，即该笔贷款的交易成本。若将该交易成本考虑到整个借贷活动中，乙会发现为了得到 200 元的利息他需要提前支付 500 元的交易成本，既得不到预期的收益，甚至还要亏本。因此，乙最后选择放弃交易。这个例子说明，像甲这样的小额借款者和乙这样的小额贷款者，可能会被排斥在金融市场之外，双方均难以从中获利。那么，如何能够帮助他们摆脱这种困境呢？答案就是通过金融中介机构。

金融中介机构可以显著地降低交易成本，因为它们专门化的经营已经形成了降低成本的专长，并且由于其规模很大，因此能够享受到规模经济的好处。规模经济（economies of scale）是指随着交易规模的扩大，平摊在每一单位货币交易上的成本在降低。举例来说，银行可以聘请一位律师来设计一份规范的贷款合同，该合同可以在发放贷款的过程中被重复使用，就降低了每次交易的平均成本。银行不会花 500 元来设计一份合同，相反可能会花费 5000 元聘请专业律师来设计一份规范的贷款合同，如果在之后的 5000 笔贷款中都使用这份合同，那么每笔贷款的成本仅为 1 元，对于银行来说，给甲发放贷款便有利可图了。

从交易过程来看，金融交易引起的交易成本来源于 3 个方面：一是在签约之前搜寻有关交易信息而发生的搜寻费用；二是签约过程中为谈判而发生的费用；三是签约之后监督、保证和强制实施合同而发生的费用。金融中介机构把众多储户和投资者的资金聚集起来使用，并利用技术上的规模经济和范围经济，在为投融资双方提供资金融通服务的同时，可以降低资金供给方与资金需求方的搜寻和核实成本、监督和审计成本、风险管理和参与成本等，通过交易规模的扩大，降低单位货币和单位投资者的交易费用，实现规模经济的优势。

2.3.3　清算支付

清算支付是适应经济发展需求最早产生的功能，汇兑业务是金融中介机构最初提供的主要业务之一；目前，商业银行仍然是最基本的提供清算支付服务的金融单位。清算支付也称流动性服务（liquidity services），是指为客户办理与货币流动性有关的业务，即通过一定的技术手段和流程设计，在客户之间完成货币收付或清偿因交易引起的债务债权关系。例如，通过存款在账户间的转移来代理客户支付等。

经济的发展使各经济主体之间的交易范围、交易数量和交易种类呈日益扩大趋势，借贷双方对于债权债务关系的建立、转移和清偿需求的增加也驱使清算关系日趋错综复杂，每一笔清算关系的货币种类、金额、时间、地区均各异，金融中介机构便可以通过创造多种金融工具（如商业票据、信用卡等）来促进每笔清算交易的完成。金融中介机构通过建立一系列支付系统拓宽了支付渠道；通过现代化的通信手段和技术设备提高了支付的技术水平，从而极大地增强了自身的清算支付功能。

2.3.4　降低由于信息不对称产生的风险

金融中介机构能够降低由于信息不对称（asymmetric information）产生的逆向选择（adverse selection）和道德风险（moral hazard）（2.4 节将详细介绍信息不对称和逆向选择及道德风险的相关知识）。现代经济学认为，金融中介机构业务的主要功能可以理解为“生产借款人的有关信息”，社会上对这种信息的需要来自于信用交易中广泛存在的信息不对称性。信息不对称的字面含义为，买卖双方对交易对象质量掌握的情况是不对等的，卖者比买者知道得更多。例如，对于贷款项目的潜在收益和风险，借款人或债务人对自己的财务状况和未来状况比贷款人和债权人知道的更多。

金融中介机构具有信息上的优势，能减轻融资活动中信息不对称的程度。因为以商业银行为主的金融中介机构在提供金融服务的过程中，可以获得并掌握经济活动主体的信用记录、现金流量等私人信息，所以商业银行可以更有效地确定借款人的信用风险，较大程度地解决逆向选择问题。同时，在贷款发放后对借款人行为的监督上，金融中介机构也具有优势。商业银行通过在金融契约中设计限制性条款约束借款人的行为，并要求借款人提供抵押或担保，从而强化借款人与商业银行的同向利益。银行对借款人同时提供贷款账户或存款账户，能够持续观察和监督借款人的行为。银行要定期检查借款人的现金流量和担保品的状况，防止借款人将贷款挪作他用或发生其他与贷款合同条款相违背的行为。如果借款人陷入财务困境，银行可及时采取相应措施。金融中介机构在信息生产上具有优势还源于它们在信息生产过程中的规模经济。金融中介机构拥有信息加工和信息处理的专门人才和专门技术，在信息处理中由少量的专门人才来管理大量的贷款，其信息处理成本相对于其他机构较低。

2.3.5 风险分担

金融中介机构较低的交易成本能够减少投资者的风险（risk），即投资者资产收益的不确定性。这个功能被称为风险分担（risk sharing），即金融中介机构所设计和提供的资产品种的风险在投资者所承受的范围之内、之后，金融中介机构用销售这些资产获取的资金购买风险大得多的资产。低成本交易允许金融中介机构以较低的成本进行风险分担，从而使它们能够获取风险资产的收益与已出售资产的成本之间的差额，这也是金融中介机构的利润。风险分担的过程有时也被称为资产转换（asset transformation），因为从某种意义上说，风险资产被转化为对投资者安全性更高的资产。

金融中介机构分担风险的另一个途径就是帮助个人投资实现资产的多样化，从而降低了其可能遭受的风险。多样化（diversification）包括投资于收益变动方向不一致的一系列资产，即资产组合（portfolio），进而将总体风险降低到单个资产的风险之下。资产组合的多样化就是“不要把鸡蛋放在一个篮子里”的分散投资风险策略的另一种表述。金融中介机构实现这一策略的方式是，将聚集起来的资产组合转化为一种新的资产，并将其出售给不同的个人。

阅读资料

金融中介机构与证券市场的重要性对比

各国企业的融资方式是不一样的，但都显露出一个关键因素。对主要发达国家包括美国、加拿大、英国、日本、意大利、德国和法国的研究表明，当企业对其业务活动进行融资时，它们通常通过金融中介机构间接地获得资金，而不是直接求助于证券市场。即使在拥有世界上最发达证券市场的美国和加拿大，金融中介机构的贷款对于企业融资的重要性也要远远大于证券市场。对证券市场利用最少的国家是德国和日本。在这两个国家中，通过金融中介机构融资的规模几乎是证券市场的10倍。然而，随着近些年日本证券市场管制的放松，通过金融中介机构融资的比重相对于通过证券市场融资有所下降。

尽管在所有国家中，金融中介机构的重要性都超过了证券市场，债券与股票市场的相对重要性却因国别而有所不同。在美国，平均来说，债券融资规模是股票融资规模的10倍。在法国和意大利，企业从股票市场中获得的资金要远多于从债券市场中获得的资金。

（资料来源：米什金，埃斯金．2010．金融市场与机构．李健，贾玉革，等译．北京：中国人民大学出版社）

2.4 金融市场的信息不对称

在金融市场中，交易的一方无法掌握交易另一方的信息或对另一方的信息掌握不充分进而无法做出正确的判断，这种情况称为信息不对称。例如，公司的经理相比股东更清楚公司的运作状况以及自己的诚实状况，两者之间存在着信息不对称。金融市场的信息不对称会导致逆向选择和道德风险。

2.4.1 信息不对称条件下的逆向选择与道德风险

1. 逆向选择

逆向选择（adverse selection）是交易之前产生的信息不对称，本意指越不希望人们做的事情越有人做，而越希望做的事情越不做。在金融市场中则是指那些最可能造成不利（逆向）结果即造成信贷风险的借款者，常常就是那些寻找贷款最积极，而且是最可能得到贷款的人。

在融资过程中，所有的借款人都会尽力展现其有很高的绩效和较低的风险，由于缺乏对各种潜在借款人信息的准确掌握，贷款人很容易按平均风险的利率或较高的利率发放贷款，从而造成优质的潜在借款者离开融资市场，而仅留下质量不高的借款人，最终导致融资市场的萎缩。美国著名经济学家乔治·阿克尔洛夫（George Akerlof）在其 1970 年出版的《柠檬市场：产品质量的不确定性与市场机制》一书中举了一个关于二手车市场的案例。他指出在二手车市场，显然卖家比买家拥有更多的信息，两者之间的信息是非对称的。买者肯定不会相信卖者的话，即使卖家说得天花乱坠。对于买者，唯一的办法就是压低价格以避免信息不对称带来的风险损失。买者过低的价格使卖者不愿意提供高质量的产品，从而低质品充斥市场，高质品被逐出市场，最后导致二手车市场萎缩。二手车市场这个案例对于信贷市场、股票市场、保险市场以及一些非金融市场依然适用。

下面通过另外一个例子来说明逆向选择为什么会发生。假设小刘有两个好朋友——小李和小孙，她们是小刘潜在的可以发放贷款的对象。小李和小孙具有截然不同的性格，小李是一个谨慎的人，她只有在投资项目的回报十分稳定时才会寻求贷款；小孙则是一个具有冒险精神的人，她刚好有一个可以迅速致富的投资项目，但是该项目具有很高的投资风险，有可能会血本无归，也有可能会获得高额的回报。小李和小孙谁会更积极地向小刘寻求贷款呢？答案是小孙，原因是如果投资成功，她将获得巨大的回报。而对于小刘来说，她可能不希望将款项贷给小孙，因为这项投资失败的风险太大，小孙有可能无法归还自己的贷款。由于小刘对小李和小孙都非常了解，也就是说在不存在信息不对称的情况下，她会了解到借给小孙的贷款将会被投入到风险较大的项目中，那么将拒绝向小孙贷款。然而，假设存在信息不对称，即小刘无法全面掌握小孙和小李的情况，那么她会更有可能将款项贷给小孙，因为小孙会付出更大的努力来说服小刘获得她的贷款。因为有可能会做出逆向选择，小刘往往会选择不给任何一方发放贷款，尽管在某种情况下小李的确是一个很好的贷款对象。

2. 道德风险

道德风险（moral hazard）是交易产生之后的信息不对称。即贷款者发放贷款之后，借款者将从事那些贷款者看不到甚至监控不到且并不希望进行的活动或投资，因为这些活动或投资很可能会使得贷款无法偿还。道德风险的存在降低了偿还贷款的可能性，贷款者便可能做出不发放贷款的决定。

下面举例说明道德风险的存在。假设小唐借给姑妈 2000 元，姑妈打算用这笔钱来购买设备扩大生产规模。但是一旦小唐的姑妈拿到这笔钱后，她可能不是用来购买设备，而是购买彩票。如果日后她购买的彩票中奖（奖金远超过借款数额）了，她将轻松偿还 2000 元欠款给小唐。然而，如果她没有中奖（这种可能性非常大），小唐将不可能收回这笔款项，她姑妈也将因此失去信誉。小唐的姑妈之所以选择用 2000 元借款购买彩票是因为如果中奖，她所获得的收益将远远超过失败的成本（她的名誉）。如果小唐十分了解姑妈，她将阻止姑妈将借款用于购买彩票，她的姑妈也不会出现道德风险。然而，由于信息不对称性，小唐不可能时刻掌握姑妈的动向，那么最有可能出现的情况就是姑妈将钱用于购买彩票，而小唐最后无法收回贷款。正因为考虑到道德风险的存在，小唐可能不会借给姑妈 2000 元钱，即使她确定如果姑妈将这笔钱用来购买设备，自己将会有很高的回报。

2.4.2 信息不对称的解决方法

1. 金融中介机构的信息占有

金融中介机构在金融市场上可以解决信息不对称所产生的道德风险和逆向选择问题。金融中介机构可以通过日常的客户往来积累公司的信息，搜集公司的资料，从而可以辨别信用风险的高低，然后通过从存款者手中获取剩余资金，并将资金贷放给信用良好的公司。由于银行可以将资金大部分借贷给信用记录良好的公司，就可以从贷款中获得高于支付给存款者利息的回报，即银行获得的相应利润就是它从事信息搜集活动的回报。金融中介机构（银行）选择出借资金的方式是发放私人贷款而并不是在公开市场上购买证券，因此市场上的其他投资者看不到银行的交易行为，也便无法把价格出到低于银行补偿搜集信息费用的水平上。银行作为金融中介机构持有的部分交易类贷款有效地解决了信息不对称的问题。

2. 抵押和净值

抵押品是债务合约的一个重要特征，抵押物是借款者违约时对贷款者的担保物。若借款者发生贷款违约，贷款者便可按照合约规定出售抵押物来弥补其贷款不能收回的损失，也弱化了逆向选择带来的不良后果。对于贷款者，他更愿意发放有抵押品担保的贷款；借款者也可以通过向贷款者提供抵押担保来降低贷款者发放贷款的风险，从而可以更优惠的利率得到贷款。

净值是一家公司资产和负债之间的差额，具有和抵押品相似的功效。贷款者在选择放贷对象时会选择净值高的公司，因为即使公司进行的投资出现亏损而在债务支付上发生违约，贷款者也可以通过出售公司净值的方式弥补自己的贷款损失。此外，公司的初始净值越多，其违约的概率就越小，因为它拥有能偿付贷款的缓冲资产。也就是说，当申请贷款的公司拥有较高的净值时，逆向选择的结果并不是十分显著，贷款者便更愿意放贷。净值在一定程度上使借款者和贷款者的动机趋向一致。借款者的净值越大，借款者按照贷款者所期望要求行事的动力就越大，债务合约中的道德风险问题就越小，借款就越容易。相反，借款者的净值越低，道德风险就越大，对公司来说借款就越难。

3. 贷款承诺

解决信息不对称的另一个方法是贷款承诺和金融机构的信贷额度。贷款承诺是金融机构事先与企业签订的合约，约定在未来的一定时期内，只要合约规定的条件没有发生变化，银行就要向企业给予信贷支持。贷款承诺分为可撤销的贷款承诺和不可撤销的贷款承诺两种。可撤销的贷款承诺是指在银行与企业签订贷款承诺合约后，如果发生了不利于银行的变化，如宏观经济环境的恶化、重大人事变更影响到企业的前景等，银行就可拒绝按照承诺向企业提供贷款。不可撤销的贷款承诺是指无论未来的情况发生了什么样的变化，银行都必须向企业提供承诺合约中规定的贷款。信贷额度是纯循环贷款，在规定的时间间隔内，企业如果需要资金，就可以从银行获得额度范围以内的贷款。因此，信贷额度对借款者而言具有较高的灵活性，可用作流动资金的主要来源。

贷款承诺使借款者免受信用配给或信用紧缩之苦，它虽然可以帮助解决逆向选择和道德风险问题，但也可能使这些问题更为严重。银行会规定潜在借款者获得贷款承诺的条件——前期费用、使用费、利率等，银行可能使借款者显示他们的真实类型，或选择较高净现值的投资项目，这在一定程度上解决了逆向选择的问题。而且，在贷款承诺中，银行有权了解企业的实际经营情况，监督企业的经营行为，尤其是在可撤销贷款承诺中，如果企业的条件发生了不利于银行的变化，银行将拒绝继续向企业提供贷款，这样就会使企业的行为在一定程度上变得更为谨慎，又部分地解决了道德风险问题。如果贷款承诺合约签订的时间较早，获得的借款者信息较少，那么，对不可撤销的贷款承诺而言，就可能使信息不对称的问题变得更为严重。

4. 金融监管

金融监管可以减少由于信息不对称带来的道德风险和逆向选择问题。政府可以通过将生产信息免费提供给公众来帮助投资者识别公司的优劣，也可以鼓励公司披露真实信息。例如，美国政府对于证券市场的监管，它要求在公开市场上销售证券的公司遵循标准会计准则，同时披露有关销售、资产以及收益的信息。此外，政府还可以通过法律，对那些有欺诈行为的人施以严格的刑事处罚。然而，必须明确的是，政府监管只能弱化信息不对称所带来的道德风险和逆向选择，而不能完全消除它们。

小 结

金融中介机构是资金盈余者与资金短缺者之间融通资金的信用中介，主要以发行债务性证券（如存款凭证）和权益性证券（如股票）的方式形成资金来源，然后把这些资金投向贷款、其他权益性有价证券等金融资产的企业。

金融中介机构大致可以分为存款机构（银行）、契约型储蓄机构、投资型中介机构、政策性金融机构及其他金融机构。其中，存款类金融机构主要有商业银行、储蓄银行和信用社；契约型储蓄机构包含保险公司和养老基金，是在契约的基础上按期获得资金的金融中介机构；投资型中介机构主要包括金融公司、共同基金和货币市场共同基金。

金融中介机构在经济运行过程中具有资金融通、降低交易成本、清算支付和降低由于信息不对称产生的风险、风险分担等功能。

信息不对称是指在金融市场中，交易的一方无法掌握交易另一方的信息或对另一方的信息掌握不充分进而无法做出正确的判断。金融市场的信息不对称会导致逆向选择和道德风险。

逆向选择是交易之前产生的信息不对称，在金融市场中则是指那些最可能造成不利（逆向）结果即造成信贷风险的借款者，常常就是那些寻找贷款最积极，而且是最可能得到贷款的人。

道德风险是交易之后产生的信息不对称。它是指贷款者发放贷款之后，借款者有可能从事那些贷款者看不到甚至监控不到且并不希望进行的活动或投资，因为这些活动或投资很可能会使贷款无法偿还。

案例分析

案例：储蓄贷款产业的危机

在大萧条时期的1934年，美国政府采用了一项基础广泛的金融保险制度。联邦存款保险公司为在商业银行的存款进行保险，而联邦储蓄和贷款保险公司则为储蓄贷款机构的存款提供保险（每个账户高达100 000美元）。由于存款人可以把钱借给任何金融机构而不管向该机构贷款有多大风险都无须承担任何风险，这些保险计划为存款人的道德风险种下了祸根。后来，存款人的道德风险又与储蓄贷款机构所有者的道德风险结合了起来。从1982年开始，该产业的新加入者发现，他们能够吸引拥有大额政府保险的资本并把资金实际不受限制地作高度投机的投资。由于存款拥有保险，他们就没有什么动力来评估风险。

存款保险使储蓄贷款机构在更大的规模上进行了更有风险的贷款。道德风险导致的逆刺激，加上阳光地带和能源生产州的房地产市场的崩溃，使许多储蓄贷款机构倒闭。

在1990年，保守估计，支付给由于1000多家储蓄贷款机构倒闭而遭损失的存款人的费用超过2000亿美元。在德克萨斯州，到1990年10月就已支付了超过420亿美元。存款保险机构的总支出到1990年已接近1000亿美元。美国政府已注意到道德风险产生的逆刺激，修改了相关的保险制度。

（资料来源：平狄克，鲁宾费尔德．2004．微观经济学．张军，等译．北京：中国人民大学出版社）

【案例思考】

1．储蓄贷款产业出现危机的原因是什么？

2．采取哪些措施能够消除存款人和储蓄贷款机构所有者的道德风险问题？

思考题

1．简述金融体系中资金流动的路径与参与主体的地位。
2．试用逆向选择理论解释人们更愿意向家庭成员而不是陌生人发放借款的原因。
3．如果在借款人和贷款人之间不存在信息不对称问题，那么还会发生道德风险吗？
4．什么是政策性银行？它与商业银行的主要区别是什么？
5．简述金融中介机构的功能。
6．论述我国金融机构体系的结构与职能。

在线学习

1．进入方式

授课视频路径：输入网址“http://www.upln.cn/”→“教学资源中心”→“资源共享课”，单击“货币金融学”（杨秀萍教授主讲），观看本章的教学视频。

2．学习方式

进入本章授课视频，自主完成“练习、作业、测验、案例”等，并通过网页提供的“在线测验、试卷答题”等形式检验自己对知识的掌握情况。

第3章

利率与利率结构

知识目标

1. 理解利息的来源和本质，明确利率的种类，掌握决定和影响利率水平的因素。
2. 掌握利率的计算方法，明确不同利率计算方法的区别与联系。
3. 掌握利率的风险结构与期限结构理论。
4. 掌握均衡利率的决定理论，能够分析均衡利率决定的主要影响因素。

基本概念

利息　利率　市场利率　基准利率　短期利率　长期利率　名义利率　实际利率　复利　现值　终值　到期收益率　回报率　风险结构　违约风险　风险溢价　期限结构　收入效应　价格效应　费雪效应　流动性偏好　流动性陷阱　可贷资金　IS-LM 模型

开篇案例

利率市场化改革迈出关键一步

经国务院批准，中国人民银行决定自2015年10月24日起结合降息降准，对商业银行和农村合作金融机构等不再设置存款利率浮动上限。这标志着我国的利率管制已经基本放开，利率市场化改革迈出了关键的一步。这在利率市场化进程中，在整个金融改革的历史上，都具有重要的里程碑意义，充分体现了我国坚定推进改革的信心和决心。

利率管制的基本放开，对优化资源配置具有重大意义。在利率市场化条件下，利率的价格杠杆功能将进一步增强，推动金融资源向真正有资金需求和发展前景的行业、企业配置，有利于发挥市场在资源配置中的决定性作用，提高资源配置的效率。特别是在当前我国经济处在新旧产业和发展动能转换接续的关键期，放开利率管制可为金融机构按照市场化原则筛选支持的行业、企业提供更大空间，有利于稳增长、调结构、惠民生，促进经济健康可持续发展。

利率管制的基本放开，为推动金融机构转型发展注入新的动力。随着存款利率上限的放开，金融机构在利率受保护情况下“规模即效益”的传统经营模式将不可持续，有利于推动金融机构树立起“以利润为中心”的经营理念，加快转变经营模式，完善利率定价机制，提高自主定价能力，实现差异化定价，满足日益多样化的金融需求，切实提升金融服务水平。利率管制的基本放开，为货币政策调控框架转型创造了有利条件。随着金融创新发展，作为中介目标的货币总量与经济增长、物价等最终目标之间的相关性也有所降低。利率市场化有利于促使利率真正反映市场供求情况，并发挥调节市场供求和配置资源的作用，从而推动货币政策调控方式由数量型为主向价格型为主转变。从国际经验看，强化价格调控是提高宏观调控效率的必然选择，而放开利率管制是实现这一转变的重要前提。

当前物价低位运行，市场利率总体下行，为推进利率市场化改革、结合降息降准放开存款利率上限提供了较为平稳的宏观环境。从政策出台后的初步情况看，金融机构存贷款利率总体下行。存款利率方面，定价行为较为理性，分层有序、差异化竞争的定价格局进一步显现。截至 2015 年 11 月 5 日，国有大型银行、股份制银行、城市商业银行和农村合作金融机构的一年期存款挂牌利率平均水平分别为 1.75%、1.94%、2.03%和 2.04%，较降息前下调 25 个、26 个、34 个和 33 个基点。11 月 5 日，一年期贷款基础利率报价为 4.3%，较降息前下降 25 个基点。目前降息的政策效果正在逐步释放，估计金融机构实际贷款利率水平也将有所降低，有利于进一步降低社会融资成本。

取消对利率浮动的行政限制后，并不意味着央行不再对利率进行管理，相反中央银行的利率调控和传导将更加重要，会更加倚重市场化的货币政策工具和传导机制。从这个角度讲，我国的利率市场化改革和货币政策调控开始进入新阶段，核心将转向建立健全与市场相适应的利率形成和调控机制。下一阶段，央行将继续督促商业银行提高自主合理定价能力，以更好地适应市场竞争的格局和客户需求。同时，进一步建立健全央行政策利率调控机制，培育完善市场基准利率体系，疏通利率传导渠道。在此基础上，形成一个以市场参与者为主体、各类金融市场为主线、央行可调控、辐射整个金融市场的利率形成、传导和调控机制，使市场机制在利率形成和资源配置中发挥决定性作用。

（资料来源：中国货币政策执行报告二〇一五年第三季度）

利率是金融市场中最重要的经济指标，具有“牵一发而动全身”的效应。利率不仅对企业、个人家庭等微观经济体产生影响，而且也是调节宏观经济的重要杠杆。利率既然如此重要，我们就要知道，什么是利率与利息？利息的本质是什么？怎样去计量利率？利率是如何决定的？这正是本章要学习的重要内容。

3.1 利率及其种类

3.1.1 利息与利息率

利息是借贷关系中借入方支付给贷出方的报酬，即对资金使用权让渡引起即期消费和机会收益损失的补偿。利息在资金借贷行为发生时就被确立下来，并成为资本收益的一般形式。利息率（以下简称“利率”）是指借贷期间所形成的利息额与本金的比率。利率是资本收益率的一般形式。

资本能够给人们带来收益，而任何能取得收益的事物都可视同为资本。通过与借贷资本做比较，用市场利率和收益进行计算，将该事物折换成一定的资本量，从而可以用资金价格来衡量，这样就使一些无价值的事物也具有了价格。这一过程被称为资本化，如土地价格、人力资本价格等。

收益资本化理论是马克思在论述利息的来源和本质时提出的。收益资本化实际上是两个市场规律的体现。一是在充分市场竞争条件下，随着资金与劳动力的自由流动，不同部门和不同投资活动最终会取得趋于一致的收益率，这就是收益率的收敛性。这个规律也是马克思在论述利息的来源和本质时所形容的社会收益平均化过程的体现。在这个过程中，经济活动要最终实现同等的资金获得同等收益，或者不同等的资金获得同等收益率的目标。二是在市场上投入一定量的资金或实物，或者投入某种能够带来收益的无价值之客观存在，都应带来趋近于平均收益率的收益。这样，当市场利率成为社会收益率的一般形式后，如果无价值之物需要进行转让，则其价格相当于能带来平均收益率的资金量。两个规律共同作用，使我们能对土地、人力资源和金融资产这样一些无法运用价值定价法来确定其转让价格的客观存在进行近似定价，即通过预期收益和市场利率来将这些无价值之物换算成为一定量的资本。资本能够给资本使用者带来收益，这种收益的大小可利用投入的资本量所带来的收益额与该投入的资本量之比，即资本的收益率来表示，这就使无法定价的能够给人们带来收益或人们认为其有价值的客观存在具有了市场价格。

3.1.2 利率的种类

现实生活中，利率是以某种具体形式存在的。随着金融市场的不断发展，利率的种类不断增加，形成了庞大的利率体系。根据不同的标准，利率可以划分为不同的种类。

1. 固定利率与浮动利率

根据借贷期内是否变动，利率可划分为固定利率和浮动利率。固定利率是在整个借贷期内不随借贷供求状况而变动的利率。浮动利率是在借贷期内随市场利率的变化而定期调整的利率。

固定利率对于借贷双方准确计算成本和收益十分方便，通常适用于短期借贷。但在通货膨胀的情况下，对债权人，尤其是对进行长期放款的债权人，采用固定利率会带来较大的损失，因此需采用浮动利率。浮动利率根据借贷双方的协定，由一方在规定的时间依据某种市场利率进行调整，调整期一般为半年，多适用于 3 年以上的借贷以及国际金融市场上的借贷。例如，欧洲货币市场实施的浮动利率调整期为 3～6 个月，调整的依据为伦敦银行同业拆借市场的同期利率。为加快完成利率市场化进程，我国商业银行及农村合作金融机构也对存贷款实行了浮动利率，浮动利率以政府统一规定的基准利率为基础，并已不再设置存款利率浮动上限。

2. 市场利率、官方利率与行业利率

从利率管理的角度出发，利率可划分为市场利率、官方利率和行业利率。市场利率是指由货币资金的供求关系决定的利率。官方利率是指由一国政府金融管理部门或者中央银行确定的利率，它是国家实施宏观调控目标的一种手段。行业利率是指非政府部门的民间金融组织为了维护公平竞争所确定的利率。例如，银行业协会确定的利率对会员银行有约束作用，对非会员银行则没有约束作用。

市场利率既包括借贷双方在借贷市场上直接融通资金时形成的利率，也包括在证券市场上买卖某种有价证券时的利率。市场利率最接近货币价值变动的界限，能比较客观、灵敏地反映货币资金供求状况。发达国家的利率大多是市场利率，我国银行间同业拆借利率是较为典型的市场利率。

官方利率作为国家调节经济的重要杠杆，一般由中央银行按照货币政策的要求直接确定。我国的利率属于官方利率，由中国人民银行统一制定并管理。

3. 基准利率与非基准利率

根据在整个利率体系中产生的影响，利率可划分为基准利率和非基准利率。基准利率是指在多种利率并存的条件下起决定作用的利率，这种利率变动，其他利率也相应变动。金融市场的参与者通常凭借基准利率的变化去预测整个金融市场利率的变化。西方国家的基准利率通常是指中央银行的再贴现率。我国的基准利率是中国人民银行对各商业银行和其他金融机构的存贷款利率。基准利率以外的利率被称为非基准利率。

4. 一般利率与优惠利率

根据是否有优惠，利率可划分为一般利率和优惠利率。一般利率是指商业银行等金融机构在经营存贷款业务过程中，对一般客户所采用的利息率。它是使用最为广泛的利率。优惠利率是指国家通过金融机构对于认为需要重点扶植或照顾的企业、行业所提供的低于一般贷款利率水平的利率。在我国，利率优惠对象同国家产业政策相联系，本质上是一种政策性贴息利率，体现了利率杠杆的功能。

5. 短期利率与长期利率

根据借贷时间的长短，利率可划分为短期利率和长期利率。短期利率一般指借贷时间在1年以内的利率。长期利率一般指借贷时间在1年以上的利率。

一般来说，资金借贷期限长短与利率水平高低及投资风险有直接关系。期限越长的投资，风险越大，利率越高；期限越短的投资，风险越小，因而利率越低。

6. 名义利率与实际利率

根据与通货膨胀的关系，利率可划分为名义利率（nominal interest rate）与实际利率（real interest rate）。名义利率是指包括补偿通货膨胀风险的利率。商业银行电子显示牌挂牌的利率即为名义利率。实际利率是名义利率剔除通货膨胀因素以后的真实利率。

以欧文·费雪（Irving Fisher）命名的费雪方程式给出了关于实际利率的更准确的定

义。费雪方程式表明名义利率 i 等于实际利率 i_r 加上预期通货膨胀率 π^e，即

$$i=i_r+\pi^e \tag{3.1}$$

重新排列各项，可以发现实际利率等于名义利率减去预期通货膨胀率，即

$$i_r=i-\pi^e \tag{3.2}$$

实际利率表示以不变价来衡量，即按照所能购买的实际产品和服务的数量来计算的真实购买力水平，反映借贷资金的真实利息收益或借款成本。在经济活动中，借贷双方真正关心的是实际利率，而不是名义利率。

3.1.3 决定和影响利率水平变化的因素

1. 平均利润率

当企业从银行和其他金融机构借入资金从事生产经营后，所得利润分为两部分：一部分以利息形式支付给银行和其他金融机构，作为使用借贷资金的代价；另一部分作为企业的利润。一般而言，随着一国市场机制的作用和价格体系的调整和完善，企业间的利润率的差距有逐渐缩小而趋于平均化的趋势，因此企业承担的利息率必然以平均利润率为最高界限，如果利率高出这一界限，企业的实际收益为负，就不会再从金融机构借入资金。

2. 借贷资本的供求关系

理论上，利率的取值限于零到平均利润率之间，但是在某一具体时期的具体市场中，利率则是由借贷资金市场上借贷资金的供求状况决定的。通常情况下，借贷资金供给大于需求时，利率就会下降；借贷资金的需求大于供给时，利率就会上升。

3. 中央银行的货币政策

中央银行通过运用货币政策工具改变货币供应量，从而影响利率水平。一般来讲，中央银行若实行扩张性货币政策，就会增加货币投入量，促使利率水平下降；反之，若实行紧缩性货币政策，就会减少货币供应量，促使利率水平上升。

4. 通货膨胀预期

预期通货膨胀率上升，必将引起纸币贬值，从而给借贷资金的本金和利息造成损失，即本金和利息的实际购买力下降。为了弥补这种损失，贷款人必须提高利率水平。因此，在预期通货膨胀率上升期间，利率水平有很强的上升趋势。而当预期通货膨胀率下降时，利率水平也将下降。我们把预期通货膨胀率变化引起利率水平发生变动的效应被称为费雪效应（Fisher effect）。

5. 商业周期

利率的波动表现出很强的周期性，在经济周期的扩张（繁荣）阶段上升而在经济周期紧缩（衰退）阶段下降。在经济周期扩张时期，随着企业和消费者借款增多，对资金的需求迅速上升。此外，通过费雪效应拉升利率的通货膨胀压力增加，而且中央银行可

能采取措施限制可供资金以抵消随经济增长而产生的通货膨胀。以上 3 种情况都将推高利率水平。在经济周期紧缩时期，则会发生相反情况。随着企业和消费者缩减支出，对资金的需求下降，通货膨胀压力减轻，中央银行也开始增加可贷资金供给。以上 3 种情况合起来又降低了利率水平。

6. 国际利率及汇率水平

随着国际经济一体化趋势的形成和国际经济联系的日益加深，国际利率水平及其变动趋势对一国利率水平具有很强的“示范效应”。由于这种影响，使得各国的利率水平呈现出一种“趋同”趋势。一般来讲，国际利率水平及其变动趋势对国内利率的影响有两个方面：一是其他国家的利率水平对国内利率的影响；二是国际金融市场上的利率的影响。

在开放型经济中，汇率的变动也会影响利率的变化。当外汇汇率上升、本币贬值时，外币的预期回报率下降，国内居民对外汇的需求就会下降，对本币的需求就会增加，从而使国内利率水平上升。

总体说来，影响和决定利息率的因素多且复杂，除了上述因素外，借贷期限与风险、政府预算赤字等因素都会影响利率水平。在决定一国的利率过程中，这些因素的相对重要性取决于一国的经济、金融的发展及开放程度。例如，一国的经济体制在金融方面对外完全开放，或者开放的程度比较深，则国内利率受国际市场利率的影响相对较大；否则，这种因素的影响就相对较小。

3.2 利率的计算

3.2.1 单利与复利

1. 单利

单利是指在计算利息额时，以本金为基数计算利息，所生利息不再加入本金重复计算下期利息的方法，其计算公式为

$$I=P\times i\times n \tag{3.3}$$

$$S=P(1+i\times n) \tag{3.4}$$

式中：I 为利息额；P 为本金；i 为利率；n 为借贷期限；S 为本金与利息之和，简称本利和。

2. 复利

复利是指在一定时期按本金计算利息，随即将利息加入本金，作为下一期计算利息基础的方法。复利就是通常所说的“利滚利”，其计算公式为

$$I=P\times\left[(1+i)^n-1\right] \tag{3.5}$$

$$S=P\times(1+i)^n \tag{3.6}$$

【例 3.1】 A 银行向 B 企业放一笔期限为 2 年、年利率为 6%的 30 万元的贷款，分别采用单利和复利计算。2 年以后利息与本利和分别是多少？

解：按单利计算：

$$I=P\times i\times n=30\times 6\%\times 2=3.6\text{（万元）}$$

$$S=P(1+i\times n)=30(1+6\%\times 2)=33.6\text{（万元）}$$

按复利计算：

$$I=P\times[(1+i)^n-1]=30\times[(1+6\%)^2-1]=3.71\text{（万元）}$$

$$S=P\times(1+i)^n=30\times(1+6\%)^2=33.71\text{（万元）}$$

上述复利计算采用每年计息一次的方法，实际工作中，时间单位也可以是半年、季度、月、日，这样的复利称为连续复利。用连续复利计算本利和的公式为

$$S=P\times(1+i/m)^{n\times m} \tag{3.7}$$

式中：m 为每年计息次数。

若例 3.1 采用每半年一次复利计算，则

$$S=P\times(1+i/m)^{n\times m}=30\times(1+6\%/2)^{2\times 2}=33.77\text{（万元）}$$

其他条件相同时，每次复利计息的间隔时间越短，到期本息和就越大。

综上所述，以单利计息，手续简单，计算方便，借入者的利息负担也比较轻；以复利计息，考虑了资金的时间价值因素，是对贷出者（储户）利益的保护，有利于提高资金的使用效益，并强化利率杠杆的作用。由于复利反映出利息的本质特征，因而相对合理些。一般来说，单利计算适用于短期借贷，而长期借贷则多采用复利计算。

3.2.2 终值与现值

货币是有时间价值的，一年后收入的 1 元钱不如现在收入的 1 元钱值钱，因为人们可以将 1 元钱存入储蓄账户中赚取利息，一年后所拥有的就不止 1 元钱了。终值（future value）与现值（present value）的概念就是基于这样的常识得到的。

终值是指一笔资金按照一定的速度增值，且增值额始终自动加入本金的条件下，在未来某一时点上的价值。现值即承诺在将来进行的一项支付在今天的价值，即终值的逆运算。例如，甲在保证每年给付 5%利息的储蓄账户中存入 100 元，那么在第一年末甲的账户中将有 105 元。这可以表述为

$$100\times(1+5\%)=105\text{（元）}$$

第二年年末甲的账中有

$$105\times(1+5\%)=100\times(1+5\%)^2=110.25\text{（元）}$$

第三年年末甲的账中有

$$110.25\times(1+5\%)=100\times(1+5\%)^3=115.76\text{（元）}$$

概括起来，在第 n 年年末，甲的账户中将有存款 $100\times(1+5\%)^n$ 元。

如图 3.1 所示的时间轴可以看到账户中的 100 元存款在每年年末可以获取的金额。

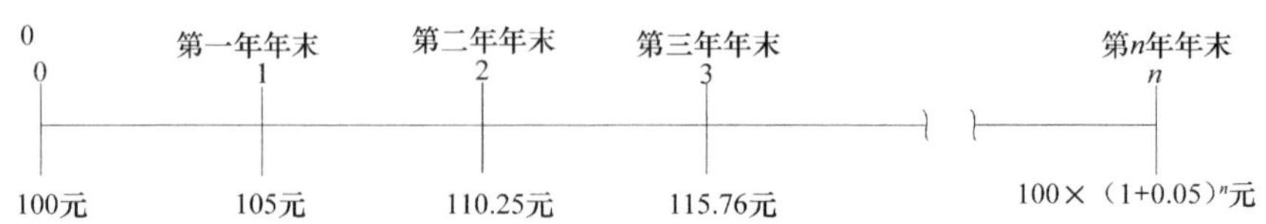

图 3.1 终值时间轴

由此可以推导出终值的计算公式为

$$S=P\times(1+i)^n \tag{3.8}$$

图 3.1 所示的时间轴还意味着，人们可以从未来的收益倒算现在的价值。例如，3 年后的 115.76 元相当于今天的 100 元，即

$$\frac{115.76}{(1+0.05)^3}=100(\text{元})$$

上面计算的是未来收入在今天的价值，这个过程被称为对未来的贴现。总结上述计算过程可以得到现值的计算公式，即

$$P=\frac{S}{(1+i)^n} \tag{3.9}$$

【例 3.2】 甲预计 10 年后自己孩子上大学的费用需要 80000 元，若当前的存款利率为 5%，那么甲现在需要为孩子存多少钱？

解：

$$P=\frac{80\,000}{(1+5\%)^{10}}=49\,018\ (\text{元})$$

知识链接

你究竟赢得了多少钱

假如你购买福利彩票获得了 2000 万元大奖，此奖项承诺在获奖当日发放 100 万元奖金给你，其余的奖金将在未来的 20 年中每年发放 100 万元。你当然非常兴奋，可是你真的赢得 2000 万元了吗？

从现值的角度来看并不是这样，你所得到的 2000 万是未来支付给你的金额，应把它折算成今天的价值。如果我们假定利率为 10%，第一次支付的 100 万显然是今天的 100 万元，但第二年支付的 100 万元用今天的价值来衡量，只有 909 090 元 [1 000 000/（1+10%）]，远远少于 100 万元。第三年支付的 100 万元的现值为 826 446 元 [1 000 000/（1+10%）^{2}]，以此类推。将所有计算所得的现值相加，结果为 940 万元。虽然你仍然十分兴奋，但由于你懂得了现值的概念，应清楚地意识到你事实上并没有赢得 2000 万元，你所得到的还不到 2000 万元的一半。

（资料来源：米什金．2011．货币金融学．郑艳文，荆国勇，译．北京：中国人民大学出版社）

3.2.3　利率与其他计算收益率、回报率的区别

1．到期收益率

在各种计算利率的常见方法中，到期收益率（yield to maturity）是最重要的一种。所谓到期收益率，是指来自于某种信用工具未来收入的现值总和与其今天的价值相等时的利率水平。由于到期收益率的概念中隐含着严格的经济含义，因此经济学家认为到期收益率是衡量利率水平的最精确指标。下面将介绍 4 种信用工具的到期收益率。

（1）普通贷款的到期收益率

普通贷款（simple loan）是指贷款人向借款人提供一定数量的资金，借款人必须在

到期日向贷款人归还本金，并支付额外的利息。许多货币市场工具都属于这种类型，如对企业发放的商业贷款。

对于普通贷款而言，使用现值概念，其到期收益率的计算是非常简单的。例如，一笔面额为 100 元的一年期贷款，要求一年后偿还 100 元本金外加 10 元利息，根据到期收益率的概念，让贷款未来偿付额的现值等于其今天的价值，这笔贷款的到期收益率的计算过程是

$$100=\frac{100+10}{1+i}$$

$$1+i=\frac{110}{100}$$

$$i=10\%$$

因此，对于普通贷款而言，放贷者的到期收益率等于普通贷款的单利。

（2）固定支付贷款的到期收益率

固定支付贷款（fixed-payment loan）是指贷款人向借款人提供一定数量的资金，在约定的若干年度内，借款人每个期间（如每月）偿还固定的金额（其中既包括本金，也包括利息），到期日本息全部清偿完毕。住房按揭贷款通常是这种类型的贷款方式。计算固定支付贷款的到期收益率，应使贷款今天的价值等于所有未来支付的现值之和。

【例 3.3】 一笔面额为 10 万元的抵押贷款，期限为 25 年，每年偿付 12600 元。试计算这笔贷款的到期收益率。

解： 应使这笔贷款今天的价值（10 万元）等于未来每年偿付项的现值之和，即

$$100\ 000=\frac{12\ 600}{1+i}+\frac{12\ 600}{(1+i)^2}+\cdots+\frac{12\ 600}{(1+i)^{25}}$$

$$i=12\%$$

一般地，对于任何固定支付贷款，到期收益率的计算公式为：

$$LV=\frac{FP}{1+i}+\frac{FP}{(1+i)^2}+\frac{FP}{(1+i)^3}+\cdots+\frac{FP}{(1+i)^n} \tag{3.10}$$

式中：LV 为贷款金额；FP 为每年固定的偿付额；n 为到期前贷款年限；i 为固定支付贷款的到期收益率。

（3）息票债券的到期收益率

息票债券（coupon bond）又称为附息债券，简称债券（bond），是金融市场中债务性金融工具之一。金融工具是能够证明债权债务或所有权关系并据以进行货币资金交易的合法凭证，一般具有期限性、流动性、风险性和收益性 4 个基本特征。债务性金融工具是付款承诺表现形式，是承诺在某一个特定时期中定期支付的债务凭证。息票债券是指在到期日之前每年向债券持有人支付定额的利息（息票利息），到期时再偿还事先规定的最终金额（债券面值）。例如，10 年期面值为 1000 元的息票债券，每年需要向债券持有人支付 100 元的息票利息，到期日时再向持有人偿还 1000 元的面值。

息票债券的特征包括：一是发行债券的主体是政府或公司；二是规定债券的到期日；三是规定债券的息票利率，即每年支付的息票利息占债券面值的百分比。在上述例子中，每年的息票利息为 100 元，面值为 1000 元，息票利率就等于 10%（100/1000）。息票债

券到期收益率的计算就是使该笔息票债券的所有未来支付的现值总和等于其今天的价值。根据息票债券的含义，息票债券的现值相当于所有息票利息支付额的现值总和再加上最终支付的债券面值的现值。

【例 3.4】 某投资者以 889.20 元的价格买入了面值为 1000 元，息票利率为 10%，期限为 8 年的息票债券。试计算该息票债券到期收益率。

解： 该投资者买入的这张息票债券到期收益率为

$$889.20=100/(1+i)+100/(1+i)^2+100/(1+i)^3+\cdots+100/(1+i)^8+1000/(1+i)^8$$

利用财务计算器计算得

$$i=12.25\%$$

在息票债券的 5 个变量中，已知 4 个变量，就可以利用财务计算器，输入相应的变量所对应的字母，就可以计算出所求的第 5 个变量来。如例 3.4，学生还可以通过已知的到期收益率得到息票债券的当期价格。输入息票债券的到期收益率（i）12.25%，按 PV 键得到当期价格为 889.20 元。

一般地，息票债券到期收益率的计算公式为

$$P=\frac{C}{1+i}+\frac{C}{(1+i)^2}+\frac{C}{(1+i)^3}+\cdots+\frac{C}{(1+i)^n}+\frac{F}{(1+i)^n} \tag{3.11}$$

式中：P 为债券的价格；C 为每期支付的息票利息；F 为债券的面值；n 为债券的期限；i 为附息债券的到期收益率。

根据式（3.11），如果一笔息票债券的 C、F、n 是事先已知的，那么债券价格与到期收益率之间存在一定的关系，例如，一笔面值为 1000 元，息票利率为 10%，期限为 10 年的息票债券的到期收益率如表 3.1 所示。

表 3.1　面值为 1000 元、息票利率为 10%、期限 10 年的债券的到期收益率

债券价格/元	到期收益率/%
1200	7.13
1100	8.48
1000	10.00
900	11.75
800	13.81

综上所述，我们可以发现以下 3 个有价值的信息。

1）如果息票债券的价格等于其面值，到期收益就等于息票利率。

2）息票债券的价格与到期收益率是负向相关的。也就是说，当到期收益率上升时，债券价格下跌；反之，当到期收益率下降时，债券价格上升。

3）当债券价格低于其面值时，到期收益率要高于息票利率；当债券价格高于面值时，到期收益率则低于息票利率。

息票债券的特例为统一公债（consol）或永续债券（perpetuity），这是一种没有到期日，不必偿还本金，永远只需要支付固定的息票利息的永久性债券。在拿破仑战争时期，英国财政部发行了最早的统一公债，时至今日仍有交易；在美国的资本市场上统一公债

为数不多。

统一公债价格的计算公式为

$$P=\frac{C}{i} \tag{3.12}$$

式中：P 为统一公债的价格；C 为年息票利息；i 为统一公债的到期收益率。

式（3.12）可变换为

$$i=\frac{C}{p} \tag{3.13}$$

【例 3.5】 债券的价格为 2000 元，永久性地每年支付 100 元利息。试计算该债券的到期收益率。

解：

$$i=\frac{100}{2000}\times 100\%=5\%$$

式（3.13）不仅可以计算永续债券的到期收益率，而且可以近似地计算息票债券的到期收益率。如果息票债券还有很长时间到期（如 20 年或者更长时间），就与永久支付息票利息的永续债券十分相像，那么式（3.13）中的 i 就近似等于长期债券的到期收益率。所以，年息票利息除以证券价格，称为当期收益率（current yield），经常被用来作为长期债券利率的近似值。

知识链接

统一公债公式推导过程

统一公债价格的计算公式为

$$P=\frac{C}{1+i}+\frac{C}{(1+i)^2}+\frac{C}{(1+i)^3}+\cdots$$

这也可以写为

$$P=C(x+x^2+x^3+\cdots)$$

其中：$x=1/(1+i)$

当 x 小于 1 时，无穷级数和的公式为

$$1+x+x^2+x^3+\cdots=\frac{1}{1-x}$$

故

$$P=C\left(\frac{1}{1-x}-1\right)=C\left[\frac{1}{1-1/(1+i)}-1\right]$$

经过代数运算，这个公式可以变换为

$$P=C\left(\frac{1+i}{i}-\frac{i}{i}\right)=\frac{C}{i}$$

（4）贴现发行债券

贴现发行债券（discount bond）又称为零息债券（zero-coupon bond），这种债券的购买价格低于其面值（贴现发行），到期时按照面值偿付。与息票债券不同的是，贴现发行债券没有任何利息，发行人到期按照面值偿付。

贴现发行债券的计算公式为

$$P=\frac{F}{(1+i)^n} \tag{3.14}$$

【例 3.6】 某公司发行的贴现发行债券的面值是 100 元，期限为 4 年。如果这种债券的销售价格为 75 元，试计算该债券的到期收益率。

解：

$$\frac{100}{(1+i)^4}=75$$

$$i=7.46\%$$

如果上述债券的期限为 1 年，则

$$\frac{100}{1+i}=75$$

$$i=\frac{100-75}{75}=33.3\%$$

一般地，对于任何 1 年期贴现发行债券，其到期收益率都可以写为

$$i=\frac{F-P}{P} \tag{3.15}$$

2. 利率与回报率的区别

有人认为，既然知道了债券的利率，就能知道买进债券的全部收益。例如，某投资者购买了票面利率为 10%的长期债券，他认为自己获利了，但当利率上升时，他就会惊奇地发现利率上升并没有使自己获利。如果投资者此时卖出债券，他就亏本了。准确地讲，回报率（return rate）才是衡量投资者在一个特定的时间段持有某种债券或其他有价证券所获取收益的指标。

对任何有价证券而言，回报率就是持有人的利息收入与有价证券价值变动的总和占购买价格的比率。例如，面值为 1000 元、息票利率为 10%、购买价格为 1000 元、持有 1 年后以 1200 元出售的息票债券，所有者在这一年中所收到的息票利息为 100 元，价值变动为 200 元（1200－1000）。加总这两项，并将其表示为购买价格 1000 元的比率，就可以得到该债券一年持有期的回报率为

$$\frac{100+200}{1000}=\frac{300}{1000}=30\%$$

表 3.1 表明，该债券的到期收益率只有 10%，这说明债券的回报率并不一定等于债券的到期收益率。因此，理解利率与回报率的区别十分重要。按到期收益率计算的债券利率，反映的是债券的全部未来收益的贴现率，是债券的满期收益率，只与债券的初始买进价格有关，而与整个期间内的市场价格变化无关。因此，到期收益率是债券的内部报酬率，即由债券本身内在确定的收益率，不受市场价格因素的影响。实际上，能够准确衡量在一定时期内投资人持有债券或其他有价证券能够得到的收益的指标是回报率，这是一种外部报酬率概念。

一般地，从时间 t 到时间 $t+1$，持有一种债券的回报率可以表示为

$$R=\frac{C+P_{t+1}-P_t}{P_t} \tag{3.16}$$

式中：R 为从时间 t 到时间 $t+1$ 持有债券的回报率；P_t 为时间 t 时债券的价格；P_{t+1} 为时间 $t+1$ 时债券的价格；C 为息票利息。

式（3.16）分解为两个部分，即

$$R=\frac{C}{P_t}+\frac{P_{t+1}-P_t}{P_t}$$

第一项为当期收益率 i_c，即

$$i_c=\frac{C}{P_t}$$

第二项是资本利得率（rate of capital gain），即债券价格相对于最初购买价格的变动。其计算公式为

$$g=\frac{P_{t+1}-P_t}{P_t}$$

式中：g 为资本利得率。

式（3.16）可以重新表述为

$$R=i_c+g \tag{3.17}$$

式（3.17）表明债券的回报率等于当期收益率与资本利得率之和。利率上升，意味着债券的资本利得率为负（$P_{t+1}<P_t$），即发生了资本损失，如果这种损失足够大，意味着出现了负的回报率，即债券变得不具有投资价值。因此，回报率与利率存在着很大的差别，尤其是在债券价格剧烈波动引起较大的资本利得或损失的情况下，两者的差别就更大了。

表 3.2 计算了当利率由 10%上升到 20%时，息票利率为 10%的、购买价格和面值相等的不同期限债券一年期的回报率。

从表 3.2 中可以发现几个有用的结论，这些结论适用于所有债券：

1）只有持有期与到期期限一致的债券的回报率才与最初的到期收益率相等。

2）对于到期期限长于持有期的债券而言，利率上升与债券价格负向相关，进而引起投资该债券的资本损失。

表 3.2　当利率由 10%上升到 20%时，面值为 1000 元、息票利率为 10%的不同期限债券的 1 年期回报率

（1）债券购买时距离到期的年数	（2）最初的当期收益率/%	（3）最初的价格/元	（4）下一年的价格/元	（5）资本利得率/%	（6）回报率[（2）+（5）] /%
30	10	1000	503	−49.7	−39.7
20	10	1000	516	−48.4	−38.4
10	10	1000	597	−40.3	−30.3
5	10	1000	741	−25.9	−15.9
2	10	1000	917	−8.3	+1.7
1	10	1000	1000	0.0	+10.0

注：（4）的数值计算借助于财务计算器，根据式（3.11）计算所得。

3）债券的到期日越远，利率变动引起的债券价格变动的比率就越大，当利率上升时，回报率就越低。

4）即使某一债券最初的利率很高，当利率上升时，其回报率也可能变成负数。

通过上述分析可知，期限越长的债券，其价格波动受利率影响的程度就越大。这一结论可以解释债券市场上的一个重要事实，即长期债券的价格和回报率的波动性比短期债券大。由于利率变动所引起的资产回报率的风险称为利率风险。控制利率风险是各类投资者需要关注的事情。

长期债务工具的利率风险很大，短期债务工具则相反，当利率上升时，短期债券的资本损失相对较小，因此利率风险也相对较小。任何到期期限与持有期一样的债券不存在利率风险，关键在于持有期末的价格已经固定为面值，因此利率的变动对于这些债券持有期末的价格没有任何影响，回报率也就等于债券购买时已知的到期收益率。

3.2.4　实际利率与名义利率的区别

在前面对利率的讨论中，忽略了通货膨胀因素，没有考虑通货膨胀对借贷成本的影响，因此准确地讲，应当称为名义利率。名义利率与实际利率不同，后者根据预期物价水平的变动（通货膨胀）作出调整，因此能够更准确地反映真实借贷成本。当今世界经济，物价稳定不变已很少见，不断上涨成为常态，因此区分名义利率和实际利率意义重大。

实际利率有两种表现形式：一种是事前实际利率，等于名义利率减去预期通货膨胀率。另一种是事后实际利率，等于名义利率减去实际发生的通货膨胀率。在经济决策中，事前实际利率更为重要，如在签订经济合同时，必须对通货膨胀率作出正确估计，若对预期通货膨胀率的预期发生重大偏差，对合同的其中一方可能非常不利。

一般来讲，名义利率就是包括补偿通货膨胀风险的利率。其概略的计算公式为

$$i=r+p \tag{3.18}$$

式中：i 为名义利率；r 为实际利率；p 为实际通货膨胀率。

式（3.18）是个不精确的算式，仅有本金考虑到通货膨胀的影响，而利息部分则没有考虑通货膨胀的影响。若考虑到通货膨胀对利息的影响，名义利率的计算公式可以写成$1+i=(1+r)(1+p)$，即

$$i=(1+r)(1+p)-1 \tag{3.19}$$

从中可推算出实际利率的计算公式为

$$r=\frac{1+i}{1+p}-1 \tag{3.20}$$

例如，某银行的贷款利率为 15%，而当年所在国的通货膨胀率为 10%，若按式（3.18）计算的实际利率为 5%，而按式（3.20）计算的实际利率为 4.55%，两者相差 0.45%。

根据名义利率与通货膨胀率的比较，实际利率呈现出以下 3 种情况：当名义利率高于通货膨胀率时，实际利率为正利率；当名义利率等于通货膨胀率时，实际利率为零；当名义利率低于通货膨胀率时，实际利率为负利率。在不同的实际利率下，借贷双方和企业会有不同的经济行为。实际利率越低，借款人借入资金的动力就越大，贷

款人贷出资金的动力就越小。一般而言，正利率与零利率和负利率对经济的调节作用是互逆的，负利率条件下，贷款对于贷款人来讲是免费的午餐，只有正利率才符合价格规律的要求。

需要注意的是，名义利率与通货膨胀率联系密切，但两者的变化有时并非同步。人们对价格变化的预期往往滞后于通货膨胀率的变化，所以名义利率变化相对于通货膨胀率的变化也往往具有滞后性。例如，近期负利率分别发生在 2015 年 8 月、2015 年 12 月和 2016 年 1 月。在负利率时期，名义利率调整落后于通货膨胀率，导致实际利率为负数。这不利于保护投资者利益和鼓励人们储蓄。

阅读资料

保值补贴债券使美国的实际利率成为可以观测的变量

以前，美国财政部只报道名义利率，而实际利率是无法观测的变量。1997 年 1 月，美国财政部开始发行利息与本金支付随价格水平变动而调整的指数化证券，即保值贴补债券（treasury inflation-protected securities，TIPS），这种情况才得以改变。这一举动多少显得有些迟缓。英国、加拿大、澳大利亚与瑞典等国的行动抢在了美国之前。

这些指数化证券成功地在债券市场上占有了一席之地，为政府筹集到了更多的资金。此外，由于它们的利息与本金支付随物价水平变动而调整，这些债券的利率直接反映了实际利率。因为从非指数化债券的名义利率中扣除指数化债券的利率，就可以对预期通货膨胀率这一十分有用的信息有更深刻的了解，因此，指数化债券对于政策制定者，尤其是货币政策制定者非常有用。例如，2009 年 2 月 27 日，10 年期国债的利率为 3.02%，而 10 年期保值贴补债券的利率为 2.06%。两个利率之间的差额（0.96%）就反映了之后 10 年的预期通货膨胀率。保值贴补债券的信息对于私人部门也十分重要，许多商业银行和投资银行都根据这些债券的利率，定期公布美国的预期通货膨胀率。

（资料来源：米什金．2011．货币金融学．郑艳文，荆国勇，译．北京：中国人民大学出版社）

3.3 利率的风险结构

在期限相同的情况下，债券利率之间的相互关系被称为利率的风险结构。现实中有很多风险因素影响利率的大小，其中主要有违约风险、流动性风险、税收风险。

3.3.1 违约风险

违约风险（default risk）又称为信用风险，是指证券发行人到期时不能按期还本付息的可能性。它包括两个层面：一是借款者因经营不善，没有足够的现金流来偿付到期的债务；二是借款者有足够的现金流，但他没有到期还本付息的意愿。显然，债券的违约风险越大，它对投资者的吸引力就越小，因此债券发行者所应支付的利率就越高。在到期期限相同的情况下，有违约风险的债券与无违约风险债券之间的利差被称为风险溢价（risk premium），它是指人们为持有风险债券所必须赚取的额外利息。人们在购买某种具有一定风险的证券时，会在原有的利率水平之上要求一定的风险补偿。一般来说，信用等级越高的证券，其所需支付的风险补偿率就越低，即风险溢价越小；反之，风险补偿率就越高，即风险溢价越大。

由于中央政府有税收和货币发行的权力做后盾，因此，通常认为购买国债就不会承担信用风险。所以，政府债券享有“金边债券”的美誉。在政局的动荡威胁到中央政权的安全时，中央政府债券的持有者也可能遭受损失。地方政府也有一定的征税能力，但是其偿债能力显然不如中央政府，因而地方政府债券具有一定风险。风险更大的是公司债券，因为公司没有征税的权力，只能在竞争中求生存。经济周期的变化或是决策失误都可能使一家信誉卓著的公司面临资不抵债的境地。在经济衰退的年份，经济不景气往往伴随着大批企业的倒闭。由于公司资质的不同，公司债券的利率差异也非常大。一些信誉较好的大公司，其债券利率可能与政府债券相差无几；而那些不太为人所知的公司，往往要借助很高的利率才能将其债券销售出去。特别是在经济动荡时期，后者的债券利率可能比前者高出数倍。也就是说，具有违约风险的债券的风险溢价总为正，并且风险溢价随着违约风险的上升而增加。

违约风险对于风险溢价的大小十分重要，所以对于投资者来说，需要了解公司是否会对其发行的债券违约。穆迪投资者服务公司（Moody’s Investors Service）（以下简称“穆迪公司”）、标准普尔公司（Standard & Poor’s Financial Services，LLC）（以下简称“标准普尔公司”）与惠誉国际信用评级公司（Fitch Ratings International Credit Rating Company）是世界上 3 家著名的投资顾问公司，它们根据违约的可能性，对政府债券及企业债券的质量作出评级，从而为投资者提供有关违约风险的信息。表 3.3 总结了各种评级以及相应的说明。违约风险较小的债券被称为投资级债券，其评级为 Baa（或 BBB）及以上；评级低于 Baa（或 BBB）的债券具有较高的违约风险，被形象地称为投机级债券或垃圾债券，由于这些债券的利率往往高于投资级债券，因此又被称为高收益债券。

表 3.3 穆迪、标准普尔与惠誉公司的债券信用评级

评级			说明
穆迪公司	标准普尔公司	惠誉公司	
Aaa	AAA	AAA	最大限度的安全级别
Aa1	AA−	AA−	高级别高质量
Aa2	AA	AA	
Aa3	AA−	AA−	
A1	A+	A+	中上等级别
A2	A	A	
A3	A−	A−	
Baa1	BBB+	BBB+	中下等级别
Baa2	BBB	BBB	
Baa3	BBB−	BBB−	

续表

评级			说明
穆迪公司	标准普尔公司	惠誉公司	
Ba1	BB+	BB+	非投资级别
Ba2	BB	BB	投机
Ba3	BB−	BB−	
B1	B+	B+	高度投机
B2	B	B	
Ba3	B−	B−	
Caa1	CCC+	CCC	风险很大 声望很差
Caa2	CCC	—	
Caa3	CCC−	—	
Ca	—	—	极度投机
C	—	—	可能违约
—	—	DDD	违约
—	—	DD	—
—	D	D	

资料来源：费雷德里克·S. 米什金. 2011. 货币金融学. 郑艳文，荆国勇，译. 北京：中国人民大学出版社.

3.3.2 流动性风险

影响债券利率的另一个因素是流动性，具有流动性的资产可以在必要时以较低的成本迅速转换为现金。在其他条件相同的情况下，流动性越高的债券，债券的需求量越大，利率水平越低。

一种资产的流动性可以用它的变现成本加以衡量。债券的变现成本主要包括两个方面：一是交易佣金，即投资者买卖债券时必须向经纪商支付的手续费；二是债券的买卖差价。在任何一个交易时点的债券市场上都有两个价格，一个是债券出售者报出的债券卖出价，另一个是债券购买者报出的买入价，并且卖出价总是高于买入价。当债券持有者其将手中的债券变现时得到的是投资者的买入价。因此，其间的差价就构成了一项变现成本。

对于那些交易十分频繁的债券（如国库券）来说，由于市场上随时都有很多的买者和卖者，所以其买卖差价很小，流动性较强，因此利率水平较低；而那些交易不太活跃的债券（如信用级别较差的公司债券），由于想出售这些债券的人可能要花较多的时间来找到一个合适的买主，为了将手中的债券迅速变现，卖出者只好接受一个较低的价格，因此，买卖差价较大，流动性较差，所对应的利率水平较高。由此可知，政府债券同公司债券的利率差，不仅反映了它们在违约风险上的差别，而且反映了它们流动性的不同。

3.3.3 税收风险

相同期限的债券之间的利率差异，不仅体现在债券之间风险、流动性的不同，而且还受到税收因素的影响。债券持有人真正关心的是税后的实际收益，因此，在其他条件相同的情况下，税收因素不同的债券，其回报率也有差异，从而影响债券的需求。债券的需求量越大，利率水平越低。

在美国，州和地方政府债券的违约风险高于国债，流动性也低于国债，但根据美国税法，州和地方政府的债券收入可免交联邦所得税和地方税，而国债要交联邦所得税，因此州和地方政府的债券的利率要低于联邦政府债券的利率。可以设想，美国人约翰进入了高收入阶层，每增加 1 美元收入都要交纳 40%的所得税。如果他持有一张面值 1000 美元的国库券，其售价 1000 美元，利息 100 美元，那么 40%的税率将使他持有这张国债的税后净收入只有 60 美元，即税后收益率为 6%。但是，如果约翰持有的不是国债，而是面值 1000 美元的市政债券，尽管这张市政债券的利息只有 80 美元，低于国库券的利息，但是实际得到的净收入却还是 80 美元，高于持有国库券的净收入。很显然，虽然市政债券的违约风险高且流动性低，购买者还是愿意持有市政债券，需求量的增加，推动其利率水平下降。

3.4 利率的期限结构

前面介绍了风险、流动性和税收因素（这 3 个因素都综合在债券的风险结构中）对利率的影响。到期期限是影响债券利率的另外一个因素。具有相同风险、流动性和税收因素债券，由于距离到期日的时间不同，其利率也会有所差异。不同期限债券利率间的相互关系，称为利率的期限结构。

将期限不同，但风险、流动性和税收因素相同的债券的收益率连接成一条曲线，即得到收益率曲线，它描述了特定类型债券利率的期限结构。收益率曲线可以分为向上倾斜的、平坦的和向下倾斜的（经常被称为翻转的收益率曲线）。图 3.2（a）中收益率曲线向右上倾斜，则表示长期债券利率高于短期债券利率；图 3.2（b）中收益率曲线是平坦的，则长期债券利率与短期债券利率相等；图 3.2（c）中收益率曲线是向下倾斜的，则长期债券利率低于短期债券利率。通常情况下，长期债券利率高于短期债券利率，因此最常见的收益率曲线是图 3.2（a）中的曲线。

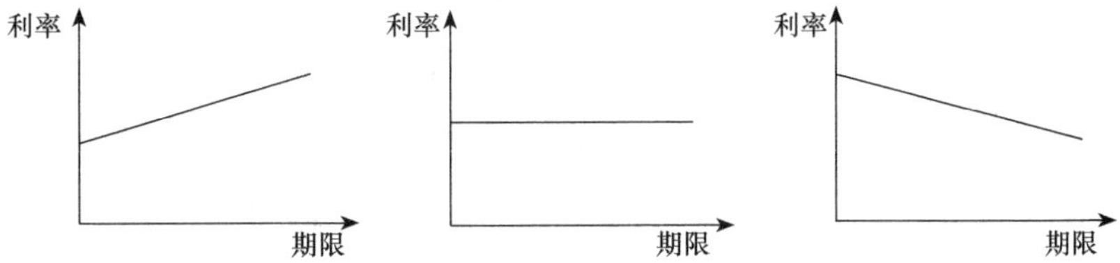

(a)向右上倾斜的收益率曲线　(b)水平的收益率曲线　(c)向右下倾斜的收益率曲线

图 3.2 收益率曲线

关于收益率曲线，以下现象值得注意：第一，不同期限债券的利率往往同向波动。第二，若短期利率较低，收益率曲线很可能向上倾斜；若短期利率较高，则收益率曲线很可能向下倾斜，即是翻转的形状。第三，收益率曲线几乎总是向右上倾斜的。

目前，主要有 3 种理论解释利率的期限结构，即收益率曲线的形状所反映的到期期限不同的债券之间的利率联系，分别是预期理论、市场分割理论、流动性溢价和期限选择理论。预期理论可以很好地解释上述 3 种现象中的前两种，但对第三种现象却难以解释；分割市场理论可以解释第三种现象，但不能解释前两种现象；流动性溢价和期限选择理论较好地结合了前两种理论的特点，并可以对第三种现象给出解释。

3.4.1 预期理论

预期理论的基本观点是，长期债券的利率等于在其存续期内各个短期债券预期利率的平均值。整个债券市场是统一的，不同期限的债券可以完全替代。债券的购买者在不同债券间无特殊偏好，当某债券的预期回报率低于期限不同的另一种债券时，人们将不再持有该债券而改持有另一种债券。

预期理论认为，利率的期限结构是由人们对未来短期利率的预期来决定的。如果人们预期未来短期利率会上升，那么债券购买人因预期以后可获得更高的利率，就不愿购买长期债券，而只愿购买短期债券。结果是，短期债券的需求增加，供给减少，其价格上升，即短期利率下降；长期债券的需求减少，供给增加，其价格下跌，长期利率趋于上升，且上升到与长期债券到期前人们对短期利率预期的平均值相等时为止。同理，如果人们预期未来短期利率下降，则长期利率将趋于下降。预期未来短期利率保持不变，则长期利率将趋于水平。

假设，某投资者准备在未来两年用闲置资金投资债券，有以下两种不同的投资策略。

策略一：先购买一年期的债券，1 年后将收回的本息再用于购买一年期债券。

策略二：直接购买两年期债券并持有至到期。

假设：i_t 为一年期债券的年利率；i_{2t} 为两年期债券的年利率；i_{t+1}^e 为预计 1 年后一年期债券的年利率。则

策略一的预期收益率 $=(1+i_t)(1+i_{t+1}^e)-1$

策略二的预期收益率 $=(1+i_{2t})(1+i_{2t})-1=(1+i_{2t})^2-1$

由于假定两种债券可互相替代，所以，在均衡的情况下，策略一、策略二预期收益率应相当，则有：

$$(1+i_{2t})^2-1=(1+i_t)(1+i_{t+1}^e)-1$$

即

$$2i_{2t}+i_{2t}^2=i_t+i_{t+1}^e+i_t\cdot i_{t+1}^e$$

上式中 i_{2t}^2，$i_t\cdot i_{t+1}^e$ 的均值很小可以忽略不计，可简化为

$$i_{2t}=\frac{i_t+i_{t+1}^e}{2} \tag{3.21}$$

可见，式（3.21）表示两年期利率等于当年和次年一年期利率的平均值。以此推之，可以得出 n 期债券的利率算式为

$$i_{nt}=\frac{i_t+i_{t+1}^e+i_{t+2}^e+\cdots+i_{t+(n-1)}^e}{n} \tag{3.22}$$

式（3.22）的意义在于将不同期限的债券视为一个相互联系的统一体，从而为债券市场上不同期限利率的同向波动作出了解释。例如：式（3.22）中的 i_t 上升时，人们往往倾向于预期 i_{t+1}^e 也会上升，因而 i_{2t} 也会上升。

预期理论可以解释第一种现象，从历史上看，短期利率具有如果它在今天上升，则未来将趋于更高的特征。因此，短期利率的上升会提高人们对未来短期利率的预期。由于长期利率是未来短期利率预期的平均值，短期利率的上升会提高长期利率，短期利率和长期利率出现了同向运动的趋势。

预期理论也可以解释第二种现象，如果短期利率较低，收益率曲线倾向于向上倾斜；如果短期利率较高，收益率曲线通常是翻转的。一般来说，当短期利率较低时，人们通常预期未来短期利率将上升到正常水平，未来短期利率预期的平均值高于当前的短期利率。因此，长期利率会大大高于当前的短期利率，收益率曲线向上倾斜；反之，如果短期利率较高，人们通常预期它会回落。由于未来短期利率预期的平均值低于当前的短期利率，长期利率会低于短期利率的水平，收益率曲线向下倾斜，呈现出翻转的形状。然而，预期理论不能合理解释第三种现象。

3.4.2 市场分割理论

市场分割理论将不同期限的债券市场看作完全独立、分割开来的市场。于是，各种期限的债券的利率由该种债券的供求状况决定，不受其他期限债券的预期回报率的影响，各种债券间无相互替代性。

市场分割是很强的假定，但是如果考虑到以下因素，这种假定也并非完全没有道理。第一，投资者可能对某种期限的债券具有特殊偏好，如注重未来收入稳定性的投资者可能偏好长期债券。第二，某些机构投资者的负债结构决定了它们在短期债券和长期债券间的选择，如商业银行以吸收短期存款为主，通常倾向于购买短期债券；保险公司、养老基金等的负债是长期的，它们以购买长期债券为主。第三，不同借款人往往也只对某种期限的债券感兴趣，如零售商店往往只需借入短期资金，房地产开发商则需要借入长期资金。

根据市场分割理论，收益率曲线的不同形状是由与不同到期日债券相联系的供求差异造成的。一般来说，投资者更偏好期限较短、风险较小的债券，所以，投资者对长期债券的需求相对于短期债券的需求要少，所以长期债券价格较低、利率较高，收益率曲线向上倾斜，分割市场理论可以对第三种现象作出解释。

市场分割理论可以解释收益率曲线通常向上倾斜的原因，它的缺陷是不能解释第一、第二种现象。由于它将不同期限的债券市场看作完全分割的市场，所以一种期限债券利率的上升不会影响其他期限债券的利率，因此它无法解释第一种现象；同样，由于市场分割理论无法解释长期债券的供求状况是如何随短期债券的供求状况的变动而变动的，这个理论无法解释第二种现象。

3.4.3 流动性溢价和期限选择理论

期限结构的流动性溢价理论认为长期债券的利率应当等于两项之和，第一项是长期债券到期之前预期短期利率的平均值；第二项是随债券供求状况变动而变动的流动性溢价（又称期限溢价）。

流动性溢价理论关键性的假设是，不同到期期限的债券是可以相互替代的，这意味着某一债券的预期回报率会影响其他到期期限债券的预期回报率，但是，该理论承认投资者对不同期限债券的偏好。也就是说，不同到期期限的债券可以相互替代，但并非完全替代。投资者倾向于偏好期限较短的债券，因为这些债券的利率风险相对较小。所以，只有当正的流动性溢价存在时，即能够获得更高一些的收益率时，投资者才愿意持有期限较长的债券。流动性溢价理论可以写为

$$i_{nt}=\frac{i_t+i_{t+1}^e+i_{t+2}^e+\cdots+i_{t+(n-1)}^e}{n}+l_{nt} \tag{3.23}$$

式中：l_{nt}为 n 期债券在时间 t 的流动性（期限）溢价，它总为正，并且随着债券到期期限 n 的延长而上升。很显然这是对预期理论的修正。

与流动性溢价理论密切相关的是期限选择理论，它采取了较为间接的方法来修正预期理论，但得到的结论是相同的。它假定投资者对某种到期期限的债券有着特别的偏好，即更愿意投资于这种期限的债券（期限优先）。由于他们偏好于某种债券，因此只有当预期回报率足够高时，他们才愿意购买其他到期期限的债券。由于相对于长期债券，投资者一般更偏好于短期债券，因此，只有当长期债券的预期回报率较高时，他们才愿意持有长期债券。这种推理过程同样可以得到流动性溢价理论的公式，其中期限溢价随着到期期限的延长而上升。

下面考察流动性溢价和期限选择理论是否可以解释全部 3 种现象。通过式（3.23）可知，长期债券的利率与该债券到期前短期债券利率预期的平均值密切相关，短期利率上升意味着未来短期利率的平均值更高，因此短期债券利率与长期债券的利率具有同向波动的趋势。此外，由于投资者对短期利率具有合理预期，当短期利率较低时，投资者通常预期未来短期利率将回升到正常水平，因此未来短期利率预期的平均值将高于当前的短期利率。加之正的流动性溢价的增加，长期利率会大大高于当前的短期利率，收益率曲线呈现陡峭向上倾斜的形状。相反，如果短期利率较高，投资者通常预期短期利率未来将回落。由于未来短期利率的平均值会远远低于当前的短期利率，虽然存在正的流动性溢价，但长期利率仍然会低于短期利率，收益率曲线向下倾斜。可见，流动性溢价和期限选择理论可以对第一、第二种现象作出解释。

流动性溢价和期限选择理论也可以解释第三种现象。由于投资者偏好短期债券，且随着债券期限的延长，流动性溢价也将上升，即使未来短期利率预期的平均值保持不变，长期利率也将高于短期利率，收益率曲线向上倾斜；只有当投资者预期未来短期利率将大幅下降，使短期利率预期的平均值低于当期短期利率加上流动性溢价时，收益率曲线才向下倾斜，但这种情况很少见，因此收益率曲线通常向上倾斜。

可见，流动性溢价和期限选择理论较好地描述了长短期债券利率之间的关系，并且与上述现象基本相符，因此它是一种最为流行的利率期限结构理论。该理论的一个特别吸引人的特点是，它们使得人们通过观察收益率曲线的倾斜度来判断市场对未来短期利率的预测。图 3.3（a）中陡峭上升的收益率曲线表明预期未来短期利率将上升；图 3.3（b）中相对平缓上升的收益率曲线表明预期未来短期利率不变；图 3.3（c）中平坦的收益率曲线表明预期未来短期利率将有所下降；图 3.3（d）中翻转的收益率曲线表明预期未来短期利率将大幅下跌。

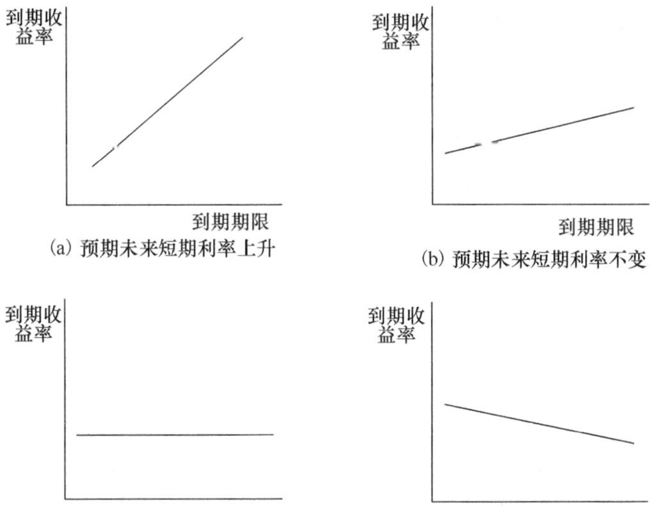

(a) 预期未来短期利率上升　(b) 预期未来短期利率不变

(c) 预期未来短期利率有所下降　(d) 预期未来短期利率大幅下降

图 3.3　收益率曲线和市场对未来短期利率的预测

3.5 均衡利率的决定

3.5.1　古典利率决定理论

古典利率决定理论流行于 19 世纪末至 20 世纪 30 年代，主要倡导者为奥地利经济学家欧根·冯·庞巴维克（Eugen von Bohm-Bawerk）、英国经济学家阿尔弗雷德·马歇尔（Alfred Marshall）和美国经济学家欧文·费雪（Irving Fisher）。

古典利率决定理论强调非货币的实物因素在利率决定中的作用，实物因素主要是储蓄和投资。投资量随利率的提高而减少，储蓄量随利率的提高而增加，投资量是利率的递减函数，储蓄量是利率的递增函数，利率的变化取决于投资量与储蓄量的交互作用（见图 3.4）。

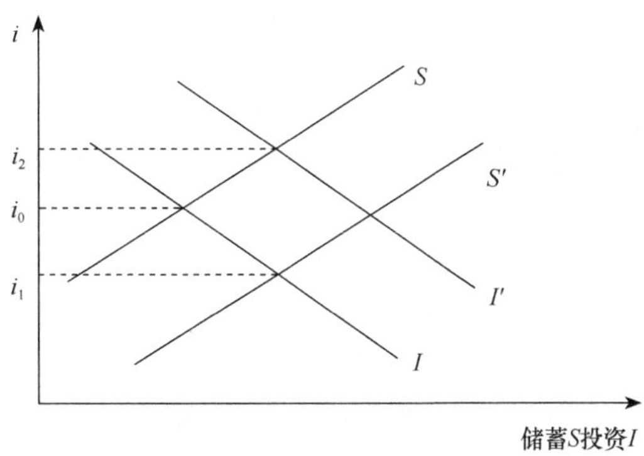

图 3.4　古典利率决定理论

图 3.4 中 I 为投资曲线，该曲线向下倾斜，表示投资与利率水平是负相关关系，利率上升则投资量下降，利率下降则投资量上升。S 为储蓄曲线，该曲线向上倾斜，表示储蓄与利率之间的正相关关系。利率提高则储蓄增加，利率下跌则储蓄减少。古典利率决定理论的核心是“储蓄＝投资”，即是 $S=I$。在图中，储蓄曲线与投资曲线的交点决定了均衡利率水平 i_0。如果某些因素引起边际储蓄倾向提高，则曲线 S 右移到曲线 S' 位置，曲线 S' 与曲线 I 的交点 i_1 即为新的均衡

利率。同时，如果某些因素引起边际投资倾向提高，曲线 I 向右平移形成曲线 I'，则曲线 I' 与曲线 S 的交点确定新的利率均衡点为 i_2。

根据古典利率理论，利率具有自动调节储蓄和投资，使其达到均衡状态的功能。这是因为在市场经济中，利率是自由波动的，当储蓄供给大于投资需求时，利率将下降，较低的利率会自动刺激人们减少储蓄，扩大投资；反之，若储蓄供给小于投资需求时，利率将上升，而较高的利率又促使人们增加储蓄，减少投资。因此，利率的变动总能使储蓄量与投资量达到相等的均衡状态。

3.5.2 流动性偏好理论

20 世纪 30 年代资本主义经济大危机后，英国经济学家约翰·梅纳德·凯恩斯（John Maynard Keynes）针对古典经济理论的缺陷，提出了宏观经济理论，其中最为著名的就是流动性偏好理论。和传统的利率理论相反，凯恩斯认为利率不是决定于储蓄和投资的相互作用，而是决定于货币的供求数量。

1. 货币市场的供给与需求

凯恩斯假定人们储藏财富的资产只有两类：货币和债券。因此，经济体的财富总量就应当等于货币总量与债券总量之和，它等于债券供给量（B^s）加上货币供给量（M^s）。人们不可能超越他们所能利用的资源购买更多的资产，因此，需求，即人们愿意持有的债券数量（B^d）与货币数量（L^d），也应当等于经济体的财富总量。结论是，债券与货币的供给量必须等于债券与货币的需求量，即

$$B^s+M^s=B^d+L^d \tag{3.24}$$

将债券与货币各项分别列于等式的两端，这个等式就可以写成

$$B^s-B^d=L^d-M^s \tag{3.25}$$

式（3.25）说明，如果货币市场处于均衡（$L^d=M^s$），这意味着债券市场同样处于均衡（$B^s=B^d$）。

凯恩斯使用的“货币”包括通货（没有利息）与支票账户存款（在他生活的年代，这种存款利息很少或者没有利息），因此他假定货币的回报率为零。在凯恩斯的分析中，对于货币而言，唯一的替代性资产债券的预期回报率等于利率。随着利率的上升（假定所有其他条件不变），货币相对于债券的预期回报率下降，根据资产需求理论，这将导致货币的需求减少。此问题也可以利用机会成本的概念来理解，机会成本是指由于没有持有替代性资产（这里指债券）而丧失的利息收入（预期回报）。随着债券利率的上升，持有货币的机会成本增加，于是，货币的吸引力下降，货币需求减少。通过上述分析，可以得出以下结论：货币需求量和利率成反比（这里，利率是指债券利率）。

凯恩斯认为，货币需求背后的动机有交易动机、预防动机与投机动机。其中，交易动机和预防动机与收入成正比、与利率无直接关系。如果用 L_1（y）表示因交易动机和预防动机而持有的货币量，L_1（y）是收入 y 的增函数。投机动机与利率成反比，当利率较高时，货币需求减少。如果用 L_2（i）表示为投机动机而持有的货币量，L_2（i）为利率 i 的减函数。货币的总需求量为 $L=L_1+L_2$。

凯恩斯假设经济中的货币供应量是由中央银行直接控制的。货币供应量总量是一个

不随利率变化而变化的量，设中央银行控制下的货币供应量为 M^s，则货币供应函数是常值函数，即 $M^s(i)=M^s$，从而货币供应曲线是一条垂直于横轴的直线（见图 3.5）。

在图 3.5 中，如果中央银行增加货币供应，使货币供给曲线从 M_1^s 平移到 M_2^s，均衡利率就由 i_1 下降到 i_2。也就是说，当货币需求量不变时，利率高低取决于货币供给量，如果货币供给增加，利率会下降；反之，货币供给减少，利率则上升。当货币供给量固定时，利率高低取决于货币需求。如果货币需求曲线向上移动，则利率上升，反之则下降。因此，利率高低由货币需求和货币供给所决定。

从图 3.5 中可以看到，当货币需求曲线向右延伸时，逐渐与横轴平行，此时无论货币供给曲线 M^s 如何向右移动，即无论怎样增加货币供应量，均衡利率保持不变，这就是凯恩斯理论中著名的“流动性陷阱”假说。

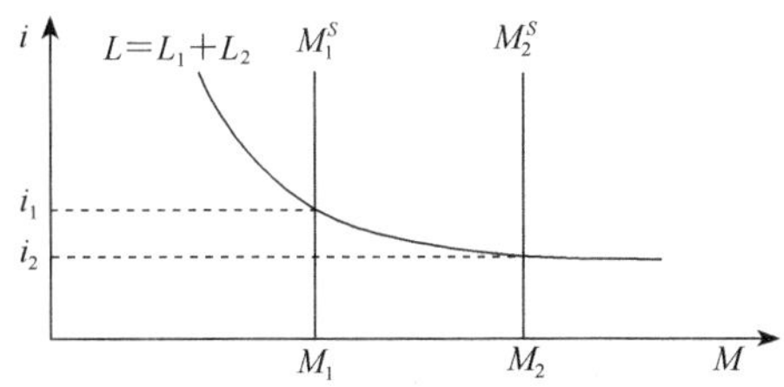

图 3.5　流动性偏好理论中均衡利率的决定

知识链接

流动性陷阱

当利率低至一定水平时，人们预计有价证券的价格不可能继续上升，因而会持有货币，以免证券价格下跌时蒙受损失。这时，货币需求将趋于无穷大，因而货币供给的增加并不能使利率降低，增加的货币存量都被自愿储存了，犹如无底洞一般，“流动性陷阱”的名称即由此而来。

“流动性陷阱”发生时，一国的名义利率接近零而物价仍然下降，货币当局已经无法通过货币政策提振投资需求，使经济陷入通货紧缩的恶性循环，即需求下降导致生产萎缩，生产萎缩导致收入下降，收入下降再导致投资消费需求不振。日本是首个陷入“流动性陷阱”和长期通货紧缩的主要工业国家。日本在资产泡沫破灭后曾持续减息以期提振经济，却在 20 世纪 90 年代陷入“流动性陷阱”，名义利率在 1999 年下降至零，但物价进入通货紧缩状态，日本央行此时已无法通过减息降低实际利率，经济陷入十余年的长期低迷，失业率持续上行。

2. 均衡利率的变动

当货币的需求曲线和供给曲线发生位移时，均衡利率就会发生变动。

（1）货币需求曲线的位移

在凯恩斯货币需求理论中，导致货币需求曲线位移的因素包括收入水平和物价水平。这两个因素无论哪一个上升，都会导致货币需求曲线向右位移；反之，货币需求曲线向左位移。

1）收入水平的变动。凯恩斯认为，随着经济周期运行至扩张期和收入与财富的增加，人们希望持有更多的货币来储藏价值；同时，人们希望持有更多的货币来完成更多的交易。这样，随着收入的提高，每一利率水平上的货币需求量都增加，推动货币需求曲线向右位移。在其他经济变量不变的情况下，利率随收入的增加而上升；反之亦然。

2）物价水平的变动。凯恩斯认为，人们关注的是所持有的实际货币量，即能够购买的商品和劳务的数量。物价水平上升时货币购买力下降，同样数量的货币能购买到的商品和劳务数量减少，为使持有的实际货币数量恢复到涨价前水平，人们将持有更多的货币。这表明物价水平上升，每一利率水平上的货币需求增加，推动货币需求曲线右移。在其他经济变量不变的情况下，利率随价格水平的上升而上升；反之亦然。

（2）货币供给曲线的位移

货币供给由中央银行控制，货币供给增加时，会推动货币供给曲线向右位移。在其他经济变量不变的情况下，利率会随着货币供给的增加而下降，这种效应被称“流动性效应”。

知识链接

货币供给增长率与利率

从流动性偏好理论中似乎可以得到这样的结论：货币供给的增加将会导致利率下降。这一结论有很重要的政策含义，因为政治家们经常主张扩大货币供给，以推动利率的下降。

那么，但货币供给与利率负相关的结论必定正确吗？诺贝尔经济学奖获得者米尔顿·弗里德曼对这一结论（货币供给增加将会导致利率下降）提出质疑。他承认流动性偏好分析是正确的，并将（在其他条件不变的情况下）货币供给增加将会导致利率下降称为流动性效应。然而，他认为流动性效应只是总效应中的一部分：货币供给增加并不能保证“其他条件不变”，它会对经济产生其他影响，这些影响可能导致利率上升。如果这些影响非常显著，完全有可能出现利率随着货币供给的增加而上升的情况。

货币供给除了产生流动性效应外，还可能产生收入效应、价格水平效应和预期通货膨胀效应。

1）收入效应。由于货币供给增加，导致经济扩张，人们的收入和财富增加，货币需求曲线右移，均衡利率上升，这种现象称“收入效应”，即利率随收入水平的提高而上升。

2）价格效应。由于货币供给增加导致物价水平上升，货币需求曲线右移，均衡利率上升，这种现象称“价格效应”，即利率随价格水平的上升而上升。

3）预期通货膨胀效应。由于货币供给增加导致物价水平上升（意味着更高的通货膨胀率）使人们调高对未来物价水平的预期，即预期的通货膨胀率会上升，结果引起利率上升（这种现象称“费雪效应”）。

在分析的所有效应中，只有流动性效应的影响表明货币供给增长率越高，利率越低。相反，收入效应、价格效应和预期通货膨胀率效应都表明利率会随着货币供给增长率的升高而升高。这些效应中哪个影响最大？哪个发生影响的速度最快？答案对于在货币供给增长率上升时，利率到底是上升还是下降。

一般来说，由于货币供给增长率上升而带来的流动性效应会马上发挥作用，因为货币供给增加会马上导致均衡利率下降。收入效应和价格效应要在一段时间之后才发挥作用，因为从货币供给增长到收入和物价水平上升还需要一段时间，此后才会对利率产生影响。同样会引起利率上升的预期通货膨胀率效应产生作用的时间既可以很慢，也可以很快，这取决于当货币供给增加时人们对预期通货膨胀率调整的速度。

图 3.6（a）～（c）列示了三种可能。分别描述了在时间 T 提高货币供给增长速度后，随着时间的推移，利率的反应。图 3.6（a）反映的情况是，流动性效应的作用超过了其他效应，因此利率从时间 T 的 i_1 降低到了最终的 i_2。流动性效应迅速降低利率，但随着时间的推移，其他一些效应开始发挥相反的作用。然而，由于流动性效应的作用最大，利率最终也无法回到其初始水平。

在图 3.6（b）中，流动性效应的作用小于其他效应，并且由于预期通货膨胀率向上调整的速度缓慢，通货膨胀预期效应作用的发挥十分滞后。最初，流动性效应推低利率，之后收入效应、价格效应和通货膨胀预期效应开始发挥作用并提高利率。由于这些效应占据了主导，利率最终上升，并超过起初的水平，达到 i_2。在短期内，货币供给增长速度的提高的确降低了利率，但最终利率攀升并超过了最初的水平。

在图 3.6（c）中，由于人们会随着货币供给增长速度的提高迅速提升其对通货膨胀率的预期，因此通货膨胀预期效应最大，且可以迅速发挥作用。开始，通货膨胀预期效

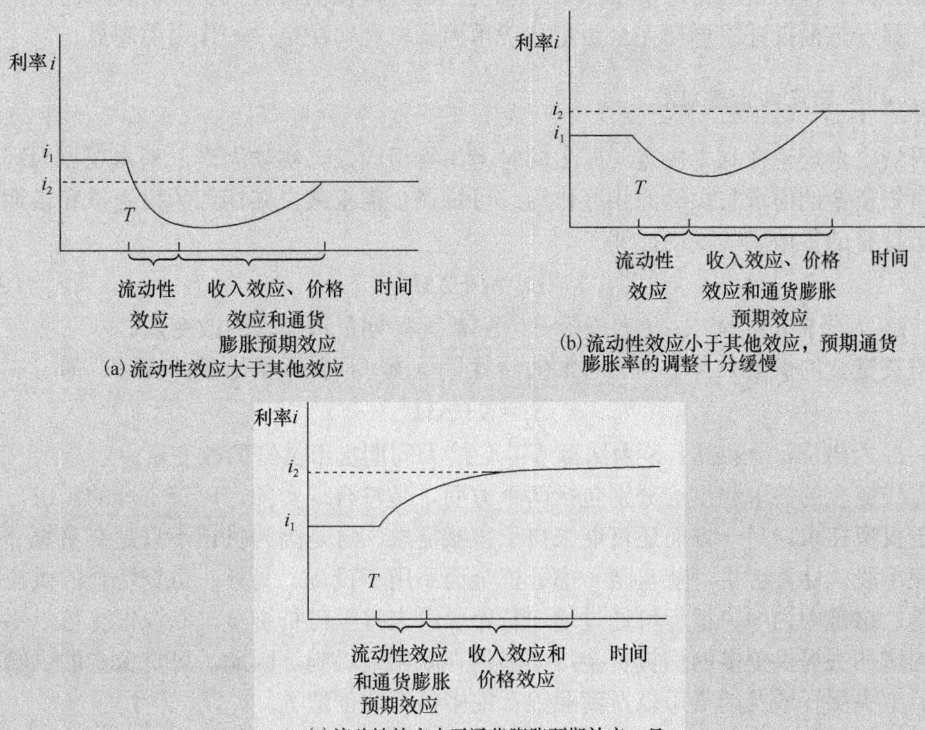

(a) 流动性效应大于其他效应

(b) 流动性效应小于其他效应，预期通货膨胀率的调整十分缓慢

(c) 流动性效应小于通货膨胀预期效应，且预期通货膨胀率的调整十分迅速

图 3.6　流动性效应

应迅速超过流动性效应，利率立即开始攀升。一段时间后，由于收入效应和价格效应也开始发挥作用，利率将进一步攀升，最终的结果是利率远远超过其初始水平。这一结果清楚地表明，提高货币供给增长速度并不能降低利率，放慢货币增长才能实现调低利率的目的！

如果流动性效应大于其他效应，若要降低利率，就需要增加货币供给量；如果流动性效应小于预期通货膨胀效应，且通货膨胀率的调整十分迅速，若要降低利率，就需要减少货币供给量；如果流动性效应小于其他效应，且预期通货膨胀率调整十分缓慢，最初，流动性效应使得利率下调。此后，收入效应、价格效应和预期通货膨胀率效应开始拉动利率向上。由于这些效应占主导地位，利率最终超过初始利率水平。从短期来看，货币供给的增加使利率下降，但最终利率会向上攀升并超过其最初水平。此时，选择增加货币供给还是减少货币供给则取决于更关注短期影响还是长期影响。

（资料来源：米什金. 2007. 货币金融学. 钱炜青，高峰，译. 北京：清华大学出版社）

3.5.3 可贷资金理论

可贷资金理论是由英国经济学家丹尼斯·H. 罗伯逊（Dennis H Robertson）和瑞典经济学家戈特哈德·B. 俄林（Gotthard B Ohlin）提出的利率决定理论。可贷资金理论一方面反对古典利率决定理论对货币因素的忽视，认为仅以储蓄、投资分析利率的决定过于片面；另一方面批评凯恩斯完全否定非货币因素在利率决定中的作用的观点。

1. 利率决定的一般过程

可贷资金理论在利率决定问题上同时考虑货币因素与实物因素，基本观点为利率决定于可贷资金的需求与供给的相互作用。可贷资金需求来自某期间的投资量和该期间人们希望持有的货币量的变动，即

$$D_L=I+\Delta M^d \tag{3.26}$$

式中：D_L为借贷资金需求；I为投资量；ΔM^d为同期货币需求的改变量。

借贷资金的供给来自于同一时期的储蓄量与该时期货币供给量的变动，即

$$S_L=S+\Delta M^S \tag{3.27}$$

式中：S_L为借贷资金供给；S为储蓄量；ΔM^S为同期货币供给的改变量。

可贷资金的需求和供给分别包括两个方面，是符合现实的。可贷资金的需求一方面来自于投资需求，另一方面还可能来自于窖藏需求。这是因为货币不只是交易媒介，也是储藏手段，储蓄者也可能窖藏一部分资金而不用于投资。另外，可贷资金的供应不限于储蓄，这是因为中央银行可通过增加货币供给来提供可贷资金，商业银行可以不依靠储蓄的增加去提供更多的信贷资金，如多倍存款创造机制。因此，可贷资金的供给包括储蓄、中央银行增发的货币以及商业银行的多倍存款创造等。

借贷资金的均衡条件为

$$I+\Delta M^d= S+\Delta M^S \tag{3.28}$$

很显然，借贷资金的供给与利率正相关，因为储蓄量与利率正相关；借贷资金的需

求与利率负相关，因为投资量与利率负相关（见图 3.7）。

可贷资金理论认为，借贷资金的总供给与总需求决定均衡利率，如果投资量 I 与储蓄量 S 这对实物因素力量对比不变，货币供求力量的对比足以改变利率。如图 3.7 中，M_0 为货币需求量和货币供给量没有发生改变且达到供求均衡时的可贷资金量，对应的均衡利率为 i_0，当货币供应量改变了ΔM^s、货币需求量改变了ΔM^d后，均衡利率变为 i_1。因此，利率在一定程度上是货币现象。

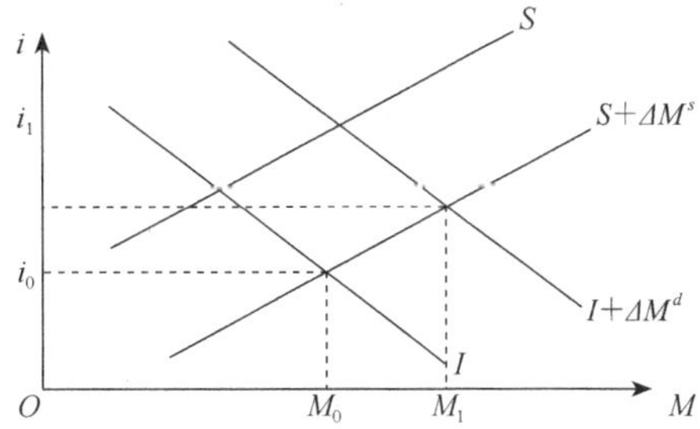

图 3.7　可贷资金理论中均衡利率的决定

2. 均衡利率的变动

可贷资金理论认为，借贷资金的需求有投资、货币窖藏等，可贷资金的供给包括储蓄、中央银行增发的货币以及商业银行的多倍存款创造等。为分析方便起见，假设借贷资金的需求就是企业或政府发行债券筹集资金进行投资，借贷资金的供给就是人们对债券的购买，并从债券市场的供求状况来分析均衡利率的变动，因为债券市场利率的变动直接带动整个市场利率的变动。

当债券需求曲线和供给曲线发生位移时，均衡利率水平就会发生变动。

（1）债券需求曲线的位移

决定债券需求的主要因素有公众持有的财富、债券相对于其他替代资产的预期回报率、债券相对于其他替代资产的风险和债券相对于其他替代资产的流动性。

1）财富。公众持有的财富增加（减少），对债券的需求也会增加（减少）。一般来说，在经济周期扩张阶段，公众财富增加，对债券的需求增加，借贷资金供给曲线向右位移，在其他经济变量不变的情况下，均衡利率下降；在经济周期衰退阶段，公众财富减少，对债券的需求减少，借贷资金供给曲线向左位移，在其他经济变量不变的情况下，均衡利率上升。

2）预期回报率。债券的预期回报率在很大程度上取决于预期通货膨胀率，如果预期通货膨胀率上升，债券的预期回报率就下降，人们对债券的需求减少，借贷资金供给曲线向左位移，在其他经济变量不变的情况下，均衡利率上升；反之，如果预期通货膨胀率下降，债券预期回报率上升，对债券的需求增加，借贷资金供给曲线向右位移，在其他经济变量不变的情况下，均衡利率下降。此外，对未来利率较高的预期会降低长期债券的预期回报率，减少对债券的需求；反之，则增加对债券的需求。

3）风险。如果持有债券相对于其他替代性资产的风险增加，人们就会减少债券的持有量，因此风险增加导致债券需求减少，使借贷资金供给曲线向左位移，在其他经济变量不变的情况下，均衡利率上升；反之，如果持有债券相对于其他替代性资产的风险下降，在其他经济变量不变的情况下，均衡利率下降。

4）流动性。如果债券相对于其他替代性资产的流动性增强，债券的需求就增大，借贷资金供给曲线向右位移，在其他经济变量不变的情况下，均衡利率下降；相反，如果债券相对于其他替代性资产的流动性减弱，在其他经济变量不变的情况下，均衡利率上升。

（2）债券供给曲线的位移

决定债券供给的主要因素有各种投资机会的预期盈利性、预期通货膨胀率、政府预算等。

1）各种投资机会的预期盈利性。在经济周期扩张阶段，企业预期能够盈利的投资机会越多，就越愿意借款和增加债务数量，因此，企业的预期投资收益越高，债券的供给就越多，借贷资金需求曲线向右位移，在其他经济变量不变的情况下，均衡利率上升；反之，如果企业预期能够盈利的投资机会越少，对债券的供给就越少，借贷资金需求曲线向左位移，在其他经济变量不变的情况下，均衡利率下降。

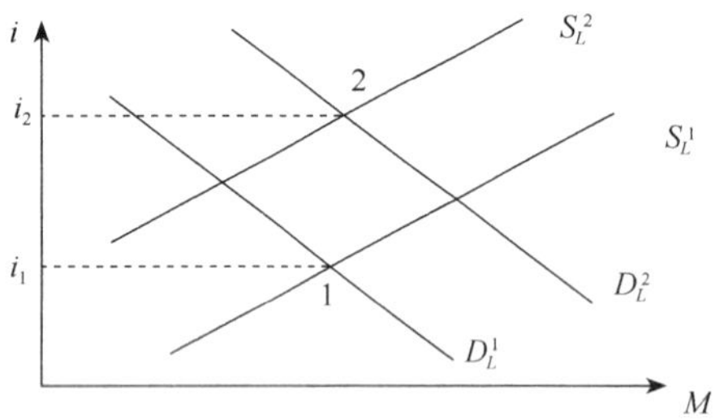

图 3.8 预期通货膨胀率变动的影响

2）预期通货膨胀率。预期通货膨胀率上升，借款的实际成本就会下降，企业就越愿意借款，导致债券供给增加，借贷资金的需求曲线向右位移，在其他经济变量不变的情况下，均衡利率上升；反之，预期通货膨胀率下降，在其他经济变量不变的情况下，均衡利率下降。图 3.8 描述了预期通货膨胀率上升对均衡利率的影响。

如果预期通货膨胀率上升，对于任一给定债券的价格和利率来说，债券相对于实物资产的预期收益率都会下降。结果，债券需求量下降，可贷资金的供给曲线从 $S_L{}^1$ 向左位移到 $S_L{}^2$。预期通货膨胀率上升同时也会引起可贷资金的需求曲线的位移。对于任一给定的债券价格和利率，借入资金的真实成本下降，引起债券供给量上升，需求曲线 $D_L{}^1$ 向右位移动到 $D_L{}^2$，均衡利率从 i_1 上升到 i_2。

通过供求分析，得到了一个重要的结论：即预期通货膨胀率上升，利率也将随之上升。这一结论被命名为费雪效应。它的政策意义是，如果要将利率保持在较低水平，就必须控制通货膨胀率。

3）政府预算。如果财政出现赤字，为弥补赤字，政府就要增发债券，使债券供给增加，借贷资金需求曲线向右位移，在其他经济变量不变的情况下，均衡利率上升；反之，政府财政盈余或赤字规模缩小，在其他经济变量不变的情况下，均衡利率下降。

阅读资料

IS-LM 模型的利率理论

本章介绍的 3 种利率决定理论分别从不同视角出发，给出均衡利率形成过程和变动过程的描述。然而这 3 个理论均存在缺陷：古典利率决定理论只考虑实物市场的均衡；凯恩斯的流动性偏好理论只考虑货币市场的均衡；可贷资金理论尽管兼顾了实物市场和货币市场，但可贷资金市场的均衡，并不能保证实物市场和货币市场各自达到均衡。为弥补可贷资金理论忽视实物市场、货币市场各自均衡的缺陷，英国经济学家约翰·R. 希克斯（John R.Hicks）和美国经济学家阿尔文·H. 汉森（Alviu

H.Hansen）对其进行了改造，提出了著名的 IS-LM 模型，也称为“希克斯汉森模型”。希克斯和汉森认为，决定利率的主要影响因素有生产率、节约、灵活偏好、收入水平和货币供给量，因此必须从整个经济体系来研究利率，只有当货币市场与实物市场同时达到均衡时，才能形成真正的均衡利率。

IS-LM 模型的利率理论认为，利率受制于投资函数、储蓄函数、流动性偏好函数（即货币需求函数）和货币供给量等四大要素，所以，利率决定理论应包括对这些要素的分析。为此，汉森首先把收入水平作为一个变量引入到借贷资金理论中的资金供给函数，建立了资金供给与收入、利率两个变量的函数关系，即 $M_s=f(Y, i)$，于是到了一组在不同收入水平下的资金供给曲线。他接着把这组资金供给曲线与投资函数曲线相结合，当资金供给（即储蓄）等于投资时，就会形成一条由许多与之相对应的利率和收入所组合的点构成的曲线，即 *IS* 曲线。

很显然，*IS* 曲线表示的就是使储蓄（S）等于投资（I）的利率与收入之间的相互关系的曲线，实际上是表示在一定的利率水平和一定的收入水平上，投资与储蓄均衡点的轨迹。接着，汉森又把收入水平作为一个变量引入凯恩斯利率理论中的流动性偏好函数，建立了流动性偏好的收入、利率函数，即 $M_d=L(Y, i)$，并由此得出一组不同收入水平下的流动性偏好曲线。汉森又把这一组流动性偏好曲线与由中央银行控制的货币供给量结合起来。当流动性偏好与货币供给相等时，就会形成一条由许多与之相应的利率和收入所组成的点构成的曲线，即 *LM* 曲线，以表示使货币需求等于货币供给的利率与收入两者之间的相互关系。所以，*LM* 曲线也即在一定的利率水平和一定的收入水平上，货币需求与货币供给均衡点的轨迹。

由于 *IS* 曲线和 *LM* 曲线分别代表商品市场和货币市场的均衡，所以它们都不能单独决定两个市场全部均衡状态下的均衡收入和均衡利率。只有商品市场和货币市场同时达到均衡，即同时满足储蓄等于投资、货币供应等于货币需求时，均衡收入和均衡利率才能确定。

在图 3.9 中，*IS* 曲线和 *LM* 曲线的交点 E 所决定的收入 Y^* 和利率 i^* 就是使整个经济处于一般均衡状态的唯一的收入水平和利率水平。处于 E 点以外的任何收入和利率的组合都是不稳定的，都会通过商品市场和货币市场的调整而达到均衡。

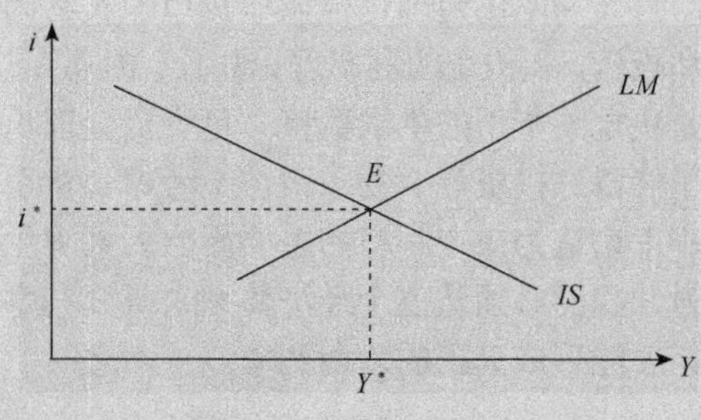

图 3.9　商品市场与货币市场的一般均衡

（资料来源：弗雷德里克·S. 米什金. 货币金融学. 郑艳文，荆国勇，译. 北京：中国人民大学出版社）

小　结

利息是借贷关系中借入方支付给贷出方的报酬。利率是指借贷期间所形成的利息额与本金的比率。根据不同的标准，利率可以划分为不同的种类。影响和决定利息率的因素多且复杂。

单利是指在计算利息额时，以本金为基数计算利息，所生利息不再加入本金重复计算下期利息的方法。复利是指在一定时期按本金计算利息，随即将利息加入本金，作为下一期计算利息基础的方法。由于复利反映出利息的本质特征，因而相对合理些。

货币是有时间价值的，终值是指一笔资金按照一定的速度增值，且增值额始终自动加入本金的条件下，在未来某一时点上的价值。现值即承诺在将来进行的一项支付在今天的价值，即终值的逆运算。

到期收益率是指来自于某种信用工具未来收入的现值总和与其今天的价值相等时的利率水平。经济学家认为到期收益率是衡量利率水平的最精确指标。

对任何有价证券，回报率都是持有人的利息收入与有价证券价值变动的总和占购买价格的比率。

名义利率没有考虑到通货膨胀对借款成本的影响，是指以名义货币表示的利率。实际利率是名义利率剔除通货膨胀因素以后的真实利率。后者根据预期物价水平的变动（通货膨胀）做出调整，因此能够更准确地反映真实借款成本，在经济决策中，人们往往更关注实际利率。

在期限相同的情况下，各债券利率之间的相互关系被称为利率的风险结构。影响利率的因素主要有违约风险、流动性风险和税收风险。

不同期限债券的利率间的相互关系，被称为利率的期限结构。有三种期限结构理论解释期限不同债券的利率差别：预期理论认为，长期债券的利率等于在其存续期内各个短期债券预期利率的平均值，利率的期限结构是由人们对未来短期利率的预期来决定的；市场分割理论认为利率差别是各种债券市场独立的供求关系决定的；流动性溢价和期限选择理论综合了上述两种理论的特点认为，长期利率等于债券到期前未来短期利率的平均值加上短期债券流动性溢价。

古典利率决定理论强调非货币的实物因素在利率决定中的作用，实物因素主要是储蓄和投资。和传统的利率理论相反，凯恩斯认为利率不是决定于储蓄和投资的相互作用，而是决定于货币的供求数量。可贷资金理论从可贷资金的供求来讨论利率的决定，既考虑了储蓄、投资等实物因素，又考虑了货币供求变动等货币因素的作用。IS-LM 模型的利率理论认为决定利率的主要影响因素有生产率、节约、灵活偏好、收入水平和货币供给量，因而必须从整个经济体系来研究利率，只有当货币市场与实物市场同时达到均衡时，才能形成真正的均衡利率。

案例分析

2015 央行降息走势预测　10 月经济数据不佳料年底降息

2015 年 11 月 10 日，国家统计局发布了 10 月份全国居民消费价格指数（CPI）和工业生产者出厂价格指数（PPI），数据显示，CPI 环比下降 0.3%，同比上涨 1.3%；PPI 环比下降 0.4%，同比下降 5.9%。专家表示，消费品价格涨幅继续收窄。

专家表示，食品项对 CPI 贡献减弱，由于猪肉需求进入淡季，生猪供应加快，导致生猪和猪肉价格持续回落，对 CPI 贡献减弱；另一方面，随着秋冬季鲜菜的上市，鲜菜价格对物价的影响变小。10 月份非食品 CPI 温和上涨 0.1 个百分点，主要受冬装上市，衣着价格环比上涨 0.6%。同时，受到国内成品油调价影响，汽、柴油价格环比分别上涨 0.8%和 1.0%。此外，部分服务价格同比涨幅依然较高，包括挂号诊疗费和家庭服务价格。

专家表示，目前上游行业通缩和下游行业的低通胀局面在短时间内很难得到改观，从而推动实际利率高企，在很大程度上加大了企业的融资成本和债务负担，不利于经济增长的企稳和持续复苏。

从数据来看，通缩压力加大，货币宽松仍有空间，财政政策将更积极。CPI 和 PPI 直接影响实际利率，是观测降息的最佳风向标。2015 年 9 月份名义贷款利率虽然已经从去年的接近 7%降至 5.7%，但考虑通胀之后，实际利率还是很高，仍需降息来降低企业的实际融资成本。

【案例思考】

根据上述材料，请讨论：

1．利用利率决定理论说明利率下调的主要推动因素。

2．利率上调将发挥哪些经济作用？

思考题

1．什么是利率？利率的分类及影响利率的因素有哪些？

2．当利率分别为 20%与 10%时，明天的 1 元在哪种情况下比今天的价值更高？

3．如果利率为 10%，某种债券明年向你支付 1100 元，后年向你支付 1210 元，第 3 年付 1331 元。这种债券的现值是多少？如果该债券以 3500 元出售，其到期收益率是高于还是低于 10%？为什么？

4．如果乙现在存入银行 10 000 元，年利率为 6%，而且 10 年内不动用这笔资金，按复利计算，如果一年计息一次，10 年后乙将拥有多少钱？如果一年计息 4 次，10 年后乙将拥有多少钱？

5．一张 20 年期的息票债券，利率为 10%，面值为 1000 元，出售价格为 2000 元。试计算该债券的到期收益率。

6．面值为 1000 元的贴现发行债券，1 年后到期，售价为 800 元，其到期收益率是多少？

7．一笔 100 万元的普通贷款，要求 5 年后偿还 200 万元，其到期收益率是多少？

8．什么是利率风险结构？简述利率风险结构的决定因素及其作用。

9．企业债券的风险溢价通常是逆经济周期的，即经济周期扩张时降低，经济周期衰退时上升。那么，什么是风险溢价？并解释上述现象的原因。

10．什么是利率的期限结构？并利用相关理论解释利率期限结构。

11．假设预期理论是利率期限结构的合理解释，以下给定未来 5 年内的 1 年期利率，请分别计算 1 年期到 5 年期的利率，并画出收益率曲线。

（1）5%、7%、7%、7%、7%。

（2）5%、4%、4%、4%、4%。

12．运用流动性偏好理论和可贷资金理论解释利率具有顺周期性（经济繁荣时利率上升、经济衰退时利率下降）的原因。

13．央行减少货币供应的一个重要途径是向社会公众销售债券。运用可贷资金理论分析该行动对利率的影响，这与用运用流动性偏好理论进行分析得到的结果是否一致，为什么？

14．运用可贷资金理论分析人们对未来不动产价格预期突然上升对利率将会产生怎样的影响。

在线学习

1．进入方式

授课视频路径：输入网址“http://www.upln.cn/”→“教学资源中心”→“资源共享课”，单击“货币金融学”(杨秀萍教授主讲)，观看本章的教学视频。

2．学习方式

进入本章授课视频，自主完成“练习、作业、测验、案例”等，并通过网页提供的“在线测验、试卷答题”等形式检验自己对知识的掌握情况。

第4章

外汇与汇率

知识目标

1. 掌握外汇、汇率等基本概念。
2. 掌握汇率的标价、种类及汇率决定因素。
3. 理解国际收支的概念、国际收支平衡的调节以及汇率变动对国际收支的影响。
4. 熟悉和理解国际金融体系下的各种汇率制度。

基本概念

外汇　汇率　直接标价法　间接标价法　即期汇率　远期汇率　基础汇率　固定汇率　浮动汇率　名义汇率　实际汇率　有效汇率　铸币平价　购买力平价说　利率评价说　国际收支说　国际收支　国际收支平衡表　经常项目　平衡项目　汇率制度　固定汇率制度　浮动汇率制度

开篇案例

汇率的故事

汇率，是一种货币兑换另一种货币的比率。也就是本国一元货币折合多少外币，本国的货币和外国的货币哪个更值钱的术语表达。

这个比价是什么决定的呢？20 世纪 20 年代，瑞典经济学家古斯塔夫·卡塞尔（Gustav Cassel）最先提出“汇率差别是两国货币的购买力不同造成的”，两国货币的购买力之比是决定汇率的基础，而汇率的变动是由两国货币购买力之比变化引起的。例如，购买一个鸡蛋，在美国、日本、德国各需花费 1 美元、100 日元、1.5 欧元，即可推论出 1 美元、100 日元及 1.5 欧元具有相同的购买力，因此其间货币价格应为 1 美元等于 100 日元或等于 1.5 欧元。当日本通货膨胀，一个鸡蛋涨到 160 日元，那么货币价格应为 1 美元等于 160 日元、等于 1.5 欧元。

理论对现实的解释往往是片面的。购买力平价理论也只是一种理论模型而已，在现实的经济运行中，很难找到与之完全吻合的例子。有人又从另一个角度，来分析汇率的问题。钱，值钱还是不值钱，最直接的指标是什么？就是钱生钱的能力——利率。

经济学界的泰斗级人物凯恩斯，以及英国经济学家保罗·艾因齐格（Paul Einzig）等学者，从这里入手，从国际资本流动角度，探究了汇率的原理。他们提出的“抛补利率平价理论”，认为收益率有差别，那么资本就会从低收益率国家流向高收益率国家，也就是说一个国家货币的利率高，那么其他国家的货币会为了逐利而转为这个国家的货币。假如在中国经济过热，国家拉高利率的情况下，1 万美元存在美国的银行，年利率为 2%，到中国的银行存人民币，年利率为 3.6%，这样换了一种货币就能多获得 1.6 个百分点的收益，资本就会因此而流动，造成汇率的变动。这种抛补利率平价理论，主要用于讨论远期汇率，远期汇率是由即期汇率和国内外利差决定的，高利率货币远期贴水——远期低于即期汇率，低利率货币远期升水——远期高于即期汇率，年升贴水率等于两国利差。在前面这个例子中，就会出现人民币贴水、美元升水，外汇年贴水率 1.6%。

（资料来源：http://hi.baidu.com/%C9%CF%EE%FC/blog/item/162e63fa22de 819058ee90ca.html）

国家与国家之间的贸易往来是外汇产生的直接原因，外汇的产生是汇率出现的基本前提。那么，到底什么是汇率？如何进一步认识汇率？影响汇率变动的因素有哪些？汇率变动对一国的经济有何影响？这是本章学习与讨论的主要内容。

4.1 外　汇

4.1.1 外汇的含义

外汇（foreign exchange）是国际贸易的产物，是实现国际经济活动的基本手段。外汇即国际间汇兑，“汇”是货币异地转移，“兑”是货币之间进行转换。

1. 外汇的动态含义

从动态角度讲，外汇就是把一国货币转换成另一国货币，并在国际间流通用以清算因国际经济往来而产生的债权债务。

2. 外汇的静态含义

从静态角度讲，外汇就是以外国货币表示的、在国际上可以自由兑换且能被各国普遍接受与使用的一系列金融资产，具体表现为进行国际清算的手段和工具，如外国货币，以外币计价的各种证券。

3. 国际货币基金组织对外汇的定义

国际货币基金组织认为：“外汇是货币行政当局（中央银行、货币管理机构、外汇平准基金及财政部）以银行存款、财政部库券、长短期政府债券等形式所保有的在国际收支逆差时可以使用的债权。其中包括由中央银行及政府间协议而发生的在市场上不流通的债券，而不问它是以债务国货币还是以债权国货币表示。”根据国际货币基金组织的定义，我国对外汇做了更为明确的规定。

4. 我国对外汇的定义

按照 1996 年通过并于 1997 年 1 月修订的《中华人民共和国外汇管理条例》的定义。外汇是指以下以外币表示的可以用作国际清偿的支付手段和资产，具体包括以下几个方面。

1）外国货币，包括纸币、铸币。

2）外币支付凭证，包括票据、银行存款凭证、邮政储蓄凭证等。

3）外币有价证券，包括政府债券、公司债券、股票等。

4）特别提款权。

5）其他外汇资产。

4.1.2　外汇的特征

外汇是以外币表示的，用以清偿国际间债权债务的一种支付手段。外汇买卖是债权的转移，外汇支付则是完成国际间债权债务的清偿。但是，并不是所有的外国货币都能称为外汇。

广义的静态外汇，具有以下 3 个明显特点或质的规定。

1）自由兑换性，即这种外币必须是可以自由兑换成其他形式的或以其他货币表示的资产。如果某种资产在国际间的自由兑换受到限制，则不能称为外汇。例如，有些国家的货币当局实行外汇管制，禁止本币在境内外自由兑换成其他国家的货币，以这种货币表示的各种支付工具，也不能随时转换成其他货币表示的支付手段，那么这种货币及其标识的支付工具在国际上就不能称为外汇。

2）普遍接受性，即这种外币在国际经济往来中被各国普遍接受和使用。

3）可偿付性，即这种外币资产是可以保证得到偿付的。

任何以本国货币表示的信用工具、支付手段、有价证券等对本国人民来说，都不能称为外汇。例如，美元资产是国际支付中最为常用的一种外汇资产，但这是针对美国以外的其他国家而言的。

凡是接受《国际货币基金协定》第八条规定的国家的货币在国际上被承认为可自由兑换货币，这些国家必须履行以下 3 项义务：①对国际经常往来的付款和资金转移不得施加限制；②不施行歧视性货币措施或多种货币汇率；③在另一成员国要求下，随时有义务换回对方在经常往来中所结存的本国货币。

迄今为止，全世界已有 50 多个国家的货币可自由兑换。此外，凡是接受《国际货币基金协定》第十四条规定的国家，其货币被视作有限度自由兑换货币，这些货币的共同特征表现为对国际经常往来的付款和资金转移施加各种限制。如限制居民的自由兑换或限制资本项目外汇的兑换。我国的人民币属于有限度自由兑换货币。

在我国，有 20 余种外币可以在外汇市场上挂牌买卖，包括美元（USD）、欧元（EUR）、日元（JPY）、英镑（GBP）、瑞士法郎（CHF）、丹麦克朗（DKK）、瑞典克朗（SEK）、港元（HKD）、加拿大元（CAD）、澳大利亚元（AUD）、新西兰元（NZD）、新加坡元（SIN）、澳门元（MOP）、马来西亚林吉特（MYR）等。

4.2 汇 率

4.2.1 汇率的含义与标价

1. 汇率的含义

汇率（exchange rate）又称为外汇行市或汇价，是不同货币之间兑换的比率或比价，是以一种货币表示另一种货币的价格。

例如，一件价值 100 元人民币的商品，如果美元对人民币汇率为 1∶8.25，则这件商品在国际市场上的价格就是 12.12 美元。如果美元汇率涨到 1∶8.50，即美元升值，人民币贬值，即可以用更少的美元购买此商品，这件商品在国际市场上的价格就是 11.76 美元。商品的价格变低，竞争力变高，便宜好卖。反之，如果美元汇率跌到 1∶6.35，即美元贬值，人民币升值，则这件商品在国际市场上的价格就是 15.75 美元，价格上升了，购买需求自然就减少了。

2. 汇率的标价方法

汇率的标价方法有两种：一种是直接标价法（direct quotation），另一种是间接标价法（indirect quotation）。20 世纪五六十年代以后，西方各国的跨国银行又普遍采用了美元标价法（US dollar quotation）。

1）直接标价法，指以一定单位的外币（1、100、10 000）折合计算多少单位的本币。例如：100 日元＝6.8 元人民币。包括中国在内的世界上绝大多数国家目前都采用直接标价法。在直接标价法下，外币数额保持固定不变，折合的本币数额随着外国货币与本国货币币值对比的变化而变动。若一定单位的外币折合的本币数额增加，则说明外币升值、本币贬值，即外汇汇率上升；反之，如果一定单位的外币折合的本币数额减少，则说明外币贬值、本币升值，即外汇汇率下跌。由此可知，外币的价值与汇率的涨跌成正比。

2）间接标价法，指以一定单位（1、100、10 000）的本币折合计算多少单位的外币。例如：100 元人民币＝1470.6 日元。目前，世界上采用间接标价法的国家主要有英国、英联邦国家、美国和欧元区国家。在间接标价法下，本币数额保持固定不变，折合的外币数额随着本国货币与外国货币币值对比的变化而变动。若一定单位的本币折合的外币数额增加，则说明外币贬值、本币升值，即外汇汇率下跌；反之，如果一定单位的本币折合的外币数额减少，则说明外币升值、本币贬值，即外汇汇率上升。由此可知，外币的价值和汇率的涨跌成反比。

3）美元标价法，指以一定单位（1、100、10 000）的美元为关键货币（key currency）折合计算其他货币。例如，100 美元＝716.7 元人民币，100 美元＝108.56 欧元。第二次世界大战后，在布雷顿森林体系下，由于美元处于世界货币体系的中心地位，各国外汇市场上均以美元为标准公布外汇牌价。

美元标价法与前两种基本的标价法并不矛盾。银行汇价挂牌时，标出美元与其他货币之间的比价，如果需要计算美元以外的两种货币之间的比价，必须通过各自货币与美元的比价进行套算。

4.2.2 汇率的种类

表 4.1 是英国《金融时报》（*Financial Times*）官方网站公布的 2012 年 3 月 5 日的外汇市场汇率信息。

表 4.1　外汇行情表（DOLLAR SPOT FORWARD AGAINST THE DOLLAR）

March 5　2012	closing mid-point	Bid/Off Spread	One Month Rate	Three　Month Rate	One Year Rate
Europe		325-525			
Russia (Rouble)	29.3425	111-116	29.4580	29.6875	30.7725
Switzerland (Fr)	0.9114	688-695	0.9110	0.9103	0.9053
Turkey (New Lira)	1.7692	867-872	1.7804	1.8018	1.8975
UK (£)	1.5838		1.5867	1.5860	1.5827
Euro (Euro)	1.3233	231-234	1.3235	1.3240	1.3272
Americas					
Brazil (Real)	1.7351	344-358	1.7482	1.7692	1.8460
Canada (C $)	0.9938	935-940	0.9945	0.9958	1.0025
USA($)	—	—	—	—	—
Pacific/Middle East/Africa					
Australia (A $)	0.9373	370-375	1.0717	1.0798	1.1166
Hong Kong (HK $)	7.7634	632-636	7.7628	7.7617	7.7589
India (Rupiah)	49.8400	350-450	50.2525	50.8700	52.7925
Japan (Yen)	81.4100	390-430	81.3853	81.3356	80.9511
Singapore ($)	1.2578	574-581	1.2578	1.2576	1.2546
South Africa (Rand)	7.5654	604-704	7.6027	7.6665	7.9843
Korea South (Won)	1118.55	840-870	1121.35	1125.55	1137.75

1. 买入价、卖出价和中间价

从银行外汇买卖的角度来看，汇率可分为买入价（buying rate/bid rate）、卖出价（selling rate/ask or offer rate）和中间价（middle rate）。

1）买入价，即买入汇率，指银行从客户或同业那里买入外汇时所使用的汇率。

2）卖出价，即卖出汇率，指银行向客户或同业卖出外汇时所使用的汇率。

3）中间价，指买入价与卖出价之间的平均价格。

2. 即期汇率与远期汇率

根据外汇买卖的交割期限，汇率可分为即期汇率（spot exchange rate）与远期汇率（forward exchange rate）。所谓交割，是指买卖双方履行交易契约，进行钱货两清的授受行为。外汇买卖的交割是指购买外汇者付出本国货币、出售外汇者付出外汇的行为。由于交割日期不同，汇率就有差异。

1）即期汇率，又称现汇汇率，是买卖双方成交后，在两个营业日之内办理外汇交割时所用的汇率。

2）远期汇率，又称期汇汇率，是买卖双方事先约定的，据以在未来的一定日期进行外汇交割的汇率。远期汇率典型的有 1 个月远期、3 个月远期、1 年远期，如表 4.1 所示。

通常，即期汇率与远期汇率在数值上不同。当远期汇率高于即期汇率时，称为升水；

反之，当远期汇率低于即期汇率时，称为贴水；当两者相等时，则称为平价。升水或贴水的幅度为远期汇率与即期汇率的差。

3. 基础汇率与套算汇率

根据汇率的制定方法，汇率可分为基础汇率（basic rate）和套算汇率（cross rate）。

1）基础汇率。基础汇率又称基准汇率、直接汇率，指一国货币对国际上某一关键货币所确定的比价，它是确定与其他各种外币汇率的基础。关键货币一般选择国际贸易、国际结算和国际储备中的主要货币，并且与本国与国外的经济活动有十分密切的关系。第二次世界大战以后，很多国家将本币兑美元的汇率定为基础汇率。

2）套算汇率。套算汇率又称为交叉汇率，是在基础汇率的基础上套算出来的本币与非关键货币之间的汇率。国际外汇市场只公布按美元标价计算的外汇汇率，不能直接反映其他货币之间的汇率，要换算出其他货币的汇率，就要用其他货币对美元汇率进行套算。

一个国家制定出基本汇率后，对其他国家货币的汇率，可以按基本汇率换算出来。例如：美元兑日元汇率为 91.50，美元兑人民币汇率为 7.4360，则日元兑人民币汇率为 0.0813（7.4360/91.50）。

4. 固定汇率与浮动汇率

根据国际汇率制度，汇率可分为固定汇率（fixed exchange rate）和浮动汇率（floating exchange rate）。

1）固定汇率。它是指在金本位制度下和布雷顿森林体系下通行的汇率制度。这种制度规定本国货币与其他国家货币之间维持一个固定比率，汇率波动只能限制在一定范围内，并由官方干预来保证汇率的稳定。

2）浮动汇率。它是指本国货币与其他国家货币之间的汇率不由官方制定。而由外汇市场供求关系决定，可自由浮动，只有在汇率出现过度波动时，官方才会干预市场。1973 年固定汇率制瓦解后，西方国家普遍实行浮动汇率制。根据各国具体情况的不同，浮动汇率制度进一步分为自由浮动汇率、管理浮动汇率、联合浮动汇率、钉住浮动汇率等。

5. 名义汇率、实际汇率与有效汇率

根据货币的购买力和总体波动及其在国际贸易和金融领域中的总体地位，汇率可分为名义汇率、实际汇率和有效汇率。

1）名义汇率（nominal rate of exchange），又称为双国汇率，它是指一种货币以另一种货币为基础的价格，可以表示为本国货币的外币价格，也可以表示为外国货币的本币价格。名义汇率通常可以在报纸上查到，而且有买价与卖价的差价。就是现实中的货币兑换比率，它可能由市场决定，也可能由官方制定。

2）实际汇率（real rate）。它有两种含义：①相对于名义汇率而言，是名义汇率与对各类出口商品进行财政补贴和减免税收的之和或之差，其目的在于各国政府实行“奖出限入”的贸易保护政策。公式表示为：实际汇率＝名义汇率＋财政补贴和税收减免；②名义汇率减去通货膨胀率，目的在于反映通货膨胀对名义汇率的影响。

3）有效汇率（effective exchange rate）。它是一种以某个变量为权重计算的加权平均

汇率指数，指报告期一国货币对各个样本国货币的汇率以选定的变量为权数计算出的与基期汇率之比的加权平均汇率之和。有效汇率反映出报告期一国加权平均汇率与基期汇率的变动程度，通常用于度量一国商品贸易的国际竞争力，也可以用于研究货币危机的预警指标，还可以用于研究一个国家相对于另一个国家居民生活水平的高低。

6. 贸易汇率与金融汇率

根据外汇资金性质和用途，汇率可分为贸易汇率（commercial rate）和金融汇率（financial rate）。

1）贸易汇率。它是指用于进出口贸易及其从属费用方面的汇率。

2）金融汇率。它是指用于资金转移和旅游等方面的汇率。

4.2.3 汇率的决定及其影响因素

1. 金本位制度下汇率的决定与变动

（1）汇率的决定因素——铸币平价

金本位制度是 19 世纪初到 20 世纪初资本主义国家实行的以黄金为本位货币的货币制度，包括金币本位制、金块本位制和金汇兑本位制。在第一次世界大战前，盛行典型的金币本位制，特点是金币为本位币，可以自由铸造和溶化，金币与银行券自由兑换，金币作为世界货币自由输出入。各国规定了每一金铸币单位包含的黄金重量与成色，即含金量（gold content），货币间的比价以含金量来折算，两国本位币的含金量之比即为铸币平价（mint par）。其可表示为：1 单位甲币＝甲币含金量/乙币含金量＝X 单位乙币。例如，1 英镑铸币的含金量为 113.0016 格令，1 美元铸币含金量为 23.22 格令，铸币平价为 4.8665（113.0016/23.22），即 1 英镑约折合 4.8665 美元。

铸币平价是汇率的决定基础，由其决定的汇率是一种中心汇率，市场汇率会围绕着铸币平价或中心汇率上下波动。

（2）汇率的变动因素——外汇市场的供求及黄金输送点

1）外汇市场的供求。外汇市场中，当外汇供不应求时，市场汇率就会超过铸币平价；当外汇供过于求时，市场汇率就会低于铸币平价。但不管外汇供求发生何种变化，总会限制在黄金点内。

2）汇率的黄金输送点及波动规则。如此规定的汇率可能出现波动，但波幅有一定界限。这个界限称为黄金输送点（gold transport points），黄金输送点等于铸币平价加上从一国输出或从另一国输入黄金需要支出的费用，包括包装、运输黄金的费用和运输保险费。如果汇率的波动使得两国间在进行国际结算时直接使用黄金比使用外汇更为合算，则贸易商宁可直接运送黄金。通过这一机制，汇率的波动可自动保持在一定范围内。最高不能超过黄金输出点，即铸币平价加运费；最低不能低于黄金输入点，即铸币平价减运费。超过或低于这一界限，就会引起黄金的输出入和货币汇率的自动调节。其波动规则如图 4.1 所示。

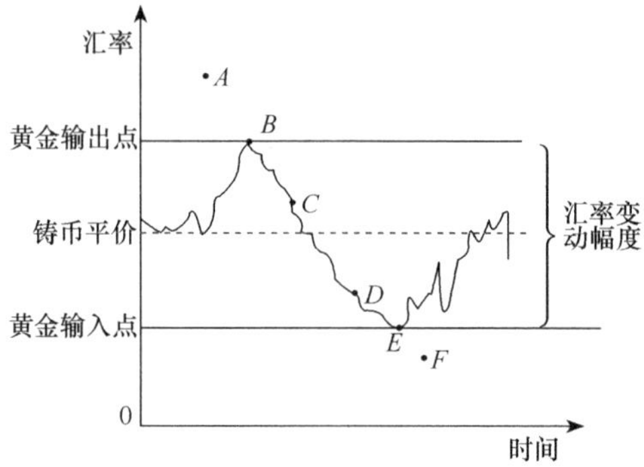

图 4.1 金币本位制下汇率波动的规则

总之，在金币本位制下，由于黄金输送点和黄金——物价——国际收支机制的运作，把汇率的波动限制在一定的幅度内，并对汇率起到了自动调节的作用。

2. 纸币流通制度下汇率的决定因素

在纸币流通制度下，各国发行纸币作为金属货币的代表，并且参照过去的做法，以法令规定纸币的含金量，称为金平价，金平价的对比是两国汇率的决定基础。但是纸币不能兑换成黄金，因此，纸币的法定含金量往往形同虚设。没有含金量的纸币制度，已经没有等值资产作为货币的发行准备，成为信用货币制度。汇率水平不再由含金量或所代表金量的对比来决定，也没有了一个公认的标尺，因此经济学家提出了纸币流通条件下的多种汇率决定理论，比较有代表性的有以下 3 种。

（1）购买力平价学说

购买力平价学说的历史非常悠久，其理论渊源可以追溯到 16 世纪。瑞典学者卡塞尔在 1922 年首次以较成熟的形式提出了汇率如何决定的购买力平价论。这种理论认为，两国货币之所以能够互相兑换，是因为它们各自在国内具有购买力。本国人之所以需要外国货币或外国人之所以需要本国货币，是因为这两种货币在各自发行国均具有对商品的购买力；两国货币购买力之比就是决定汇率的“首先的最基本的依据”；汇率的变化也是由两国货币购买力之比的变化而决定的，即汇率的涨落是货币购买力变化的结果。也就是说，在不考虑运输成本的情况下，同种可贸易品在各个地区的价格应该是一致的，这种关系称为“一价定律”。

（2）利率平价学说

利率平价学说认为，汇率的本质是两国货币的相对价格，在开放经济条件下，两国货币之间的汇率由金融资产市场上两国货币资产的收益来决定。即两个国家利率的差额相当于远期兑换率及现货兑换率之间的差额。当本国利率低于外国利率时，投资者为获得较高收益，会将资本从本国转移到外国，进行套利活动，获取利息差额。为防止汇率波动对其产生的不利影响，投资者通常会在远期外汇市场上，按远期汇率将在国外的投资收益及投资本金兑换成本国货币来锁定投资收益。可见，两国投资收益存在差异，形成了资本的国际移动。直到通过利率的调整，两国的投资收益相等时，国际资本移动才会终止。因此，利率平价学说认为：同即期汇率相比，低利率国家货币的远期汇率会上升，而高利率国家货币的远期汇率会下跌；远期汇率同即期汇率的差价约等于两国间的利率差。

（3）国际收支学说

国际收支学说认为，外汇汇率是由外汇供求决定的，而外汇供求又是由国际收支决定的。国际收支均衡的条件是经常账户收支差额等于资本账户差额。国内外国民收入、价格水平、利率以及人们对未来汇率的预期等因素正是通过影响进出口及国际资本流动，进而影响国际收支均衡与均衡汇率水平。

具体而言，本国国民收入增长将增加进口，引发国际收支赤字，使外汇市场出现超额需求，本国货币趋于贬值；外国国民收入增加，通过本国出口的增加引起国际收支盈余，造成本币趋于升值。当本国物价水平相对于外国物价水平上升时，提高本国商品相对于外国商品的价格，引起出口减少，进口增加，导致本币贬值；反之，亦然。本国利率相对于外国利率上升时，会刺激国外资金流入增加，本国资金流出减少，从而带来外汇价格下降。如果人们对外币汇率的未来走势看涨，就会在外汇市场上抛出本币，换成外国货币，造成外汇汇率上涨；反之，亦然。

3. 纸币制度下影响汇率变动的因素

（1）国际收支

一国的国际收支状况将导致其本币汇率的波动。例如，出口贸易或外商投资会增加外汇收入，在外汇市场上形成了外汇供给。而进口贸易或向国外投资会增加外汇支出，在外汇市场上产生了外汇需要。把这些交易综合起来，全部记入国际收支统计表中，便构成了一国的外汇收支状况。如果外汇收入大于支出，则外汇的供应量增大，在需求不变的情况下，本币对外升值，外汇汇率下跌。如果外汇支出大于收入，则对外汇的需求量增大，在供给不变的情况下，本币对外贬值，外汇汇率上涨。由此可见，国际收支状况的影响归根结底是外汇的供求关系对汇率的影响。

（2）相对利率

利率，就其表现形式来说，是指一定时期内利息额同借贷资本总额的比率，是宏观经济调控的重要工具之一。当经济过热、通货膨胀上升时，中央银行便提高利率、收紧信贷；当过热的经济和通货膨胀得到控制时，中央银行便会把利率适当调低。因此，利率是重要的基本经济因素之一。

一国利率水平的高低，是反映借贷资本供求状况的重要标志。也就是说，考察汇率的预期变动，只有当外国利率加汇率的预期变动率之和大于本国利率时，把资本移往国外才有利可图。

本国利率水平相对较高，会吸引外国资本流入，从而增加对本国货币的需求，本币汇率就趋于上浮。反之，本国的利率水平相对降低，会直接引起国内短期资本流出，从而减少对本国货币的需求，本币汇率就下浮。因此，可以说“利率升，货币强；利率跌，货币弱”。

但是，利率的变化对国际资本流动影响的程度有多大，还要看是否满足利率平价学说。

（3）相对通货膨胀率

当一国大多数商品和劳务的价格连续在一段时间内普遍上涨，就称这个国家正面临通货膨胀的压力。一国通货膨胀率升高，货币购买力下降，货币对内贬值，进而对外贬值。国内外通货膨胀率的差异是决定汇率长期趋势的主导因素，在不兑现的信用货币条件下，两国货币之间的比率是由各自所代表的价值决定的。如果一国通货膨胀率高于他国，该国货币在外汇市场上就会趋于贬值；反之，就会趋于升值。

（4）财政政策与货币政策

一国政府的财政政策和货币政策对汇率变化的影响虽然是间接的，但也非常重要。一般而言，扩张性的财政政策和货币政策造成的巨额财政赤字和通货膨胀会使本国货币对外贬值；紧缩性的财政政策和货币政策会减少财政支出，稳定通货，使本国货币对外升值。但这种影响是相对短期的。财政政策和货币政策对汇率的长期影响，则要视这些政策对经济实力和长期国际收支状况的影响而定，如果扩张性政策能最终增强本国经济实力，促使国际收支顺差，那么本币对外价值的长期走势必然会提高，即本币升值；如果紧缩性政策导致本国经济停滞不前，国际收支逆差扩大，那么本币对外价值必然逐渐消弱，即本币贬值。

（5）经济增长率差异

国家经济实力是其货币汇率水平的基础，而稳定的经济增长率是衡量经济实力的重要指标。在其他条件不变的情况下，一国经济增长率相对较高，其国民收入增加也相对较快，这样会增加对外国商品劳务的需求，外汇需求也随之增加。在外汇供给满足不了外汇需求的情况下，该国货币汇率下跌。要注意以下两种特殊情况。

1）对于出口导向型国家，经济增长主要是出口增加推动的，较快的经济增长伴随着出口的高速增长，此时出口的增长额往往超过进口的增长额，这样会出现汇率不跌反升的现象。

2）如果国内外投资者把该国较高的经济增长率视为经济前景看好、资本收益率提高的反映，则会导致外国对本国投资的增加，如果流入的资本能够抵消经常项目的赤字，该国的货币汇率亦可能不跌反升。

（6）政府的市场干预

政府为了实现一定的经济目标，常常会采用各种措施干预外汇市场和外汇汇率，有时甚至操纵汇率的波动。政府为了避免汇率的波动对国内经济造成不利的影响，需要通过中央银行在外汇市场上买卖外汇（即通常所说的“公开市场操作”），使汇率的变动有利于本国经济的运行。这种干预的目的有 3 种：①在汇率变动过于剧烈的时候使它趋于缓和；②使汇率稳定在某个水平上；③使汇率上浮或是下降到某个水平。

（7）国际储备

一般情况下，一国国际储备充足，特别是外汇储备充足时，该国货币汇率往往会趋于上升；国际储备不足或太少，该国货币汇率往往会下跌。

（8）市场预期

市场预期是影响汇率变动各因素中最难把握的。它是指外汇交易者作出的判断，并据此进行外汇买卖，引起汇率发生变动。也就是说，投资者是买进还是卖出某种外汇，常常取决与对汇率走势的预期，从而引起该种货币汇率的上升或者下降，如投资者认为美元汇率将上升，日元汇率将下降，便会立即买进美元抛出日元，使美元需求大于供给、日元供给大于需求，美元汇率上升、日元汇率下降；反之，亦然。

（9）政局的动荡和突发事件

如果一国出现政府经常更迭，国内叛乱或战争、与他国的外交关系恶化以及遭遇到严重的自然灾害，而这些事件和灾害又未能得到有效控制，就会导致国内经济萎缩或瘫痪，使投资者信心下降而引发资本外逃，其结果会导致各国汇率下跌。

除上述因素，黄金市场、股票市场、石油期货市场等其他投资品市场价格发生变化也会导致外汇市场汇率联动，这是由于国际金融市场的一体化，资金在国际间的自由流动，使得各个市场的联系非常密切，价格的相互传递成为可能和必然。

4.3 汇率与国际收支

4.3.1 国际收支的含义

国际收支（balance of payment）可分为狭义的国际收支和广义的国际收支。狭义的国际收支指一国在一定时期（通常为一年）内对外收入和支出的总额。广义的国际收支不仅包括外汇收支，还包括一定时期的经济交易。

国际货币基金组织认为，国际收支是一种统计报表，系统记载了在一定时期内某个经济主体（一个国家或者一个地区）与世界其他经济体所发生的货币收支交易。应该从以下 3 个方面对上述内容进行理解。

1）国际收支是一个流量概念。

2）国际收支所反映的内容是经济交易，包括：商品和劳务的买卖、物物交换、金融资产之间的交换、无偿的单向商品和劳务的转移、无偿的单向金融资产的转移。

3）国际收支记载的经济交易是居民与非居民之间发生的。

4.3.2 国际收支平衡表

国际收支平衡表（balance of payment presentation）是一国根据交易内容和范围设置项目和账户，并按照复式记账法对一定时期内的国际经济交易进行系统的记录，对各笔交易进行分类、汇总而编制出的分析性报表。它记录了一国对外全部经济交易，不仅包括纯粹经济交易引起的货币收支，还包括政治、文化、军事引起的货币收支。

1. 国际收支平衡表的主要内容

各类交易的情况不同，国际收支平衡表的内容也有所不同，但按照《国际收支手册》（第五版）规定，一般应包括三大部分，即经常项目（current account）、资本和金融项目（capital and financial account）、平衡项目（balancing account）。这里的“项目”也称为“账户”。具体构成如图 4.2 所示。

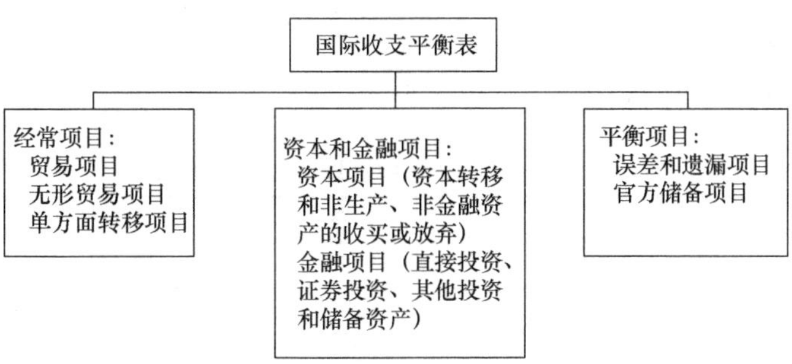

图 4.2　国际收支平衡表的项目构成

（1）经常项目

1）贸易项目（trade account），又称为有形贸易项目，记载由商品进出口而引起的外汇资金的收入与支出。由商品进口和商品出口构成。贸易项目是经常项目最主要的组成部分，也是整个国际收支平衡表的基本组成部分，其收支状况对整个国际收支平衡状况起着十分关键的作用。

2）无形贸易项目（invisible trade account），又称为劳务收支项目，反映各国之间相互提供劳务或服务而发生的收入与支出。其内容主要包括服务收支、投资收益和其他劳务收支。

3）单方面转移项目（unrequited transfer account），指实物或金融资产在国际间发生单方面的转移而产生的收支。其内容主要包括：①政府单方面转移收支；②私人单方面转移收支；③本国提供或取得的其他官方机构或国际经济组织的无偿转让款而形成的收支。

（2）资本和金融项目

1）资本项目。其主要记录资本输出和资本输入情况，并加以总结对比分析，包括资本转移和非生产、非金融资产的收买或放弃等。

2）金融项目。其包括涉及一经济体对外资产和负债所有权变更的所有交易，按功能分为直接投资、证券投资、其他投资和储备投资。

（3）平衡项目

平衡项目并不是国际收支平衡表的标准组成部分，主要是为了平衡经常项目与资本和金融项目“缺口”而设置的调节性项目。主要包括以下两点：

1）误差与遗漏项目（errors and omissions account）。目前，世界各国的国际收支平衡表中基本上都设置了误差与遗漏项目，造成误差与遗漏的原因主要有以下三个方面：①交易项目的统计方法、口径出现差异；②编制国际收支平衡表的原始资料来自各个方面，当事人出于各种原因故意改变、伪造或压低某些项目的数字，造成资料失实或收集资料不全，如在进出口贸易中经常存在骗取出口退税和逃避进口关税的行为；③投机资本的国际流动，流入流出异常迅速，常采取较为隐蔽的形式出入国境，导致外汇管理当局对其真实资料难以辨别。

2）官方储备项目（reserve account）。又称为官方结算项目，是指记载一国官方货币当局（如中央银行、财政部等）所持有的国际储备资产的增减。这些储备资产包括货币化黄金、储备货币、特别提款权、在国际货币基金的储备头寸及其它官方对外债权。一国如有国际收支盈余，则表现为官方储备的增加；一国如出现国际收支赤字，则表现为官方储备的减少。官方储备项目主要有以下 3 个方面的作用：①维持一国的国际支付能力，调节临时性的国际收支不平衡；②干预外汇市场，维持本国汇率稳定；③一国向外举债和偿债能力的保证。

表 4.2 为 2010 年的中国国际收支平衡表。

表 4.2　2010 年中国国际收支平衡表　　（单位：亿美元）

项目	行次	差额	贷方	借方
一、经常项目	1	3 054	19 468	16 414
A．货物和服务	2	2 320	17 526	15 206
a．货物	3	2 542	15 814	13 272

续表

项目	行次	差额	贷方	借方
b. 服务	4	−221	1 712	1 933
1. 运输	5	−291	342	633
2. 旅游	6	−91	458	549
3. 通信服务	7	1	12	11
4. 建筑服务	8	94	145	51
5. 保险服务	9	−141	17	158
6. 金融服务	10	−1	13	14
7. 计算机和信息服务	11	63	93	30
8. 专有权利使用费和特许费	12	−122	8	130
9. 咨询	13	77	228	151
10. 广告、宣传	14	9	29	20
11. 电影、音像	15	−3	1	4
12. 其他商业服务	16	184	356	172
13. 别处未提及的政府服务	17	−1	10	11
B. 收益	18	304	1 446	1 142
1. 职工报酬	19	121	136	15
2. 投资收益	20	182	1 310	1 128
C. 经常转移	21	429	495	66
1. 各级政府	22	−3	0	3
2. 其他部门	23	432	495	63
二、资本和金融项目	24	2260	11 080	8 820
A. 资本项目	25	46	48	2
B. 金融项目	26	2214	11 032	8 818
1. 直接投资	27	1250	2 144	894
1.1 我国在外直接投资	28	−602	76	678
1.2 外国在华直接投资	29	1851	2 068	217
2. 证券投资	30	241	636	395
2.1 资产	31	−77	268	345
2.1.1 股本证券	32	−84	115	199
2.1.2 债务证券	33	8	154	146
2.1.2.1（中）长期债券	34	18	128	110
2.1.2.2 货币市场工具	35	−11	25	36
2.2 负债	36	317	368	51
2.2.1 股本证券	37	313	345	32
2.2.2 债务证券	38	3	22	19
2.2.2.1（中）长期债券	39	3	22	19
2.2.2.2 货币市场工具	40	0	0	0
3. 其他投资	41	725	8 253	7 528
3.1 资产	42	−1162	750	1912
3.1.1 贸易信贷	43	−616	5	621
长期	44	−43	0	43
短期	45	−574	4	578
3.1.2 贷款	46	−210	197	407

续表

项目	行次	差额	贷方	借方
长期	47	−277	0	277
短期	48	66	197	131
3.1.3 货币和存款	49	−580	303	883
3.1.4 其他资产	50	244	245	1
长期	51	0	0	0
短期	52	244	245	1
3.2 负债	53	1 887	7 503	5 616
3.2.1 贸易信贷	54	495	583	88
长期	55	35	41	6
短期	56	461	542	81
3.2.2 贷款	57	791	5 860	5 069
长期	58	101	264	163
短期	59	690	5 596	4 906
3.2.3 货币和存款	60	603	1 038	435
3.2.4 其他负债	61	−3	22	25
长期	62	−4	1	5
短期	63	2	22	20
三、储备资产	64	−4 717	0	4 717
3.1 货币黄金	65	0	0	0
3.2 特别提款权	66	−1	0	1
3.3 在基金组织的储备头寸	67	−21	0	21
3.4 外汇	68	−4 696	0	4 696
3.5 其他债权	69	0	0	0
四、净误差与遗漏	70	−597	0	597

资料来源：http://www.gov.cn/gzdt/2011-04/01/content_1836691.htm.

注：① 本表计数采用四舍五入原则。

② 从 2010 年三季度开始，按照国际标准，将外商投资企业归属外方的未分配利润和已分配未汇出利润同时记入国际收支平衡表中经常项目下收益项目的借方和金融项目下直接投资项目的贷方。

2. 国际收支平衡表分析

（1）从复式记账法的角度来理解国际收支平衡表

在表 4.2 中，经常项目的余额在贷方，符号为正，数值是 3054 亿美元；不包括储备资产在内的资本和金融项目的余额也出现在贷方，符号也为正，数值是 2260 亿美元。这两部分的余额是国际间经济交易产生的，是自发性的。储备资产项目的余额在借方，符号为负，数值是 4717 亿美元，意味着 2010 年的国际交易使我国的储备资产（以外汇为主）增加了 4717 亿美元，这个余额是被动产生的。减去储备资产项目余额后的资本和金融项目余额为 2457 亿美元，与经常项目余额相差 597 亿美元，这就是净误差与遗漏项目的余额。整张国际收支平衡表的借贷双方是平衡的。

需要指出的是，在理论上，经常项目的余额和不包括储备资产在内的资本和金融项目余额，应该就是储备资产的变动额。但在实际的统计中，经常项目余额和不包含储备资产在内的资本和金融项目的余额是独立统计的，储备资产项目是在另一渠道统计的，两者之间的差异就是净误差与遗漏项目余额。净误差与遗漏并不是实际统计的结果，而是为了使国际收支平衡表平衡而设置的账户，其实际来源可能包括统计误差和资本外逃等。

（2）从国际收支的结构分析国际收支平衡表

从国际收支的结构来看，我国经常项目收支顺差的主要来源是货物和服务项目，差额为 1247 亿美元，占全部差额的 77%；在货物和服务项目中，货物收支为顺差，服务收支是逆差，这表明我国经济发展水平相对较低，主要依靠实际货物的出口来获取顺差。在储备资产以外的资本和金融项目中，顺差的主要来源是外国对我国的直接投资，这反映了我国吸引外资从事直接生产的政策和外国资本进入本国金融市场的管制状况。

（3）考察国际收支的经济意义

进入 21 世纪，中国的国际收支连续多年在经常项目和储备资产以外的资本和金融项目上保持顺差，即所谓的“双顺差”，其结果是以外汇储备为主要内容的储备资产不断增加。一方面，由于外汇数量的充裕，外汇市场上的外汇价格有下降的趋势，人民币在逐步升值，这会对我国的经济总量会产生一定的影响；另一方面，在现有的外汇制度上，绝大多数外汇必须向中央银行结算成人民币，中央银行在增加外汇储备的同时，需要按照汇率发行等量的人民币，导致基础货币增加。尽管中央银行可以采取公开市场操作、发行央行票据，提高存款准备金率和利率等手段来冲销因购入外汇而发行大量货币的影响，但货币政策的独立性仍然受到威胁。

4.3.3 国际收支不平衡的原因

一国的国际收支不平衡可以由多种原因引起，并适合用不同的方法解决。国际收支失衡可以分为以下 6 种。

1. 临时性不平衡

临时性不平衡是指短期的、由非确定或偶然因素引起的国际收支失衡。这种性质的国际收支失衡，程度一般较轻，持续时间不长，带有可逆性，因此，可以认为是一种正常现象。

2. 结构性不平衡

结构性不平衡是指国内经济、产业结构不能适应世界市场的变化而发生的国际收支失衡。结构性不平衡通常反映在贸易账户或经常账户上。结构性不平衡包括两层含义。第一层含义是指因经济和产业结构变动的滞后和困难所引起的国际收支不平衡。例如，一国的国际贸易在一定的生产条件和消费需求下处于平衡状态。当国际市场发生变化、新产品不断淘汰老产品、新款式高质量产品不断淘汰旧款式低质量产品、新的替代品不断出现的时候，如果该国的生产结构不能及时根据形势加以调整，那么，其原有的贸易平衡就会遭到破坏，贸易逆差就会出现。这种含义的结构性不平衡，在发达国家和发展中国家都有发生。第二层含义的结构性不平衡，是指一国的产业结构比较单一，随着经济发展或外来冲击的出现，就会发生国际收支失衡。例如，一国出口产品需求的收入弹性低，而进口产品的收入弹性相对较高，随着时间的推移和经济的发展，进口产品数量增长较快，而出口产品数量增长较慢，就会出现贸易逆差。再如，一国出口产品需求的价格弹性较高，而进口产品的价格弹性较低，一旦出现进出口产品的国际价格同时上升，则进口产品数量不会下降很多，出口产品数量却会大幅下降，带来贸易逆差。产品结构单一带来的收支不平衡在发展中国家表现得尤为突出。结构性不平衡与临时性不平衡不同，它具有长期的性质，扭转起来相当困难。

3. 货币性不平衡

货币性不平衡是指一定汇率水平下国内货币成本与一般物价上升而引起出口货物价格相对高昂、进口货物价格相对便宜，从而导致的国际收支失衡。在这里，国内货币成本与一般物价上升的原因被认为是货币供应量的过分增加，因此，究其根源，国际收支失衡的原因是货币性的。货币性失衡可以是短期的，也可以是中期的或长期的。

4. 周期性不平衡

周期性不平衡是指一国经济周期波动所引起的国际收支失衡。当一国经济处于衰退期，社会总需求下降，进口需求也相应下降，国际收支发生盈余；反之，如果一国经济处于扩张和繁荣时期，国内投资与消费需求旺盛，对进口的需求也相应增加，国际收支便出现逆差。周期性不平衡在第二次世界大战前的发达资本主义国家中表现得比较明显。在第二次世界大战以后，由于发达国家对进口产品的消费相对稳定，经济衰退期间出口下降，国际收支的表现经常出现扭曲。例如，1981～1982 年，发达国家在衰退期普遍伴有巨额国际收支逆差。再如，美国在 1990～1992 年衰退期中，就伴有对日本的贸易逆差（日本当时还没有进入衰退期）。

5. 收入性不平衡

收入性不平衡是一个比较笼统的概念，是指一国国民收入相对快速增长而导致进口需求增长超过出口增长所引起的国际收支不平衡。国民收入相对快速增长的原因有多种多样，可以是周期性的、货币性的，也可以是国民经济处在高速增长阶段所引起的。

6. 预期性不平衡

预期因素从实物流量和金融流量两方面对国际收支产生重要影响。从实物角度，当预期一国经济将快速增长时，本国居民和外国投资者都会增加在本国的实物投资，当本国的资本品供给不能满足需求时，投资就通过进口资本品来实现，出现资本品进口的增加和经常项目的逆差。从金融角度，一方面，经常项目的逆差要由资本和金融项目的顺差来融资；另一方面，在资金自由流动的情况下，对本国经济增长和证券价格上升的预期会吸引国外资金直接投资于本国的证券市场，带来资本和金融项目的顺差。

4.3.4 国际收支调节的必要性

从上述介绍中可以看到，国际收支的不平衡会经常发生。有的国家发生的频率高、程度严重，有的国家发生的频率低、程度较轻；统计口径不同，同一个国家收支差额的性质也会改变。国际交往的主体（企业、居民、政府）成千上万，影响交往的因素也成千上万，以各种口径衡量的国际收支不平衡是必然的。在实践中，只要不记入平衡项目下的收支活动，一国在任一特定年份中的国际收支都不可能做到正好收支相等，有些国家甚至会发生连续的收支逆差或顺差，而对国际收支的调节又会对国内经济的其他变量产生影响。于是，当出现国际收支失衡时，是及时采取措施进行调节，还是允许国际收支差额在一定范围内持续或波动，就成了一个需要选择的问题。

从国际收支余额和其他经济变量的比例来看，如果一国收支余额与其国内生产总值变量的比例在一个可以接受的范围内，如国际贸易赤字占国内生产总值的比例在 2%以内，外债余额占外汇储备的比例在 50%以内，并且能够长期保持不再继续增长，那么这种收支状况就是能够持续的。只要经济维持增长，经济效率不断提高，一定程度的国际收支差额会随时间的推移而得到改善，或者在未来可以通过成本较低的调节而得到消除，不至于对经济稳定造成影响。

从国际收支与经济增长的角度来看，如果用哈罗德—多马模型（Harrod-Domar model）来看待经济增长的过程，则经济增长依赖于资本的积累，而资本积累又来自本国的储蓄。如果一国的储蓄率较低，而又要以较高速度增长，就需要超出本国储蓄水平的投资，从而出现经常项目的逆差与资本和金融项目的顺差。也就是说，特定的国际收支状况是特定的经济发展要求和发展阶段的反映，而且在收支顺差或逆差不至于危害经济稳定的前提下，保持一定时期内的收支逆差或顺差，可能比长时间的收支平衡更有利于经济的增长和居民福利水平的提高。第二次世界大战后各国的经验表明，尽管存在连续的逆差或顺差，但其中有些国家仍然同时经历了经济的稳定和增长。

4.3.5 国际收支调节中汇率水平的作用

国际收支不平衡的产生有不同的原因，但归根结底，国际收支是市场交易的结果，因此就必然会受到市场相对价格的影响。在国际金融学的范畴内，引起相对价格变动最主要的途径是汇率的变动。汇率变动引发的两国商品、要素相对价格变动，会改变两国的供求状况和比较优势，从而改变国际收支的差额。各种原因引起的国际收支失衡，都可以通过汇率政策的单独作用，或者是汇率政策和其它政策的协调配合而得到改善。下面将从国际收支账户的不同类别出发，探讨汇率在调节国际收支中的作用。

1. 汇率水平对贸易收支的调节

汇率对贸易收支不平衡的调节，是通过改变进出口商品的相对价格进行的，本币贬值改善收支需要满足以下几个条件：①进出口商品的需求弹性要满足马歇尔—勒纳条件（Marshall-Lerner condition）；②国内总供给的数量和结构要适应出口品和进口替代品生产的要求；③国内存在闲置资源，即存在能随时用于出口品和进口替代品生产的资源。

4.3.3 节列举的 6 种国际收支不平衡的表现与原因，前 5 种都属于贸易收支的不平衡，第 6 种在很大程度上也属于贸易因素。当上述 6 个条件得到满足时，汇率对几类贸易收支不平衡的调节可以归结在表 4.3 中。

表 4.3　汇率在解决国际收支失衡中发挥的作用（以贸易逆差为例）

国际收支不平衡的类型	汇率政策如何应对失衡	其他政策的搭配
临时性不平衡	在浮动汇率制度下，汇率按照供需浮动即可调整	在固定汇率制度下，为避免汇率重新定位的成本，可使用融资型政策调节
结构性不平衡	短期内可以通过本币贬值来降低出口商品价格，提高产品的国际竞争力，分担国内调整的压力	产业政策
货币性不平衡	本币贬值，以抵消国内价格上升对出口价格的影响	将本币贬值和紧缩货币供应结合起来
周期性不平衡	本币贬值以减少进口，消除由国内需求过旺带来的贸易逆差	紧缩性的财政货币政策
收入性不平衡	如果收入只是暂时性提高，则本币贬值以增加出口，减少进口	防止经济过热的稳健政策
预期性不平衡	适度贬值以消除逆差，贬值幅度既不能使资本品进口价格出现太大上升，又要促进消费品的出口	采取扩大国内资本品生产的产业政策，控制过度投资以减少逆差

2. 汇率水平对资本和金融项目收支的调节

汇率水平对资本和金融项目收支的影响有两条途径。就实物资本品而言，当本币贬值时，相同数量的外国投资能够换取更多数量的本国生产要素，这会导致长期资本流入。就证券等金融产品而言，本币贬值时，如果本国其他基本经济因素没有发生变化，则外国投资者会预期本币汇率在未来回到原有水平，即当前贬值，未来升值，因此，外国投资者会在本币当前贬值后，买入本国的金融资产，以期在未来本币升值后抛出以获取收益，这会带来短期资本的流入。

3. 汇率水平在国际收支调节机制和政策中的关键地位

在国际收支自动调节机制的理论中和西方经济学家所提出的调节政策的论述中，都是在假设汇率水平不变的情况下进行的，汇率发生变动，调节的结果就会不同。例如，在物价—现金流动机制中，当一国发生国际收支逆差时（顺差情况正好相反），意味着对外支付大于收入，货币外流，在其他条件既定下，本国物价水平下降，由此导致本国出口商品相对便宜，进口商品相对昂贵，出口相对增加，进口相对减少，贸易差额因此得到改善（见图 4.3）。但是，上述国际收支的自动调节机制中，如果在第三步后加上一个“本国货币升值”的条件，则整个自动调节进程就不复存在了（见图 4.4）。

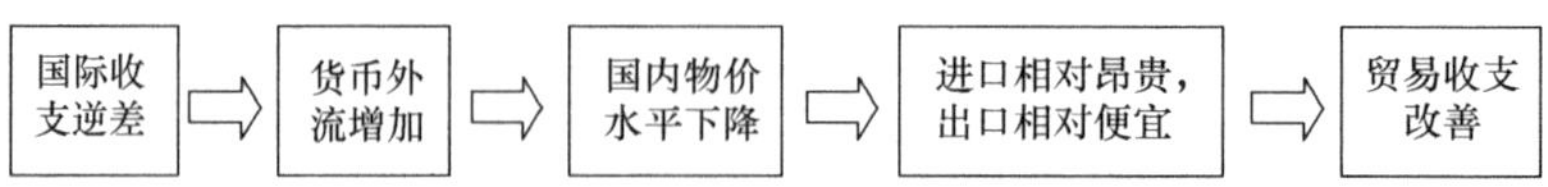

图 4.3　物价—现金流动机制中

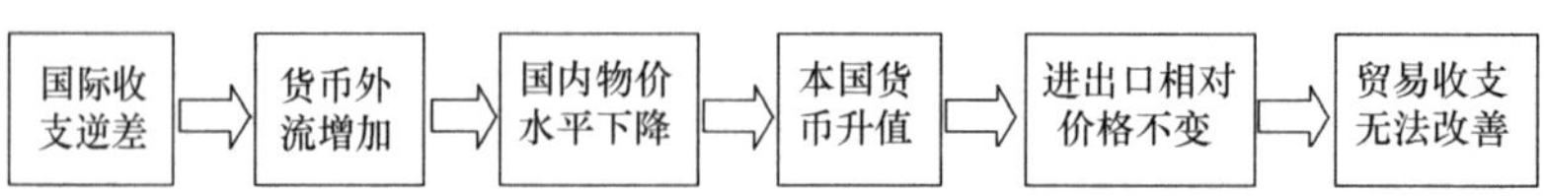

图 4.4　汇率对国际收支自动调节的阻隔

由此可见，汇率水平是国际收支自动调节机制和调节政策发挥作用的关键。各种自动调节机制或政策调节路径要发挥作用，都需要假设“汇率不变”，或者本身就以“汇率发生正向变动”为手段。如果政府采取具有某种特定目标的宏观经济政策以调节国际收支，同时却没有对汇率进行调控，那就会出现调节失效甚至南辕北辙的结果，因此，汇率水平在国际收支自动调节机制和调节政策中处于关键的地位。

4.4 汇率制度

4.4.1 汇率制度概述

汇率制度又称汇率安排（exchange rate arrangement），是指一国货币当局对汇率水平的确定、汇率变动方式等问题所做的一系列安排或规定。传统上，按照汇率变动的幅度，汇率制度被分为两大类型：固定汇率制（fixed exchange rate system）和浮动汇率制（floating exchange rate system）两大类型。

1. 固定汇率制

固定汇率制是指政府用行政手段或法律手段选择一个基本参照物，并确定、公布和维持本国货币与该单位参照物之间的固定比价。充当参照物的东西可以是黄金，也可以是某一种外国货币或某一组外国货币。固定汇率不是永远不能改变的：首先，在外汇市场上的交易中，汇率可以在很小的范围内波动；其次，在经济形势发生较大变化时，就需要对汇率水平进行调整。因此，固定汇率通常表现为可调整的钉住制度。

（1）金本位体系下的固定汇率制

在金本位制度下，货币的含金量是决定汇率的基础，黄金输送点是汇率波动的界限，因而汇率变动的幅度小，这是典型的固定汇率制。由于各国货币的法定含金量一般不轻易变动，所以这种以货币含金量为基础的汇率波动幅动很小，加之政府干预，使其具有相对稳定性。金本位体系下的固定汇率制主要具有以下 3 个特点。

1）黄金成为两国汇率决定的实在的物质基础。

2）汇率仅在铸币平价的上下各 6‰左右波动，幅度很小。

3）汇率的稳定是自动而非依赖人为的措施来维持。

（2）布雷顿森林体系下的固定汇率制

1944 年，在美国布雷顿森林召的国际货币金融会议确定了以美元为中心的汇率制度，被称为布雷顿森林体系下的固定汇率制。其核心内容是，美元规定含金量，其他货币与美元挂钩，两种货币兑换比率由黄金平价决定，各国的中央银行有义务使本国货币与美元汇率围绕黄金平价在规定的幅度内波动，各国中央银行持有的美元可按黄金官价向美国兑取黄金。在布雷顿森林体系下，会员国货币与美元建立固定的比价，汇率波动幅度不得超过固定比价上下各 1%，超过这一限度，各国中央银行有义务进行干预。

由于这种汇率制度实行“双挂钩”，即美元与黄金挂钩，其他各国货币与美元挂钩，波幅很小，并可适当调整，因此该制度也称以美元为中心的固定汇率制，或可调整的钉住汇率制度。

布雷顿森林体系下的固定汇率制主要具有以下 5 个特点：①汇率的决定基础是黄金平价，但货币的发行与黄金无关；②波动幅度小，但仍超过了黄金输送点所规定的上下限；③汇率不具备自动稳定机制，汇率的波动与波幅需要人为的政策来维持；④中央银行通过间接手段而非直接管制方式来稳定汇率；⑤只要有必要，汇率平价和汇率波动的界限可以改变，但变动幅度有限。

从总体上看，布雷顿森林体系的固定汇率制对第二次世界大战后各国经济增长与稳定等方面起了积极的作用。但是，它也存在不可避免的缺陷：①汇率变动因缺乏弹性，因此其对国际收支的调节力度相当有限；②容易引起破坏性投机；③随着经济竞争加剧，西欧和日本以及一些发展中国家发展迅速，美国压力越发加大，美元的中心地位出现动摇，“双挂钩”基础受到冲击。

阅读资料

国际货币基金组织对汇率制度的分类

国际货币基金组织把世界上现有的汇率制度分为 8 类，按照从固定到浮动的程度排列，具体如下：没有独立法币的汇率制度（exchange arrangements with no separate legal tender）、货币局制度（currency board arrangements）、其他传统的钉住汇率制度（other conventional fixed peg arrangements）、规定波动幅度的钉住汇率制度（pegged exchange rates within horizontal bands）、爬行钉住制度（crawling pegs）、规定波动幅度的爬行钉住制度（exchange rates within crawling bands）、管理浮动汇率制度（managed floating with no predetermined path for the exchange rate）、自由浮动制度（independently floating）。

国际货币基金组织每年都会对各个国家和地区的汇率制度按照实际表现进行分类，按照 2006 年 7 月底的情况，采用其他传统的钉住汇率制度的经济体最多，有 52 个；其次是管理浮动汇率制度（51 个）和没有独立法币的汇率制度（41 个）。发达国家中，欧元区国家采取没有独立法币的汇率制度，其他大多数国家均采取自由浮动制度。到 2006 年 7 月底，中国的汇率制度被归类为其他传统的钉住汇率制度。

2. 浮动汇率制度

浮动汇率制是指汇率水平完全由外汇市场上的供求关系决定，政府不加任何干预的汇率制度。具体而言，是指一国不规定本币与外币的黄金平价和汇率上下波动的界限，货币当局也不再承担维持汇率波动界限的义务，汇率随外汇市场供求关系变化而自由上下浮动的一种汇率制度。

浮动汇率制度在历史上早就存在过，但真正流行是 1972 年以美元为中心的固定汇率制崩溃之后。

（1）浮动汇率制的主要形式

根据汇率的浮动方式或程度，浮动汇率制有以下 3 种形式。

1）钉住型或无弹性型浮动汇率制，即钉住一种货币或特别提款权或其他组合（复合）货币而浮动。钉住一种货币浮动是指一种货币的汇率随着另一种货币汇率的变动而上下波动。当所钉住货币的汇率上浮时，该国货币的汇率也随之上浮；反之，亦然。钉住特别提款权或其他组合货币而浮动是指一国货币的汇价随特别提款权或其他组合货币汇价的变动而变动。

2）有限灵活型或有限弹性型浮动汇率制：即一国货币的汇率钉住某一种货币或一组货币浮动，但它允许有一定范围的上下波动幅度区间。

3）更为灵活型或较高弹性型浮动汇率制：即汇率的波动不受幅度的限制，以独立自主的原则进行汇率调整。这种形式主要有以下 3 种情况：①根据一套指标来浮动，指标因国而异，但大都是以本国的外汇储备、国际收支状况、消费指数及与本国贸易关系密切的有关国家物价的变动情况等作为调整本国货币汇价的依据。采用该浮动方式的一般是拉丁美洲的一些国家和地区，如智利、厄瓜多尔、尼加拉瓜等。②较灵活的管理浮动，指一国政府对汇价的制定与调整有一定程度的干预。采用这种浮动方式的有中国、新加坡、韩国等国。③单独浮动，指一国货币在短期内（一般 1 天到 1 周）不同其他国家的货币发生固定联系，其汇率根据外汇市场供求状况实行单独浮动。采用该浮动方式的有美国、加拿大、日本、澳大利亚和英国。

需注意的是，以上分类并不是固定不变的，随着汇率的多样化，有些国家会自动调整其货币汇率制度，以适应本国经济的发展要求。

另外，根据受到政府干预的程度，浮动汇率制有以下两种形式：①自由浮动制；②管理浮动制，也称可调节的浮动汇率制。

（2）浮动汇率制的主要特点

浮动汇率制主要有以下 5 个特点。

1）汇率浮动形式多样化，可包括自由浮动、管理浮动、钉住浮动、联合浮动以及单独浮动等。每个国家根据本国国情，选择适宜的汇率浮动形式。我国从 1994 年开始正式实行有管理的浮动汇率制。

2）汇率不是纯粹的自由浮动，而是有管理的浮动。

3）汇率波动频繁且幅度大。从一个较长的时期来考察，这个特点更加明显。

4）影响汇率变动的因素多元化。其中，一国国际收支变化所引起的外汇供求关系的变化，成为影响汇率变化的主要因素，汇率随外汇市场供求关系的变化而上下浮动。

5）特别提款权等“一篮子”汇价成为汇率制度的组成部分。

值得注意的是，从“任何一个国家都或多或少、或明或暗地对本国货币汇率进行干预”这个角度来看，当今的国际浮动汇率制度，实际上都是管理浮动制或具有管理浮动的特点。

（3）浮动汇率制对世界经济的影响

任何一种汇率制度对世界经济的影响都是多重的，下面将主要从两个方面分析浮动汇率制给世界经济带来的影响。

浮动汇率制对世界经济的正面影响包括以下几个方面。

1）可以防止国际金融市场上大量游资对硬货币的冲击。各国国际收支状况不同，逆差国货币往往趋于疲软，称为软货币；顺差国货币往往趋于坚挺，称为硬货币。在固定汇率制度下，国际金融市场上的游资为了保持币值或谋求汇率变动收益，纷纷抢购硬货币、抛售软货币，这样使软货币和硬货币都受到冲击。在浮动汇率制度下，汇率基本上由外汇市场供求关系决定，与固定汇率制度下通过政府干预而形成的汇率相比更符合货币的实际价值，因此哪种货币软与硬不再十分确定，可以减少货币受冲击的可能性。

2）可以防止某些国家的外汇储备和黄金流失。在固定汇率制度下，当一国货币在国际市场上被抛售时，因该国有责任维持汇率在规定限度内波动，必须动用外汇储备和黄金储备购买本国货币，干预汇率变动，就造成该国外汇储备和黄金储备大量流失。在浮动汇率制下，各国无义务维持其汇率稳定，因而不会出现由于被迫干预汇率形成的外汇储备和黄金储备大量流失问题。

3）有利于国内经济政策的独立性。例如，一国通货膨胀率高，导致国际收支逆差，该国货币当局可以通过本币汇率下浮、外汇汇率上浮来调节，没必要一定采取紧缩性政策措施，这表明实施经济政策的独立性比较强，有利于保持国内经济相对稳定。

浮动汇率制对世界经济的负面影响包括以下几个方面。

1）不利于国际贸易和国际投资，使进出口贸易不易准确核算成本或使成本增加，因此影响长期贸易合同的签订。在浮动汇率制度下，汇率波动幅度大而且频繁，进出口企业不仅要考虑商品价格，也要考虑汇率变动风险。由于受汇率变动影响，报价往往不稳定，不仅削弱了商品在国际市场上的竞争力，也容易引起借故拖延付款和要求降价、取消合同订货等，给进出口业务带来不利影响。

2）助长了国际金融市场上的投机活动，使国际金融局势更加动荡。由于汇率波动频繁、幅度较大，投机者便有机可乘，通过一系列外汇交易牟取暴利。若预测失误，投机失败，还会引起银行倒闭。

3）可能导致竞争性货币贬值。各国采取以邻为壑政策，实行货币贬值，在损害别国利益的前提下改善本国国际收支逆差状况。这种做法不利于正常贸易活动，也不利于国际经济合作。

知识链接

不同汇率制度下通货膨胀的国际传导

在固定汇率制下，一国（称为 A 国）的通货膨胀通过两条途径传递到另一国（称为 B 国）：第一，A 国商品价格上升，在汇率固定时，B 国进口的 A 国商品价格上升，并通过货币工资、成本等机制，按照一定的比例传递到 B 国其他产品的价格上，带来 B 国价格水平的上升；第二，A 国商品价格上升，B 国国内商品相对便宜，导致出口增加，进口减少，B 国货币有升值压力，为维护固定汇率制度，B 国货币当局必须在市场上买入外汇，抛出本国货币，结果使国内货币供应量上升，物价随之上涨。

如果 B 国采用浮动汇率制，那么当 A 国发生通货膨胀时，由于 B 国没有维护固定汇率的义务，B 国的货币就会升值，因此传递的第二条途径不起作用；但是，B 国货币的升值通常不能将 A 国商品的涨价完全抵消，B 国进口的 A 国商品仍然会价格上涨，因此传递的第一条途径仍然会发生一定的作用。

由于价格刚性的存在，通货膨胀的国际传导可能具有不对称性。在固定汇率制下，国际收支顺差国家的物价将会上升，但国际收支逆差国家的物价却难以下降。在浮动汇率制下，国际收支逆差国家的货币贬值，进口物价和整体物价水平上升，国际收支顺差国家的货币升值，进口物价和整体物价水平却不容易下降或下降不足。由于物价容易上升却不容易下降，通货膨胀国际传导的净结果就是全球物价水平的上升。

阅读资料

汇率制度的争论与国际金融学核心理论的发展

国际金融学萌芽于以货币为媒介的国际经济交往，但它作为一门独立学科而真正形成是在 20 世纪 60～70 年代。在布雷顿森林体系难以维持并最终瓦解的背景下，学者们就关于汇率制度的选择和汇率变动的效应进行了一系列争论，争论中形成了当代国际金融学的核心理论，争论的参与者中也产生了多位诺贝尔经济学奖得主和著名学者。

在这些争论中产生的国际金融学核心理论，包括：①固定汇率制和浮动汇率制优劣的对比分析；②不同汇率制度下货币政策和财政政策相对有效性的分析，它从另一个角度比较了不同汇率制度；③三元悖论理论，它讨论了汇率制度灵活程度的成本与代价问题；④最优货币区理论，它讨论了汇率制度选择的经济标准问题；⑤复汇率理论，它讨论了汇率作为相对价格对不同产业结构的影响问题等。这些理论的有序组合构成了国际金融学的主体内容，汇率问题则成为国际金融学的核心问题。

4.4.2　人民币汇率制度

1. 我国现行的人民币汇率制度

自 2005 年 7 月 21 日起，我国开始实行以市场供求为基础、参考一篮子货币进行调节、有管理的浮动汇率制度。包括三个方面的内容：一是以市场供求为基础的汇率浮动，发挥汇率的价格信号作用；二是根据经常项目主要是贸易平衡状况动态调节汇率浮动幅度，发挥“有管理”的优势；三是参考一篮子货币，即从一篮子货币的角度看汇率，不片面地关注人民币与某个单一货币的双边汇率。

1）以市场供求为基础。现行的人民币汇率制度，以市场汇率作为人民币对其他国家货币的唯一价值标准，这使外汇市场上的外汇供求状况成为决定人民币汇率的主要依据。根据这一基础确定的汇率与当前的进出口贸易、通货膨胀水平、国内货币政策、资本的输出与输入等经济状况密切相连，经济的变化情况会通过外汇供求的变化作用到外汇汇率上。

2）有管理的浮动汇率。我国的外汇市场需要继续健全与完善，政府必须用宏观调控措施弥补市场的缺陷，因而对人民币汇率进行必要的管理是必需的。这主要体现在以下几个方面：①国家对外汇市场进行监管；②国家对人民币汇率实施宏观调控；③中国人民银行进行必要的市场干预。浮动的汇率制度就是一种具有适度弹性的汇率制度。中国人民银行在每个工作日外汇市场闭市后公布当日银行间外汇市场美元等交易货币对人民币汇率的收盘价，作为下一个工作日该货币对人民币交易的中间价格。

3）参考一篮子货币进行调节。一篮子货币是指按照我国对外经济发展的实际情况，选择若干种主要货币，赋予相应的权重，组成一个货币篮子。同时，根据国内外经济金融形势，以市场供求为基础，参考一篮子货币计算人民币多边汇率指数的变化，对人民币汇率进行管理和调节，维护人民币汇率在合理均衡水平上的基本稳定。篮子内的货币构成将综合考虑在我国对外贸易、外债、外商直接投资等外经贸活动占较大比重的主要国家、地区及其货币。参考一篮子表明外币之间的汇率变化会影响人民币汇率，但参考一篮子货币不等于钉住一篮子货币，它还需要将市场供求关系作为另一重要依据，据此形成有管理的浮动汇率。这将有利于增加汇率弹性，抑制单边投机，维护多边汇率稳定。

2. 人民币汇率制度的发展方向

2005年汇率形成机制改革以来，人民币汇率中间价作为基准汇率，对于引导市场预期、稳定市场汇率发挥了重要作用。但是，国际经济金融形势复杂，人民币汇率中间价不可避免地会出现偏离市场汇率幅度较大，持续时间较长的情况，进而会影响中间价的市场基准地位和权威性，维持人民币汇率稳定不断面临新的挑战。因此，根据市场发展的需要，应进一步完善人民币汇率中间价报价。进一步优化做市商报价，有利于提高中间价形成的市场化程度，扩大市场汇率的实际运行空间，更好地发挥汇率对外汇供求的调节作用。当前我国外汇市场健康发展，金融机构自主定价和风险管理能力增强，人民币汇率预期分化，完善人民币汇率中间价报价的条件趋于成熟。

2015年8月11日，中国汇率制度迎来重大变革。中国人民银行发表声明：为增强人民币兑美元汇率中间价的市场化程度和基准性，中国人民银行决定完善人民币兑美元汇率中间价报价。声明中表示，自2015年8月11日起，做市商在每日银行间外汇市场开盘前，参考上日银行间外汇市场收盘汇率，综合考虑外汇供求情况以及国际主要货币汇率变化向中国外汇交易中心提供中间价报价。

我国现行的人民币汇率制度及其形成机制，比较好地兼顾了市场供求指向、保持对一篮子货币基本稳定和稳定市场预期三者之间的关系，今后人民币对美元汇率中间价将继续呈现“收盘汇率＋一篮子货币汇率变化”的特点。

总体来看，我国汇率制度改革正在也应该朝着更加具有弹性和灵活性的方向稳步推进，只有完善有管理的浮动汇率制，发挥市场在人民币汇率形成中的基础性作用，保持人民币汇率在合理均衡水平上的基本稳定，金融市场才会变得更加安全。

小　结

外汇即国外汇兑，是随着国际贸易的发展而产生的，是国际贸易清偿的支付手段。从动态上讲，外汇作为一种支付手段出现。从静态上讲，外汇作为一种金融资产出现。

外汇是以外币表示的资产，而且必须是可以自由兑换成其他形式的或以其他货币表示的资产。

汇率就是不同货币之间的兑换的比率。汇率的差别是由两国货币购买力的不同造成的，而汇率的变动是由两国货币购买力之比变化引起的。

从不同的角度衡量汇率，汇率的标价方法则不同。

汇率的决定及影响因素因时间的长短而不同。汇率的确定方法随国际货币制度的变化而不断变化。在金本位制度下，汇率的决定因素是货币之间含金量之比。在纸币制度下，汇率的决定主要有3种主流学说，即购买力平价学说、利率平价学说和国际收支学说。影响汇率变动因素主要包括国际收支状况、利率水平、通货膨胀程度、财政货币政策、经济增长率差异、政府的市场干预、外汇储备的多寡、市场预期心理因素、政局的动荡和突发事件。

国际收支有广义和狭义之分。狭义的国际收支指一国在一定时期（通常为一年）内对外收入和支出的总额。广义的国际收支不仅包括外汇收支，还包括一定时期的经济交易。国际收支平衡表是将国际收支根据复式记账原则和单一货币计价原则等原则编制出来的会计报表。

国际收支不平衡根据性质不同可分为临时性不平衡、结构性不平衡、收入性不平衡、货币性不平衡、周期性不平衡和预期性不平衡。国际收支不平衡是经济发展过程中常见的现象，对连续巨额的国际收支逆差或顺差必须进行政策调节。汇率在国际收支的调节中处于核心和关键的地位。

汇率制度是指一国货币当局对汇率水平的确定、汇率变动方式等问题所做的一系列安排或规定。最基本的汇率制度可分为固定汇率制和浮动汇率制两大类型。此外还有钉住汇率制度、爬行钉住制度、管理浮动汇率制度等。各种汇率制度各有优劣，应该根据本国经济结构、特定的政策目的、地区性经济合作情况和国际经济条件的制约等因素进行选择。

我国目前实行以市场供求为基础、参考一篮子货币进行调节、有管理的浮动汇率制度。

案例分析

“金融大鳄”索罗斯鏖战泰铢事件

20世纪90年代轰动全球的东南亚金融危机一度让很多东南亚国家的金融市场陷入水深火热之中，至今让人记忆犹新。那次金融危机始于泰国货币危机，而泰国货币危机早在1996年已经开始显现。

1996年，泰国经常贸易项目赤字高达国内生产总值的8.2%，为了弥补大量的经常项目赤字和满足国内过度投资的需要，外国短期资本大量流入房地产市场、股票市场，泡沫经济膨胀，银行呆账增加，泰国经济已显示出危机的征兆。从国际视角来看，泰国长期依赖中短期外资贷款维持国际收支平衡；汇率维持与美元或一篮子货币的固定联系汇率。这些问题在经济快速增长时并不显著，然而一旦经济停滞，期间的问题就显露出来了。

1997年，泰国经济疲弱，房地产市场不景气、未偿还债务急剧上升，泰国金融机构出现资金周转困难，在此背景下很多隐藏的问题陆续显露出来。

国际投机资金乔治·索罗斯（George Soros）主导的量子基金（Quantual Found）经

分析后认为存在获利机会，采取一些策略将潜藏的危机激发出来，并不断激化。1997 年 3 月，量子基金开始放空泰铢，随后在国际游资的推动下泰铢狂跌不止，索罗斯管理的量子基金从中获取了暴利。金融风暴很快席卷了印度尼西亚、菲律宾、缅甸、马来西亚等国家。印尼盾、菲律宾比索、缅元、马来西亚林吉特纷纷大幅贬值，导致工厂倒闭，银行破产，物价上涨等一片惨不忍睹的景象。索罗斯此次狙击东南亚货币掀起的血雨腥风，致使数个国家的经济倒退了 10 年，这次事件也成为了世人津津乐道尤其是金融业界人士研究的经典案例。

（资料来源：http://course.cau-edu.net.cn/course/Z0349/lanmu/alxx2.html）

【案例思考】

1. 投机者对当时泰铢汇率所处的水平及未来走势作出了怎样的判断？
2. 索罗斯认为当时泰铢的汇率是偏高的，为什么？

思考题

1. 什么是外汇？它具有什么特征？
2. 什么是汇率？它的标价方法有哪些？
3. 纸币制度下，汇率的决定及影响因素分别有哪些？
4. 什么是国际收支？国际收支不平衡的原因是什么？
5. 汇率在国际收支调节中的作用是什么？
6. 汇率制度主要有几种形式？它们分别具有什么特征？
7. 简述人民币汇率制度及其发展方向。

在线学习

1. 进入方式

授课视频路径：输入网址“http://www.upln.cn/”→“教学资源中心”→“资源共享课”，单击“货币金融学”（杨秀萍教授主讲），观看本章的教学视频。

2. 学习方式

进入本章授课视频，自主完成“练习、作业、测验、案例”等，并通过网页提供的“在线测验、试卷答题”等形式检验自己对知识的掌握情况。

第 5 章

金融市场

知识目标

1. 掌握金融市场的主体、类型、功能等基础知识。
2. 理解金融资产的种类与资产需求的决定因素。
3. 掌握各种类型的金融市场与金融工具。
4. 掌握各种金融工具的基本运作原理。
5. 掌握各种衍生金融工具的功能与风险。

基本概念

金融市场　直接融资　债务性工具　权益性工具　股票　债券
货币市场　资本市场　一级市场　二级市场　场内市场　场外市场
现货市场　衍生市场　拆借市场　回购市场　票据市场　债券市场
股票市场　远期合约　期货合约　期权合约　货币互换　利率互换
投资基金　对冲基金　外汇市场　黄金市场　欧洲美元　欧洲货币
欧洲债券　外国债券

开篇案例

凯恩斯“博傻”理论——金融市场的投资风险

金融市场的金融商品交易在某种程度上是一种投机行为或赌博行为。例如，你不知道某只股票的真实价值，那么为什么你会花 20 元钱买 1 份股票呢？因为你预期有人会出更高的价钱从你那儿把它买走。这就是凯恩斯的“博傻”理论。

人们之所以完全不管某样东西的真实价值，即使它一文不值，也愿意花高价买下，是因为他们预期有一个更大的“笨蛋”或（“傻子”），会出更高的价格，从自己手中把它买走。投机行为的关键是判断有无比自己更大的“笨蛋”，只要自己不是最大的“笨蛋”就是赢多赢少的问题。如果一个人再也找不到愿意出更高价格的更大“笨蛋”把它从自己手中买走，那他就是最大的“笨蛋”。

1593 年，维也纳的一位植物学教授到荷兰的莱顿任教，他带去了在土耳其栽培的一种荷兰人此前没有见过的植物——郁金香。没想到荷兰人对它如痴如醉，于是这位教授认定可以大赚一笔，他的报价高到令荷兰人只有去偷。一天深夜，一个窃贼破门而入，偷走了教授带来的全部郁金香球茎，并以比教授的售价低得多的价格很快把球茎卖光了。就这样，郁金香被种在了荷兰千家万户的花园里。后来，郁金香受到花叶病的侵袭，病毒使花瓣生出一些反衬的彩色条或“火焰”色。富有戏剧性的是，病郁金香成了珍品，以至于一个郁金香球茎越古怪价格越高。于是有人开始囤积病郁金香，还有更多的人出高价从囤积者手中买入并以更高的价格卖出，一个快速致富的神话开始流传，贵族、农民、女仆、烟囱清扫工、洗衣老妇先后卷了进来，每一个被卷进来的人都相信会有更大的“笨蛋”愿出更高的价格从他（或她）那儿买走郁金香。1638 年，最大的笨蛋出现了，持续了 5 年之久的郁金香狂热迎来了最悲惨的一幕，很快郁金香球茎的价格跌到了一只洋葱头的售价。

这都是金融市场中期货惹的祸。期货，严格说来并不是货物，而是一种法律合约，是签订合约的双方约定在未来的某一天以约定的价格和数量买进或卖出该项特定商品。这种商品可能是某种实物产品或金融产品。简而言之，期货就是事先订好的合约，内容体现了买卖双方所必须履行的义务。期货市场确保了买卖双方一定会履行应尽的义务。

期货合约在期货交易所交易，并且是每日结算，使买卖双方皆可顺利履约。期货价格每日都会波动，投资者试图从这些价格的变动中获取利润，而避险者则从价格的变动中规避经营风险。

例如，甲买进 A 商品的期货，保证金比例是 1∶10，交易价格是每单位 10 000 元。甲只需付出 1000 元就可以买入一个单位的 A 商品。如果 A 商品的价格上涨 10%，那么甲的付出就翻番了，1000 元变成 2000 元。如果 A 商品的价格下跌了 10%，甲就赔光了。此刻，甲若要平仓自己的 1000 元就变成了 0；若要继续持仓，就必须追加保证金。许多投资者往往因为不服市场，不断追加保证金，最后家破人亡。

所以，期货交易让人欢喜让人忧，有些人抓住了市场需求和时机，在期货交易中狠赚一笔，有些人因为不了解市场发展走向，只能赔了夫人又折兵。

（资料来源：陈鹏飞．2008．经济学的 100 个故事．北京：新华出版社）

那么，资金是通过何种渠道在金融市场中转移的？金融市场中可以交易哪些资产？这些交易存在着什么样的风险？上述问题将在本章中进行学习和讨论。

5.1 金融市场概述

5.1.1 金融市场的含义

金融市场是市场体系的重要组成部分。与其他市场不同的是，金融市场是资金融通的场所。也就是说，金融市场是个人、企业、政府和金融机构交易金融工具的场所。由于计算机网络技术在金融交易中被广泛运用，资金融通日趋无形化，因此，越来越多的人更倾向于将金融市场理解为多种金融商品交易活动的组织系统或营运网络。金融市场发达与否已成为衡量一国市场经济发达程度的重要标志。

作为资金融通的场所，金融市场有广义和狭义之分。广义的金融市场是指一切从事货币资金借贷行为的场所，包括货币的借贷、票据的承兑与贴现、有价证券的买卖、黄金和外汇的交易。狭义的金融市场特指证券市场，即股票和债券的发行与流通市场。

作为广义的资金融通的场所，金融市场中发生的资金转移通过直接融资和间接融资两种渠道来完成。如第 2 章图 2.1 所示，图中箭头表明资金通过两条路径由资金所有者向资金短缺者转移。

间接融资是指资金的转移是通过金融中介机构来完成的。关于这方面的知识，在第 2 章“金融中介机构”中已经做了阐述，本章主要阐述金融市场中直接融资的渠道与方式。

作为狭义的金融市场的证券市场，资金融通渠道表现为直接融资。直接融资是指资金短缺单位直接在证券市场上向资金盈余单位发行债务性凭证或股权凭证（即有价证券形式的金融工具），如债券或股票，来融通资金。在直接融资中，资金不通过任何金融中介机构，通过买卖有价证券，使需要融通的资金直接从资金所有者手中转移到资金短缺者手中。也就是说，资金所有者购买证券、付出货币资金，成为债权人；资金短缺者售出证券、取得货币资金，成为债务人。

证券市场中常用的金融交易工具是债务性工具和权益性工具。债务性工具即债券，资金短缺者发行债券，资金供给者购买债券，双方形成契约关系，借款者承诺定期向债券持有人支付固定的利息，并在债券到期时偿还本金。权益性工具是指借款人通过发行普通股股票（common stock，以下简称“股票”）等股权工具来筹集资金。股票是代表持有人对发行股票的公司具有相应份额的财产所有权和资产收益索取权的权益性凭证。与债券不同，股票并不是承诺，股权持有人只拥有剩余索取权，即公司必须首先支付债权人后，如有剩余才能向股权持有人进行支付。但拥有股权同时意味着拥有了公司的一定份额，持有人有权参与公司重大决策的投票。

随着 20 世纪 80 年代我国证券市场的出现，直接融资有了飞速的发展。尤其是“入世”后，对外开放推进了我国证券市场的市场化、国际化进程，促进了市场的成熟和发展壮大。

阅读资料

2015 年 A 股 IPO 盘点：220 家新股融资逾 1500 亿

据德勤中国（DTT）统计，2015 年，尽管因股市动荡 IPO 一度暂停，但 A 股 IPO 市场出现了较大的发展。全年 A 股市场完成了 220 起 IPO，累计融资 1588 亿元人民币，较 2014 年同期分别急升 76%和 102%。预期 2016 年的新股市场更趋平稳，并在注册制推出后新股发行会适当提速。

对于 2015 年的新股市场贡献最大的是三起超大盘 IPO，分别为国泰君安证券融资 301 亿元、中国核电融资 132 亿元、东方证券融资 100 亿元。这三家新股累计融资 533 亿元人民币，推高了今年的新股募集资金总额。与之形成鲜明对比的是，2014 年沪深两市仅有国信证券一起大型 IPO，融资额约为 70 亿元人民币。

对于 2015 年的 A 股 IPO 市场，德勤中国称，过去一年高市盈率问题得到了明显的缓解。84%的 IPO 项目市盈率在 20 至 40 倍之间，较 2014 年同期增加了 1 个百分点；16%的 IPO 市盈率在 10 至 20 倍之间，较 2014 年同期减少 8 个百分点；2015 年 1 只新股定价市盈率 10 倍以下；未有 IPO 定价在 40 倍或者以上，最高的市盈率仅为 32.55 倍。

尽管新股定价相对较低，但上市后的表现却是大幅上涨，最为典型的是暴风科技、创业软件、埃斯顿、中文在线等几只牛股。据万得（Wind）资讯统计，暴风科技、创业软件、埃斯顿、中文在线、博世科在上市后的 3 个月内分别上涨了 42 倍、12 倍、11.8 倍、10.85 倍、10.72 倍。

（资料来源：2015-12-22．第一财经日报．http://finance.ifeng.com/a/20151222/14133007_0.shtml）

5.1.2 金融市场的构成要素

金融市场与普通商品市场一样，是由交易主体、交易客体、交易价格、组织形式等基本要素组成的。

1．金融市场的交易主体

金融市场的交易主体是指任何参与交易的个人、企业、政府和金融机构。除此之外，还包括金融监管机构。金融市场的交易主体可以分为非专门从事金融活动的主体与专门从事金融活动的主体两大类。非专门从事金融活动的主体主要由个人、企业和政府部门组成，它们不以金融交易为主，参与交易是为了自身在资金供求方面的需要，在它们之间发生的金融交易是直接金融。专门从事金融活动的主体则主要由以金融活动为主的机构或个人组成，包括各类银行和各种非银行金融机构等。金融监管机构通常分为政府监管机构和自律组织，前者如中国银行业监督管理委员会（以下简称“中国银监会”）、中国证券监督管理委员会（以下简称“中国证监会”）、中国保险监督管理委员会（以下简称“中国保监会”），后者如各种行业协会、交易所等。

2．金融市场的交易客体

金融市场的交易客体又称为交易对象，是指金融市场的参加者进行交易的标的物——金融工具，如可转让定期存单、商业票据、各级政府债券、公司债券、股票以及各种金融衍生工具等。金融工具是能够证明债权债务或所有权关系并据以进行货币资金交易的合法凭证，一般具有期限性、流动性、风险性和收益性 4 个基本特征。其中，期限性是指一般具有规定的偿还期限；流动性是指在必要时迅速转变为现金而不致遭受损失的能力；风险性是指购买的本金和预定收益遭受损失可能性的大小；收益性则是指能够带来价值增值的特性。对于不同的金融工具，上述 4 个特征的程度并不相同。

3．金融市场的交易价格

金融市场的交易价格是指各种金融工具的买卖价格。在金融市场上，各种交易都是在一定的价格下实现的，但金融市场的交易价格不同于商品市场的商品交易价格，商品市场的商品交易价格反映交易对象的全部价值，而金融市场的交易价格有不同的表现形式。在借贷市场上，借贷资金的价格就是借贷利率；在专门的证券市场上，金融工具的价格通常表现为它的总值，即本金加收益的折现值；在外汇市场上，金融工具的价格通常用汇率反映货币的价格。

4. 金融市场的组织形式

金融市场的组织形式是指金融市场的金融工具进行交易的规则和场所的规定。金融市场中的各种交易工具各自具有约定俗成的或法定的交易规则，并且所开展的交易可以在有形市场中进行或在无形市场中进行。

5.1.3　金融市场的功能

金融市场对经济发展有着巨大的推动作用，这种推动作用具体地表现为金融市场的几大功能。

1. 实现价格发现与货币资金的优化配置

金融市场具有价格发现、集中和分配资金的功能。在金融市场上，买卖双方的互动决定了交易性金融资产的价格，或者决定了资产的收益率。由于企业的融资成本在相当大的程度上取决于投资者要求的回报率，因此，金融市场通过其价格发现机制，对社会资金在各种不同金融资产上的配置提供了信号。同时，金融市场能提供理想的场所，利用自己的独特形式、多样化工具把居民个人、企业、政府部门、金融机构闲置分散的、小额的资金聚集起来，并通过竞争机制使这些资金流向最需要的地方。这种将资金从低效率利用的部门转移到高效率利用的部门的功能，实现了资金的合理配置和有效利用。

2. 实现收益的风险管理与规避

经济生活中存在大量的不确定性，风险的存在是客观的，因此，完全消除风险是不可能的，但可以通过金融工具的多样化组合管理来分散风险。由于金融工具的可分割性与流动性，金融市场可以为投资者分散风险提供合理的管理机制。投资者可采用各种证券组合方式来分散风险，提高资金的安全性与盈利性，也可利用对冲交易、套期保值交易来规避和分散风险。利用各种金融工具，投资者还可以把风险从较厌恶风险的人转嫁给厌恶风险程度较低的人，从而实现风险的再分配。

3. 成为政府宏观调控和微观主体投资决策的信息系统

金融市场是国民经济的“晴雨表”，是公认的国民经济信号系统。各种金融工具的交易价格灵敏地反映了经济运行的状况及态势，可以为政府宏观调控和微观主体投资决策提供大量的信息资料。投资者通常以股价变化趋势以及上市公司公告的各类信息作为金融决策的依据。企业可以根据证券行情涨落所反映的公众对各产业、各企业的心理预期来调整生产经营并进行投资决策。中央银行依据金融市场的各类信息，通过法定存款准备金率、公开市场操作、调整再贴现率等手段调节货币供应量，实现宏观经济的有效调控。

5.1.4 金融市场的分类

1. 按融资期限分类

根据融资期限，金融市场可分为货币市场和资本市场。

1）货币市场。货币市场又称短期资金市场，是指融资工具的到期期限在一年以内的金融市场，其中包括拆借市场、回购市场、短期债券（国库券）市场和票据市场等。

2）资本市场。资本市场又称长期资金市场，是指融资工具的到期期限在一年以上或未规定期限的金融市场，主要有长期债券市场和股票市场。

2. 按交易性质分类

根据交易性质，金融市场可分为发行市场和交易市场。

1）发行市场。发行市场又称一级市场，是指筹集资金的公司或者政府机构将其新发行的证券（如债券或股票）销售给最初购买者的金融市场。

2）交易市场。交易市场又称二级市场，是交易已发行证券的金融市场。

3. 按金融工具交易的场所分类

根据金融工具交易的场所，金融市场可分为场内市场和场外市场。

1）场内市场即证券交易所。证券交易所是按照国家有关法律规定，经政府主管机关批准设立的证券集中竞价的有形场所。

2）场外市场。场外市场又称为柜台交易或店头交易市场，是在证券交易所之外进行证券买卖的市场。原则上，在场外交易的证券以未上市的证券为主。然而现在情况发生了很大的变化，为数不少的上市证券，尤其是政府债券和公司债券也都纷纷涌入场外交易市场进行交易。

除此之外，金融市场还可划分为有形市场与无形市场。

1）有形市场。有形市场即有固定交易场所的市场，一般是指证券交易所等固定的交易场地。在证券交易所进行交易首先要开立账户，然后由投资人委托证券公司买卖证券，证券公司负责按投资者的要求进行操作。

2）无形市场。它是指在证券交易所外进行金融工具交易的总称。它的交易一般通过现代化的通信工具在各金融机构、证券公司及投资者之间进行。无形市场是一个无形的网络，金融资产及资金可以在其中迅速转移。在现实世界中，大部分的金融资产交易均在无形市场上进行。

4. 按交割方式分类

根据交割方式，金融市场可分为现货市场与衍生市场。

1）现货市场。现货市场是指即期交易的市场。即期交易是金融市场上的最普遍的一种交易方式。相对于远期交易市场来说，现货市场指市场上的买卖双方成交后须在若干个交易日内办理交割的金融交易市场。现货交易包括现金交易、固定方式交易及保证金交易。现金交易是指成交日和结算日在同一天发生的证券买卖。固定方式交易则是指成交日和结算日之间相隔很短的几个交易日，一般在 7 天以内。保证金交易又称为垫头交易，是投资者在资金不足又想获得较多投资收益时，采取交付一定比例的现金，其余资金由经纪人贷款垫付，买进证券的一种交易方法。

2）衍生市场。衍生市场是各种衍生金融工具进行交易的市场。所谓衍生金融工具，是指由原生性金融商品或基础性金融工具创造出的新型金融工具。它的一般表现形式为合约，这些合约的价值由其交易的金融资产的价格决定。衍生金融工具包括远期合约、期货合约、期权合约和互换协议等。

5. 按交易的地域范围分类

根据交易的地域范围，金融市场可划分为国内金融市场及国际金融市场。

1）国内金融市场。它是指金融工具交易的范围仅限于一国之内的市场，它除了包括全国性的以本币计值的金融资产交易市场之外，还包括一国范围内的地方性金融市场。

2）国际金融市场。它是金融工具交易跨越国界进行的市场，是进行金融资产国际交易的场所。

国内金融市场及传统的国际金融市场都要受到所在国金融监管当局的管制，而新兴的国际金融市场（如离岸金融市场）则是完全国际化的市场，它不受任何国家法令的限制，主要经营境外货币，如欧洲货币市场。国际金融市场是国内金融市场发展到一定阶段的产物，是与实物资产的国际转移、金融业较为发达、资本的国际流动及现代电子信息技术的高度发展相辅相成的。

6. 按金融资产的结构分类

根据金融资产的结构金融市场可划分为货币市场、资本市场、外汇市场、黄金市场和其他衍生金融市场。货币市场、资本市场和衍生金融市场如前所述。外汇市场是以不同国家货币计值的两种票据之间的交换市场。黄金市场是专门集中进行黄金买卖的交易中心或场所。

5.2 金融资产的需求与决定因素

在金融市场上，人们通过买卖金融资产实现资金从盈余部门向短缺部门的流动。例如，企业发行新的股票和投资人购买该股票的交易行为实现了资金和资源在不同部门之间的重新配置。金融资产也称为金融工具（financial instruments）。与商品产品类比，金融资产也被称为金融商品。

5.2.1 金融资产的种类与特性

资产是具有价值储藏功能的财产。货币、债券、股票、艺术品、土地、住宅、厂房、机器设备、汽车等都属于资产。资产按价值属性可分为金融资产和实物资产两大类。实物资产是看得见摸得着的，以实物形态存在的具体的财产，能够直接满足人们的某种使用需求，具有直接的使用价值，如住宅、厂房、机器设备、汽车、家具等。实物资产是更广泛的、经济学意义上研究的重要内容，下面主要研究金融资产。

1. 金融资产的种类

金融资产是指以价值形态存在的资产，如现金、存款单、债券、股票等。它可细分为货币资产、债权资产、股权资产及衍生金融资产。金融资产的价值是由其可能给所有者带来的未来收入的数量决定的，或者是由预期收益决定的。

1）货币资产。它是指人们以现金形式保有的资产，包括银行的活期存款。货币资产的特点是流动性强，或者说具有直接的流动性。其中的现金资产无利息收益，活期存款利息收益也很低。货币资产在人们的资产保有中占比一般很低。

2）债权资产。从广义上说，活期存款形成了储户对银行的债权，也是债权资产。但这里仅以狭义的债权资产为例加以阐述。狭义的债权资产包括国内外的政府债券、企业债券、银行贷款等。债权资产的特点是债务人承诺未来按约定的金额定期支付本金和利息，因此，债权资产又称为固定收益证券。相对于货币资产，大部分债权资产的流动性要弱些，只有一些短期债券（如国库券等）流动性较强。作为固定收益证券，其利息收益在风险给定的前提下比货币资产高，比股权资产低。

3）股权资产。股权资产又称为权益性资产，是一种代表对公司部分财产所有权和剩余索取权的资产形式，主要指股票。股票是由股份有限公司发行的，用来证明股票持有人对公司资产具有相应份额的所有权的凭证。股权资产具有无期限性继而本金无返还性、利润分配上的剩余索取性等特点。依据风险收益投资原理，股票具有高风险高收益的特点。

4）衍生金融资产。存款、债券、股票等都是原生性金融资产（又称为基础性金融资产），其主要职能是促进储蓄向投资的转化或用做债权债务清偿的凭证。衍生金融资产是在原生性金融资产的基础上派生出来的金融产品，包括期货、期权等各种各样的金融创新产品。它们的价值取决于原生性金融资产的价格，其主要功能不在于调剂资金的余缺和直接促进储蓄向投资的转化以及流动性管理，而是管理与原生性金融资产相关的风险和追求套期收益的风险套利。

2. 金融资产的特性

金融资产具有 4 个特性，即期限性、流动性、风险性和收益性。

1）期限性。它是指债务人必须承诺在约定期限之内偿还特定金融资产的本金和利息。例如，银行存款有各种期限，到期银行必须按储户要求还本付息；国债有不同期限，国家必须按约定的付息方式定期支付利息，并于到期时偿还本金；股票无期限，被认定为永久性期限。

2）流动性。它是指将金融资产转变为现金而不遭受损失或较少受损失的能力。一般而言，政府发行的纸币和银行活期存款的流动性最高。纸币本身就是现金，它不需要转换就可以购买商品和服务；人们也可以随时到银行将活期存款转换为现金，或者干脆就直接用活期存款账户相对应的银行卡或开立的支票去购物，人们在这样做时，实际上是没有什么损失的。要将其他金融工具变成现金，就可能遭受或多或少的损失。例如，人们急需现金时卖出所持有的股票，不仅要缴纳印花税，还要向证券营业部缴纳手续费。更糟糕的是，如果买入股票后就被深度套牢，这时要将股票换成现金，连本金都不能如数收回。所以，股票的流动性就比活期存款差多了。

3）风险性。它是指金融工具本金遭到损失的可能性，或收益小于成本。风险分为3类：①债务人违约风险，即债务人到期不能还本付息，这可能有经营不善的客观原因，也可能有主观恶意违约的道德原因；②利率风险，即市场利率上升，导致固定收益证券金融资产市场价格下跌的风险；③经济周期风险，对于股票持有人来说，在经济下滑和衰退期，股票投资可能血本无归。

4）收益性。它是指金融资产能够定期或不定期地给持有人带来增值的货币收益的特性。人们持有了一种金融资产，就希望它能给自己带来收益。不论是在银行存款还是购买企业债券或国债，人们都可以得到一定的利息；人们持有某公司的股票，就可以得到该公司支付的股利。利息和股利都是人们持有这些金融资产带来的收益。

一般来说，收益性和期限性成正比，期限性和风险性成正比，收益性和风险性成正比。收益性和流动性成反比，期限性和流动性成反比，流动性和风险性成反比。货币资金长期有偿转让，面临的不确定性就大，机会成本也大，所以要求风险补偿和机会成本补偿的金额就大。也就是说，对于金融资产，期限越长，收益越高，风险也大，流动性越低。金融投资高风险高收益，道理就在于此。

5.2.2 资产需求的决定因素

在金融市场中，投资需求可能面临各种不同的金融资产。在对各种不同的金融资产进行选择时，投资者必须考虑以下几个因素。

1. 资产选择的决定因素

在资产选择的决策中，投资者必须考虑下列因素。

1）财富。它是指个人拥有的全部资源，包括所有资产。当拥有的财富增加时，人们就有了更多可以用于购买资产的资源，对资产的需求数量自然而然地随之增长。因此，财富的增长对资产需求数量的影响可归纳如下：假定其他因素不变，财富的增长会增加对资产的需求数量。

2）预期回报率。它是指一种资产相对于其他替代性资产的预期回报率，也就是预期下个阶段的回报水平。一种资产（如债券）的回报率可以衡量人们持有该资产所得到的收益。当人们作出某种资产的购买决策时，必然受该种资产的预期回报率的影响。例如，同样一种资产（如公司债券），在其他条件给定的条件下，甲公司债券的回报率预期会从当前的5%上升到15%，而乙公司债券的预期回报率会稳定在10%，人们当然选择购买甲公司债券。所以，在其他因素不变的情况下，某一种资产相对于其他替代性资产的预期回报率上升会增加对该资产的需求数量。

3）风险。它是指一种资产相对于其他替代性资产的风险，也就是回报的不确定性程度。一种资产的风险或回报不确定性的程度也会影响投资者对该资产的需求。假定有两种资产，即甲公司的股票与乙公司的股票。若甲公司股票回报率为15%的概率为50%，回报率为5%的概率也为50%，其预期回报率为10%（50%×15%+50%×5%）；乙公司股票则有10%的固定回报率。甲公司股票的回报率具有不确定性，因此其风险高于回报率固定的乙公司。虽然这两种股票的预期回报率都为10%，但风险厌恶者更愿意选择乙公司股票（安全资产），而非甲公司股票（风险资产）。风险偏好者或风险爱好者的选择则恰好相反。大部分投资者属于风险厌恶者，特别是在财务决策中，在其他条件相同的情况下，更愿意持有风险较小的资产。因此，假定其他因素不变，如果一种资产相对于其他替代性资产的风险增大，则对该资产的需求数量会相应减少。

4）流动性。它是指一种资产相对于其他替代性资产的流动性，也就是资产转化为现金的难易程度和速度。影响资产需求的另外一个因素是该资产以较低成本转化为现金的速度，即它的流动性。如果交易该资产的市场具有广度和深度，即市场中有很多卖方和买方，这种资产就具有流动性。相对于短期国债，长期国债较难立即找到买主，因此它的流动性比短期国债要差，如果持有者急于出售长期国债来支付到期债务，很可能不得不接受较低的价格，遭受资本损失。与此相反，国库券这种短期国债具有较强的流动性，可以在市场上迅速出售，几乎不损失其资本价格，即它能以较低的成本转让。所以，假定其他因素不变，一种资产相对于其他替代性资产的流动性越强，就越受到人们的青睐，对它的需求数量也随之增加。

2. 资产需求理论

资产需求理论中涵盖了上述全部决定因素。该理论认为，在假定其他因素不变的情况下，资产需求数量与财富规模正相关，与其相对于其他替代性资产的预期回报率正相关，与其相对于其他替代性资产的回报率风险负相关，与其相对于其他替代性资产的流动性程度正相关。

5.3 金融市场与金融工具

5.3.1 货币市场与金融工具

货币市场中交易的不是现金，而是那些期限不超过一年的短期债权证券。这些短期证券风险低、流动性强，其具有的特点接近货币，在货币供应量层次划分上被置于现金货币和存款货币之后，称为“准货币”，所以将该市场称为货币市场。货币市场通常交易量巨大，违约风险较低，交易的金融工具到期期限少于一年，因此是需要短期资金的企业、政府和金融中介机构融资的重要场所。

我国的货币市场是由若干子市场构成的，主要包括拆借市场、回购市场、债券市场和票据市场，其中交易的各种货币市场工具可以满足市场参与者的不同需求。

1. 拆借市场

拆借市场又称为银行同业拆借市场，是商业银行等金融机构之间的短期资金借贷市场。拆借市场的出现是由于实施了法定存款准备金制度，银行必须按照存款的一定比率向中央银行缴纳准备金，而银行日常收付额的变化总是使有的银行准备金不足，有的银行准备金出现多余。准备金多余的银行需要把多余资金加以利用收取利息，同时准备金不足的银行为了免受中央银行的处罚，双方自然形成了资金借贷的需求。

拆借市场的重要作用在于：一方面，使银行在遇到临时流动性需求时，能够在拆借市场中从其他金融机构借入短期资金，而不必出售那些高盈利性资产，满足了银行之间在日常经营活动中经常发生的头寸余缺调剂需要，这样既避免了流动性不足危机，也不会减少预期的资产收益，以便于银行实现其经营目标；另一方面，使银行在有超额存款准备金时，能够在拆借市场中向其他金融机构贷出短期资金，而取得利息的收入，提高了资金使用的效益。由于同业拆借期限短，风险小，许多银行愿意把闲置资金投放到拆借市场中，以便及时调整资产的负债结构，保证正常的流动性。我国统一的银行同业拆借市场建于 1996 年 1 月。2007 年，中国人民银行授权全国银行间拆借中心计算、发布中国货币市场基准利率——上海银行间同业拆放利率（Shanghai Interbank Offered Rate，Shibor）。目前公布的 Shibor 品种包括隔夜、1 周、2 周、1 个月、3 个月、6 个月、9 个月及 1 年。

2. 回购市场

回购市场又称为回购协议市场，是指通过签订证券回购协议进行短期资金融通交易的市场。也就是说，回购市场中的融资是通过交易回购协议实现的。回购协议是证券持有人在卖出证券的同时，与买方约定在一定期限和价格下买回同该笔证券而签订的协议。回购交易实际是一种抵押贷款，卖方以卖出的证券作为抵押品，向买方短期借款，并在一定期限购回证券归还借款。例如，某证券公司看准时机，打算在今日用 500 万元购入一家前景十分看好的公司的股票，但该证券公司只持有面值为 500 万元的国债，次日才会有一笔现金入账。这时，证券公司可以在回购市场上签订隔夜回购协议将手中的 500 万元国债售出，承诺第二天购回等面值国债，年利率为 5%。也就是说该证券公司今日以 5%的利率借入 500 万元，第二天支付 5 000 694 元再把国债购回，其中 694 元（5 000 000×5%×1/360）为借款利息。

简单地说，在回购市场，签订的回购协议内容是先卖后买，称为正回购；签订的回购协议内容是先买后卖，称为逆回购。在上述例子里，证券公司签订的是正回购协议，如果证券公司不是卖出而是买入国债，并承诺在将来按规定价格卖还给对方，那么双方签订的就是逆回购协议。

我国于 1988 年开办了国债回购业务，交易主体主要有商业银行、城市信用社以及信托投资公司、证券公司等机构，回购交易品种主要是国库券、银行承兑汇票等，回购期限一般在一年以下。目前，我国银行间回购、拆借市场交易活跃，成交量持续增加。据中国人民银行发布的《2015 年金融市场运行情况》称，2015 年我国银行间市场债券回购成交 457.8 万亿元，同比增长 104%；中国银行间市场同业拆借成交 64.2 万亿元，同比增长 70.5%。

3. 短期债券（国库券）市场

短期债券市场是指期限在 1 年及 1 年以下的短期债券交易市场。这种短期债券是指由一国财政部发行的国库券。在美国等债券市场发达的国家，国库券市场已经成为货币市场的核心。货币市场中交易的债券（国库券）是政府发行的短期债券，期限有 3 个月、6 个月、9 个月和 1 年。由于期限短，有政府信用做保证，几乎无违约风险，因此常常被当作无风险的金融工具。国库券没有利息支付，而是以贴现的方式发行。投资者的收益是购买国库券的价格与面值的价差。例如，甲以985元购买了一张面值为1000元、90日到期的国库券，15元就是甲投资该种国库券的利息收入，贴现率是6%[（15/1 000）×（360/90）]。

知识链接

国库券的价格与收益计算及一般意义的贴现公式

国库券通常采用贴现方式发行，即以折扣价格发行，期满按票面面额偿还，投资者的收益是国库券的购买价格与面值之间的差额。

以贴现方式发行的国库券，其发行价格、市场转让价格和投资收益率的计算方式如下:

1. 发行价格＝面额×［1－年贴现率×（发行期限/360）］
2. 市场转让价格＝面额×［1－年贴现率×（未到期天数/360）］
3. 在已知发行价格或市场转让价格时，国库券的投资收益率为

收益率＝[（面额－发行价格或市场转让价格）/面额]×[360/发行期限或持有期限]

除了国库券之外，一般意义上的贴现公式，即包括票据市场上的票据贴现或票据转让，其市场价格计算公式为

贴现金额或市场转让价格＝票据面额×［1－年贴现率×（未到期天数/360）］

即

贴现金额或市场转让价格＝票据面额－贴现利息

贴现利息＝票据面额×年贴现率×未到期天数/360

日贴现率、月贴现率和年贴现率的换算关系如下:

日贴现率＝年贴现率/360＝月贴现率/30

4. 票据市场

票据市场是各类票据发行、流通及转让的市场，主要包括商业票据的承兑市场和贴现市场，也包括其他融资性票据市场，如企业短期融资券票据市场和中央银行票据市场。

商业票据最初产生于商品交易的延期支付，是非银行企业为满足短期流动资金需求而开具的可流通转让的债券。商业票据的签发不需要担保，其流通完全依赖于签发人的信用，因此只有那些信誉良好的企业才能发行商业票据。与国库券相同，商业票据以贴现的方式售出。商业票据没有到期之前，票据持有人如果需要资金，可以通过贴现的形式将商业票据转让出去而获得贴现金额。但贴现是有成本的，贴现的成本就是票据转让人按照贴现率支付的贴现利息额。

例如，某企业持有一张90天到期的一年期商业汇票，面额为200万元，银行确定该票据的年贴现率为5%，该企业经过贴现所得到的贴现金额是多少？

解：企业需要支付给银行的贴现利息为

贴现利息＝票面面额×贴现率×距离未到期天数/360＝200×5%×90/360＝2.5（万元）

企业得到的贴现金额为

$$贴现金额=票面面额-贴现利息=200-2.5=197.5（万元）$$

商业票据经银行承兑便转化为银行承兑汇票。银行承兑汇票是指由在承兑银行开立存款账户的存款人签发，向开户银行申请并经银行审查同意承兑的，保证在指定日期无条件支付确定的金额给收款人或持票人的远期汇票。由于银行介入，并承诺到期履行支付义务，因此信用风险较小。

近年来，由于中国人民银行对票据市场发展的推动，以银行承兑汇票为主的商业票据业务发展较快。据《2015 年中国货币政策执行报告（第四季度）》指出：2015 年，票据承兑业务小幅增长。企业累计签发商业汇票 22.4 万亿元，同比增长 1.3%；期末商业汇票未到期金额 10.4 万亿元，同比增长 5.4%。

5. 大额可转让定期存单

货币市场中还流通着一种商业银行发行的大额可转让定期存单（certificates of deposit，CDs）。大额可转让定期存单是由商业银行发行的，上面标明存款金额、到期日和利率，可在市场上流通转让的定期存款凭证。大额可转让定期存单为不记名证券，在一级市场上发行后，在到期前可在二级市场上任意交易。大额可转让定期存单是美国花旗银行于 1961 年创新的金融工具。投资者主要是个人，面额为 500 元及其整数倍，即大额可转让定期存单面额不得低于 500 元，以 500 元的倍数 1000 元、1500 元、2000 元等发行。大额可转让定期存单的期限为 1 个月、3 个月、6 个月、9 个月和 12 个月 5 个档次，利率水平通常是在同期定期储蓄存款利率的基础上再加上 1～2 个百分点。

我国的商业银行从 1986 年开始开展这项业务，但发展得非常缓慢。我国央行于 2015 年在 6 月 2 日宣布推出大额存单产品以来，包括中国工商银行、中国银行等银行在内的多家商业银行于 2015 年 6 月 15 日发行首批大额存单。投资人包括个人及非金融机构，认购起点分别为 30 万元及 1000 万元人民币。几家银行也均采取固定利率模式。工行面向个人客户的大额存单为 6 个月和 1 年期两款，发行利率最高约为央行存款基准利率的 1.4 倍，认购起点金额 30 万元，到期一次还本付息。中国建设银行发布的《建行个人大额存单 2015 年第 1 期产品说明书》显示，其 12 个月的大额存单产品的利率亦为 3.15%，为同期限央行存款基准利率的 1.4 倍。

5.3.2 资本市场与金融工具

与货币市场相对应，资本市场是个人、企业和政府借贷长期资金的市场。资本市场金融工具的期限为一年以上，主要包括长期债券和股票。

1. 长期债券市场

债券是筹资人发行的，承诺按一定利率支付利息并按事先约定在到期日偿还本金的债权债务凭证。一年以上的债券为长期债券，包括公司债券和长期政府债券。

公司债券是指公司依照法定程序发行、约定在一定期限内还本付息的有价证券。我国公司债券期限一般为 5～10 年，可通过以下 3 种方式募集：①公司直接向社会公众募集；②委托特定人代为募集，特定人收取适当的手续费；③由承销商承销公司债总额，再向社会公众出售获取利益。

公司债券按照发行目的，可以分为普通公司债券、改组公司债券、利息公司债券和延期公司债券等；按照债券本身情况，有是否记名、是否参加利润分配、是否可以提前赎回等公司债券；如果根据发行人是否给予持有人选择权，公司债券有附权和不附权的区别。

我国发行的长期政府债券的期限一般为 3 年、5 年、7 年、10 年等，最长为 50 年。从债券的形式来看，长期政府债券可分为以下几种：①凭证式国债，以凭证式国债收款凭证记录债权，不能上市流通，从购买之日起计息；②无记名（实物）国债，以实物券的形式记录债权，面值不等，不记名，不挂失，可上市流通；③储蓄国债，是面向个人投资者发行，满足长期储蓄性投资需求的不可流通记名国债；④记账式国债，以记账形式记录债权，通过证券交易所的交易系统发行和交易，可以记名、挂失，可上市转让。由中央政府发行的政府债券称为国债，由地方政府发行的债券称为地方债，又叫市政债券。1993 年为避免因地方政府兑现能力不足，导致债务违约国务院禁止地方政府发行债券。直到 2009 年 4 月，国家为应对金融危机，才恢复了地方政府债券的发行。据中国人民银行《2015 年金融市场运行情况》统计，2015 年财政部国债发行 2 万亿元，地方政府债券发行 3.8 万亿元，国家开发银行、中国进出口银行和中国农业发展银行发行债券 2.6 万亿元，政府支持机构发行债券 2400 亿元，商业银行等金融机构发行金融债券 6295.6 亿元，证券公司发行短期融资券 3515.6 亿元，信贷资产支持证券发行 4056.4 亿元，同业存单发行 5.3 万亿元。公司信用类债券发行 7 万亿元，同比增长 35.8%，增速较上年下降 3.1 个百分点。

近年来，我国债券市场在资本市场融资中的重要性日益凸显，债券市场得到了长足的发展，债券发行量、交易量成倍增长，债券品种日益丰富。中国人民银行发布的《2015 年金融市场运行情况》显示，2015 年债券市场发行规模增长显著，全年发行各类债券规模达 22.3 万亿元，较上年同期增长 87.5%，增速较上年同期上升 55.2%，交易活跃度持续提高，参与主体结构进一步丰富。

据中国社科院发布的《中国债券市场：2015》报告统计，截至 2015 年 11 月，中国债券市场总规模达到 6.7 万亿美元，成为仅次于美国、日本的全球第三大债券市场。在 2002 年以前的十余年间，我国债券融资在社会融资总额中一直居于微不足道的地位。自从 2005 年跃过 5%以后，其占社会融资总量的比重就节节上升，在 2013 年，曾经超过 20%。这一发展，自然也改变了非金融企业的融资结构。自 2008 年以来，企业的债券融资规模已经大大超过其股票融资规模。

2. 股票市场

股票没有到期日，因此股票市场属于资本市场的一种。股票是由股份有限公司发行的，用来证明股票持有人对公司资产具有相应份额的所有权的凭证。股东与公司之间不是债权债务关系，股东是公司的所有者。股票投资者在股票投资中获得的收益有两种，即公司发放的红利或股票价格的上涨。

股票可分为普通股和优先股。普通股对公司资产的索取权是剩余索取权，公司在支付完债务利息和优先股股息之后，才能将剩余利润分配给普通股股东。当公司面临破产而进行清算时，财产优先偿还公司的债权人、优先股股东，之后若还有剩余财产才用来偿还普通股股东。由此可见，股票投资的风险要大于债券。普通股股东有权就公司重大事项进行发言和投票表决。普通股股东还具有优先认股权，即当公司增发新普通股时，现有普通股股东有权优先以低价购买新发行的股票，以保持其对企业所有权的份额不变，从而维持其在公司中的权益。

优先股是相对与普通股而言的，其优先权体现在两个方面：一是利润分红，股份有限公司分派股息的顺序是优先股在前，普通股在后；二是对剩余财产的分配，当股份有限公司面临破产清算时，优先股股东的优先分配权在普通股股东之前，但在债权人之后。除此之外，优先股具有固定的股息收益率，所以优先股的股息不像普通股股息那样根据公司经营情况而增减。对公司来说，由于股息固定，并不影响公司的利润分配。优先股的权利范围比普通股小。优先股股东一般没有选举权和被选举权，对股份有限公司的重大事项无投票权，但在某些情况下可以享有投票权。

股票的交易分为场内交易和场外交易。场内交易是指股票在证券交易所挂牌交易，股份有限公司必须提交申请，并要符合证券交易所设定的各项标准，由证券交易所上市委员会批准后，方能上市挂牌交易。证券交易所的股票交易价格由交易双方公开竞价确定，实行“价格优先、时间优先”的竞价成交原则。证券交易所有会员制和公司制两种形式，大多数国家实行会员制。目前，我国内地有上海证券交易所和深圳证券交易所。

场外交易又称柜台交易，是指在交易所外进行交易的活动。场外交易没有固定的、集中的交易场所，主要是依靠电子网络联系成交。场外交易市场与证券交易所的区别在于不采取经纪制，交易价格由做市商确定，而不是以拍卖方式交易股票。投资者直接与做市商进行交易，做市商先用自有资金买进证券作为库存，再以略高的价格卖出，从中赚取差价。

20 世纪 80 年代是我国股票市场的萌芽时期，上海、深圳先后设立了股票交易柜台，促进了我国股票流通市场的发展。90 年代初，上海证券交易所、深圳证券交易所和中国证监会的正式成立标志着我国股票市场开始逐步纳入全国统一监管体制，区域性试点推向全国，全国性市场由此开始发展。我国股票市场在 20 多年的时间里取得了举世瞩目的成就，在促进国有企业改革、推动经济结构调整和技术进步方面发挥了突出的作用。目前，我国企业发行的股票品种有 A 股（人民币普通股）、B 股（境内上市外资股）、H 股（香港上市外资股）、N 股（纽约上市外资股）等。截至 2015 年底，我国境内上市公司总计 2827 家，总市值 53.13 万亿元。据中国人民银行发布的《2015 年金融市场运行情况》报告统计，2015 年，股票市场主要指数总体有所上涨，但期间出现大幅振荡，成交量明显放大。2015 年年末，上证指数收于 3539.18 点，较上年末上涨 9.41%，年内最高点为 5178.19 点，最低点为 2850.71 点。沪市全年累计成交 133.1 万亿元，日均成交 5454.9 亿元，同比增长 254.3%。深证成指收于 12 664.89 点，较上年末上涨 14.98%，年内最高点为 18 211.76 点，最低点为 9259.65 点。深市全年累计成交 122.5 万亿元，日均成交为 5020.3 亿元，同比增长 235.4%。

5.3.3 衍生金融工具市场

衍生金融工具是在原生性金融工具（如股票、债券、外汇等）基础上衍生出来的，其回报依赖于原生性金融工具，是从传统金融工具中派生出来的新型金融工具。

1. 远期合约

远期合约（forward contract）是指由双方签订的承诺在未来某一时间以一定的价格进行某种金融交易的协议。其中一方同意购买指定价格的标的资产在将来的指定日期交易时称为多头（long position）；相反，其中一方同意卖出指定价格的标的资产在将来的指定日期交易时称为空头（short position）。远期合约有货币远期和利率远期。

货币远期可以用来降低由于汇率的变动带来的外汇风险。例如，英国甲公司在2015年3月签订了一份从美国乙公司进口摄影器材的合同，合同价值为1 000 000美元。当时，英镑兑美元的汇率为1∶1.6，合同用英镑计值为625 000英镑（1 000 000/1.6）。双方达成一致，甲公司在2015年9月收到货后付清全部款项。如果6个月后英镑兑美元的汇率下跌，那么合同的英镑价值将会增加。为了降低汇率下跌而导致的英镑损失，甲公司可以签订一笔9月份交割的约定汇率为1∶1.55的远期合约，买入1 000 000美元。9月份甲公司根据合约支付645 162英镑（1 000 000/1.55）买入美元。如果市场汇率下跌至1∶1.5，则甲公司可减少21 505英镑（666 667－645 162）的损失。

利率远期一般用来规避因利率变动带来的资产价值损失的风险。例如，A银行的资金经理李某预知一年后有一笔1000万美元贷款到期，并打算用这笔资金购买5年期政府债券。希望确保一年后对政府证券投资的收益率至少达到当前7%的水平。与此同时，B银行经理王某手中恰好有1000万美元的5年期政府债券，3年后到期。李某预期未来3年利率将会上升，而利率上升将会使这些政府证券的市场价格下降，从而带来资本损失。在这种情况下，这两家银行可以签订一份在一年后以7%的收益率的价格交易面值1000万美元的5年期政府证券的远期合约。一年后，若市场利率降至低于7%，则A银行收益，B银行损失；若利率高于7%，则A银行损失，B银行收益。

远期合约没有固定的交易场所，其优点是合约内容由双方协商签订，对交易日期和交易金额没有限制，比较灵活，能够满足交易双方的不同需求。这同时也制约了远期合约的应用，因为市场中很难找到对各项条件都能达成一致的对方。此外，远期合约在到期前不发生现金流动，因此容易发生到期时出现损失的一方由于损失金额巨大而拒绝履行合约，有潜在的违约风险。

2. 期货合约

期货合约（futures contract）与远期合约相似，也是双方签订的承诺在未来某一时刻以固定的价格进行金融交易的协议。

期货合约要素包括：①双方同意未来交易的价格称为期货价格（futures price）；②双方将来交易的指定日期为结算日（settlement date）或交割日（delivery date）；③双方同意交换的“东西”称为标的（underlying）。

期货合约与远期合约相比有所改进，具体表现如下：①期货合约的交易是在有组织的交易所进行的；②合约具有标准化的特点，合约的内容（如交割日期、交割地点、价格、数额等）都是统一规定的；③每手合约的金额较小，方便交易。

购买期货的投资者需要事先在交易所开立保证金账户，按照交易的所有期货合约总额存入一定比例的保证金。保证金账户采取每日结算制，即每天收市时根据当天期货价格的波动计算盈余或损失，盈余金额加入保证金账户，损失金额从保证金账户中扣除。扣除损失后，账户中剩余的金额要求达到最低保证金水平，否则该期货合约将被强行平仓。这种清算方式保证了期货交易不会出现违约风险。

常见的期货品有利率期货、外汇期货、股指期货等。

相对国际市场，我国的金融期货市场发展较为缓慢。在 1995 年我国国债期货被迫停掉以后，直到 2010 年股指期货（沪深 300 股指期货）上市才再次开启了我国金融期货市场的大门。据《中国金融期货行业市场调查研究及发展趋势预测报告（2016 年版）》显示，从股指期货上市以来，该市场一直保持着平稳的增速发展，历经三年（2010 年 4 月～2013 年 4 月）交出了包括 3000 家法人账户在内的 13 万合格投资者、日交易量 30.5 万手、持仓量 11 万手、日成交金额约 2431 亿元、2012 年成交量 1.05 亿手，在全球同类产品中排名第五的好成绩。截至 2013 年 11 月 15 日，股指期货市场安全平稳运行 867 个交易日，顺利交割 43 个合约，累计开户 16.31 万户，累计成交 3.70 亿手，累计成交额达 284.03 万亿元。2013 年 9 月，我国国债期货正式上市，进一步丰富了我国金融期货产品种类。2015 年 10 月底，中国金融交易所启动了欧元兑美元交叉汇率期货与澳元兑美元交叉汇率期货仿真交易，目前仿真交易较为活跃，日均成交在 30 万手以上。预计外汇期货有望在 2016 年登陆，人民币相关汇率期货一旦上市，必将满足市场需求，尤其是外贸企业对冲外汇风险的需求。

2015 年，我国首次实现了期货的互联网开户，同时，资讯推送、研究报告、资管产品等业务服务也已经实现了在移动终端平台上的传播。2016 年，期货业与互联网的融合将进一步得到深化，在移动终端上实现开户和相关业务办理进一步得到普及，期货公司将在更广泛的领域中与互联网公司实现合作，并购重组将从行业内扩展至各行业之间，期货公司与互联网公司的合并将成为新的亮点和趋势。在互联网金融迅速发展的大背景下，国内期货公司将打造更为新颖、高效、多元的运营发展模式。

3. 期权合约

期权合约赋予了期权持有人在一定时期内以确定的价格买卖标的金融工具的权利。期权是一种选择权，持有人可以选择执行买或卖的权利，也可以选择放弃这种权利。期权合约中确定的价格称为执行价（exercise price）或敲定价（strike price）。

期权分看涨期权（call option/call）和看跌期权（put option/put）。看涨期权赋予了买方（buyer）以执行价格买进某种金融工具的权利；看跌期权赋予了买方以执行价格卖出某种金融工具的权利。期权的卖方（writer/seller）在出售期权时，必须开立资金账户并存入一定的资金，以保证当期权买方决定执行期权时，卖方有能力完成交易。买方在购买期权时，必须支付给卖方一笔期权费（option premium），日后无论是否选择执行合约，该费用都不予退还。期权到期日（expiration date）或截止日（maturity date）后期权失效。

按照交易双方对合约到期日的约定，期权可分为欧式期权（European options）和美式期权（American options）。欧式期权的买方只有在合约到期当天才能执行合约，美式期权的买方可以选择在到期日之前的任何一天执行合约。

期权有货币期权、利率期权、股票期权、期货期权等。期权的最大好处是这种选择权让买方能够在期权到期时根据具体情况，采取对自己最有利的行动，因此买方可能承受的最大风险是有限的。下面这个货币期权的例子可以解释这一点。

某美国进口商进口了一批价值 100 万欧元的货物，3 个月后付款。如果即期汇率是 1.10 美元/欧元，那么货款为 110 万美元。为规避 3 个月后美元汇率下跌的风险，该进口商买入欧元看涨期权。期权的执行价是 1.20 美元/欧元，若执行合约则需支付 120 万美元。期权费是 0.0065 美元/欧元，那么每份标准数额为 62 500 欧元的合约的期权费为 406.25 美元。100 万欧元共需要买入 16 份这样的合约，支付期权费共计 6500 美元（16×406.25）。3 个月后，如果美元兑欧元汇率超过了 1.20（如 1.22），那么该进口商应选择执行合约，因为以执行价购买欧元的花费要比在即期市场中购买欧元的花费低，即节省了 13 500 美元（1 000 000×1.22－1 000 000×1.20－6500）。如果 3 个月后美元兑欧元汇率低于 1.20，那么该进口商应选择不执行合约，因为以执行价购买欧元的花费要比在即期市场中购买欧元的花费高，而这时发生的最大损失为期权费 6500 美元。

2015 年 2 月 9 日，上证 50ETF 期权在上交所正式上市交易。这是中国资本市场第一个上市期权产品，开启了中国期权市场发展的序幕。挂牌上市的首只股票期权，是指买方未来可以约定价格买入或者卖出上证 50ETF，其全称为上证 50 交易型开放式指数证券投资基金，由上交所最具代表性的 50 只股票组成样本股，目标是建立一个成交活跃、规模较大、主要作为衍生金融工具基础的投资指数。由于风险波动大，股票期权在上市初期制定了严格规定，投资者进场门槛不低于 50 万元。

4. 互换

互换（swaps）是交易双方相互交换彼此拥有的现金流的金融合约。其基本形式有货币互换（currency swaps）和利率互换两种。货币互换是指两种以不同货币表示的现金流的交换。利率互换是指以同种货币表示的但采取不同计息方式的现金流的交换。以货币互换为例。货币互换是将一种货币的本金和固定利息与另一货币的等价本金和固定利息进行互换。货币互换的主要原因是双方在各自国家中的金融市场上具有比较优势。假定英镑兑美元汇率为 1∶15。A 公司想借入 5 年期的 1000 万英镑借款，B 公司想借入 5 年期的 1500 万美元借款。由于 A 公司的信用等级高于 B 公司，两国金融市场对 A、B 两家公司的熟悉状况不同，因此市场向它们提供的固定利率也不同，如表 5.1 所示。

表 5.1　市场向 A 公司和 B 公司提供的借款利率　　（单位：%）

项目	美元借款利率	英镑借款利率
A 公司	8.0	11.6
B 公司	10.0	12.0

从表 5.1 中可以看出，A 公司的借款利率均比 B 公司低，即 A 公司在两国金融市场都具有绝对优势，但优势大小有所不同。A 公司在美元市场上的绝对优势为 2.0 个百分点，在英镑市场上只有 0.4 个百分点。这就是说，A 公司在美元市场中有比较优势，而 B 公司在英镑市场中有比较优势。这样，双方就可以利用各自的比较优势借款，然后通过互换得到自己想要的资金，并通过分享互换收益降低筹资成本。

于是，A 公司以 8.0%的利率借入 5 年期的 1500 万美元借款，B 公司以 12.0%的利率借入5年期的1000万英镑借款。然后，双方先进行本金的交换，即A公司向B公司支付1500万美元，B公司向A公司支付1000万英镑。

假定A公司和B公司商定双方平分互换收益，则两家公司都将使筹资成本降低0.8个百分点，即双方最终实际筹资成本分别是，A公司支付10.8%的英镑利息，而B公司支付9.2%的美元利息。

这样，双方就可以根据借款成本与实际筹资成本的差异计算各自向对方支付的现金流，进行利息互换。也就是说，A公司向B公司支付10.8%的英镑借款利息，计108万英镑；B公司向A公司支付8.0%的美元借款的利息，计120万美元。互换后，A公司的最终实际筹资成本为10.8%的英镑借款利息，而B公司的最终实际筹资成本变为8.0%的美元借款利息加1.2%的英镑借款利息。若汇率水平不变，B公司的最终实际筹资成本相当于9.2%的美元借款利息。若担心未来汇率水平发生变动，B公司可以通过购买美元远期或期货来规避汇率风险。

在贷款期满后，双方要再次进行借款本金的互换，即A公司向B公司支付1000万英镑，B公司向A公司支付1500万美元。到此，货币互换结束。

由于货币互换涉及本金互换，因此，当汇率变动很大时，双方就将面临一定的信用风险。当然，这种风险仍比单纯的贷款风险小得多。

互换可使交易双方节省成本。例如，利率互换可以让金融机构在不改变资产负债表的情况下把固定利率资产变为利率敏感性资产，有利于金融机构降低交易成本，提高经营利润。但是，与远期合约一样，互换交易很难达成，缺乏市场流动性。互换合约的双方同样面临违约风险。

据中国人民银行发布的《2015年金融市场运行情况》报告统计，2015年，人民币利率互换共交易6.6万笔，名义本金总额8.8万亿元，同比增长117.2%。从期限结构来看，1年期及1年期以下交易最为活跃，其名义本金总额7.8万亿元，占总量的88.7%。从参考利率来看，2015年人民币利率互换交易的浮动端参考利率包括7天回购定盘利率、Shibor以及人民银行公布的基准利率，与之挂钩的利率互换交易名义本金占比分别为84.5%、15.1%、0.4%。

在国际市场，正确使用衍生金融工具是企业规避风险的重要手段。目前，我国的衍生金融工具市场尚处于起步阶段，存在衍生金融工具品种少、投机炒作盛行、市场流动性较低、系统建设落后、市场定位存在偏差等问题。与美国目前成百上千种金融衍生产品相比，我国目前只有股指期货、国债期货与2015年刚上市的股票期权等几种。同时，也应看到，随着我国金融改革的不断深化和经济与金融全球化的深入发展，国际市场的波动对国内市场的影响将不断加深，经济主体对市场避险、拓展投资渠道的要求将日益强烈，这说明，发展金融衍生工具市场将成为我国未来金融市场发展的必然选择。

5.3.4 投资基金

投资基金是一种把众多投资者的资金集中起来，投资于股票、债券、货币市场工具等证券的投资方式。投资基金由基金发起人设立，由基金托管人按照规定开设基金财产的资金账户和证券账户，并委托职业经理人管理。投资基金通过发行份额募集资金，基金的投资人（即份额持有人）不参与基金的管理和操作，只定期取得投资收益。基金管理人进行投资运作，收取基金管理费。投资基金的主要优势在于这种方式使中小投资者把零散资金委托给专业人士集中运作，可以达到投资分散化和降低风险的效果。

根据不同标准，投资基金可划分为不同的种类。

1. 契约型基金与公司型基金

按照法律地位，投资基金可划分为契约型基金和公司型基金。

1）契约型基金是基于信托契约原理而组织起来的代理投资制度。托管人、管理人和投资者三方签订基金契约，由基金托管人报管信托资产，基金管理人投资信托资产，基金投资者享有投资收益。

2）公司型基金通过发行基金股份来募集资金，成立股份有限公司，然后再由公司委托投资顾问公司进行投资，投资者购买基金股份成为公司股东。

2. 公募基金与私募基金

按照资金筹集方式，投资基金可划分为公募基金和私募基金。

1）公募基金是指受相关政府主管部门监管的，以公开发行方式向不特定投资者募集资金的投资基金。公募基金由于发行对象范围广，因此筹资潜力较大。而且公募基金在严格的法律监管下运营，操作规范，信息披露公开透明。

2）私募基金面向特定的投资群体，以非公开发行方式募集资金。私募基金一般对投资者有一定的要求，如最低投资额度一般为 100 万元，因此只有大型投资机构和有实力的个人投资者才能参与。私募基金的投资具有特定的方向，如对特定产业的投资、风险投资等，收益往往比较丰厚，但同时也伴随着高风险。在我国，私募基金收到严格的限制。我国《证券投资基金法》于 2013 年修订后，将私募基金纳入法律调整范围。2014 年 2 月 7 日，中国基金业协会根据法律授权正式启动私募基金管理人登记和基金备案工作，中国私募基金行业在法律上正式得到确认。基金业协会也开始对中国私募基金行业进行统计监测。截至 2015 年 10 月 13 日，在基金业协会登记的私募基金管理人共 20 717 家，从业人员超过 20 万，管理私募基金 20 270 只，实缴规模 3.66 万亿元。

3. 成长型基金、收入型基金与平衡型基金

按照设定的投资风险与受益目标，投资基金可划分为成长型基金、收入型基金和平衡型基金。

1）成长型基金的投资目标是资产的长期增值，因此基金管理人通常选择信誉度较高、有长期增长潜力的公司投资。

2）收入型基金的投资目标是比较稳定的收益，投资对象以能够带来稳定现金收入的有价证券为主，如债券、票据等，收益不是很高，但风险较小。

3）平衡型基金介于前述两者之间，投资分散于股票和债券，以保证投资的盈利性和安全性。

4. 开放式基金和封闭式基金

按照交易机制，投资基金可划分为开放式基金（open-end fund）和封闭式基金。

1）开放式基金又称为共同基金（mutual fund），是指基金发行总额不固定，投资者可以随时按单位基金净值申购或者赎回基金单位的一种基金。开放式基金的资产总额是不稳定的，基金单位总数随时增减，基金经理必须随时调整投资组合。投资者在申购和赎回开放式基金时须支付一定比例的费用。

2）封闭式基金是在发行时确定发行总额，到规定期限前不能增发和赎回，但投资者可以在证券市场上转让、买卖的投资基金。封闭式基金只需向证券经纪人支付佣金，不需要向基金经理支付管理费。

5. 对冲基金

对冲基金（hedge fund）又称为避险基金或套利基金，意思是“风险对冲过的基金”。对冲基金起源于20世纪50年代的美国，其最初宗旨是利用期货、期权等金融衍生工具的买空卖空，结合相关的股票投资，在一定程度上规避和化解投资风险。例如，基金经理在投资于一只股票的同时，购入该股票在一定价位的看跌期权。当股票价格跌破期权的执行价时，看跌期权允许期权持有人以执行价卖出股票，在一定程度上降低了股票价格下跌的损失。如今的对冲基金已经不再以初始时期的宗旨为投资目标，而变成了一种充分利用各种金融衍生工具的杠杆效应承担高风险、追求高收益的投资模式。

我国的投资基金创始于1998年3月，经过短短十几年的发展，现在已经具有了相当规模，成为最重要的投资工具。尤其是2001年开放式基金推出以来，取得了飞速的发展，到2011年年底，开放式基金占全部基金资产净值的比重已超过94.86%。据中国证券投资基金业协会的统计，截至2013年1月底，我国境内共有基金管理公司77家，其中合资公司43家，内资公司34家；管理资产合计36 021.32亿元，其中管理的公募基金规模27 854.74亿元，非公开募集资产规模8166.58亿元。

5.3.5 风险投资与创业板市场

1. 风险投资

根据美国风险投资协会（National Venture Capital Association，NVCA）的定义，风险投资（venture capital）是由职业金融家投入到新兴的、迅速发展的、具有巨大竞争潜力的企业中一种权益资本。目前，我国的风险投资主要以建立公司制的风险投资基金形式存在，风险投资机构首先从投资人处通过发行股份来筹集资金，组成以自身资产为主要经营对象，专门从事风险资本投资管理职能的股份有限公司。风险投资一般以掌握部分股权的形式对新兴的、有快速成长潜力的企业进行投资，但其投资的目的并不是为了控制被投资企业的所有权，也不是为了经营企业，而是通过注入资金和提供增值服务帮助被投资企业发展，在得到丰厚利润后，通过公开上市等方式退出，早日实现投资回报。

风险投资的运作一般包括以下几个步骤。

1）初审。对潜在投资企业的项目建议书进行初步筛选，寻找投资机会。

2）项目审议。风险投资公司的项目评估小组对通过初审的项目进行进一步全面的审议。审议的内容一般包括企业的背景资料及行业、技术、市场等方面的情况。

3）项目谈判。风险投资公司进一步就投资形式、资金使用、股本结构、股权转化价格、交易达成的前提条件、交易费用等有关问题与企业管理层进行谈判。

4）交易完成。双方签署有关的法律文件。

5）项目跟踪。投资生效后，风险投资公司的投资专家将在其所投资企业的董事会中占有席位，跟踪项目，监督商业计划的执行情况，并对改善企业的经营状况以获取更高利润提供建议和必要的支持。

6）资金退出。风险投资的期限一般为 5～10 年，资金最终会退出获得投资的企业。风险投资退出的方式有以下 3 种：①股份上市，指将被投资企业改组成上市公司，进入证券市场，风险投资的股份通过首次公开发行实现资金的收回和资本增值；②股份回购，当被投资企业不是很成功的时候，达不到公开上市的条件，风险投资公司一般会选择由企业购回风险投资股份的方式实现退出，这是风险投资公司回避风险的一种备用退出方法；③破产清算，相当一部分的风险投资是不成功的，当被投资企业经营失败，宣布破产时，有关人员将对企业进行破产清算，这意味着风险投资公司对该项的投资遭受部分或全部损失。

风险投资起源于 15 世纪的欧洲，20 世纪 70 年代在美国兴起，并很快在世界范围内产生巨大影响。我国风险投资业起步较晚，1985 年 9 月，国务院批准成立中国新技术创业投资公司，这是新中国第一家专营风险投资的全国性金融机构。1998 年《关于借鉴国外经验，尽快发展我国风险投资事业的提案》（全国政协九届一次会议“一号提案”）提交之后，风险投资有了迅猛的发展。据产业信息网发布的《2015—2020 年中国风险投资市场行情动态及发展前景报告》显示，在我国的私募股权投资中，风险投资发展较早。2003～2014 年，我国颁布《外商投资创业投资企业管理规定》，修订《合伙企业法》，各地政府也纷纷出台政策法规。在一系列政策推动和宏观经济稳定发展的大环境下，风险投资迅速发展。2013 年，中国创业投资市场共发生投资 1148 起，较 2014 年增长 7.2%，投资总额 73.2 亿美元，互联网、电信及增值业务、生物技术/医疗健康行业获得投资案例数最多。

2014 年以来，尽管我国宏观经济增长乏力，GDP 下行压力较大，但在此背景下中国创业投资市场回暖迹象愈加明显。2014 年上半年中外创投机构共新募基金 83 支，新增可投资于中国大陆的资本量为67.62亿美元。除基金募集数量和投资案例数有所下滑外，募资、投资、退出其他各方面数据同比及环比均有上升。

2. 创业板市场

创业板市场又称为二板市场，是指交易所主板市场以外的，为高成长的新兴创新公司特别是高科技公司筹资并进行资本运作的市场。创业板市场与主板市场不同，更注重公司的发展潜力，其上市标准低于主板市场。在创业板市场上市的公司大多具有业绩不稳定、经营时间较短、规模较小的特点，因此创业板市场投资风险较大。

创业板市场的主要特点如下。

1）实施保荐人制度。由保荐人对发行公司进行上市推荐和辅导，核实公司披露文件所载资料的真实、准确和完整，督导发行公司遵守上市规定，完成招股计划中所提标准。保荐人对发行人发布的定期公告撰写跟踪报告，对上市公司的信息披露负连带责任。

2）强调主营业务突出。创业板上市公司募集到的资金只能用于一种业务，有利于上市公司形成核心竞争力。

3）简化报审环节。申报程序比主板市场有所简化，不再要求征求发行人注册地省级人民政府意见，也不再要求就募集资金投资投向是否符合国家产业政策和投资管理规定征求国家发展和改革委员会意见。

4）对公司治理提出从严要求。提高公司治理要求，要求董事会下设审计委员会，强化独立董事职责，并明确控股股东责任。

5）监管方式以信息披露为本。增加了信息披露的充分性和及时性，强化市场约束。

创业板起源于 20 世纪 60 年代的美国，当时美国证券交易委员会（the U.S. Securities and Exchange Commission，SEC）提出了“自动操作系统”作为解决途径的设想，并由全美证券商协会（National Association of Securities Dealers，NASD）来进行管理。1968 年，自动报价系统研制成功，全美证券商协会改称为全国证券商协会自动报价系统（National Association of Securities Dealers Automated Quotations，NASDAQ）。1971 年 NASDAQ 市场正式成立，当日完成了 NASDAQ 的全面操作，中央牌价系统显示出 2500 种证券的交易行情。1975 年，NASDAQ 建立了新上市标准，要求所有的上市公司都必须将在 NASDAQ 市场上市的股票和场外交易（over-the-counter）市场证券分离开来。NASDAQ 是创业板市场的典型，素有“高科技企业摇篮”之称，曾孵化了微软公司、英特尔公司、苹果公司、思科公司等一大批高科技企业，对美国以计算机信息技术为代表的高科技产业的发展以及美国近年来经济的持续增长起到了十分重要的作用。在 NASDAQ 成功经验的影响下，世界其他地区的资本市场也开始设立自己的创业板市场。1995 年 6 月，伦敦证券交易所设立了创业板市场——另类投资市场（Alternative Investment Market，AIM）；1999 年 11 月，中国香港联合交易所创业板市场（Growth Enterprise Market，GEM）正式成立。

中国内地创业板市场正式启动于 2009 年 10 月 30 日，发展至今只有几年多时间，但发展速度较快。深交所发布的数据显示，截至 2015 年 12 月 31 日，创业板总市值达到 55 916.25 亿元，较上一年增长 34 065.3 亿元，同比增长 155.9%。2015 年，累计有 86 家公司在创业板挂牌上市，目前共有 492 家公司在创业板上市，同比增长 21.18%。截至 2015 年 12 月 31 日，深交所共有上市公司 1746 家，市值达 23.61 万亿元。基于刚刚起步的原因，我国创业板市场存在着一些令人忧虑的问题，如入市门槛高、退市制度缺失等。但应当看到，创业板市场的推出是我国向建设多层次资本市场迈出的重要一步，极大地激发了中小企业参与资本市场的热情，也带动了风险投资、私募股权投资等民间资本的活跃和发展，从而更好地推动了自主创新与产业结构升级，发挥资本市场支持国民经济又好又快发展的作用。

5.3.6 外汇市场与外汇交易

1. 外汇市场

世界上大部分国家都发行了自己的货币，当这些国家之间发生贸易和资本往来时，就需要将一种货币兑换成另一种货币。外汇市场提供了不同货币兑换的场所。汇率是外汇市场中的价格，它代表了一种货币能够兑换多少另一种货币。除货币外，外汇市场还流通着大量的以外币表示的金融工具，如股票、债券等有价证券。外汇交易的参与者包括中央银行、商业银行、外汇经纪人、外汇交易商、跨国公司、国际投机者等。由于交易量巨大，外汇市场已成为全球最大的金融市场。中国外汇局发布《2015 年上半年中国国际收支报告》显示，2015 年上半年，人民币外汇市场累计成交 7.35 万亿美元（日均 618 亿美元），同比增长 21.6%。

国际上规模较大且有影响的外汇市场有伦敦、纽约、巴黎、法兰克福、苏黎世、东京、中国香港等，这些外汇市场大都没有固定的交易场所，属于无形外汇市场。另外，由于各个外汇市场遍布世界各地，开市和收市的时间相互交错，因此外汇市场具有 24 小时不停地运作的特点。

外汇市场的功能主要表现在以下 3 个方面。

1）实现购买力在国际间的转移。各国进行的商品、服务和金融资产的交易必须把一种货币兑换成另一种货币作为支付手段来实现，而这种兑换就是在外汇市场中进行的。进口商和其他需要对外支付外汇者在外汇市场把本币兑换成外币，从而把本币的购买力转化为外币购买力，再进行交易的支付。出口商和其他收汇者把收到的外币兑换成本币，从而使外币的购买力转化为本币购买力，再用于国内交易的支付。外汇市场的基本功能就是提供货币转换机制，实现国与国之间货币购买力或资金的转移。

2）提供资金融通。外汇市场向国际贸易参与者提供了资金融通的便利。参与外汇市场交易活动的商业银行为进出口商提供短期贷款，保证了国际贸易的顺利进行。跨国金融资产在外汇市场中的交易，使资金能够快速地在国际间转移，促进了国际借贷和国际投资活动的顺利进行。

3）提供外汇保值和投机的机制。在国际贸易和金融交易中，交易双方都面临着外汇风险。交易双方可以在交易发生的同时通过外汇市场进行远期外汇买卖，从而对冲由于市场汇率波动而带来的经济损失，以保证预期的收益。同时，外汇期货、期权等金融衍生工具也为投机者提供了获取利润的机会。

2. 外汇交易

（1）即期外汇交易

即期外汇交易又称为现汇交易，是指交易双方以当时的市场价格成交，并在成交后两个营业日办理交割手续的外汇交易。即期外汇市场交易的价格称作即期汇率。在外汇市场中，利用即期外汇交易进行投资获取利润的行为叫做套汇交易，即利用不同外汇市场的汇率差异而进行的以营利为目的的交易。套汇交易可分为直接套汇和间接套汇。例如，纽约外汇市场上丹麦克朗兑美元的即期汇率为 6.550∶1，伦敦外汇市场此汇率为 6.5207∶1，如果忽略交易成本，那么用 100 万美元进行直接套汇的利润为 4493 美元［(1 000 000×6.550)/6.5207－1 000 000］。若纽约外汇市场上丹麦克朗兑美元的即期汇率为 6.550∶1，英镑兑美元的即期汇率为 0.6518∶1，伦敦外汇市场丹麦克朗兑英镑的即期汇率为 10.253∶1，如果忽略交易成本，那么用 100 万美元进行间接套汇的利润为 20 291 美元［(1 000 000×0.6518)×10.2530/6.550－1 000 000］。

（2）远期外汇交易

远期外汇交易又称期汇交易，是指双方先签订合同，规定交易的币种、数额、价格、交割时间等，在未来在约定日期进行交割的一种外汇交易方式。远期外汇交易的期限一般有1个月、3个月、6个月和12个月。

远期外汇市场交易的价格称为远期汇率。即期汇率与远期汇率的差额称为远期差额。远期汇率高于即期汇率称为远期升水；远期汇率低于即期汇率称为远期贴水。

知识链接

远期差额的计算

远期汇率反映的是一种货币未来交割的供给和需求，因此它在一定程度上能够提供未来即期汇率的走势信息。远期升水与远期贴水的比例一般用百分数的形式表示。其表达式为

$$\text{远期升水/贴水} = (F_N - S)/S \times 12/N \times 100\%$$

式中：F_N代表远期汇率；S代表即期汇率；N是远期合约的月份期限。

例如，美元兑英镑的6个月远期汇率是1.630∶1，即期汇率是1.610∶1，则

$$\text{英镑的远期贴水} = (1.630 - 1.610)/1.610 \times 12/6 \times 100\% = 2.48\%$$

国际债券投资者可以利用远期外汇交易规避风险。假设美国国库券利率比英国国库券的利率高，两者分别为4.5%和2.25%，则英国的投资者为追求高利息，就会用英镑兑换美元，然后将其投资于3个月期的美国国库券，待该国库券到期后将美元本利兑换成英镑汇回国内。这样，投资者可多获得1.25%的利息。但是，如果3个月后，美元汇率下跌，投资者就得花更多的美元去兑换英镑，因此就有可能换不回投资的英镑数量而遭致损失。为此，英国投资者可以在买进美元现汇的同时，卖出3个月的美元期汇，这样，只要美元远期汇率贴水不超过两地的利差（1.25%），投资者的汇率风险就可以消除。

除即期外汇交易和远期外汇交易外，外汇市场中还有外汇期货、外汇期权、外汇互换等衍生金融工具的交易。

3. 我国外汇市场的发展历程

1993年年底，中国人民银行开始允许商业银行开展面向个人的实盘外汇买卖业务。1994年，我国改革外汇管理体制，实行银行结售汇制度，建立全国统一的银行间外汇交易市场——中国外汇交易中心，实现经常项目下有条件的可兑换。1999年以后，国内外汇实盘买卖逐渐成为一种新兴的投资方式，外汇市场进入快速发展阶段。2002年12月，中国银行率先引入了新的外汇理财方式——外汇期权交易。“十一五”期间，外汇市场产品创新加快。2006年4月和2007年12月，银行间外汇市场分别推出外汇掉期交易和货币掉期交易。2006年8月、2010年8月和2010年11月，分别增加人民币兑英镑、人民币兑马来西亚林吉特、人民币兑俄罗斯卢布的挂牌汇率，便利了与这些国家的跨境贸易和投资活动。2014年3月，央行将银行间即期外汇市场人民币兑美元交易价浮动幅度由1%扩大至2%，银行柜台汇率报价区间由2%扩大到3%。2015年8月11日，央行再度调整人民币兑美元汇率中间价报价，要求做市商在每日银行间外汇市场开盘前，参考上日银行间外汇市场收盘汇率，综合考虑外汇供求情况以及国际主要货币汇率变化向中国

外汇交易中心提供中间价报价。这些举措都有利于推动人民币汇率形成机制更加市场化。2015 年 11 月 30 日，国际货币基金组织执董会批准人民币加入特别提款权（SDR）货币篮子。人民币“入篮”是中国经济不断发展并努力加快金融改革、推动人民币国际化的自然成果，可谓水到渠成。

中国外汇市场包括银行对客户市场和银行间外汇市场。其中，银行对客户市场是零售市场，银行间外汇市场是金融机构之间进行交易的“批发市场”。2015 年，中国银行间外汇市场首次对境外开放。截至 2016 年 1 月底，已经有 14 家境外央行类机构获准入市交易。国家外汇管理局从 2015 年 1 月份开始公布我国外汇市场交易概况数据。据国家外汇管理局统计数据显示，2015 年中国外汇市场累计成交 110.93 万亿元人民币（等值 17.76 万亿美元），成交额于下半年迅速放大。我国的经济规模、发展潜力和市场容量等一系列因素，决定了我国外汇市场完全有条件发展成为具有重要影响力的市场之一。“十三五”期间，我国外汇管理部门将继续推进外汇监管方式改革，弱化事前审批，完善事中事后管理，提高国际收支监测分析的准确性和前瞻性，提升监管效能；进一步优化外汇管理服务，深化经常项目便利化改革，完善跨境投融资外汇管理，加快外汇市场发展；加强风险防控，指导银行按照“展业三原则”的要求办理外汇业务，严格履行真实性、合法性审核责任，打击外汇违法违规行为，维护正常外汇市场秩序；做好国家外汇储备经营管理工作，统筹安全、流动和保值增值的各项目标，完善外汇储备多元化运用。

5.3.7 黄金市场

黄金市场是进行黄金买卖的交易中心，是完整的金融市场体系的重要组成部分。在黄金市场上买卖的黄金形式主要有金条、金币、金丝和金叶等，其中交易最多的是金条。参与黄金交易的主体包括黄金交易商、银行、对冲基金、机构和个人投资者、经纪公司等。

1. 黄金市场的类型

（1）按影响力分类

根据影响力，黄金市场可划分为主导性黄金市场和区域性黄金市场。

1）主导性黄金市场，该市场价格及交易量的变化对其他黄金市场具有主导性作用，如伦敦、纽约、苏黎世、中国香港等黄金市场。

2）区域性黄金市场，该市场交易规模较小并集中在本地区，对其他黄金市场影响不大，如巴黎、法兰克福、布鲁塞尔、新加坡、东京等黄金市场。

（2）按交易方式分类

根据交易方式，黄金市场可划分为黄金现货交易市场和黄金期货交易市场。黄金现货交易是指成交后双方在两个营业日内完成交割的交易方式。黄金期货交易是指交易双方签订黄金期货合约，约定在未来的某一时间交割的交易方式。黄金期货交易是黄金现货交易的补充，具有杠杆作用，有一定的灵活性。大多数黄金市场既有黄金现货交易又有黄金期货交易。

（3）按有无固定场所分类

根据有无固定场所，黄金市场可划分为无形黄金市场和有形黄金市场。无形黄金市场没有特定的交易场所，如伦敦黄金市场，交易主要通过黄金交易商之间的联系网络进行。有形黄金市场有固定的交易场所，一是设专门独立的黄金交易场所，如香港金银业贸易场、新加坡黄金交易所等；二是设在商品交易所之内，如设在纽约商品交易所内的纽约黄金市场，设在芝加哥商品交易所内芝加哥黄金市场。

（4）按对黄金交易的限制程度分类

根据对黄金交易的限制程度，黄金市场可划分为自由交易市场和限制交易市场。自由交易市场是指黄金可以自由买卖和自由输出输入的黄金市场，如苏黎世黄金市场。限制交易市场有的是对交易人实行限制，只允许非居民而不允许居民自由买卖；有的是对黄金的输出入实行管制，只准许居民在国内黄金市场自由买卖。

2. 黄金市场的职能

（1）增加投资渠道

黄金的稀有性决定了它的珍贵性，因此黄金类似货币，具有储藏价值的功能。当证券市场或经济出现波动时，黄金因具有保值、增值功能，可以作为不动产、货币、有价证券之外的另一种投资选择，用来规避风险。所以，黄金市场的发展为投资者增加了一种投资渠道，从而在一定程度上分散了投资风险。

（2）货币政策功能

通常，各国中央银行的国际储备中都有一定数量的黄金，中央银行可以通过在黄金市场上买卖黄金来增加或减少自己的黄金储备，从而控制货币供给。虽然黄金市场的这个职能作用有限，但是由于其对利率和汇率的敏感性不同于其他手段，因而可以作为货币政策操作的一种对冲工具。

3. 我国黄金市场的发展历程

我国黄金市场的建立晚于其他金融产品市场。2002年10月，上海黄金交易所成立，作为中国人民银行设立的我国唯一合法的黄金现货交易市场，标志着我国黄金市场正式形成。2004年8月16日，上海黄金交易所推出AU（T+D）现货延迟交收业务。随后，我国黄金市场发展迅速，郑州黄金交易中心、大连黄金交易中心、山东黄金交易中心、山东招金黄金交易中心等地方性黄金交易市场纷纷成立，各大商业银行也先后推出个人黄金交易、纸黄金交易和个人账户金交易等，我国黄金市场的交易产品和交易主体日益增多。2007年9月，经国务院同意，中国证监会批准上海期货交易所上市黄金期货。在黄金期货的基础上，包括期权、远期等更多衍生产品都将逐步推出，进一步扩大中国黄金市场的深度和广度。上海黄金交易所黄金市场在金融市场资源配置中的基础性作用得到进一步发挥，市场运行平稳，交易量、交易额增长迅速，截至2015年年底，已连续8年成为全球最大的场内实物黄金市场。据《2015年中国货币政策执行报告（第四季度）》指出：2015年，上海黄金交易所交易规模继续大幅增长。其中，黄金累计成交3.41万吨，同比增长89.6%；成交金额8.01万亿元，同比增长79.4%。

2014年9月，在中国（上海）自贸区设立一周年之际，我国推出了以人民币计价的黄金国际板。黄金国际板利用上海自贸区的特殊定位，通过引入境外会员，吸引境外投资者参与交易，设立自贸区交割仓库等方式，促进中国黄金交易市场的国际化。与“纽约金”“伦敦金”等已有国际黄金价格指标相比，“上海金”最大的特点是采取人民币计价及结算。将人民币标价的黄金产品推向国际市场，争取形成以人民币计价的黄金价格指数体系。除此之外，人民币黄金定盘价将于2016年4月推出，有可能弱化当前全球金价标准——以美元计价的伦敦黄金定盘价的重要性。推出人民币黄金定盘价，将是目前中国发挥全球最大黄金生产国及消费国地位优势的最大动作之一。然而，考虑到人民币目前并未完全可兑换，这两个定盘价应该会在全球范围内同时存在。

5.3.8 金融市场的国际化

金融市场的国际化是指本国和外国的金融市场之间由于密集的交易往来而相互影响、相互促进，并逐步形成统一的国际金融市场。金融市场的国际化是世界金融业务的发展趋势之一。20世纪70年代以来，世界各国金融市场的发展超越了国界的限制，与世界金融体系日益融合，金融市场国际化的趋势日益明显并不断加速。

1. 金融市场国际化的表现

（1）金融机构的跨国扩张

世界范围内大批跨国银行及其分支机构的增加，离岸金融中心和金融机构的发展，以及各类直接融资代理机构的扩张，都是金融机构跨国经营的表现。尤其是近年来银行业跨国兼并和收购的交易不断增多，银行不仅通过跨越国界实现同业并购，而且越来越多地涉足跨行业的并购，迅速拓展在境外的市场份额。

（2）金融工具交易国际化

随着世界各国外汇管制和其他金融管制的逐步放松，全球投资者可以在欧洲债券市场和全球性股票市场上交易任何一国的金融资产。各类融资票据、公司股票、存托凭证以及金融衍生产品的国际交易量迅速增加。

欧洲债券市场不是一个地理概念，而是一个境外概念。在这个市场中，外国债券（foreign bond）作为国际债券市场上的传统工具，是一种在境外发行并以发行国货币计价的债券。例如，美国通用电器公司在中国发行以人民币计价的债券，就是外国债券。外国债券在国际债券市场中所占据的重要地位已历经数个世纪。美国在19世纪建造的大部分铁路，其资金都是由在英国发行的外国债券融得的。国际债券市场较近的一个创新是欧洲债券（Euro bond），它是一种以发行国以外的货币计价的债券，如英国发行的以美元计价的债券。目前，在国际债券市场上新发行的债券中，欧洲债券占80%以上，而且这种债券的增长速度非常迅猛。欧洲债券的一个变种是欧洲货币（Eurocurrency），这是存放在本国之外银行的外国货币。最为重要的是欧洲货币是欧洲美元（Eurodollars），即存放在美国以外的外国银行或是美国银行的国外分支机构的美元。由于这些短期存款同样可以赚取利息，因此它们类似于短期欧洲债券。应当注意的是，欧元可能会与欧洲债券、欧洲货币和欧洲美元相混淆。以欧元计价的债券，只有其发行国为欧元区以外的国家时，才可以称为欧洲债券。事实上，大部分欧洲债券并不以欧元计价，而以美元计价。同样，欧洲美元只是存放在美国以外的银行的美元，与欧元没有任何联系。

在全球性股票市场上，各国的工商企业可在符合条件的基础上在他国上市融资，各国投资者可购买他国的股票而为该国的公司提供资金。

（3）货币国际化

随着欧元的出现及日本政府积极推动日元国际化，美元、英镑、欧元、日元已成为国际结算和各国外汇储备的主要货币，另外一些中等发达国家甚至发展中国家的货币也逐渐成为可自由兑换的货币，朝着世界货币的方向发展。

（4）现代信息网络全球化

网络信息技术在国际金融领域的普及，消除了各国市场之间信息传递的时空障碍，并提供了高速度、低成本处理大规模金融交易的技术手段，使全球范围的资金调拨和交易清算能够在瞬间完成，从而使各国的金融市场在时间和空间上实现紧密联结，成为一个连续的、统一的国际金融市场。投资者可在任何一个主要金融市场进行24小时连续不断的金融交易。

（5）金融工具价格的趋同化

任何一国的利率和汇率的变动，都会导致投资资金在国际间的迅速流动，从而使全球金融市场的价格信号趋向一致。

2. 金融市场国际化的利益

金融市场的国际化扩大了市场规模，增加金融市场的流动性，产生规模经济效应，降低国际间筹资成本，为投资者带来更高的收益。国际竞争将促进金融创新和多元化，增加交易品种，改进交易制度，有利于提高市场效率。外国金融机构和投资者对市场交易活动的参与，迫使资本流入国加强市场监督和调控，促进金融市场的完善。现代经济在很大程度上依赖于金融，金融市场的国际化促进了金融的发展，对经济增长起到了间接的带动作用。

3. 金融市场国际化的风险

伴随金融市场国际化而来的外国资本的大量流入可引起资产泡沫，造成价格扭曲；而资本的撤出又会使泡沫破裂，金融资产价格暴跌。资产价格的过度波动将大大降低金融市场的稳定性，从而使本国金融体系遭受重创，严重时还会危及实体经济，甚至引发经济危机。金融市场国际化的加深加强了本国、外国金融市场之间的联系，导致二者的相关性上升，产生传染效应，增大金融体系的系统性风险。一旦主要金融市场发生金融危机，将在全球范围内迅速传染和蔓延。金融国际化带来的金融产品、交易主体多元化等因素都加深了金融监管的复杂性，对本国金融监管当局的监管能力和监管技术都提出了更高的要求。金融监管的提升如果无法跟上金融市场国际化的进程，则很容易使本国的金融安全遭到威胁。

从全球金融发展的经验来看，金融市场的国际化是全球经济一体化发展的必然结果。但是，金融市场的国际化发展利弊兼具：一国可以从金融市场国际化进程中获得巨大经济利益，加速其经济发展；同时，金融市场国际化也会给整个金融体系带来不稳定因素，造成经济的动荡。因此，在我国金融市场快速发展，逐步对外开放的过程中，要加强金融市场稳定性的建设，提高应对金融风险的能力，消除金融市场国际化带来的隐患。

小　结

金融市场中资金的转移通过直接融资或间接融资两种方式完成。直接融资是资金直接从资金所有者手中转移到资金短缺者手中的融资方式；间接融资是资金先从资金所有者手中转移到金融中介机构，再由金融中介机构把资金转移给资金短缺者的融资方式。

货币市场是交易期限不超过一年的短期证券的市场。

资本市场是个人、企业和政府借贷长期资金的市场。资本市场金融工具的到期期限为一年以上，主要包括长期债券和股票。

衍生金融工具是从传统金融工具中派生出来的新型金融工具。常见的衍生金融工具包括远期、期货、期权和互换。

投资基金是一种把众多投资者的资金集中起来，投资于股票、债券、货币市场工具等证券的投资方式。投资基金可以使投资分散化和降低风险。

风险投资一般以掌握部分股权的形式对新兴的、有快速成长潜力的企业进行投资，通过注入资金和提供增值服务帮助被投资企业发展，在得到丰厚利润后，通过公开上市等方式退出，早日实现投资回报。

创业板市场是指交易所主板市场以外的，为高成长的新兴创新公司特别是高科技公司筹资并进行资本运作的市场。其上市标准低于主板市场，投资风险较大。

外汇市场提供了不同货币兑换的场所。外汇交易可分为即期外汇交易和远期外汇交易。

黄金市场是进行黄金买卖的交易中心。作为可替代投资渠道，黄金市场在一定程度上分散了投资风险。上海黄金交易所已成为全球最大的场内实物黄金市场。

金融市场的国际化是世界金融业务的发展趋势之一。在金融市场国际化的进程中，一国既能够得到利益，也会加剧自身金融体系的不稳定性。

案例分析

纽约泛欧交易所 2013 年上半年融资额达 285 亿美元

据纽约泛欧交易所集团（NYSE Euronext）于 2013 年 7 月公布的数据显示，纽约泛欧交易所集团 2013 年上半年在美国和欧洲市场迎来共计 72 个 IPO（initial public offerings），首次公开募股，全球融资额达 285 亿美元，超过其他四家排名前五位交易所的融资额总和。同时，该交易所在上半年迎来 262 次二次融资，全球融资额达 1060 亿美元，超过排名随后六家交易所的融资额总和。

同时，EnterNext 这一服务于中小企业的创新型市场成立，旨在整合纽约泛欧交易所集团所有欧洲地区的中小企业业务，突显其价值定位。

纽约泛欧交易所集团不断吸引市值在 10 亿欧元（13 亿美元）以下的中小企业上市。上半年新增加的 23 家上市公司有 16 家是中小企业，融资额达 1.14 亿欧元（1.5 亿美元）。

泛欧交易所吸引了来自各个行业特别是医疗保健行业的上市公司，其中巴黎市场已成为生物技术及医药技术公司、消费产品公司、科技及电信公司的首选。上市公司包括：NYSE Alternext 市场 2005 年成立以来迎来的最大一家上市公司 NEXPONOR（ALNOR）；为高速固定及移动宽带网络提供新一代光纤传导解决方案的供应商 Ekinops （EKI）；为成像领域提供服务及数字技术的供应商 YMAGIS（MAGIS）；以及来自医疗保健行业的 ERYTECH（ERYP）和 SpineGuard（ALSGD）。

泛欧交易所同样吸引高质量的上市公司，该部分 IPO 融资额达 8.12 亿欧元（11 亿美元），市值达 758 亿欧元（985 亿美元）。主要上市公司包括：全球领先的顾问及技术公司 Infosys（INFY），这是首家登陆泛欧交易所伦敦和巴黎市场的印度公司；全球创新型及高附加值铝制品制造商 Constellium（CSTM）；以及比利时领先的邮政运营商 Bpost（BPOST），这是今年目前欧洲市场第二大 IPO 以及最大的非金融类 IPO。

纽约泛欧交易所集团执行副总裁兼全球上市及现金交易执行联合主管史考特·卡特勒先生（Scott R. Cutler）表示："相对趋稳的宏观环境以及较低的市场波动性确保了资本市场在 2013 上半年表现稳健。纽约证券交易所在来自各个行业各种规模公司融资方面继续领跑全球市场。我们发现，全球公司对来到美国市场进行融资充满强烈意愿，同时看到欧洲市场再次出现增长。我们特别荣幸，吸引了过半数的科技类公司来此上市，并且已经宣布了甲骨文即将转板至纽约证券交易所的消息。如果外界曾对纽约证券交易所在吸引科技类上市公司方面的实力存在质疑，那么现在可以说我们在这一方面确实已经占有领先地位。我们的目标很纯粹，就是专注客户，充分发挥人才与技术的优势，为他们提供行业领先的交易平台及企业服务。私募股权及风险投资基金的退出已达到近几年的高点，如果宏观环境向好依旧持续，我们预计 2013 下半年的 IPO 市场将会继续敞开，满足融资需求。同时，我们在 JOBS 法案的制定和执行方面所具有的领先性以及参与的合作，在支持企业家精神方面所推出的 The NYSE Big StartUp 和欧洲的 EnterNext，都是我们致力于保持成为全球领先资本市场的显现。"

2012 年，中国品牌折扣网唯品会和中国社交媒体平台欢聚时代在美资本市场登陆，还是少有的试水者。2013 年，兰亭集势、58 同城、500 彩票网、去哪儿和汽车之家等更多家中国公司在美国上市。2014 年早些时候，包括达内科技、爱康国宾、微博、乐居、猎豹移动、途牛等多家中国公司已接连成功赴美上市。2014 年 9 月阿里巴巴在纽交所的成功上市成为全球历史上最大的 IPO。

（资料来源：http://news.imeigu.com/a/1372666693612.html）

【案例思考】

1．IPO 属于哪种融资方式？

2．为什么中国的多家公司能够成功在美国 IPO 上市？它们又为什么没有选择在中国上市？

3．什么是纽约泛欧交易所集团？它的性质与功能是什么？

思考题

1．简述直接融资和间接融资的区别。

2．如何理解金融市场的分类？

3．简述金融市场的功能。

4．决定资产需求的因素有哪些？

5．货币市场和资本市场中常见的金融工具分别有哪些？

6．企业在融资时既可以发行债券也可以发行股票，二者有什么区别？

7．什么是衍生金融工具？举例说明利用远期合约来规避汇率风险的方法。

8．风险投资的退出方式有哪些？

9．金融市场国际化的利弊是什么？

在线学习

1．进入方式

授课视频路径：输入网址“http://www.upln.cn/”→“教学资源中心”→“资源共享课”，单击“货币金融学”（杨秀萍教授主讲），观看本章的教学视频。

2．学习方式

进入本章授课视频，自主完成“练习、作业、测验、案例”等，并通过网页提供的“在线测验、试卷答题”等形式检验自己对知识的掌握情况。

第6章

商业银行

知识目标

1. 理解和掌握商业银行的基本概念、性质和职能。
2. 熟悉商业银行的类型和组织形式。
3. 掌握商业银行资本金的组成及资本充足性的测定。
4. 掌握商业银行的各项业务及其构成。
5. 明确现代商业银行经营管理的基本理论和基本原则。

基本概念

商业银行　分业经营　混业经营　信用中介　支付中介　信用创造　单一银行制　分支行制　银行控股公司制　跨国联合制　银行资本　资本充足性　巴塞尔协议　资产业务　负债业务　中间业务　表外业务　资产负债管理

开篇案例

英国诺森罗克银行挤兑事件

诺森罗克银行（Northern Rock Bank）始建于1850年，早期只是一家住房贷款协会，1997年变成一家银行并成为上市公司。该行曾是英国第五大抵押贷款机构，拥有150万储户，向80万购房者提供住房抵押贷款，可谓规模庞大。2007年上半年，诺森罗克银行新增的抵押贷款总额占全国新增总量的18.9%，排名居英国第一。然而，曾经是房贷市场佼佼者的诺森罗克银行，受美国次贷危机导致的全球信贷紧缩的影响，于2007年9月14日发生储户挤兑事件。自全国范围的挤兑发生以来，截至9月18日，仅仅几天的时间就有30多亿英镑从诺森罗克银行流出，占该行240多亿英镑存款总量的12%左右，其电话银行和网上银行业务一度出现崩溃。受挤兑事件的影响，诺森罗克银行的股价在几天内下跌了近70%，创下7年来历史新低，成为英国遭遇本次次贷危机以来的最大受害者。为防止系统性银行危机的出现，英国财政部、英格兰银行与金融管理局先后采取了注资以及存款账户担保等救助措施，诺森罗克银行的储户挤兑情况才有所缓解，各大银行的股价也出现不同程度的上涨，银行体系的恐慌局面才得以控制。

（资料来源：http://wenku.baidu.com/view/8dac2227ccbff121dd36830b.html）

那么，到底是什么原因使诺森洛克银行陷入挤兑危机，它又给银行的经营管理者带来哪些启示？要完整地回答这一问题，我们还必须问：什么是商业银行？商业银行的经营原则是什么？商业银行的业务又有哪些？

6.1 商业银行概述

商业银行是在商品交换和市场经济的发展中孕育和发展起来的，是为适应商品生产扩大和市场经济发展需要而形成的一种金融组织。商业银行是间接金融领域中最主要的金融机构，也是存款型金融机构的典型形式。在微观金融领域，商业银行充当间接融资的中介；在宏观金融领域，商业银行发挥信用创造功能。经过几百年的演变，现代商业银行已经成为各国经济活动中最主要的资金集散机构和金融服务机构，并成为各国金融体系中最重要的组成部分。

6.1.1 商业银行的起源与发展

1. 商业银行的起源

西方商业银行的初始可以追溯到公元前的古巴比伦时期。然而公认的商业银行的萌芽，起源于文艺复兴时期的意大利。“银行”一词的英文“bank”是由意大利文“banca”演变而来的，后者在意大利文中有长凳的意思。最初的银行家均为居住在意大利北部伦巴第的犹太人，他们为躲避战乱，迁移到英国，以兑换、保管贵重物品、汇兑等为主要业务。他们在市场上各执一凳，据以经营货币兑换业务。倘若有人遇到资金周转不灵，无力支付债务时，就会招致债主们群起捣碎其长凳，兑换商的信用也即宣告破碎，英文“破产”为“bankruptcy”即源于此。

在英国，早期的银行业是由金匠业发展而来。17世纪中叶，英国的金匠业极为发达，人们为了防止金银被盗，将金银委托给金匠保存。当时，金匠不仅代人保管金银，签发保管凭条，还可按顾客的书面要求，将金银划给第三者。金匠还利用自有资本发放贷款，以获取利息。同时，金匠签发的凭条可以代替现金流通于市场，称为“金匠券”，由此开辟了近代银行券的先河。1694年，历史上第一家股份制银行——英格兰银行的诞生是现代商业银行产生的象征。继英格兰银行之后，欧洲各资本主义国家都相继成立了商业银行。自此，现代商业银行体系在世界范围内开始普及。

同西方商业银行相比，中国的商业银行产生较晚。中国关于银行业的记载，较早的是南北朝时的寺庙典当行。到了唐代，出现了类似汇票的“飞钱”，这是我国最早出现的汇兑业务。宋真宗时，四川富商发行的交子成为我国早期的纸币。到了明清以后，当铺是中国主要的信用机构。中国自办的第一家商业银行是1897年成立的中国通商银行，它是中国现代银行事业的创始。1904年成立的户部银行，1907年成立的交通银行，均为官商合办性质。第一次世界大战期间及其后数年，随着民族资本主义工商业的发展，中国的私人银行业发展较快，仅在1912～1927年间，就新设立了186家银行。1927年以后，南京国民政府的官僚开始垄断全国金融及金融机构，其中包括以多种形式渗入和控制国内各大商业银行。

2. 商业银行的发展

商业银行的发展，主要体现在经营模式上。纵观商业银行发展的历史演进，世界各国由于社会生产发展的环境和商业银行产生的条件各不相同，商业银行的业务范围和经营特点存在着一定的差异，但是它们的发展基本循着两种传统：分业经营和混业经营。

分业经营和混业经营作为商业银行业务经营模式，是建立在商业银行业务经营范围的划分基础上的。从商业银行发展的历史来看，按业务经营范围划分，商业银行主要有职能分工型和全能型两大类型。相应地，商业银行业务经营模式大致可分为分业经营模式与混业经营模式两大类。

（1）职能分工型商业银行和分业经营

职能分工型商业银行，是指国家以法律形式规定商业银行可以经营的业务范围，不得突破。分业经营是指商业银行在国家法律规定的业务范围内，开展业务经营活动。具体来说，国家法律限定银行业务与证券、保险、信托等非银行业务相分离，商业银行不得兼营证券、保险、信托等非银行业务，不能直接参与工商企业的投资。这种模式下的商业银行业务主要是吸收存款，发放短期工商企业贷款。长期信贷业务、证券投资业务、保险业务等则由专业性银行或非银行金融机构来经营。传统上，英国是职能分工型商业银行分业经营的典型代表。在英国，早期银行的资金主要来源于流动性较大的活期存款，商业银行的信用创造能力有限。而且，传统的商业银行理论认为，银行的资金来源于客户的存款，这些存款经常被提取，因此为了应付存款人难以预料的提款，银行只能将资金短期使用，而不能用于长期贷款或进行长期投资。在这种背景下，英国政府就对商业银行业务进行严格限制以保持流动性和安全性。

事实上，商业银行的业务范围，在20世纪30年代以前，很少受到限制，各国商业银行大都可以综合经营多种业务。以美国为例，20世纪20年代末以前，美国的商业银行与投资银行几乎融为一体，商业银行在证券市场上扮演着重要的角色。但是，1929～1933年的大萧条中，大量银行的破产倒闭，造成历史上最大一次货币信用危机。不少西方经济学归咎于银行的综合性业务经营，尤其是长期贷款和证券业务经营。1933年美国国会通过了《格拉斯-斯蒂格尔法案》明确禁止商业银行承销公司证券和从事经纪商活动，同时禁止投资银行从事商业银行业务，禁止银行从事保险及其它被认为是有风险的非银行业务。以《格拉斯—斯蒂格尔法》的出台为标志，美国金融业分业经营的格局开始形成。美国金融业的分业经营，给其他国家金融体系的形成产生了巨大的影响。日本在1948年《证券交易法》中，复制了美国的银行、证券分离制度。韩国等国家后来也实行了类似的分业经营。中国在1995年开始实施分业经营改革时，也主要借鉴了美国的分业经营模式。

（2）全能型商业银行和混业经营

全能型商业银行是指法律允许商业银行经营一切金融业务，没有职能分工的限制。

在此规定下开展的业务经营模式，称为混业经营。在此模式下，商业银行可以经营的一切金融业务，包括除了商业银行的短期贷款业务等传统业务外，还可以提供长期贷款业务、经营证券业务、信托业务等。因此，商业银行混业经营模式被称为“金融百货公司”或“金融超级市场”。德国是全能型商业银行混业经营的典型代表。作为后起的资本主义国家，德国面临英、法等老牌资本主义国家的竞争，企业不仅需要短期流动性贷款，更需要长期固定资金贷款。为强有力地支持企业发展的需要，商业银行甚至可以投资于企业的股票和债券，替公司承销证券，参与企业的决策和发展，并为企业并购提供财务支持和财务咨询的投资银行服务。

（3）经营模式比较与未来发展方向

建立在职能分工型和全能型银行体制基础上的分业经营和混业经营，各有优势与局限性。

职能分工型体制基础上的分业经营优势与局限性：

1）分业经营的优势。①分业经营有利于提供专业化的业务及培养专业化的管理人才；②有利于银行业内部协调管理；③有利于银行业安全稳健经营。

2）分业经营的局限性。①不利于金融业的充分竞争；②不利于金融业资源共享，不能满足工商业及社会公众对融资多样化的要求。

分业经营的弊端使其首先在发达国家突破法律限制，混业经营重新掀起。20 世纪 70 年代末以来，伴随迅速发展的金融自由化浪潮和金融创新的层出不穷，商业银行的上述两个传统特征和分工界限已被突破，欧美许多发达国家都相继取消了商业银行业务限制。1986 年，英国颁布了《金融服务法案》，宣布银行业可以直接进入证券交易所进行交易，从而确立了英国金融业混业经营的新时代。1998 年 4 月，日本正式启动“大爆炸”式的金融改革，实施了“金融体系改革一揽子法”，放宽了银行、证券和保险等行业的业务限制，废除了银行不能直接经营证券、保险的禁令，允许各金融机构跨行业经营各种金融业务。在此期间的美国，无论是商业银行还是投资银行都开始尝试突破《格拉斯-斯蒂格尔法》的限制，并在大多时候得到了司法的认可，美国的分业经营体制事实上已经解体，混合经营已经成为普遍现象，美国的大商业银行基本上已经成为典型的美国式全能银行。1999 年 11 月 12 日美国颁布了《金融服务现代化法案》，正式放开银行从事其他金融业务的限制，对已经发生的混业经营从法律上进行了认定，标志着全能型银行体制混业经营在美国的全面实行。在主要发达国家中，美国是最后一个从立法上正式废除分业经营制度的国家，因此，美国《金融服务现代化法案》的颁布，某种意义上标志着分业经营在西方主要国家走向终结，并将影响全球金融体系经营模式的深刻变革。

全能型银行体制基础上混业经营的优势与局限性如下：

1）混业经营的优势。与分业经营比较之下，混业经营更能适应经济发展的客观需要。混业经营的优势表现在：①有利于实现规模经济；②有利于分散风险；③有利于金融服务多样化，提高服务经济发展的效率，提高自身的竞争能力，特别是国际竞争力。

2）混业经营的局限性：①经营管理难度大；②金融风险传递迅速并且控制难度大。

所以，商业银行面临着专业人才培养、治理能力的提高和风险防控机制的建立等诸多挑战。

6.1.2 商业银行的性质和职能

1. 商业银行的性质

从起源和发展历史来看，商业银行在业务经营中具有以下特征：以追求利润最大化为目标；以经营金融资产和负债为对象；向客户提供多功能、综合性服务。

（1）商业银行是企业，具有一般企业的特征

商业银行以获取利润为经营目的和发展动力。就此而言，商业银行与一般的工商企业无异。但是，商业银行又与一般的工商企业有所不同，是一种特殊的企业。首先，一般工商企业经营对象是具有一定使用价值的商品和劳务，从事商品的生产和流通；商业银行是以多种金融资产和金融负债为经营对象，经营的是特殊商品——货币和货币资本，经营的内容包括货币收付、借贷以及各种与货币运动有关的或者与之相关的金融服务。其次，商业银行对整个社会的影响要远远大于一般的工商企业。最后，商业银行的责任特殊。一般工商企业只以盈利为目标，只对股东和使用自己产品的客户负责；商业银行除了对股东和客户负责之外，还必须对整个社会负责。

（2）商业银行不同于其他金融机构

商业银行是一种特殊的金融企业，它既有别于中央银行，又有别于专业银行（西方指定专门经营范围和提供专门性金融服务的银行）和其他非银行金融机构。中央银行是国家的金融管理当局和金融体系的核心，具有较高的独立性，它不对客户办理具体的信贷业务，不以营利为目的。专业银行和非银行金融机构只限于办理某一方面或几种特定的金融业务，业务经营具有明显的局限性。商业银行是为工商企业、公众及政府提供金融服务的金融机构，业务范围和服务对象广泛，具有“金融百货公司”和“万能银行”之称。

2. 商业银行的职能

（1）信用中介

信用中介职能是商业银行最基本、最能反映其经营活动特征的职能。这一职能表现为商业银行通过负债业务将社会上的各种闲散资金集中起来，再通过资产业务，把它们投向社会经济各个部门。

（2）支付中介

商业银行作为货币的经营机构，具有为客户保管、出纳和代理支付货币的功能，这便是支付中介职能。具体来说，支付中介职能是指商业银行利用活期存款账户，为客户办理各种货币结算、货币支付、货币兑换和转账存款等货币经营业务的职能。

（3）信用创造

商业银行利用其可以吸收各类活期存款的有利条件，通过发放贷款、从事投资业务而衍生出更多存款，从而扩大社会货币供应量。

（4）金融服务

金融服务职能是指商业银行向社会中的个人、企业及政府部门提供优质的金融服务。商业银行利用其在国民经济活动中的特殊地位及其在提供信用中介和支付中介业务过程

中所获得的大量信息，运用电子计算机等先进手段和工具，为客户提供担保、代收代付、代办保险、财务咨询、代理融通、信托、租赁、计算机服务、现金管理、基金管理等金融服务。

6.1.3 商业银行的组织形式

1. 单一银行制

单一银行制又称独家银行制，是指一家银行只在一个地区设立一处营业机构独立经营，不设或限设分支机构的组织形式。目前只有美国还部分地存在这种银行制度。

单一银行制的优点是：①限制银行业垄断，有利于自由竞争；②有利于银行与地方政府的协调，能适合本地区需要，集中全力为本地区服务；③管理层次少，有利于中央银行管理和控制；④各银行的独立性和自主性很大，经营较为灵活。

单一银行制的缺点是：①商业银行不设分支机构，则不能满足现代经济的横向发展和商品交换范围扩大的需求，其业务范围和金融创新受到限制；②业务集中于某一地区或某一行业，容易受到经济波动的影响，经营风险集中；③银行规模较小，经营成本高，不易取得规模经济效益。

2. 分支行制

分支行制又称总分行制，是指一家银行能够在总行之下在不同区域包括国外设立分支机构的组织形式。这种银行的总部一般都设在大城市，下属分支机构由总行领导。分支行制起源于英国的股份制商业银行，目前世界各国一般都采用这一银行制度，其中尤以英国、德国、日本等最为典型，我国银行业主要采用这种组织形式。

分支行制的优点在于：①支机构较多、分布广、业务分散，易于吸收存款、调剂资金、分散风险，提高银行的安全性；②银行规模较大，易于采用现代化设备，提供多种便利的金融服务，取得规模效益；③总行家数少，便于金融当局的管理。

分支行制的缺点在于：①分支行制的总行家数较少，容易导致过分集中和垄断，易造成大银行对小银行的吞并；②分支机构庞大，内部层次多，不利于管理。

3. 银行控股公司制

银行控股公司制又称为集团银行制，是指由某一集团成立控股公司，再由该公司控制或收购若干银行而建立的一种银行制度。在法律上这些银行是独立的，但其业务与经营政策同属一家控股公司控制。由于银行控股公司制可以回避开设分支机构的限制，因而在美国得到迅速发展。银行控股公司制有两种类型，即非银行控股公司和银行控股公司。前者是非银行的大企业通过控制银行的大部分股权而组织起来的，后者是大银行通过控制小银行的大部分股权而组织起来的，花旗银行就是典型的银行控股公司。

4. 跨国联合制

跨国联合制是指由国籍不同的大型商业银行成立一个国际性银行财团的组织形式。这种金融机构有固定的名称、营业地点，并以一个法人身份在东道国注册、纳税，但其中任一家银行的股权都限定在50%以下。这是银行业国际化的一条重要途径，是生产和资本国际化的产物。

6.2 商业银行的资本

商业银行的资本，又称所有者权益，是指商业银行自身拥有的或者能永久支配使用的资金，是银行股东或债权人为赚取利润而投入银行的货币资金和保留在银行中的利润，是银行的净值。资本这一概念与银行的资产不同，资产是针对银行的资金运用而言的，而资本则是资金来源中自有的一部分。商业银行的资本从数额上看仅占资产的一小部分，远低于一般工商企业自有资本占总资产的比重。一定数额的达到法定要求的资本不仅是商业银行得以建立、开业的基础，也是其生存、发展、壮大的前提条件。

6.2.1 银行资本金的构成

从本质上看，属于商业银行的自有资金才是资本，它代表着投资者对商业银行的所有权，同时也代表着投资者对所欠债务的偿还能力。因此，商业银行的资本主要包括实收资本、资本公积、盈余公积和未分配利润。但是，在实际工作中，商业银行持有的长期债券等一些债务也被当作银行资本。对于商业银行资本的构成，金融界一直存在争议，具体内容也在不断发生变化。从监管角度来理解，银行资本分为核心资本和附属资本。其中附属资本不能超过核心资本的100%。

1. 核心资本

核心资本包括实收资本或股本、资本盈余、盈余公积、未分配利润等。

（1）实收资本或股本

实收资本或股本是商业银行最原始的资金来源，是筹建银行时所实缴资本或发行股票面值的合计金额。在我国，商业银行作为企业实行注册资本制，实缴资本是指企业投资者按照企业章程或合同、协议的约定，实际投入企业的资本。因此，在投资者足额缴纳资本之后，企业的实收资本应该等于企业的注册资本。我国《商业银行法》规定，商业银行的注册资本最低限额为10亿人民币。在股份制商业银行中，注册资本主要表现为普通股（ordinary shares）和优先股（preference shares）。普通股和优先股是银行股金资本的基本表现形式。

（2）资本盈余

资本盈余（capital surplus）又称资本公积，包括股票溢价、法定资产重估增值，以及接受捐赠的资产所增加的资本。它可以按照法定程序转增资本金，即计提法定公积金，这部分资金不能用于分配股息或红利，只能用于弥补经营亏损，或将其转化为股本。

（3）盈余公积

在我国，盈余公积是商业银行按照金融企业会计制度规定，从税后利润中提取的公积金，它是商业银行自我发展的一种积累，包括法定盈余公积金（达到注册资本的50%）和任意盈余公积金。这部分公积金既可用以弥补亏损，又可转增银行资本。

（4）未分配利润

未分配利润（undivided profit）是商业银行税后利润中扣除优先股股息、普通股股息等各种形式的利润分配之后的余额，在未分配前与实收资本和公积金具有同样的作用。其包含两层含义：一是这部分净利润没有发给银行的投资者；二是这部分净利润未指定用途。这部分利润尚存于商业银行中，对那些难以进入股市筹资的银行，在经济发展缓慢、资金紧张或所得税税率较高时，往往选择这种方法增加自有资金。

2. 附属资本

商业银行的附属资本包括长期附属债务（long-term subordinated debt）、混合资本债券（hybrid capital bond）、资本准备金（capital reserves）、损失准备金（reserves for losses）等。

（1）长期附属债务

长期附属债务是指商业银行发行的期限在 5 年以上的长期债券，是资本债券和信用债券的合称，包括资本票据、资本证券、浮动利率长期债券等。之所以能够成为银行的附属资本，是因为这种债券的持有者在银行进行盈利分配时，其取得债务本息的权利位于存款人之后；在银行倒闭时，其求偿权也在各类存款人之后。对银行来说，这类债务资本的好处是筹资成本低，债务利息可以在税前列支，冲减当期应纳税所得额。是用来弥补商业银行的资本金不足的很好的筹资方式。

（2）混合资本债券

混合资本债券，同时兼有股票和债券两种特性，但更接近于股权资本。与普通债券相比，混合资本债券具有以下特征。

1）期限在 15 年以上，发行之日起 10 年内不得赎回。发行之日起 10 年后发行人具有一次赎回权，若发行人未行赎回权，则可以适当提高混合资本债券的利率。

2）当发行人清算时，它的本息清偿顺序列于一般债务和次级债务之后、先于股权资本。

（3）资本准备金

资本准备金是商业银行从未分配利润中专门划拨出来用于应付即将发生的有关股本的重大事件的基金。该笔资金主要用于未来回购股票、支付可能的法律诉讼费用、延期税收支付或偿付其他意外债务等项目。目前，多数国家允许银行从税前利润中提留准备金，银行由此可得到免税优惠。但是，准备金的提留规模有一定限制，一方面是来自政府的限制，另一方面则是银行的自我控制，以避免银行的股票价格受到不良影响。

（4）损失准备金

损失准备金是银行从经营收入中提取并留存的资金储备，是为防备未来可能出现的一切亏损而设立的。一般来说，损失准备金可分为贷款呆账、坏账损失准备和证券投资损失准备两类。在我国，贷款呆账准备金是商业银行在从事放款业务过程中，按规定以贷款余额的一定比例提取的，用于随时补偿可能发生的贷款呆账的准备金。坏账准备金是按照年末应收账款余额的 3%提取，用于核销商业银行的应收账款损失。投资风险准备金，按照规定，我国商业银行每年可按上年年末投资余额的 3‰提取。如达到上年年末投资余额的 1%时可实行差额提取。如果损失准备金在抵偿贷款及证券投资损失之后还有余额，就按照监管当局的规定计入银行资本中。

6.2.2 资本充足性及其测定

1. 资本充足性的含义

资本充足性是银行安全经营的要求，也是在安全经营基础上追求更多利润的保障。确定银行资本充足度标准的目的是使银行资本规模适度且结构合理，既与银行的总体风险状况匹配，也与银行谋求利润最大化的经营目标相协调。规模适度是指银行资本数量必须超过金融管理当局所规定的能够保障正常营业，并足以维持充分信誉的最低限度。结构合理是指各种资本在资本总额中占有合理的比重，以尽可能降低商业银行的经营成本与经营风险，增强经营管理与进一步筹资的灵活性。

商业银行应当拥有足够的资本，不过商业银行的资本也不是越多越好。因为资本过多，商业银行用于支付普通股股息、优先股股息或债券利息的费用便越大，资本成本也越高，加重了商业银行的经营负担。同时，过高的资本说明商业银行经营管理的水平很差，缺乏存款等筹资渠道，或者没有把握住良好的投资机会，使银行承担着沉重的机会成本。因此，对商业银行来讲，资本充足的确切含义是资本适度，而不是资本多多益善。另外，资本充足的含义还包括资本构成的合理，即普通股、优先股、未分配利润、长期债券等应在资本总额中占有合理的比重，以尽量降低商业银行的经营成本与经营风险，增强经营管理与进一步筹资的灵活性，并符合金融管理当局对不同资本种类的不同要求及银行本身的经营目标和方针政策。

2. 资本充足性的测定

（1）巴塞尔协议Ⅰ

1988年，西方12国中央银行行长在瑞士巴塞尔签署通过了《关于统一国际资本衡量和资本标准的协议》（International Convergence of Capital Measurement and Capital Standards），即《巴塞尔协议Ⅰ》（Basel Ⅰ Accord），为银行资本充足性规定了统一的衡量标准。

《巴塞尔协议Ⅰ》将银行资本划分为核心资本（core capital）和附属资本（supplementary capital）两部分。其中核心资本又称一级资本（tier 1 capital），包括股本和公开储备。股本由已发行并完全缴足的普通股和永久性非累积优先股构成；公开储备是通过保留盈余或其他盈余在资产负债表中明确反映的储备。附属资本又称二级资本（tier 2 capital），包括未公开储备、重估储备、普通准备金、混合资本债券和长期附属债务。

在指标的衡量上，《巴塞尔协议Ⅰ》规定核心资本与风险加权资产总额的比率不得低于4%，即

$$\text{核心资本比率}=\frac{\text{核心资本}}{\text{风险加权资产总额}}\times 100\% \geqslant 4\%$$

其中风险加权资产总额=Σ每项资产×风险权重。

总资本（一级资本与二级资本之和）与风险加权总资产的比率不得低于8%，其中二级资本不得超过一级资本的100%，即

$$\text{资本充足比率}=\frac{\text{总资本}}{\text{表内风险加权资产总额}+\text{表外风险加权资产总额}}\times 100\% \geqslant 8\%$$

（2）巴塞尔协议Ⅱ

1998 年，巴塞尔银行监督委员会（Basel Committee on Banking Supervision）开始起草新资本协议。2004 年 6 月 26 日，十国集团（Group10）中央银行行长和银行监管当局负责人一直统一公布《资本计量和资本标准的国际协议：修订框架》，即《巴塞尔协议Ⅱ》（(Basel Ⅱ Accord)。该协议建立在 1988 年的《巴塞尔协议Ⅰ》原则之上，基本内容由三大支柱组成。

第一支柱：保留了 1988 年《巴塞尔协议Ⅰ》中对资本的定义以及相对风险加权资本充足率 8%的要求，但风险范畴有所拓展，不仅包括信用风险，同时也覆盖市场风险和操作风险。在具体操作上《巴塞尔协议Ⅱ》与《巴塞尔协议Ⅰ》相同，计算风险加权资产总额时，将市场风险和操作风险的资本乘以 12.5。

第二支柱：外部监管。监管审核不仅是为了保证银行有足够的资本来覆盖业务中的风险，也是为了鼓励银行建立和使用更好的风险管理技术，监管当局要能够评估银行的风险与资本需要。银行应具备一整套程序，用于评估与其风险特征相适应的总体资本水平，并制定保持资本水平的战略；金融监管当局应检查和评价银行内部资本充足率的评估情况和战略；金融监管当局应鼓励银行资本水平高于最低监管比率并尽早采取干预措施，防止银行的资本水平降至最低要求。

第三支柱：市场约束。市场约束是指希望市场投资者参与对银行的监管，通过对银行股票和各种债务工具的买卖来监管银行的管理。这一支柱的核心内容是要求银行尽可能多地披露信息，由现有债权人或潜在债权人来评价银行的风险和影响银行的股票价格或筹资成本。披露的信息应包括银行的资本构成、风险的种类、风险暴露数额、风险管理技术、资本充足率状况等。

（3）巴塞尔协议Ⅲ

2010 年 9 月 12 日，巴塞尔银行监管委员会管理层会议在瑞士巴塞尔举行，会议通过了加强银行体系资本要求的改革方案，即《巴塞尔协议Ⅲ》（Basel Ⅲ Accord)。《巴塞尔协议Ⅲ》是一套全面的改革措施，由巴塞尔银行监管委员会制定，核心内容在于提高全球银行业最低资本监管标准，主要变化如下。

1）《巴塞尔协议Ⅲ》对资本充足性的要求进行了修订。根据巴塞尔银行监督委员会此次会议达成的协议，核心一级资本要求，即弥补资产损失的最终资本要求，将由 2%调整到 4.5%。一级资本要求由 4%调整到 6%。新一级资本调整在 2015 年 1 月 1 日结束，总资本充足率要求在 2016 年以前仍然是 8%。

2）增设“资本防护缓冲资金”，即留存超额资本。巴塞尔银行监督委员会认为，解决系统性风险的根本方法是在市场繁荣时期保留一部分资本供银行在压力时期使用。留存超额资本全部由普通股构成，最低标准为 2.5%。这意味着银行在满足核心一级资本充足率 4.5%、一级资本充足率 6%、总资本充足率 8%的最低要求基础上，还要再预留 2.5%的普通股作为留存超额资本。留存超额资本在 2016 年 1 月至 2019 年 1 月之间分阶段执行。此后，核心一级资本、一级资本、总资本充足率分别提升至 7%、8.5%和 10.5%。

3）提出逆周期资本缓冲区间。逆周期资本缓冲是留存超额资本的延伸，是防止银行体系信贷过快增长所引起的系统性风险累积。各国监管机构将根据自身情况确定不同时期的逆周期资本缓冲，其范围为 0～2.5%。

6.3 商业银行业务

商业银行的业务一般分为负债业务、资产业务和表外业务三大类。随着银行业国际化的发展，国内这些业务还可以延伸为国际业务。

6.3.1 商业银行资产负债表

要理解商业银行的各项业务运作，首先要考察商业银行的资产负债表。商业银行的资产负债表是银行的主要会计报表之一，它反映银行总的资金来源（负债）和资金运用（资产）的情况。资产负债表包括三大项目：资产、负债和所有者权益。简化的商业银行资产负债表见表 6.1。

表 6.1 简化的商业银行资产负债表

资产	负债与资本
现金资产	存款
库存现金	活期存款
在中央银行的存款	储蓄存款
存放同业存款	定期存款
托收中的现金	借款
贷款	向中央银行借款
工商企业贷款	同业拆借
消费者贷款	其他拆入资金
不动产贷款	其他负债
同业贷款	
其他贷款	银行资本（所有者权益）
证券投资	资本
政府债券	资本盈余
其他有价证券	未分配利润
其他资产	附属资本
资产总计	负债与银行资本总计

资产负债表的左方代表商业银行持有的体现资金运用的各项资产；右方代表体现商业银行资金来源的各项负债和银行资本金。资产负债表的左右两边始终相等，即

$$资产总额=负债总额+银行资本（所有者权益）$$

这是一个事后的会计恒等式。银行通过存款和借款等负债业务筹集资金，再通过发放贷款和证券投资等资产业务将这些资金运用出去来获取收益。当资产收益大于因负债所支付的利息和费用时，便形成了银行的利润。银行资本始终为资产总额减去负债总额后的差额。一旦银行的负债超过资产，即银行资本为负值，也就意味着银行可能破产。下面，我们对简化的商业银行资产负债表进行逐项介绍。

6.3.2 商业银行的负债业务

商业银行的负债业务是形成其资金来源的业务，是商业银行最基本、最主要的业务，是商业银行资产业务和其他经营活动的前提和基础。

1. 存款业务

不论在哪一个国家，存款始终是商业银行的主要负债和经常性的资金来源，是商业银行生存和发展的基础。商业银行存款来自个人、企业、社会团体、政府机构和其他组织以及金融同业。传统的分类方法是将存款分为活期存款、储蓄存款和定期存款三大类。除了传统的存款业务以外，为了吸收更多的存款，西方国家打破法规限制，在商业银行存款工具上创造了许多新品种，比如可转让支付命令账户、货币市场存款账户和自动转账服务账户等。

（1）活期存款

活期存款（demand deposit）是指客户可以随时到银行凭支票取款或支付的存款，这类存款是主要用于交易和支付用途的款项，支付时需要使用银行规定的支票，因而又有支票存款之称。活期存款的特点是存取自由、便于结算，客户还有可能以此获得银行贷款。因此，个人、企业、社会团体、政府机构、非银行金融机构都在银行开立活期存款账户，商业银行彼此之间也可开立这种账户。

活期存款传统上不支付利息，因为它是资金来源中最具波动性和最不可预测的存款，客户可以不事先通知银行而将其取走。在美国历史上，商业银行早期也对存款付息，而且竞相以抬高利率的办法吸引客户，使存款成本不断上升。1933 年美国政府颁布《格拉斯—斯蒂格尔法案》（Glass-Steagall Act），其中 Q 条例禁止向活期存款支付利息，对使用支票的次数和最低存款余额则无法定限制。但到了 1986 年以后，美国政府废除了 Q 条例，银行又开始对活期存款付息。目前，保留活期存款账户的主要是经营性机构，银行可以通过加快结算速度、降低结算过程的交易费用来提高自身盈利，也可以通过向开户企业提供贷款承诺等方式争取更多的存款。

（2）储蓄存款

储蓄存款（savings deposit）是为居民个人积蓄货币资产和获取利息而设定的一种存款金融工具，包括活期储蓄存款和定期储蓄存款。活期储蓄存款的持有人能够取得利息收入，但不能签发支票，也不能透支。定期储蓄存款则由客户与储蓄机构约定存期，一次或分次存入本金，其利率高于活期储蓄存款，但储户必须在约定期满方可按定期储蓄存款利率获取利息收入。若要提前支取，客户必须提前 7 天书面告知其提款意向。

（3）定期存款

定期存款（time deposit）是银行与客户事先约定存款期限并支付利息的存款。客户存入款项时，银行一般签发载明存款金额、利率和期限的定期存单，作为客户存款所有权及获取利息的证书，到期时凭此提取存款本息。定期存款也可采用存折形式，可随时续存。定期存款期限短则 1 周，长至几年，通常为 3 个月、6 个月和 1 年不等。商业银行对定期存款有到期支付的责任，期满时必须无条件地向客户支付本金和利息。定期存款人在约定期限到期前提取，银行会处以罚息。

（4）可转让支付命令账户

可转让支付命令账户（negotiable order of withdrawal accounts，NOWs）实际上是一种付息的活期存款账户。NOWs 账户只对居民和非营利机构开放，开立该种账户的客户可以随时开出支付指令书，支付指令书经背书后可转让，银行将满足客户提款或对第三者进行支付的需要，因而该账户实际上具有支票账户的功能，但其存款人可以获得利息收入。NOWs 账户由美国马萨诸塞州的互助储蓄银行于 1972 年首创，经国会允许后，迅速发展至马萨诸塞州和新罕布什尔州的所有互助储蓄银行和商业银行。1980 年，《放宽对存款机构管理和货币管理法》颁布后，全美的商业银行均可设立 NOWs 账户。NOWs 账户的开放产生了兼具储蓄存款和活期存款优点的新式存款工具，在客户中颇具吸引力。

（5）货币市场存款账户

货币市场存款账户（money market deposit accounts，MMDAs）是商业银行为应对来自货币市场基金的竞争而开发出的存款品种，性质介于活期存款和储蓄存款之间。该账户具有以下特点。

1）对于日常平均余额在 2500 美元以上的账户，不存在利率上限的限制，银行可以每周调整；对于存款余额不足 2500 美元的账户，适用于 NOWs 账户的利率上限。

2）存户每月最多可以办理 6 次转账业务，其中 3 次可以使用支票付款，这部分符合活期存款的性质。

3）账户没有最短存期的限制，存户取款需要提前一周通知。

4）10 万美元的存款额可以得到联邦存款保险公司的保险。

（6）自动转账服务账户

自动转账服务账户（automatic transfer service accounts，ATS）于 1978 年以后开始出现，是由早期的电话转账制度演变而来的。存款人可以在银行开立两个账户，即有息的储蓄账户和无息的支票账户。客户对支票账户上的平均余额有一个授权额度，客户的存款平时放在储蓄账户计收利息，当支票账户出现透支时，银行自动将资金从储蓄账户转移到支票账户上。ATS 账户使客户兼得活期账户和储蓄账户的双重优点，既可以利用活期账户开出支票对外支付，又可以利用储蓄账户获取利息收入。

2. 非存款资金来源（借款）

虽然存款构成商业银行最主要的资金来源，但当存款无法满足贷款和投资增长的需求时，商业银行便会寻求存款以外的其他资金来源，即非存款资金来源。非存款资金不仅提高了商业银行的资金管理效率、扩大了银行的经营规模，还加强了与外部的联系和往来。非存款资金来源包括短期借款和长期借款。

（1）短期借款

短期借款是商业银行一种持久地增加资金来源的手段，对商业银行的经营具有重要意义。总的来说，短期借款包括同业拆借、向中央银行借款、转贴现借款和转抵押借款、回购协议、大面额存单及欧洲货币市场借款。

1）同业拆借。同业拆借是指金融机构之间的短期资金融通，主要用于支持日常性资金周转，是商业银行为解决短期资金余缺、调剂法定准备金头寸而相互融通资金的重要方式。同业拆借通过各银行在中央银行的存款账户进行，利率相对较低，融资对象、数额和时间均较灵活。

2）向中央银行借款。商业银行为满足资金需求，可以向中央银行申请借款，其借款形式主要有两种：一是再贷款，二是再贴现。在市场经济发达的国家，由于商业票据和贴现业务广泛流行，再贴现已成为商业银行向中央银行借款的主要渠道。再贴现是指银行将未到期票据再向中央银行贴现。对中央银行而言，再贴现是买进票据，让渡资金；

对商业银行而言，再贴现是卖出票据，获得资金。再贷款是商业银行以政府债券等作为抵押直接从中央银行取得现款，它一般只能用于补充商业银行准备金和资产临时性调整的急需，而不能用于扩大银行资产规模。

3）转贴现借款和转抵押借款。转贴现借款是指商业银行在资金紧张、周转不畅的情况下，将已经贴现但仍未到期的票据，交给其他商业银行或贴现机构进行转贴现以取得借款的方法。转抵押借款是指商业银行在资金紧张、中央银行控制很严、资金周转不畅时，可以通过抵押的方式，向其他商业银行取得资金。

4）回购协议。回购协议是指商业银行向其他金融机构出售流动性强、安全性高的优质证券等金融资产时，事先签订协议，约定在未来一定时期会按照约定的价格购回所卖出的证券，以获得临时可用资金的交易方式。回购协议相对于即时资金提供者又称为“逆回购协议”。回购协议最常见的交易方式有两种：一种是证券的卖出与购回采用相同的价格，协议到期时以约定的收益率在本金外再支付费用；另一种是购回证券时的价格高于卖出时的价格，其差额就是即时资金提供者的合理收益。

5）大面额可转让定期存单。大面额可转让定期存单是银行负债证券化的具体表现，也是西方商业银行通过发行短期金融债券筹集资金的主要形式。特点是可以转让，且有较高的利率，集中了活期存款流动性和定期存款盈利性的优点。在西方国家，大面额存单由大银行直接出售，利率由发行银行确定，既有固定利率也有浮动利率，期限在 1 年以内，在二级市场上的存单期限一般不超过6个月。也有国家发行期限长达3～5年利率固定的大面额存单。大面额存单可流通转让、自由买卖，但不能赎回；存单到期还本付息，过期不计利息。

6）欧洲货币市场借款。西方各国银行在国际金融市场上的借款活动多在欧洲货币市场进行。欧洲货币市场既不受交易货币发行国的管制，也较少受到交易所在国的约束，在税收、利率、法定存款准备金等方面的负担或限制均较国内宽松，这对于巨额资金需求者是一个理想的筹资场所。西方国家的商业银行在欧洲货币市场上借入短期负债的方式，主要是通过吸引固定利率的定期存款。另外，商业银行还可以在欧洲货币市场上出售商业银行承兑汇票、银行承兑汇票等来筹集短期资金，或者直接向其他银行借入短期款项。

（2）长期借款

商业银行的长期借款一般采用发行金融债券的形式，依据资金运用的项目需要，有针对性地发行约期付息、定期还本的债务凭证以筹集长期资金。金融债券突破了银行原有存贷关系的束缚，它面向社会筹资，筹资范围广泛，既不受银行所在地区资金状况的限制，也不受银行自身网点和人员数量的束缚。金融债券信用等级较高，投资风险较小，并且收益率高于同期存款利率，具有一定流动性，因而对客户有较强的吸引力，有利于银行提高筹资的数量和速度。同时，发行债券所筹的资金不用缴纳法定准备金，这有利于提高银行资金的利用率。

银行发行的金融债券根据筹措的资金能否计入银行资本，可以分为资本性金融债券和一般性金融债券，其差别主要是前者的求偿还权列在存款人之后，如属于次级债券的资本票据和资本债券。金融债券的利率根据债券市场资金松紧、借款银行的信誉、债券发行总额、币别以及期限而定，一般低于同类企业债券利率。鉴于这种资金来源的长期特性，债券利率也成为体现发行银行风险状况的指示器，陷入困境的银行不得不以高利率或是以较大折扣发行债券。

6.3.3 商业银行资产业务

商业银行的资产业务是指商业银行对其通过负债业务筹集的资金加以运用并取得收益的业务。从本质上说，银行的资产业务就是银行的资金运用，它既包括盈利性资金运用（如贷款、投资等），也包括非盈利性资金运用（如库存现金等）。总的来说，商业银行的资产业务主要包括现金资产、贷款和证券投资三大类。

1. 现金资产

现金资产又称一级准备，是商业银行为维持其流动性而必须持有的资产，是商业银行维护支付能力的第一道防线。狭义的现金资产仅指库存现金（因为存放在银行的金库中，因此被称为库存现金）；广义的现金资产包括库存现金、在中央银行的存款、存放同业存款、托收中的现金。现金资产具有流动性强、安全性高、交易成本低的特点。

1）库存现金。库存现金是指商业银行保存在金库中的现钞和硬币。库存现金的主要作用是应对客户提现和银行本身的日常零星开支。库存现金属于非盈利性资产，所需保护费用和保险费用较高。因此，从经营的角度来讲，库存现金不宜保存太多，适度规模即可。

2）在中央银行的存款。在中央银行的存款由两部分组成：一是法定存款准备金，二是超额准备金。法定存款准备金是按照法定比率向中央银行缴存的存款准备金。规定缴存准备金的最初目的是保证银行备有足够的资金，以应对存款人的提取，避免发生挤兑引起银行倒闭。现已逐渐成为中央银行进行宏观调控的一般性货币政策工具之一。法定存款准备金具有强制性，一般不得动用。超额准备金是指在存款准备金账户中超过了法定存款准备金的那部分存款，这部分存款犹如工商企业在商业银行的活期存款，是商业银行在中央银行账户上保存的用于日常支付和债权债务清算的资金，是商业银行的可用资金，直接影响着商业银行的信贷扩张能力。

3）存放同业存款。存放同业存款是指商业银行存放在代理行和相关银行的存款。其目的是便于银行在同业之间开展代理业务和结算收付。由于存放同业的存款属于活期存款，可以随时支取，因此可以视同银行的现金资产。

4）托收中的现金。托收中的现金又称为在途资金，是指在银行间确认与转账过程中的支票金额。在途资金在收妥之前，是一笔占用的资金，又由于通常在途时间较短，收妥后即成为存放同业存款，所以将其视为现金资产。

2. 贷款

贷款是商业银行的传统核心业务，也是商业银行最主要的盈利性资产，是商业银行实现利润最大化目标的主要手段，也是风险较大的资产。贷款是商业银行作为贷款人按照一定的贷款原则和政策，以还本付息为条件，将一定数量的货币资金提供给借款人使用的一种借贷行为。这种借贷行为由贷款的对象、条件、用途、期限、利率和方式等因素构成。

商业银行按照不同的分类方式可分为不同的种类，按照期限划分可分为活期贷款、定期贷款和透支；按照对象可分为工商企业贷款、消费者贷款、不动产贷款和同业贷款等；按照保障条件可分为抵押贷款、质押贷款、担保贷款和信用贷款；按照管理方法的不同可分为备用信贷和循环信贷；按照风险程度可分为正常、关注、次级、可疑、损失5类；按照偿还方式可分为一次还清贷款和分期还清贷款，按照发放贷款的银行家数可分为单独贷款和联合贷款。

贷款收益是商业银行利润的主要来源之一，其规模和结构对银行的流动性、安全性也具有重要影响。贷款在到期前无法转换为现金，其流动性较差；贷款违约概率比其他资产高，商业银行面对的信用风险主要是贷款违约风险。正是由于缺乏流动性和较高的违约风险，贷款的回报率比其他资产高。

3. 证券投资

证券投资已成为商业银行重要的资产业务，它不仅为银行带来丰厚的利润，还为银行在流动性管理、资产优化配置以及合理避税等方面起到了积极作用。商业银行证券投资是指为了获取一定收益而承担一定风险，对有一定期限的资本证券的购买行为。西方国家商业银行证券投资的对象通常包括政府债券、公司债券、资产证券化证券、股票、商业票据、银行承兑汇票、金融期货与期权等。我国商业银行证券投资主要对象是政府债券，包括国库券和公债券。

商业银行证券投资的主要功能有以下4个方面。

1）保持流动性，获得收益。商业银行在管理资产的流动性时有两点需要决定：一是如何以较低的成本来满足中央银行变更法定存款准备金率的要求；二是为了避免存款外流的损失必须持有多少现金。这意味着商业银行必须持有流动性资产。商业银行通常把现金资产作为流动性需要的第一准备。现金资产尽管流动性很高，但它是非盈利性资产。为了满足上述两点要求而持有过多的现金便会使银行获益的机会成本上升。所以，商业银行还需要把短期证券、短期放款、短期票据等流动资产作为第二准备，尽管它们的回报率比其他资产都低，但使银行在流动性和收益性这两种需要之间保持平衡。

2）分散风险，提高资产质量。银行贷款收益较高，但风险也较大。进行证券投资可以提高银行全部资产的分散化程度，降低资产组合风险，提高资产的单位收益。

3）管理风险。证券投资是商业银行重要的利率风险管理工具。由于大部分证券的流动性比较高，银行通过持有证券组合可以及时调整利率敏感性。同时，证券投资的选择面广且比贷款更容易转移，因此用证券投资来分散风险比贷款更加便利。

4）合理避税。商业银行投资的证券大都集中在国债和地方政府债券上，而地方政府债券往往具有税收优惠，故银行可以利用证券组合达到避税目的，使银行资产的税后收益进一步提高。

商业银行证券投资的主要种类包括：①国库券，是政府发行的短期债券，期限在1年以内，所筹资金主要用于弥补中央财政预算暂时性的收支不平衡；②中长期国家债券，是政府发行的中长期债务凭证，2～10年为中期国家债券，10年以上为长期国家债券，所筹资金用于平衡中央财政预算的长期缺口；③政府机构债券，是指除中央财政部门以外的其他政府机构所发行的债券；④市政债券（或地方政府债券），是由地方政府发行的，所筹集的资金多用于地方基础设施建设和公益事业发展。

6.3.4 商业银行的表外业务

表外业务（off balance sheet activities，OBS）是银行从事的，按通行会计准则不计入资产负债表或不直接形成资产或负债，但能改变银行损益状况的业务。目前，对于商业银行资产负债表之外的其他业务，金融界并没有一个统一的认识，或者称为中间业务，或者称为表外业务，国内称为中间业务。国际上，巴塞尔委员会将中间业务表述为表外业务（off balance sheet activities，OBS），即“不列入资产负债表，而仅可能出现在财务报表脚注中的交易活动”。根据巴塞尔委员会对表外业务狭义、广义概念的区分，广义的表外业务是指商业银行从事的所有不在资产负债表内反映的业务。

据此，广义的表外业务按照是否会形成银行的或有资产和或有负债可以分为两类。

一类是金融服务类表外业务。这类业务是不承担任何风险、稳妥地获得手续费收入的业务活动，不会影响银行资产负债表内资产质量，主要包括与贷款有关的服务、信托、咨询等。

另一类是狭义的表外业务。狭义的表外业务是指构成银行或有资产、或有负债的具有一定风险性的表外业务。这种或有资产、或有负债有可能转变为银行的实有资产和实有负债，对银行资产负债表形成收益或损失。狭义的表外业务，目前可以分为三类：①担保类业务，比如信用证、保函等；②承诺类业务，比如贷款承诺等；③衍生金融工具交易类业务，比如远期、期权交易等。

可见，日常工作中我们所说的中间业务，是指广义的表外业务，即2001年6月21日中国人民银行发布的《商业银行中间业务暂行规定》中规定的中间业务。该规定中将中间业务定义为“不构成商业银行表内资产或负债，形成银行非利息收入的业务”，并将其划分为适用于审批制的中间业务（包括形成或有资产、或有负债的中间业务与证券、保险业务相关的部分中间业务）和适用于备案制的中间业务（指不形成或有资产、或有负债的中间业务）两大类业务。而我们日常直接称谓的表外业务，是指从会计准则的角度反映的狭义的表外业务。

商业银行中间业务与表外业务的关系我们用图6.1表示。

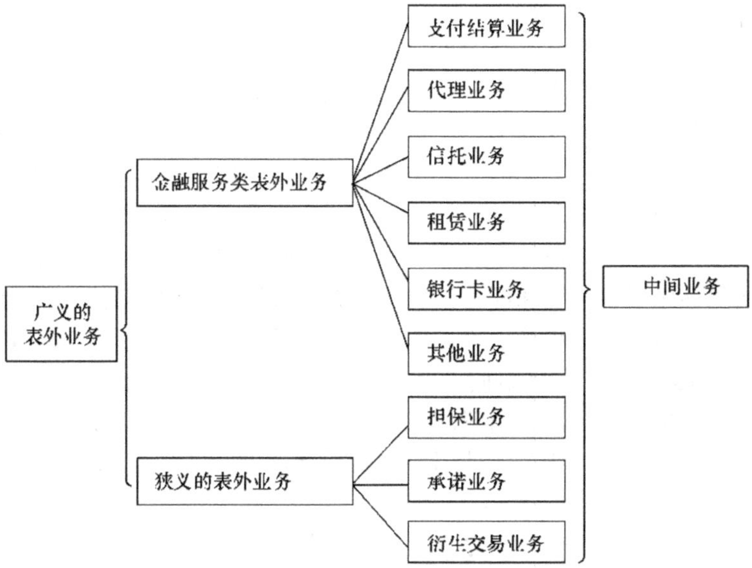

图6.1 商业银行的中间业务与表外业务的关系

1. 金融服务类表外业务

（1）结算业务

结算业务又称为货币结算，是由存款业务衍生出来的业务。结算是指商业银行通过银行本票、银行汇票、支票等结算工具，采用转账结算、汇兑结算、委托收款、托收结算、信用证结算等方式来完成收付双方的货币收付、结清其债权债务的业务。

（2）代理业务

代理业务是指商业银行接受政府、企业单位、其他银行或金融机构以及居民个人的委托，以代理人的身份代表委托人办理一些经双方协定的经济事务的业务。在代理业务中，委托人和银行必须用契约方式规定双方的权利、义务，包括代理的范围、内容、期限以及纠纷的处理等，并由此而形成一定的法律关系。代理业务主要包括：①公司代理，如代理公司发行、承销、兑付有价证券，代发工资、养老金，代理公司股票、债券过户，代办回收债券，代理基建项目预算终审，代理政策性银行业务等；②个人代理，如代个人保管财产。在代理业务中，银行一般不动用自己的资产，不为客户垫款，不参与收益分配，只收取代理手续费，因此，属于风险较低的表外业务。

（3）信托业务

信托即信任委托，是指委托人依照契约的规定为自己或第三者（即受益人）的利益，将财产转给受托人，由受托人依据谨慎的原则，代委托人管理、运用和处理所托管的财产，并为受益人谋利的活动。信托业务种类依据不同的标准可划分有多种类型：按委托人的不同可分可划分为个人信托和法人信托；按信托财产的内容可划分为金钱信托、动产信托和不动产信托；按信托关系建立的方式可划分为明示信托和法定信托；按受益人可划分为公益信托、私益信托、自益信托和他益信托。

与信贷业务不同，商业银行对信托业务一般只收取有关的手续费，而营运中所获得的收入则归委托人或其指定的受益人所有。同时，信托业不同于简单的代理活动，因为在代理关系中，代理人只是以委托人的名义在委托人指定的权限范围内办事，在法律上，委托人对委托财产的所有权并没有改变；而在信托关系中，信托财产的所有权从委托人转移到了受托人手中，受托人以自己的名义管理和处理信托财产。

（4）租赁业务

租赁是所有权与使用权之间的一种借贷关系，是在财产所有权不变的前提下，承租人通过向出租人交付租金来租用使用权的经济行为。商业银行开展租赁业务是指商业银行作为出租人以收取租金为条件，将生产工具、运输工具和耐用消费品提供给企业和个人使用，主要包括融资性租赁和经营性租赁。融资性租赁是银行出资购买承租人选定的设备，按租赁合同将设备出租给承租人使用；租赁期届满，承租人一般会以低于设备残值的价格将设备承购下来；租赁合同涉及三方当事人，银行、承租人、生产设备的厂商。经营性租赁是银行按租赁合同将出资购买的物件（主要是通用设备或通用物品）交付承租人使用；在租赁期满后，租赁物件仍要退回银行。

（5）银行卡业务

银行卡是由银行发行、供客户办理存取款业务的新型服务工具的总称，因为各种银行卡是塑料制成的，又用于存取款和转账支付，所以有人称为“塑料货币”。银行卡分为借记卡和贷记卡（即信用卡），两者均可进行提现、消费、转账支付等业务，区别在于贷记卡具有短期融资功能，其持有人可在授信额度内获取短期资金融通便利，因此向银行申请办理贷记卡时，银行要对申请人进行信用调查与评估。

或有债权、或有债务表外业务是指不在资产负债表内反映，但在一定条件下会转变为资产业务和负债业务的或有资产、或有负债的业务。它主要包括贷款承诺、担保和金融衍生业务三大类，这也是我们通常指的表外业务，可称之为狭义的表外业务。

2. 狭义的表外业务

（1）担保业务

担保是商业银行接受客户委托，对客户提供信用担保服务的业务，这种业务在国际结算领域中较为常见。担保业务有备用信用证、履约担保书、投标保证书、预付款保函、留置金保函、贷款担保、跟单信用证等。银行的风险在于被保证人不能履行合同义务时，银行须代为偿还。可以说，担保使银行承担了与贷款额完全相同的信贷风险。所以，银行自签发担保文件之日起就承担着信贷敞口风险。

（2）承诺业务

传统上，承诺主要是由一个银行向顾客允诺对未来交易承担某种信贷义务。银行的贷款承诺是银行与借款客户间达成的一种具有法律约束力的正式契约。银行在有效承诺期限内，按照约定的利率，随时准备应客户要求向其提供一定金额内的贷款，并收取一定的承诺佣金。承诺可分为可撤销的承诺和不可撤销的承诺。可撤销的承诺包括透支、信用额度，这类承诺减轻了银行潜在的风险，对银行的利益予以更多保护；不可撤销的承诺包括票据发行便利、循环信用额度、备用信用额度等，这类承诺容易引发客户的道德风险，使银行债权恶化的可能性增大。

（3）金融衍生工具交易业务

在该类业务下，银行使用的业务工具多为金融工具创新的产物，金融工具创新源于规避金融管制、竞争资金来源以及规避金融风险的需要。狭义的表外业务中涉及的金融衍生工具是为适应市场环境改变而作为风险管理手段产生于各种基础金融工具之上的。金融衍生工具是指一类合同，这些合同赋予持有者某种义务或对某种金融资产拥有买卖的选择权。这些合同是从原始的证券或资产派生出来的，本身不能独立存在，故他们的价值由其交易的金融资产的价格决定。衍生金融工具包括期货合约、期权合约、远期合约、互换协议、资产证券化等。对持有者来说，这些工具除了帮助实现特定的财务目标和投资目标外，还被用于投机，因而这类工具既为最终用户提供了更好的管理与其商业交易相关的金融风险的机会，又会因为最终用户用之满足投机的需要而使金融风险增大。

6.4 商业银行经营管理

6.4.1 商业银行经营管理的一般原则

各国商业银行在业务经营管理过程中都遵循着安全性、流动性和盈利性的“三性”目标。

《中华人民共和国商业银行法》也明确规定了商业银行安全性、流动性和盈利性的经营目标。

1. 安全性

安全性是指商业银行应努力避免各种不确定因素对它的影响，保证自身的稳健经营和发展。银行的特点在于极其依赖于从外部借入资金经营，因此安全性对于商业银行非常重要。另外，银行在经营过程中始终面临各种风险，如信用风险、市场风险、管理风险、营运风险、环境风险、道德风险等。风险是指遭受损失的可能性，上述风险一旦转变为现实，就成为损失，从而直接危及到银行的安全。如果商业银行不能采取有效措施，控制各类风险，则必然会削弱银行的清偿力，危及商业银行的声誉及自身的安全。安全性管理要求商业银行坚持稳健经营的理念，保持较高的资本充足比率，合理安排资产负债结构，提高资产质量，保持足够的清偿能力，运用各种法律允许的政策和措施来分散和控制风险，提高抗风险的能力，能够随时应付客户提取，使客户对银行保持坚定的信任。

2. 流动性

流动性是指商业银行能够随时满足客户提现和必要的贷款需求的支付能力，包括资产的流动性和负债的流动性两种含义。资产的流动性是指资产在不发生损失的情况下迅速变现的能力。商业银行是典型的负债经营，资金来源的主体部分是客户的存款和借入款。存款是以能够按时提取和随时对客户开出支票支付为前提的，借入款是要按期归还或随时兑付的。负债的流动性是指银行以适当的价格取得可用资金的能力。衡量商业银行资产流动性的标准有两个：一是资产变现的速度，某项资产变现的速度越快，则该项资产的流动性就越强；二是资产变现的成本，某项资产变现的成本越低，该项资产的流动性就越强。衡量银行负债流动性的标准也有两个：一是取得可用资金的价格，取得可用资金的价格越低，该项负债的流动性就越强；二是取得可用资金的时效，取得可用资金的时效越短，则该项负债的流动性就越强。

3. 盈利性

盈利性原则是指商业银行在稳健经营的前提下，尽可能提高银行的盈利能力，力求获取最大利润，以实现银行的价值最大化目标。商业银行的盈利来自于各项收入与各项支出之差。商业银行的收入主要有贷款的利息收入、证券投资收入、出售资产的收入和手续费、佣金等服务收入等；商业银行的支出主要有存款及其他借入资金的成本，各种营运及管理成本（工资、办公费、公关宣传费、设备维修费等），贷款、投资及其他（如衍生金融工具交易、担保等）业务的损失以及支付税金。盈利性原则是商业银行经营活动的最终目标，它要求商业银行尽量减少现金资产，扩大盈利资产比重；以尽可能低的成本，取得更多的资金；减少贷款和投资损失；加强内部经济核算，提高商业银行职工劳动收入，节约管理费用开支；严格操作规程，完善监管机制，减少事故和差错，防止内部人员因违法犯罪活动而造成商业银行的重大损失。

6.4.2 坚持商业银行经营管理原则的重要意义

简单地讲，商业银行传统的也是主要的业务形式，就是以较低的利息吸收存款再以较高的利息发放贷款，从而赚取差价（利润）。为保证银行实现利润最大化，坚持商业银行经营管理原则至关重要，它是商业银行持续稳健经营的基础。为实现利润最大化，银行经理们要做好以下3个方面的工作：①一旦银行发生存款外流，即由于储户提取现金或要求支付而引起的存款减少时，确保银行有足够的现金用于支付储户。要保持手头有足够的现金，即坚持流动性管理的原则，保持足够的流动性资产来履行银行向储户进行支付的义务。②经理必须确定银行应当保有的资本规模，并获取所需要的资本，即坚持安全性管理的原则，保有充足适度的资本金。③银行经理要通过购买低违约率资产和进行资产多样组合，将风险保持在适当的低水平；同时以低成本获取资金，并在期限上使资产负债合理匹配。即坚持盈利性的原则，加强资产负债综合管理。下面我们立足商业银行经营管理的基本原则，考察商业银行加强管理的重要性。

1. 加强流动性管理，保有充足的超额准备金的重要意义

在下面的实务分析里，我们假定中央银行对商业银行吸收的所有种类的存款都一律要求满足10%的法定存款准备金率，即银行要将其吸收存款的10%作为法定准备金。在此约束下，我们分别以银行保有足够的超额准备金和准备金短缺两种情况为例，来说明保有充足准备金的流动性管理的重要性。

【例6.1】 假定A银行有足够的超额准备金，其最初的资产负债表如下：

A银行 （单位：元）

资产		负债	
准备金	2 000	存款	10 000
贷款	8 000	银行资本	1 000
证券	1 000		

银行的法定存款准备金为10 000元的10%，即1000元。因为目前A银行的准备金为2 000元，因此超额准备金为1 000元。如果发生1 000元的存款外流（储户提现等），A银行的资产负债表就会变为：

A银行 （单位：元）

资产		负债	
准备金	1 000	存款	9 000
贷款	8 000	银行资本	1 000
证券	1 000		

A银行的存款和准备金分别减少了1000元。但是由于目前的法定准备金9000元的10 % （即900元），其准备金的水平仍然高于法定准备金 100元。因此，如果银行有足额的准备金，存款外流就不一定会引起资产负债表其他项目的调整。

【例6.2】 假定A银行的超额准备金不足，我们来分析情况会怎么样。假定A银行最初没有持有1000元的超额准备金，而是用于发放1000元的贷款，因此，没有任何超额准备金。它最初的资产负债表如下：

A 银行　　　　（单位：元）

资产		负债	
准备金	1 000	存款	10 000
贷款	9 000	银行资本	1 000
证券	1 000		

当发生 1000 元的存款外流时，资产负债表就变为：

A 银行　　　　（单位：元）

资产		负债	
准备金	0	存款	9 000
贷款	9 000	银行资本	1 000
证券	1 000		

存款和准备金减少 1000 元后，A 银行就面临着一个问题：它的法定准备金应为 9000 元的 10%，即 900 元，但由于它没有保有超额准备金，目前没有资金能够满足法定准备金要求。但 A 银行必须满足这个法定要求。

因此，为了弥补这个缺口，银行可以有 4 个选择，即 4 种方法来弥补准备金缺口。

（1）同业拆借或是从企业借款

即 A 银行可以通过销售可转让定期存单等来向其他银行或企业借款。这是以同业拆借或转贴现、转贷款的方式获取准备金来应付存款外流的办法。

如果 A 银行向其他银行和公司借入 900 元来弥补准备金的缺口，它的资产负债表就变为：

A 银行　　　　（单位：元）

资产		负债	
准备金	900	存款	9 000
贷款	9 000	向其他银行和企业借款	900
证券	1 000	银行资本	1 000

然而，这一借款行为是有成本的，成本就是借款的利息，例如同业拆借利率和贴现率。

（2）出售证券

例如，A 银行可以出售 900 元的证券，并将销售所得款项存入中央银行存款准备金账户。此时，A 银行的资产负债表就变为：

A 银行　　　　（单位：元）

资产		负债	
准备金	900	存款	9 000
贷款	9 000	银行资本	1 000
证券	100		

A 银行出售证券时需要支付经纪人手续费和其他一些交易成本。作为二级准备金的政府证券具有高度的流动性，因此出售这些证券的交易成本相当低。然而，银行所持有的其他证券的流动性都较差，交易成本也比较高。

（3）向中央银行借款

A 银行可以保持其证券和贷款不变，从中央银行借入 900 元的贴现贷款。此时，A 银行的资产负债表就变为：

A 银行　（单位：元）

资产		负债	
准备金	900	存款	9 000
贷款	9 000	向中央银行借款	900
证券	1 000	银行资本	1 000

贴现贷款的成本就是需要支付给中央银行的利息，即按照贴现率支付的贴现利息。

（4）收回或出售证券

A 银行可以通过减少 900 元的贷款，并将其存入中央银行的存款准备金账户，以应付存款外流。这一交易会引起 A 银行资产负债表发生如下变动：

A 银行　（单位：元）

资产		负债	
准备金	900	存款	9 000
贷款	8 100	银行资本	1 000
证券	1 000		

由于 900 元的准备金能够满足法定准备金的要求，因此，A 银行重新恢复其正常运营状态。

然而，减少贷款是银行在存款外流时为获取准备金所采取的成本最高的方法。因为：第一，银行减少贷款的方式如果是对于短期贷款需要展期的，银行不能给以展期，这样对维护正常的银企关系造成不利，往往会引起客户的不满，造成客户流失。这对于银行来说其代价是高昂的。第二，银行减少贷款的方式如果是将贷款出售给其他银行，这样做的成本同样很高。因为其他银行并不了解这些贷款客户的情况，因此它们的出价并不能充分体现这些贷款的价值，因此，逆向选择可能难以避免。因此，即使商业银行的某些资产业务，比如贷款和证券的回报较高，银行仍然应该持有充足的超额准备金。因为只有这样，当存款外流发生时，持有超额准备金可以使得银行避免上述成本的发生。这就是为什么银行往往愿意持有超额准备的原因所在。所以，超额准备金是对存款外流所引起的成本的保险。存款外流所引起的成本越高，银行愿意持有的超额准备金就越多。由于保有超额准备金就像商业银行为一旦存款外流而购买的保险一样，是存在成本的，所以，商业银行可以持有流动性更强的证券等资产，一旦因为存款外流准备金短缺时，这些证券等资产能够迅速地、低成本地变现，以弥补准备金的不足。也正是因为如此，这些资产被称为二级准备金。

2. 加强资本充足性管理，保有适度的资本金的重要意义

加强资本充足性管理，即银行必须确定它所需要保有的资本规模。原因有以下三个方面，第一，银行资本可以预防银行破产（bank failure）。按照资产＝负债＋所有者权益（资本金）的原则，当资不抵债时，即银行无法履行其对储户和其他债权人的义务时，必须不得不面临清产核资而停业；第二，不适度的资本规模将影响银行所有者（股东）的回报；第三，监管当局对银行资本的最低规模有规定的要求，即资本金充足性要求。

（1）保有适度的银行资本有助于预防银行破产

下面我们以高资本金的银行（假设资本占资产的比率为 10%）和低资本金的银行（假设资本占资产的比率为 4%）两家银行为例，并假设两家银行资产负债表的其他项目都相同，来说明保有适度的银行资本有助于预防银行破产的重要性。

两家银行的资产负债表如下：

高资本金银行　（单位：万元）

资产		负债	
准备金	1 000	存款	9 000
贷款	9 000	银行资本	1 000

低资本金银行　（单位：万元）

资产		负债	
准备金	1 000	存款	9 600
贷款	9 000	银行资本	400

假定两家银行都因某笔不良资产的发生而使总资产价值损失了 500 万元。于是，银行资本（等于银行资产减去负债）同样减少了 500 万元。两家银行的资产负债表变为：

高资本金银行　（单位：万元）

资产		负债	
准备金	1 000	存款	9 000
贷款	8 500	银行资本	500

低资本金银行　（单位：万元）

资产		负债	
准备金	1 000	存款	9 600
贷款	8 500	银行资本	−100

高资本金银行由于有 1000 万元的资本作为缓冲，在 500 万元损失发生后，净值（银行资本）仍然为正，因此可以应付这 500 万元的损失。然而，低资本金银行却陷入了困境。现在它的资产负债表的情况是：资产（9500）－负债（9600）＝－100（万元），资产价值低于负债。由于净值为负，它已经资不抵债，即没有足够的资产来偿付所有负债的持有人（债

权人)。按照各国通行的监管法律，当银行资不抵债时，政府监管者就会关闭该银行，拍卖其资产，经理也会被解雇。而作为低资本金银行的所有者此时也会发现，他们的投资可能会"血本无归"，因此，情愿银行能够像高资本金银行那样，拥有足够多的银行资本作为缓冲，来吸收损失。所以，银行保有充足的资本金的一个重要意义在于可以减少破产的可能性。

（2）银行保有资本金是否适度将影响银行股东的回报

银行保有资本金是不是越多越好呢？回答是否定的。银行资本充足性管理还有一个含义，就是保有银行资本金是否适度，将影响股东的回报。我们用反映银行盈利能力的2个指标及其两者之间的联系来说明这个问题。

1）资产回报率。衡量银行盈利能力的一个基本指标是资产回报率（ return on assets，ROA)，等于每1元资产的税后净利润，即

ROA＝税后净利润/资产

资产回报率反映了平均每1元资产所创造的利润，可以说明银行的运行效率。

2）股权回报率。虽然资产回报率能够反映单位资产所创造的利润和银行的运行效率，但是，银行所有者（股东）更关心的是他们对银行的股权投资赚取的收益。银行盈利能力的另外一个指标，即股权回报率（return on equity，ROE)，可以反映这一情况，它等于每 1元股权（银行）资本的税后净利润，即

ROE＝税后净利润/股权资本

3）股本乘数。资产回报率（衡量的是银行的运行效率）与股权回报率（衡量的是所有者的投资回报）之间存在着直接联系。这种联系由所谓的股本乘数（equity multiplier，EM）决定，它等于每 1 元股权资本所对应的资产，即

EM＝资产/股权资本

我们可以发现：税后净利润/股权资本＝（税后净利润/资产）×（资产/股权资本）

根据定义，可以得到

$$ROE = ROA \times EM \tag{6.1}$$

式（6.1）说明，在资产规模给定的情况下，如果银行持有较少的资本金，对股权回报率产生的影响。

我们通过前面分析的高资本金银行和低资本金银行的资本金保有情况可以看到，高资本金银行最初的资产为1亿元，股权资本为1 000万元，股本乘数等于10（＝10 000万元/1000 万元)。低资本金银行最初只有 400 万元的股权资本，因此股本乘数较高，等于 25（10 000元/400万元)。假定这两家银行的运行效率都很好，资产回报率都为1%。高资本金银行的股权回报率为1%×10＝10%，低资本金银行的股权回报率为1%×25＝25%。低资本金银行股东获得的收益是高资本金银行股东的2倍多，显然，股东们更愿意是这样的情景和结果。股东们从自己的投资回报出发，更喜欢低资本金的保有。

通过反映银行盈利能力的两个指标及其两者之间的联系的分析，我们得出结论：在资产回报率给定的情况下，银行资本金越少，银行所有者的回报率就越高。

4）股东在安全性和回报之间的权衡。我们可以发现，银行资本是利益和代价并存的。对银行所有者而言，银行资本减少了破产的可能性，使得他们的投资更为安全。但是，银行资本又是要付出代价的，因为银行资本金越多，在资产回报率给定的情至下，股权回报率就越低。为了确定银行资本金的规模，经理需要确定的是，在多大程度上，

他们愿意用安全性的提高（由高资本所带来的利益）来换取股权回报率的降低（由高资本所产生的代价）。在不确定性较强的时期，贷款发生较大损失的可能性升高，银行经理可能希望持有更多的资本来保护股东。相反，如果他们坚信贷款损失不会发生，就会希望减少银行资本金的规模，以提高股本乘数和股权回报率。

（3）监管当局的资本充足性要求

银行保有最低规模的资本金是监管当局的要求。通过式（6.1）我们知道，在资产回报率给定的情况下，银行资本金越少，银行所有者的回报率就越高。因此，持有资本是有成本的，降低成本追求高的股权回报率的冲动，使银行经营者通常希望降低资本规模。在这种市场自我约束失灵的情况下，保有适度的银行资本金就需要有监管当局的硬性要求了。关于这方面的要求，我们在本章前面“资本充足性及其测定”一节已经讨论了，并在第 11 章金融监管中继续讨论。

拓展阅读

银行资本管理的战略

假定你作为第一国民银行的经理，需要确定银行资本金的适当规模。如果银行的资产负债表与高资本金银行相似，资本占资产的比率为 10%（1 000 万美元的资本与 1 亿美元的资产），你担心的是，大规模的银行资本会使得股权回报率过低。你希望在保持一定的银行资本的同时，增加股本乘数来提高股权回报率。你会怎样做？

要降低银行资本相对于资产的规模，增加股本乘数，你可以有三种选择：①回购银行股票，从而减少资本金的规模；②增加向股东支付的股利，从而减少银行的留存收益和资本；③保持银行资本不变，但通过发行定期存单等方式获取新的资金，并将其用于发放贷款或购买证券，以扩大资产规模。为了获取股东支持，你决定采取第二种方法。提高第一国民银行股票的股利水平。

现在，假定第一国民银行与低资本金银行的情况类似，银行资本占资产的比率为 4%。你担心的是，相对于资产而言，银行资本过少，不能为预防破产提供足够的缓冲。要提高资本相对于资产的规模，你可以有三种选择：①发行股份（普通股）来筹集资本；②减少银行向股东支付的股利，从而增加留存收益和银行资本；③保持资本不变，但通过减少贷款发放或出售证券等方式降低资产规模，并用所得到的资金减少负债。假定目前资本市场资金十分紧张或者股东强烈反对降低股利水平，因而增加银行资本十分困难，你可能选择第三种方法，即缩减银行的规模。

在对第一国民银行资本管理战略的分析的基础上，可以得到如下结论，这一结论值得我们重视：银行资本短缺，可能会使得银行削减资产和收缩贷款。过去，很多银行都曾经经历过资本短缺，并不得不限制资产增长。

（资料来源：米什金. 2011. 货币金融学. 郑艳文，荆国勇，译. 北京：中国人民大学出版社）

3. 加强资产负债管理，对降低风险增强盈利性的重要意义

降低风险增强盈利性是商业银行经营管理的重要原则，也是商业银行业务经营的最

终目的。

（1）资产管理

为实现利润的最大化，银行资产业务必须同时实现3个具体的经营目标：①确保贷款和证券的最高回报率；②降低风险；③通过持有流动性资产提供足够的流动性。要实现这3个目标，商业银行需要做到以下几点。第一，在信贷业务上，通过利率营销与信息甄别，寻找愿意支付高利率又不可能违约的借款客户。第二，在证券投资上，购买高回报和低风险的证券。第三，在资产管理上，通过多样化资产组合降低投资风险。遵循“不要把鸡蛋放在同一个篮子里”的资产管理原则。第四，必须保有高的流动性资产，以备满足法定准备金的要求：一是必须保有适度的超额准备金来避免因存款外流发生的成本；二是保有政府证券作为二级准备金。总之，银行必须在流动性需求和因持有贷款等流动性较差的资产所增加的收益之间做出权衡。

（2）负债管理

面对市场激烈的竞争，传统的银行坐收活期存款的被动性负债时代已经一去不复返了。负债业务是资产业务的前提，是银行创造利润的基础。银行负债业务必须变被动为主动，并以低成本获取资金。事实上早在20世纪60年代，美国银行就不再依赖支票存款作为资金的主要来源，从而不再将资金来源（负债）视为给定的，而是更积极地设置资产增长的目标，并在需要资金时，通过发行负债等形式去筹集。例如，可转让定期存单等新型金融工具的问世等。美国对负债管理的重视，可以通过过去三十多年来商业银行资产负债表中负债的构成成分中，来自于主动借款获得资金来源所占比例的明显变动体现出来。以可转让定期存单和银行借款为例，它们占银行负债的比例从1960年的2%上升到2009年年初的47%)，而支票存款占银行负债的比例从1960年的61%下降到2008年年底的6%。新出现的负债管理的灵活性和对高利润的追求，促使美国银行增加了收益较高的贷款在资产中的比例，比如，收益较高的贷款占银行资产的比例从1960年的46%上升到2008年年底的61%。

除了资产负债管理之外，对信用风险的管理主要从甄别与监督、建立长期客户关系、贷款承诺、要求提供抵押品和补偿余额、信用配给等来避免逆向选择和道德风险，提高信贷资产质量。对利率风险的管理主要表现在要特别注意将利率敏感性资产与利率敏感性负债合理匹配，并运用利率敏感性缺口管理法和持续期缺口管理法及时调整银行的资产负债结构。因为如果利率敏感性负债高于利率敏感性资产，利率上升会减少银行利润，而利率下降会增加银行利润。

总之，要确保商业银行的盈利性，首先需要保证金融资产的安全性与流动性。“三性”的保证，除了上述的讨论方法之外，积极开展金融创新也是非常重要的。关于金融创新的内容，我们将在第12章中学习。

6.4.3 商业银行经营管理理论

1. 资产管理理论

（1）商业贷款理论

资产管理思想可以追溯到18世纪英国商业银行所遵循的确定银行资金分配方向的

理论，即商业贷款理论。该理论认为，商业银行在分配资金时，应着重考虑保持银行自身的高度流动性，这是因为银行的主要资金来源是周转性很高的活期存款。由于存款决定是外在的，因此，银行资金的运用只能是短期的工商企业周转性贷款，以便与较高比重的活期存款相匹配。这种贷款期限较短，并且以真实的商业票据作为贷款的抵押，这些票据到期后会形成资金自动偿还，所以该理论又被称为自偿性贷款理论和真实票据理论。该理论的缺陷是：①忽视了活期存款中的一部分也有一定的稳定性；②在经济衰退期，有真实票据作抵押的贷款，也会出现违约现象；③受该理论的影响，银行的资金运用局限在很狭窄的范围内。

（2）资产可转换理论

第一次世界大战以后，为迅速恢复经济，再加上资本主义世界经济大危机的爆发和影响逐渐加深，西方国家开始大量发行公债，政府借款需求急剧增加，商业银行逐步把部分资金转移到购买政府证券中去。该理论是由美国经济学家哈罗德·G.莫尔顿（Harold G. Moulton）于 1918 年在《政治经济学杂志》上发表的《商业银行及资本形式》一文中提出的。该理论认为，流动性要求仍然是商业银行需特别强调的，但商业银行在资金运用中可持有具有可转换性的资产，这类资产应具有信誉高、期限短、容易转让的特性，使银行在需要流动性时可随即转让它们，获取所需资金。资产可转换理论扩大了银行的资金运用范围，丰富了银行资产结构，突破了商业贷款理论对银行资产运用的局限，使银行在注重流动性的同时，扩大了资产组合的范围。

（3）预期收入理论

预期收入理论是美国金融学家赫伯特·V. 普鲁克诺（Herbert V. Prochnow）于 1949 年在《定期放款与银行流动性理论》一书中提出的。该理论认为，商业银行的流动性状态从根本上讲取决于贷款的按期还本付息，这与借款人未来预期收入和商业银行对贷款的合理安排密切相关。借款人的预期收入有保障，期限较长的贷款也可以安全收回。因此，预期收入理论强调的是贷款偿还与借款人未来预期收入之间的关系，而不是贷款的期限与贷款流动性之间的关系。但是，预期收入理论也有缺陷。首先，它把资产经营完全建立在银行预测的基础上，缺乏足够的可靠性；其次，在资产期限很长的情况下，不确定性增加，债务人收入状况可能会恶化，未来的偿付能力可能比预期的要小。因此，预期收入理论必须慎重使用。

2. 负债管理理论

20 世纪 60 年代以前，资产管理理论支配着商业银行的经营管理。到了 60 年代，通货膨胀成为困扰各国经济发展的难题，普遍受到政府利率管制的商业银行深感吸收资金能力的衰弱。寻求资金、扩大负债，已成为当时银行界的第一渴求，这一时期，商业银行资产负债管理的重心由资产管理转向以负债管理为主。

负债管理理论认为，银行负债不是既定的，而是可以由商业银行加以扩张的，资金来源是银行可以控制的。该理论强调商业银行可以使用借入资金来满足存款的提取和增加放款需要，保持资金的清偿能力和流动性。而商业银行以借入资金的方式来保持银行的流动性，不仅可以扩大资产规模，提高商业银行处理资金需求问题的灵活性，而且由于无须经常保有大量的高流动性资产，资金可以投入到更有利可图的资产上以获得最大利润，这对银行的盈利无疑是有好处的。而且，商业银行根据资产的需要调整和组织负债，让负债适应和支持资产，也为银行扩大业务范围和规模提供了条件。负债管理的出现，标志着商业银行在资产负债管理上更富进取性，摆脱了被动负债的制约，同时也促进了同业拆借、可转让定期存单、欧洲美元、商业票据等负债市场的工具和业务的迅速发展。

3. 资产负债综合管理理论

20世纪70年代末，由于许多西方发达国家相继放松或逐步取消了利率管制，整个金融界出现了金融自由化浪潮，种类繁多的浮动利率资产和浮动利率负债品种纷纷涌现。商业银行争取在金融市场上主动融资权利的同时，也面临新的风险，即利率风险。在市场利率波动的环境下，资产和负债的配置状态极有可能对银行的利润及经营状况产生很大影响。片面强调资产或负债管理而忽视另一方面，都不利于银行经营目标的实现。资产负债综合管理理论不像资产管理理论和负债管理理论那样，只将资产负债管理的重点放在资产方或负债方，也不是对资产管理理论、负债管理理论的否定，而是吸取了前两种管理理论的精华，并对其进行了深化和发展。

资产负债综合管理的基本思想，是在资金的配置、运用以及在资产负债管理的整个过程中，根据金融市场的利率、汇率及银根松紧等变动情况，对资产和负债两个方面进行协调和配置，通过调整资产和负债双方在某种特征上的差异，达到合理搭配的目的。对于流动性而言，应从资产和负债两个方面进行流动性需要的预测，也通过这两个方面去寻找满足流动性需要的途径；既重视对流动性资产同易变性负债间缺口的分析以及对贷款增长额同存款增长额间差距的分析，同时，密切监控商业银行日常流动性头寸的情况，保持随时调节头寸、安排头寸的能力。为了实现收益最大化、风险最小化的目标，资产负债综合管理的手段包括有：①运用利率敏感性缺口管理法和持续期缺口管理法，根据预测利率的变化，积极调整银行的资产负债结构；②运用金融市场上的转移利率风险工具，如金融期货、期权、互换等衍生金融工具，来控制不可预测的利率、汇率的波动对银行产生的影响。

小 结

商业银行是间接金融领域中最主要的金融机构，也是存款型金融机构的典型形式。在微观金融领域，商业银行充当间接融资的中介；在宏观金融领域，商业银行发挥信用创造功能。

从商业银行发展的历史来看，按业务经营范围划分，商业银行主要有职能分工型和全能型两大类型。相应地，商业银行业务经营模式大致可分为分业经营模式与混业经营模式两大类。

商业银行是企业，具有一般企业的特征。

商业银行的职能包括信用中介职能，支付中介职能，信用创造职能，金融服务职能。

银行资本分为核心资本和附属资本。核心资本包括实收资本或股本、资本盈余、盈余公积、未分配利润等。附属资本则由长期附属债务、混合资本债券、资本准备金和损失准备金构成。

商业银行的负债业务包括存款、短期借款和长期借款。其中，存款包括活期存款、储蓄存款、定期存款、可转让支付命令账户、货币市场存款账户、自动转账服务账户；短期借款包括同业拆借、向中央银行借款、回购协议、大面额存单、欧洲货币市场借款；长期借款一般采用发行金融债券的形式，依据资金运用的项目需要，有针对性地发行约期付息、定期还本的债务凭证以筹集长期资金。

商业银行的资产业务包括现金资产、贷款、证券投资。其中，狭义的现金资产仅指库存现金；广义的现金资产包括库存现金、在中央银行的存款、存放同业存款、托收中的现金。

表外业务是银行从事的，按会计准则不计入资产负债表或不直接形成资产或负债，但能改变银行损益状况的业务。

各国商业银行在业务经营管理过程中都遵循着安全性、流动性和盈利性的“三性”目标，我国在《商业银行法》中明确规定了商业银行安全性、流动性和盈利性的经营目标。

商业银行经营管理理论包括资产管理理论、负债管理理论和资产负债综合管理理论。

案例分析

美国次贷危机与存款类金融机构资产负债表

在 2007 年开始的美国次贷危机中，房地产价格下降，次级抵押贷款债券价格大幅度走低，持有次级抵押贷款债券的存款类金融机构的资产严重缩水，同时存款类金融机构的评级被下调，股票价格也大幅下降，资产负债表严重恶化，银行的净值下降。这将导致两方面的影响：一是由于存款类金融机构的净值下降，该金融机构能够用作担保的资产价值在下降，融资变得更加困难，其他金融机构都不会对其融资；二是为了防止财务状况进一步恶化，该金融机构也不会向外融资或贷款，以最大限度保持一定的货币流动性，应付可能的对外支付。资产负债表的恶化减少金融机构对外的贷款供给。

进入 2009 年，美国存款类金融机构的资产负债表已变得惨不忍睹，濒于技术性破产的边缘。面对巨额的不良贷款，各银行必须提取大量的准备金来防止预期损失，这从根本上制约了银行的放贷能力，使得银行间接融资模式出现持续萎靡，市场流动性出现紧张而难以从根本上得到好转。同时，次贷危机演化到金融危机，已经远远超出了房地产泡沫所带来的直接影响，更大程度上是金融市场参与者信心的全面崩溃。

（资料来源：朱新蓉．2010．货币金融学．北京：中国金融出版社）

【案例思考】

1．试分析美国政府对存款类金融机构注资的作用。
2．分析影响银行信用创造能力的因素。
3．银行在经营管理过程中要遵守的一般原则有哪些？

思考题

1．简述商业银行的业务类型与经营模式。

2．简述商业银行的职能。

3．什么是商业银行的资本充足性？简述巴塞尔协议Ⅲ对资本充足性要求的修订内容。

4．简述商业银行的主要资产业务。

5．简述商业银行的主要负债业务。

6．简述商业银行的表外业务。

7．简述商业银行经营的原则。

在线学习

1．进入方式

授课视频路径：输入网址“http://www.upln.cn/”→“教学资源中心”→“资源共享课”，单击“货币金融学”（杨秀萍教授主讲），观看本章的教学视频。

2．学习方式

进入本章授课视频，自主完成“练习、作业、测验、案例”等，并通过网页提供的“在线测验、试卷答题”等形式检验自己对知识的掌握情况。

第 7 章

中央银行

知识目标

1. 掌握中央银行产生的历史背景和必要性。
2. 掌握中央银行制度的类型。
3. 掌握中央银行的性质、职能和具体表现。
4. 掌握中央银行的主要业务。

基本概念

中央银行　货币发行　法定准备金　最后贷款人　再贴现
储备资产业务　货币投放　货币回笼　中央银行债券

开篇案例

英格兰银行的发展史

英格兰银行（Bank of England）成立于 1694 年，是英国的中央银行，也是世界上最早形成的中央银行，为各国中央银行体制的鼻祖。

早期的英格兰银行只是英国政府的“钱袋子”。早在 300 多年前，英法两国激战正酣，庞大的战争开支早已将英国政府的财政收入消耗一空。为筹集更多的军费，急需用钱的英国国王和议会迅速采纳了一位叫威廉·佩特森（William Paterson）的苏格兰商人的提议——成立一家可向政府贷款的银行。根据英王特许，1694 年 7 月 27 日，伦敦城的 1268 位商人合股出资，正式组建了英格兰银行。此后的短短 11 天内，英格兰银行就为政府筹措到 120 万英镑巨款，极大地支持了英国在欧洲大陆的军事活动。

刚刚成立的英格兰银行只算得上是一般的商业银行——发行钞票、吸收存款、发放贷款，那时的商业银行都能办理这些业务。不过，英格兰银行一开始就与政府维系着一种特殊而密切的关系——一直向政府提供贷款，负责筹集并管理政府国债，还逐渐掌握了绝大多数政府部门的银行账户。正是凭借这一关系，英格兰银行的实力和声誉迅速超越了其他商业银行。

1837 年，英格兰银行不但安然挺过当年的银行危机，还拿出大笔的资金，帮助那些有困难的银行渡过难关，这也成为英格兰银行充当“最后贷款人”角色的开始。

1844 年，英国议会通过《银行特许法》，让英格兰银行在发行钞票方面享有许多特权。自此，英格兰银行逐渐退出一般性的商业银行业务，专注于货币发行，并开始承担维护英国金融市场稳定和监督其他商业银行的职能。

1928 年，英国议会通过《通货与钞票法》，使英格兰银行垄断了在英格兰和威尔士地区的货币发行权。与此同时，英格兰银行凭其日益提高的地位承担商业银行间债权债务关系的划拨冲销、票据交换的最后清偿等业务，在经济繁荣之时接受商业银行的票据再贴现，而在经济危机的打击中则充当商业银行的“最后贷款人”，由此而取得了商业银行的信任，并最终确立了“银行的银行”的地位。随着伦敦成为世界金融中心，根据实际需要，英格兰银行形成了有伸缩性的再贴现政策和公开市场活动等调节措施，成为近代中央银行理论和业务的样板及基础。1933 年 7 月设立“外汇平准账户”代理国库。到 1946 年，英国议会通过《英格兰银行法》，赋予英格兰银行更为广泛的权力，使它可以按照法律对商业银行进行监督和管理（后来这项职能移交给 1997 年 10 月成立的金融服务局），英格兰银行终于名正言顺地成为英国的中央银行。

（资料来源：http://bbs.tianya.cn/post-develop-620345-1.shtml）

作为中央银行的鼻祖，英格兰银行在从商业银行演变为中央银行的过程中扮演了什么样的角色，或者说它的性质与职能是什么？现代中央银行的业务、职能及其作用发挥的特点是什么？这正是本章要学习和讨论的内容。

7.1 中央银行的起源与发展

7.1.1 中央银行产生的背景

中央银行作为一国政府在金融领域的主要代表，是现代金融体系中的重要组成部分，是一国政府调控金融和经济的特殊金融组织。关于中央银行的历史起源可以追溯到 17 世纪中后期，到 19 世纪初，中央银行初步形成并得到发展。中央银行的产生有着其深刻的历史背景和客观经济原因。

1. 历史背景

（1）商品经济的发展

13～14 世纪的西欧，商品经济已经得到初步发展。15～16 世纪，欧洲资本主义制度开始形成，社会生产加速转向商品化。到了 17 世纪，西欧的商品经济得到迅速发展，带动了科学发明和技术革新。18 世纪中叶开始的工业革命，极大地促进了生产力的发展和商品经济的迅速扩大，促使货币经营业越来越普遍，而且越来越有利可图。

（2）货币信用关系与经济关系的普遍化

随着商品经济的快速发展，以货币关系为特征的银行信用逐渐替代商业信用，成为信用的主要形式。银行不仅可以通过吸收存款和金融创新手段来增加资金来源，而且还直接向企业提供资金和为商业票据办理承兑、贴现、和抵押贷款等业务，将商业信用转化为银行信用，扩展了信用范围和规模。银行信用的发展促进了社会化大生产和商品经济的发展。

（3）商业银行的普遍设立

商品经济的发展和资本主义生产方式的兴起，为银行业的普遍发展创立了条件。银行的发展不仅表现为数量的迅速增加，发行银行券、为企业办理转账和为新型行业提供融资等服务逐步取代了传统的高利贷式的银行模式，并逐步发展为现代商业银行。银行业的发展极大地促进了资本主义的发展，也为商业银行向中央银行的转变创立了条件。

（4）经济发展中新矛盾的显现

虽然信用制度与银行体系已经成为商品经济运行的重要支撑。但是银行的大量设立和业务活动的创新及信用规模的扩大并没有相应的制度作保证，银行体系并不稳定，新的矛盾不断产生和积累。具体表现在以下几个方面：①银行券的分散发行被社会接受的程度差异较大，不利于商品经济的发展；②规模有限的商业银行难以应付票据交换和清算业务的日益增长需要；③银行的破产倒闭使信用体系和经济运行不断受到冲击；④缺乏统一的监管规则使金融秩序经常出现混乱。因此，建立稳定的信用制度和银行体系成为金融和经济发展最为迫切的问题之一。

2. 客观经济原因

（1）统一银行券的发行

由于货币信用迅速扩展，银行数量急剧增加，商业银行发行的银行券也越来越多。银行券的分散发行带来了“货币发行纪律”问题。也就是说，如果银行券的发行超过客观需要，将造成经济混乱。因此，解决问题的最好办法是由信誉卓著、资金雄厚的大银行统一货币发行。

（2）票据交换和清算

随着银行业务的不断扩大，银行数量的增加，银行间债权债务关系也变得复杂，而结算效率的降低和信用纠纷增多等因素，也需要建立全国统一的权威性清算机构，作为银行间票据交换和资金清算中心，从而保证资金顺畅流通，促进经济的健康发展。

（3）银行的支付保证和最后贷款人

银行竞争的日益激烈和债权债务关系的复杂，使银行面临的流动性风险日益增大，挤兑、破产的现象时有发生。为了维护存款人的利益和金融体系的稳定，客观上需要有一家权威机构适当集中各家银行的一部分现金准备，当商业银行发生支付困难时，充当银行的“最后贷款人”。

（4）对金融业的监督管理

随着商品经济的发展，银行业在经济中的地位和作用日益凸显。保证金融稳定，促进金融市场健康发展，加强金融监管已经成为经济发展的重要条件。由于金融行业的特殊性，完全依靠行政手段难以发挥金融促进经济发展的作用。因此，政府对金融行业的监管，需要建立一个专门的机构代替政府执行监督管理职能。

（5）政府融资

政府职能的加强增加了政府的开支。为了弥补财政赤字，政府经常需要从银行获得资金融通。而政府融资要与多家银行建立联系，会带来诸多不便。因此需要建立一个专业机构对政府的收支、资金往来和融资进行专门管理。这个专业的金融机构就成为政府的银行，为政府服务。

7.1.2 中央银行的产生与发展

1. 中央银行的产生与发展

说到中央银行的产生，不能不提及两家银行，即瑞典银行（Sveriges Riksbank，现改名为瑞典中央银行）和英格兰银行。1656 年建立的瑞典银行于 1668 年被收归国有，执行部分中央银行职能，因此有些学者将 1668 年的瑞典银行作为中央银行的正式开端。

1844 年《英格兰银行条例》确定了英格兰银行货币发行权，之后又取得了清算银行的地位，成为商业银行的中心。因此，从法律赋予中央银行货币发行特权来看，英格兰银行是历史上第一家具有真正意义的中央银行，因此它被誉为中央银行的鼻祖。

19 世纪末 20 世纪初，在英格兰银行转化为中央银行的带动下，许多国家的中央银行相继成立，出现了中央银行成立的第一次高潮。如法兰西银行（Banque de France）、德意志地国银行（Reich Bank）、美联储等。在这一时期，中央银行的产生基本上是由普通银行通过国家法律赋予集中货币发行权和对其他银行提供清算服务及资金支持而逐步演变成的。

1913～1945 年是中央银行制度的普遍推行时期。第一次世界大战之后，为了克服世界性金融危机和通货膨胀，1920 年在比利时的首都布鲁塞尔举行了历史上第一次国际经济会议，指出各国建立中央银行的必要性，以共同维持国际货币体系和经济稳定。由此推动了中央银行产生与发展的又一次高潮。此间，1930 年在瑞士巴塞尔成立了国际清算银行（Bank for International Settlements，BIS），由各国中央银行参加，使中央银行的地位和作用得到了加强。

在中央银行制度的普及与发展时期，新成立的中央银行绝大部分是由政府直接组建的，并借鉴了欧美中央银行发展的经验，使中央银行直接具备了比较全面的现代中央银行的特征。经济和金融发展较晚的亚洲和非洲国家中央银行的普遍设立，完成了中央银行的制度在全世界范围内的扩展。目前，几乎所有的国家都建立了自己的中央银行，中央银行制度成为世界各国的一项基本经济制度。

2. 中央银行制度的类型

由于各国的社会制度、历史文化传统、经济发展水平、金融发展状况的不同，中央银行的制度与结构也存在较大的差异。归纳起来，中央银行的制度有以下 4 种。

1）单一制中央银行制度。它是指全国只设立一家中央银行和若干分支机构的制度形式。它的最大特点是权力高度集中、职能完善、部门体系完整统一，其中职能机构分为金融机构与监督、政策与市场、金融与服务 3 个部分。典型代表是英格兰银行。我国实行的也是单一制中央银行制度。

2）多元制中央银行制度。它是指中央银行体系由中央和地方两级相对独立的中央银行机构共同组成，分别行使金融管理权的制度形式。典型代表是美联储。

3）跨国型中央银行制度。它是指几个国家组成货币联盟，为其成员国执行中央银行职能的制度形式。典型代表是欧洲央行，它是欧洲一体化进程逐步深入的产物。欧洲央行由两部分组成，一是欧洲中央银行本身，二是欧洲中央银行体系。

4）准中央银行制度。它是指国内没有真正专业化的，具备完全职能的中央银行，而是由几个履行有限中央银行职能的机构组成一个准中央银行体系的制度形式。新加坡是准中央银行制度的典型代表。新加坡不设中央银行，而由货币局发行货币，金融管理局负责银行管理、收缴存款准备金等业务。

阅读资料

欧 洲 央 行

欧洲央行是根据1992年《马斯特里赫特条约》的规定于1998年7月1日正式成立的。其前身是设在法兰克福的欧洲货币局。欧洲央行的职能是维护货币稳定，管理主导利率、货币的储备和发行，以及制定欧洲货币政策。其职责和结构以德国联邦银行为模式，独立于欧盟机构和各国政府之外。

欧洲央行是世界上第一个管理超国家货币的中央银行。独立性是它的一个显著特点。它不接受欧盟领导机构的指令，不受各国政府的监督，是唯一有资格允许在欧盟内部发行欧元的机构，1999年1月1日欧元正式启动后，11个欧元区国家政府就失去制定货币政策的权力，而必须实行欧洲央行制定的货币政策。

欧洲央行的组织机构主要包括执行董事会、欧洲央行委员会和扩大委员会。执行董事会由行长、副行长和4名董事组成，负责欧洲央行的日常工作；由执行董事会和欧元区国家的中央银行行长共同组成的欧洲央行委员会，是负责确定货币政策和保持欧元区内货币稳定的决定性机构；欧洲央行扩大委员会由欧洲中央银行行长、副行长及欧盟所有成员国的中央银行行长组成，其任务是保持欧盟中欧元区国家与非欧元区国家的接触。

欧洲央行委员会的决策采取简单多数表决制，每位委员只有一票，货币政策的权力虽然集中了，但是具体执行仍由各欧元区国家的中央银行负责。各欧元区国家中央银行仍保留自己的外汇储备。欧洲中央银行只拥有500亿欧元的储备金，由各欧元区国家中央银行根据本国在欧元区的人口比例和国内生产总值的比例缴纳。

（资料来源：辛波，马宇. 2010. 金融学. 北京：中国金融出版社）

7.1.3 我国中央银行的发展概要

我国最早的中央银行出现在20世纪初，1905年清政府设立户部银行，它是模仿西方国家中央银行而建立的我国最早的中央银行。户部银行于1908年更名为大清银行，经营国库，发行纸币。1912年，大清银行改组为中国银行，与1908年成立的交通银行共同承担了中央银行的部分职能。

1924年，孙中山在广州组建大元帅府（后改组为广州国民政府），设立了中央银行。1926年，北伐军攻占武汉，同年12月在武汉设立中央银行。这两家银行成立的时间较短，虽然都采用了中央银行的名称，但都没有真正行使中央银行的职能。1927年4月，蒋介石在南京组建新的国民政府，后颁布了《中央银行条例》，又公布了《中央银行章程》。1928 年 11 月，新的中央银行成立，总部设在上海。该行被授予经理国库、发行货币，行使中央银行职能。1942 年 7 月，国民政府公布了货币统一发行办法，中央银行垄断货币发行权，成为真正意义上的中央银行。

中国共产党于 1932 年 2 月在江西瑞金成立了中华苏维埃共和国国家银行，隶属财政部，执行发行货币，代理国库、代发公债及还本付息等中央银行及商业银行职能。

新中国的中央银行是中国人民银行。中国人民银行是在解放区银行的基础上，由当时华北银行、北海银行和西北农业银行于 1948 年 12 月 1 日在石家庄成立的。

中国人民银行的发展历程根据其特点和在经济中的作用，大致可分为以下 3 个阶段。

第一阶段，新中国成立至 1978 年以前，全国只有一家银行，即中国人民银行，它具有中央银行和商业银行的双重职能。

第二阶段，1979～1983 年。随着金融体制改革的深入，先后恢复和成立了多家专业银行。如中国农业银行、中国人民建设银行（后更名为“中国建设银行”）、中国银行和中国工商银行。

第三阶段，1984 年至今。1984 年，中国工商银行成立后，中国人民银行开始专门行使中央银行职能。1995 年 3 月，第八届全国人民代表大会第三次会议通过了《中华人民共和国中国人民银行法》，这标志着中国的中央银行制度正式进入法制化发展的新阶段。1998 年，中国人民银行及其分支机构在全国范围内进行管理体制改革，撤销省级分行，设立 9 个大区分行，分别为天津分行、沈阳分行、上海分行、南京分行、济南分行、武汉分行、广州分行、成都分行、西安分行。其目的是使我国中央银行制度更趋成熟，更有利于经济的发展。

2003 年，中国人民银行对银行、金融资产管理公司、信托投资公司及其他存款类金融机构的监管职能被分离出来，成立了中国银行业监督委员会，即中国银监会。至此，“一行三会”（中国人民银行、中国银监会、中国证监会、中国保监会）分业监管的框架基本建立。以银行为主体，多种金融机构并存的具有中国特色的金融体系最终形成。

7.2 中央银行的性质与职能

中央银行的性质是指中央银行自身所具有的特殊属性，是由其在国民经济中的地位决定的，并随着经济、政治的发展而发生变化。

7.2.1 中央银行的性质

从中央银行业务活动的特点和发挥的作用看，它的业务活动与一般的金融机构不同。同时，中央银行又是制定和实施货币政策、监督管理金融行业的宏观管理部门。所以，中央银行的性质体现在它具有国家性质，是一个“特殊的金融机构”。中央银行的特殊性主要表现在以下三方面。

1. 地位的特殊性

中央银行是全国金融事业的最高权力机构，是代表国家管理金融事业的部门。它对整个国民经济进行宏观调控和监督管理，以实现金融业的稳健经营和规范发展，并代表国家参加国际金融组织和国际金融活动。

2. 业务的特殊性

中央银行不以营利为目的，业务对象不是一般的工商企业和居民个人，而是商业银行等金融机构。同时，国家还赋予中央银行一些特有的权力和业务，如垄断货币发行权、集中存款准备金、代理国库、管理黄金和外汇储备、维护支付清算系统的正常运行等。

3. 管理的特殊性

中央银行的管理职能是以经济手段为基础，如调整利率和法定存款准备金率以及公开市场操作等，并辅以一定的行政手段和法律手段。这与行政机构单凭行政权力行使管理职能是有区别的。

综上所述，中央银行的性质可以概括如下：中央银行是为商业银行等普通金融机构和政府提供金融服务的特殊金融机构，是代表国家制定和实施货币政策、监督管理金融业、规范与维护金融秩序、调控金融和经济运行的宏观管理部门。

7.2.2 中央银行的职能

中央银行的职能是中央银行性质的具体体现。随着中央银行制度的发展，现代中央银行的职能有了更加丰富的内容，但发行的银行、银行的银行和政府的银行仍被看作是中央银行的三大基本职能。

1. 中央银行是发行的银行

所谓发行的银行，是指国家赋予中央银行集中与垄断货币发行的特权，是国家唯一的货币发行机构。集中与垄断货币发行权既是中央银行区别于其他金融机构的最基本、最重要的标志，也是中央银行发挥其全部职能的基础。

作为发行的银行，中央银行垄断货币发行权的目的有两个：一是为了保持货币流通顺畅；二是有效控制货币量和稳定币值。

货币发行是中央银行的重要资金来源，也为中央银行调节金融活动和全社会货币、信用总量，促进经济增长提供了资金力量。作为发行的银行，中央银行必须根据经济发展的需要来决定货币发行量。特别是在纸币本位制下，单位纸币的价值主要取决于纸币发行量。中央银行有责任保持货币币值稳定和规范货币发行，以保证金融市场的稳定。

2. 中央银行是银行的银行

所谓银行的银行，是指中央银行是以政府、商业银行和其他金融机构为业务对象，其业务内容仍具有银行固有的“存、贷、汇”的业务特征，同时中央银行也是商业银行和其他金融机构的管理者。作为银行的银行，中央银行的职能作用表现如下。

1）集中存款准备金。各国都以法律的形式规定，商业银行必须按照存款的一定比例向中央银行缴存存款准备金，其目的：一是保证商业银行或其他金融机构的支付和清偿能力；二是调节信用规模和控制货币供应量。

2）充当商业银行的“最后贷款人”。当商业银行出现支付困难或需要补充资金时，可以向中央银行申请再贴现、再抵押或再贷款等方式融通资金。中央银行作为最后贷款人发挥的作用：一是避免银行倒闭引发金融危机；二是为商业银行办理资金融通、调剂银行资金头寸；三是调节银行信用规模和货币供应量，最终达到影响经济的目的。“最后贷款人”的角色确立了中央银行在金融体系中的核心和主导地位，确定了中央银行对金融机构实施金融监管的必然性与必要性。

3）组织、参与和管理全国的清算。各金融机构通过其在中央银行的存款账户进行划拨款项，办理结算，从而清算彼此间的债权债务。中央银行组织、参与和管理清算，一方面加快了资金的周转速度，减少了清算费用，解决了非集中清算带来的不便；另一方面，可以通过清算系统对商业银行的经营情况进行了解、监督和控制，便于行使监管职能。目前，大多数国家的中央银行已成为各自国家资金清算中心。

3. 中央银行是政府的银行

政府的银行是指中央银行根据法律制定和实施货币政策，对金融业实施监督管理，负有保持货币币值稳定和保障金融业稳健运行的职责，代表政府参加国际金融组织，参与国际金融事务与活动，同时为政府代理国库，办理政府所需要的银行业务，提供各种金融服务。

中央银行作为政府银行的职能，主要体现在以下几个方面。

1）经营国库。国家财政收支一般不再另设专门机构经办，而是由中央银行经营。一国政府的收入和支出均通过财政部门在中央银行内开立的各种账户进行。主要包括按国家预算要求代收国库库款，按财政支付命令拨付财政支出，向财政部门反映财政收支执行情况，经办其他有关国库事务等。

2）代理政府债券的发行。中央银行通常代理政府债券的发行，并代办债券到期时的还本付息等事宜。

3）为政府融通资金。当财政收支不平衡，出现赤字时，中央银行有义务向政府融通资金。其主要有以下两种方式。一种是直接向政府提供贷款或透支。这只是短期性融资，中央银行一般不会承担向政府提供长期或无限额贷款的责任。另一种是购买政府债券。一般分为两种情况：一是中央银行在一级市场购买政府债券；二是中央银行在二级市场上购买政府债券，即公开市场业务。公开市场业务是各国中央银行采用的一项重要的货币政策工具。

4）持有和经营管理国际储备。中央银行对国际储备的管理包括：①对储备资金总量进行调控，使之与国内货币发行和国际贸易等所需的支付数量相适应，对储备资产结构特别是外汇资产结构进行调节；②对储备资产进行经营和管理，负责储备资产的保值及经营收益；③保持国际收支平衡和汇率基本稳定。

5）代表政府参加国际金融组织和活动。随着经济全球化和金融国际化步伐的加快，国际性的金融协调越来越重要。中央银行代表政府参加国际间的金融活动与事务，参加各种国际性金融会议，办理政府间金融往来及清算等。

6）制定和实施货币政策。货币政策是政府对经济实行宏观调控的基本经济政策之一，中央银行在政府的授权下制定并监督执行货币政策，货币政策必须要与国家经济社会发展的根本利益和长远利益保持一致，实现稳定币值和物价，促进经济增长的目的。

7）制定并监督执行金融管理法规。政府对金融业的监管，是由中央银行或中央银行及其他金融监管机构进行监管。主要内容包括：①制定有关金融法规、基本制度、业务活动准则等；②监督管理金融机构的业务活动；③管理、规范金融市场。

8）为政府提供经济金融情报和决策建议，发布经济、金融信息。中央银行作为全国的清算中心以及货币发行中心，能够随时掌握经济活动及经济运行的基本情况，为政府的经济决策献计献策，并发挥主导作用。

阅读资料

中国现代化支付系统

中国现代化支付系统（China National Automatic Payment System，CNAPS）是中国人民银行按照我国支付清算需要，并利用现代化计算机技术和通信网络自主开发建设的，能够高效、安全处理各银行办理的异地、同城各种支付业务及其资金清算和货币市场交易的资金清算的应用系统。它是各银行和货币市场的公共支付清算平台，是中国人民银行发挥其金融服务职能的重要核心支持系统。

中国现代化支付系统项目于1996年7月启动施工。支付系统包括中国人民银行统一运行管理的大额支付系统（High Value Payment System，HVPS），中国人民银行和商业银行及其他金融机构共建、共有、公用的小额批量处理系统（Bulk Electronic Payment System，BEPS），中央银行账户管理系统（Settlement Account Processing System，SAPS），支付银行卡授信系统（Bank Card Authorization System，BCAS），政府债券登记系统（Government Sponsored Enterprise System，GSES），同城票据清算系统（Local Clearing Houses，LCH），金融管理信息传输系统（FTTS）。

中国现代化支付系统有两级处理中心，即国家处理中心（National Process Center，NPC）和全国省会（首府）及深圳城市处理中心（City Clearing Processing Center，CCPC）。国家处理中心分别与各城市处理中心连接，其通信网络采用专用网络，以地面通信为主，卫星通信备份，

（资料来源：辛波，马宇．2010．金融学．北京：中国金融出版社）

7.3 中央银行的业务

中央银行是具有特殊职能的银行，作为发行的银行、银行的银行和政府的银行，其业务活动区别于一般商业银行和其他非银行金融机构，有着法定业务权力、法定业务范围和法定业务限制。因此，中央银行的业务活动必须围绕着各项法定职责展开，其基本原则必须服从于履行职责的需要。具体表现为不以营利为目标，保持资产的流动性，执行业务的主动性和保持业务的公开性，即非营利性、流动性、主动性和公开性。

7.3.1 中央银行的资产业务

中央银行在履行职能时，其业务活动所形成的债权债务将综合地反映在资产负债表

上。资产负债表是中央银行业务活动的综合会计记录。中央银行的资产是指中央银行所持有的各种债权，主要包括再贴现、贷款、证券和黄金外汇储备等。中央银行的资产业务就是通过对这些债权的处理，履行中央银行的职能。表 7.1 是中国人民银行资产负债表。该表是按照国际货币基金组织以相对统一的口径要求编制的。

表 7.1 中国人民银行资产负债表（2011 年 12 月末）

资产项目（L）	金额/亿元人民币	负债项目（A）	金额/亿元人民币
国外资产	237 898.06	储备货币	224 641.76
外汇	232 388.73	货币发行	55 850.07
货币黄金	669.84	其他存款性公司存款	168 791.68
其他国外资产	4 839.49	不计入储备货币的金融性公司存款	908.37
对政府债权	15 399.73	发行债券	23 336.66
其中：中央政府	15 399.73	国外负债	2 699.44
对其他存款性公司债权	10 247.54	政府存款	22 733.66
对其他金融性公司债权	10 643.97	自有资金	219.75
对非金融性部门债权	24.99	其他负债	6 437.97
其他资产	6 763.31		
总资产	280 977.60	总负债	280 977.60

资料来源：中国人民银行网站.

表中储备货币项目相当于广义基础货币，它由流通中货币发行和存款性公司存款（法定准备金和超额准备金之和）两部分构成。2011 年底基础货币金额 224 641.76 亿元人民币，比 2010 年底的 185 311.08 亿元增加了 21%。

1. 再贴现业务

（1）再贴现业务的概念

再贴现是商业银行为弥补营运资金的不足，将其持有的通过贴现业务取得的未到期的商业票据向中央银行申请转让，以此获得中央银行资金融通的经济行为。再贴现业务是中央银行调节资金，实现对宏观经济调控的一个重要手段。

（2）再贴现业务的一般规定

1）再贴现业务受理的对象：在中央银行开设账户的商业银行等存款货币银行。

2）再贴现票据对象：必须是以商品交易为基础的“真实票据”。

3）申请和审查：中央银行在接受再贴现申请后，应审查并确定是否符合再贴现的条件。

4）再贴现率的确定：部分国家制定“惩罚性利率”，即再贴现利率高于货币市场利率；多数国家将其作为“基础利率”充当货币政策工具。

5）再贴现的金额：由再贴现票据的票面金额扣除再贴现利息而得。即

再贴现金额＝票据面额－再贴现利息

再贴现利息＝票据面额×日再贴现率×未到期日数

日再贴现率＝年再贴现率÷360＝月再贴现率÷30

6）再贴现额度：限制对商业银行的再贴现金额，并对银行进行检查。

7）再贴现的收回：再贴现票据到期后，中央银行通过票据交换和清算系统向承兑单位和承兑银行收回资金。

（3）再贴现业务的作用机制

中央银行在购买商业银行持有的票据后，自身资产增加的同时也形成了对商业银行的负债，下面以中央银行购买10亿元票据为例加以介绍。

表7.2中，中央银行的资产增加了10亿元票据，负债也增加了商业银行在中央银行的准备金存款或发行新货币10亿元。

表7.2 中央银行资产负债表

资产		负债	
票据	+10亿元	准备金存款（新发行货币）	+10亿元

表7.3中，商业银行通过转让票据改变了自己的资产结构，增加了准备金存款或库存现金10亿元。商业银行可以继续持有准备金存款，但更大的可能是可以利用这笔资金发放贷款或购买其他证券，由此引起整个银行体系的资产负债的倍数扩张。

表7.3 商业银行资产负债表

资产		负债
准备金存款（库存现金）	+10亿元	
票据	−10亿元	

因此，中央银行通过调节再贴现率，来影响银行借入资金的成本，干预或影响市场利率，控制或调解信贷规模，从而实现对货币供应量的控制。

2. 贷款业务

（1）对商业银行的贷款

向商业银行融通资金是保证商业银行的支付能力，履行中央银行作为“银行的银行”的重要职能之一。中央银行对商业银行的贷款是短期贷款，多为以政府债券或商业票据为担保的抵押贷款。

随着金融市场的发展和金融创新的不断涌现，商业银行融资渠道和融资手段也不断变化。但是中央银行贷款仍是商业银行扩大信用能力的重要渠道和保证支付的重要手段。

（2）对其他非银行金融机构的贷款

贷款对象包括证券公司、信托投资公司、租赁公司以及政策性金融机构等。

（3）对政府的贷款

作为“政府的银行”，中央银行有义务向政府提供信贷支持。对政府的贷款可以采用两种方式，一是直接提供贷款；二是买入政府债券。由于为政府直接提供贷款会引发通过膨胀，因此直接提供贷款的形式都是短期贷款，并且限制额度。

（4）其他贷款

其他贷款是指对非金融部门的贷款，以及对外国政府和外国金融机构的贷款。

3. 证券买卖业务

（1）证券买卖业务的概念

证券买卖业务是中央银行作为市场参与者的一员，在公开市场进行证券的买卖活动。由此可以进行基础货币的投放或回笼。

（2）证券买卖业务的内容

证券买卖业务的对象被限定在政府债券、国库券等流动性高的安全资产。由于各国的国情不尽相同，因此各国法律规定中央银行可以买卖的证券种类也不同。例如，美联储主要通过国库券来进行公开市场操作；英格兰银行规定中央银行买卖证券的种类是商业票据和政府债券；我国在公开市场上操作的工具是国债、中央银行融资券和政策性金融债券。证券的买卖只能在二级市场上进行，买卖的方式为买（卖）断或回购。

（3）证券买卖业务的作用机制

与中央银行的再贴现业务一样，中央银行通过购买或出售证券也将引起自身负债的变化，下面以中央银行购买10亿元债券为例加以介绍。

如表7.4所示，中央银行在公开市场通过转账方式购买商业银行持有的债券，在形成自身新的资产的同时，也创造了对商业银行的负债。而商业银行利用卖出债券所获得的准备金存款，增加贷款或购买其他债券，由此引起整个银行体系的资产和负债的连续变化（见表7.5）。

表7.4 中央银行资产负债表

资产		负债	
债券	+10亿元	准备金存款	+10亿元

表7.5 商业银行资产负债表

资产		负债
准备金存款（库存现金）	+10亿元	
债券	−10亿元	

由于中央银行在公开市场上买卖证券的数量可以灵活控制，同时执行起来方面快捷，所以许多国家视其为最有效和最常用的货币政策工具，因而也成为其主要的资产业务，并随着证券市场的发展，在中央银行资产业务中的重要性不断提高。

（4）证券买卖业务的特点

与公开市场的其他投资者以营利为目的不同，中央银行证券买卖业务的目的是调节和控制货币供应量。尽管在证券买卖中会出现价差收益或亏损，但中央银行并不是为了获取收益，而是通过对货币量的调节，影响整个宏观经济。

（5）证券买卖业务与贷款业务的异同

中央银行证券买卖业务和贷款业务的相同之处表现在以下几点。

1）两者都是调控货币供应量的工具。

2）对货币供应量的影响相同，都会通过货币乘数引起货币供应量的多倍扩张或收缩。

3）融资效果相同，买入证券相当于贷款，卖出证券相当于收回贷款。

中央银行证券买卖业务和贷款业务的不同之处表现在以下几点。

1）主动性和灵活性不同。中央银行的证券买卖业务具有主动性，规模大小完全可以控制，并且执行速度较快，不会有行政性延误。而中央银行贷款业务较为被动，规模难以控制，无法做到灵活变动。

2）资产的流动性不同。尽管贷款以短期为主，但只能到期收回。证券买卖业务不存在期限问题，可以随时操作。因此，证券买卖业务的资产流动性要高于贷款业务的资产流动性。

3）收益形式不同。贷款业务有利息收入，证券买卖业务获得的收益是买卖过程中的价差。

4）对金融环境要求不同。证券买卖业务对金融环境要求较高，以发达的金融市场为条件。而贷款业务对金融环境没有过多要求。

4. 储备资产业务

（1）储备资产业务的概念

大多数政府将外汇、黄金和其他国际清算手段作为储备资产委托中央银行保管和经营，形成中央银行的储备资产业务。

（2）中央银行保管储备资产的意义

1）稳定币值。币值稳定是经济稳定的必要前提。因此，当一国出现商品供不应求，物价上涨时，中央银行将持有的储备资产出售，平抑物价，保持币值稳定。

2）稳定汇率。汇率的变化会影响国际收支状况甚至对整体经济产生重大影响。中央银行通过买卖黄金、外汇，使汇率保持合理水平。

3）调节国际收支。当国际收支出现逆差时，中央银行可以动用储备资产弥补差额，保持国际收支平衡。

（3）储备资产的构成

1）黄金是最古老的储备资产，最安全可靠。由于黄金没有收益，还要支付较高的管理成本，因此在世界各国的储备资产中的比重不断下降。

2）外汇具有流动性好、管理成本低、收益性好的特点。但是，持有外汇需要承担较高的风险，比较适合作为周转手段。

3）特别提款权和在国际货币基金组织的头寸。这部分储备安全、可靠、流动性高，但不能随意获得，要按份额分配。

（4）保管和经营储备资产应注意的问题

1）确定合理的储备资产数量。过多浪费资源，过少则可能丧失国际支付能力。同时，还要考虑国际收支状况、国内经济政策、进口数量、汇率制度、债务数量及长短期债务比重等因素。

2）保持合理的储备资产结构。考虑安全性、流动性、收益性的有机统一。

5. 我国中央银行的主要资产业务

（1）贷款业务

我国法律规定，中国人民银行贷款业务的对象必须是中国人民银行批准、持有经营金融业务的许可证、在中国人民银行开立独立的往来账户、按规定向中国人民银行缴存存款准备金的商业银行和其他金融机构。

根据 1994 年发布的《信贷资金管理办法》的规定，可以获得中国人民银行贷款的机构有以下三类：①商业银行、城市信用社、农村信用社；②信托投资公司、金融租赁公司和企业集团财务公司等非银行金融机构；③政策性银行。

（2）再贴现业务

我国中央银行的再贴现业务起步较晚，1986年，中国人民银行出台《商业汇票承兑、贴现暂行办法》并于1987年在全国推行票据贴现和再贴现业务。但由于商业信用不发达、票据市场不规范，再贴现业务的发展几乎停滞。1994年，经国务院批准，中国人民银行专门安排再贴现资金用于煤炭、电力、冶金、化工、铁道等行业的已贴现票据的再贴现。1997年3月，中国人民银行对四大国有商业银行的总行开办再贴现业务，这标志着再贴现业务已成为中央银行金融宏观调控的手段。

近年来，再贴现业务在调控基础货币、引导和促进票据业务发展、贯彻国家货币政策等方面发挥了非常关键的作用。但是，再贴现业务的发展仍面临亟需解决的问题。

1）缺乏以诚信为原则的市场信用基础。我国信用制度不健全和信用状况不佳阻碍了再贴现业务的发展。

2）缺乏统一、完善的商业票据市场。只有少数经济较发达的城市拥有票据中心，并没有形成覆盖全国统一的和完善的票据市场。

3）缺乏灵活有效的再贴现管理方式。中国人民银行分支行办理再贴现业务有时滞，且手续繁杂。

4）缺乏差别利率管理。实际办理再贴现业务的期限与利率不匹配，不能真正地在票据市场上发挥指导作用。

（3）证券买卖和储备资产业务

中国人民银行根据货币供应量和商业银行准备金头寸及市场外汇汇率等指标的变化，决定证券买卖的具体操作。我国证券买卖的交易对象是国债、中央银行债券和政策性金融债券。证券买卖的参与者是参加同业拆借市场的各类金融机构，包括商业银行、保险公司、证券公司、投资基金和农村信用联社。

我国的储备资产包括黄金、外汇、特别提款权和在国际货币基金组织的头寸。由于特别提款权和在国际货币基金组织的头寸是分配的，在一定时期内比较稳定。而黄金的重要性在降低，因此中央银行储备资产的管理业务主要表现在对外汇储备资产的管理。安全性、流动性和盈利性是外汇储备经营管理的基本原则，同时考虑外汇储备资产的特殊性，灵活运用“三性”原则。

7.3.2 中央银行的负债业务

中央银行的负债是指金融机构、政府和特定机构持有的对中央银行的债权。中央银行的负债业务主要包括存款业务、货币发行业务和其他负债业务。

1. 存款业务

银行作为金融机构，吸收存款是其重要的业务之一。与商业银行开展存款业务不同的是，中央银行的存款业务是通过资金的运用创造资金的来源。它的意义主要体现在以下几个方面：①有利于调控信贷规模和货币供应量；②有利于维护金融业的稳定；③有利于资金的支付清算；④有利于政府资金融通。

中央银行存款业务的特点包括：①存款原则具有特殊性，与商业银行开展存款业务的原则不同，中央银行的存款业务具有一定的强制性，并以法律的形式规定；②存款动机具有特殊性，中央银行吸收存款是出于金融宏观调控和监督以及履行其职能的需要；③存款对象具有特殊性，中央银行的存款业务对象是金融机构和财政等部门等，不面向普通大众；④存款当事人关系具有特殊性。中央银行与存款人之间的关系不仅是经济关系，更是一种管理与被管理的关系。

（1）准备金存款业务

准备金存款是中央银行存款业务中重要的组成部分，是商业银行等存款类金融机构按吸收存款的一定比例提取的准备金，它由以下几个部分组成：①自存准备金，指商业银行等存款类金融机构以库存现金的方式保存的准备金；②法定准备金，指商业银行等存款类金融机构按照法定要求缴存到中央银行的存款；③超额准备金，指商业银行等存款类金融机构在中央银行存款中超过法定准备金的部分。

准备金存款业务的基本内容包括：①规定存款准备金比率，按照存款的类别、金融机构类型、规模和经营环境规定准备率；②规定可充当法定准备金的内容，根据流动性将金融资产划分为一线准备和二线准备；③确定准备金计提的基础，确定计算准备金存款的数量和确定缴存存款准备金的基期。

我国中央银行的准备金存款制度是在 1984 年中国人民银行行使中央银行职能之后建立的。在最初阶段，存款准备金是按照存款种类分别核定的。1985 年存款准备金率得到统一。

1998 年，中国人民银行对存款准备金制度进行了改革。将原金融机构在中国人民银行的“准备金存款”和“备付金”存款两个账户合并；将法定存款准备率由 13%下调到 8%；各金融机构的法定准备金按旬考核并纳入法人统一考核。

由于法定存款准备金的缴存具有强制性，同时为不削弱中央银行调节货币量的作用，中央银行是不支付法定存款准备金利息的。与其他国家不同的是，中国人民银行对存款准备金支付利息。这是因为中国人民银行尚处于行政职能向金融职能转变的过度时期，是暂时性的，随着改革的深入将逐步取消存款准备金的利息支付。

（2）中央银行的其他存款业务

中央银行的其他存款业务包括政府和公共机构存款、其他金融机构存款、外国存款和特种存款。

（3）中央银行存款业务与其发挥职能作用的关系

1）作为发行的银行，中央银行存款业务与流通中现金的投放有直接的关系。

2）作为银行的银行，中央银行通过准备金存款业务调节信用规模和货币供应量，组织全国性清算业务，并发挥最终贷款人的职能。

3）作为政府的银行，中央银行为政府经营国库，融通资金。

2. 货币发行业务

（1）货币发行的含义、种类、渠道与程序

货币发行具有两层含义：从货币发行的过程看，指货币从中央银行的发行库通过各家商业银行的业务库流向社会；从货币发行的结果看，指货币从中央银行流出的数量大于流通中回笼的数量。

货币发行一是满足社会商品流通扩大和商品经济发展的需要，二是满足履行中央银行各项职能的需要。货币发行按其性质划分为经济发行和财政发行，前者是为了满足商品流通的需要，后者是为了弥补财政赤字。

中央银行货币发行的渠道是通过再贴现、贷款、购买证券、收购金银和外汇等业务活动，将货币注入流通，并通过同样的渠道反向组织货币回笼。图 7.1 是高度概括的货币发行渠道与程序。

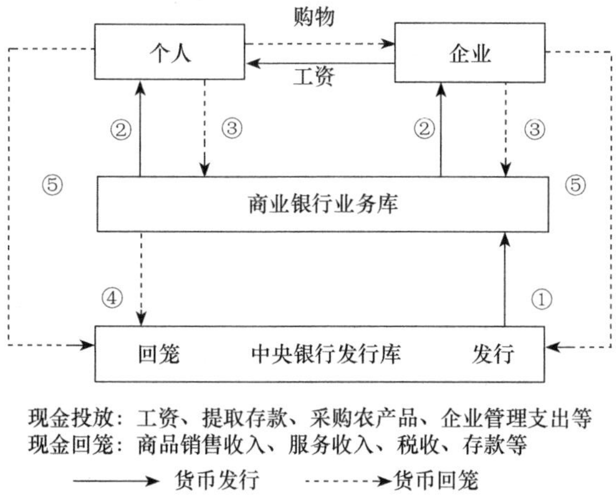

图 7.1　货币发行的渠道与程序

（2）货币发行业务的原则

1）垄断发行原则。货币发行权高度集中于中央银行，货币发行是中央银行最重要的负债业务。

2）信用保证原则。中央银行发行货币，必须遵守信用保证原则，即要建立某种准备金制度，如以黄金、外汇、证券等作为发行准备，从而保证中央银行独立发行。

3）弹性原则。货币发行要具有一定的伸缩性和灵活性，以适应经济状况变化的需要。

3. 其他负债业务

中央银行的负债业务除存款业务和货币发行业务外，还有中央银行债券、对外负债和资本业务。

1）中央银行债券。这是中央银行为调节金融机构多余的流动性向金融机构发行的短期债务凭证。它是中央银行的一种主动负债业务，具有可控制性、抗干扰性和预防性。

2）对外负债。中央银行对外负债的主要形式有向外国银行借款、对外国中央银行负债、向国际金融机构借款、在国外发行的中央银行债券。中央银行对外负债是为了平衡国际收支、维持本币汇率稳定和应对货币危机或金融危机。

3）资本业务。这是中央银行筹集、维持和补充资本的业务。其资本来源由政府出资、地方政府和国有机构出资、私人银行或部门出资。由于中央银行的特殊地位和法律特权，其资本业务的重要性与一般金融机构不同。

阅读资料

解读国际货币基金组织和世界银行投票权

作为当今两大国际金融机构的国际货币基金组织和世界银行（World Bank），源起于1944年在美国召开的布雷顿森林会议。当时，第二次世界大战已接近尾声，两大机构的建立既反映了世界金融与货币体系除旧布新的需要，也从一个侧面诠释出当时国际经济以欧美为主导的大格局。

以国际货币基金组织为例，其投票权规则根据各国国内生产总值、贸易开放程度和外汇储备计算。目前的投票体系由两部分组成，即每一成员均有的250票基本投票权和根据各成员缴纳的基金份额所得到的加权投票权。在实际运作中，后者更能起到决定性作用。加权投票权与各成员所缴份额成正比，而份额则由成员的经济发展水平和贸易投资开放程度等多种因素确定。最值得注意的是，投票权标准的制定握在欧美国家手中。

美国在国际货币基金组织中以约17%的投票权居首，德国为5.88%，英国和法国分别是4.86%，中国则不到4%（2008年4月，国际货币基金组织理事会投票批准了关于份额和投票的表决方案，适当增加发展中国家的代表性，中国的出资份额提高到3.997%，投票权份额提高到3.807%）。显然，这一比例是不符合实际的，目前中国的经济总量已经超过英法两国，话语权却没有扩大。经济危机爆发后，国际货币基金组织希望从中国、印度等外汇储备充裕的新兴市场国争取更大的资金支持，因而提高这些国家代表性的问题自然无法回避。

（资料来源：中国新闻网 www.chinanews.com）

小　结

中央银行的产生具有深刻的历史背景和客观经济因素。世界上第一家中央银行是英格兰银行。中央银行的制度可分为4种类型：单一制中央银行制度、多元制中央银行制度、跨国制中央银行制度和准中央银行制度。

中央银行的性质是为商业银行等普通金融机构和政府提供金融服务的特殊金融机构，是代表国家制定和实施货币政策、监督管理金融业、规范与维护金融秩序、调控金融和经济运行的宏观管理部门。中央银行的职能是中央银行性质的具体体现，它的三大基本职能为发行的银行、政府的银行、银行的银行。

中央银行的资产业务分为三大类：再贴现和贷款业务、证券买卖业务和黄金外汇储备业务。中央银行的再贴现业务是向商业银行融通资金，贷款业务意味着中央银行行使“最后贷款人”的职责。中央银行的证券买卖业务不是为了获取收益，而是为了调节和控制货币供应量，是中央银行宏观调控的手段。中央银行的黄金外汇储备业务是以稳定币值、稳定汇价和调节国际收支为目标。

中央银行的负债业务分为存款业务、货币发行业务和其他负债业务。存款业务主要包括准备金存款、政府存款、外国存款和特种存款等。中央银行的货币发行主要是通过贷款、购买证券、购买金银和外汇等业务活动进行的。中央银行的其他负债业务包括发行中央银行债券、向外国银行借款、对外国中央银行负债、向国际金融机构借款和向外国发行中央银行债券。

案例分析

对20世纪30年代美联储行为的解释

当今，对美联储在大萧条期间所起作用的客观研究断定：面对经济的不断下降，美联储执行了紧缩的货币政策；或者，它袖手旁观，被动地看着美国金融和经济系统的崩溃。至少，人们可以责备美联储没能采取可以阻止物价下跌和经济活动灾难性紧缩的主动行动。那么，如何解释美联储没能采取行动呢？这有几个可能的解释。

第一个解释是，美联储被其自身有缺陷的策略所愚弄——集中于货币姿态的错误指示器的倾向。在1932年中期以后，当看到贴现率和货币市场收益率的低水平和超额准备金的增长时，美联储错误地推断它在实行扩张的货币政策。一个观点强调贴现窗口的活动可以作为货币政策的指示器。从20世纪20年代开始，美联储开始把银行从美联储的大量借款视为资金紧张的信号，因此把1929年股票市场崩溃之后贴现窗口借款的收缩解释为其扩张姿态的标志。这一理论有助于解释为什么美联储在30年代没有主动地购买债券——它错误地认为它已经在实行扩张的政策。美联储一直没有关注银行准备金和下降的货币存量。有人认为美联储是顽固的或者不胜任的，本杰明·斯特朗（Benjamin Strong）的逝世使美联储的智力资本消失了。

第二个解释是，美联储的双重任务之间存在内在的矛盾，即美联储既要稳定国家的经济，又要确保商业银行的安全和盈利能力。在20世纪30年代初，由于银行更加谨慎或者由于贷款需求者的减少，银行忙于重新配置其盈利资产，从放款转向短期政府债券。1932年年初，美联储终于开始主动购买政府债券，随着这些政府债券的收益率在1932年中期跌到了相当低的水平，出于怕损害（已经抑制了）银行利润的原因，美联储放弃了短命的扩张计划。美联储开始担心过低的利率会使银行无法赚得像样的利润。这听起来有些不可思议，美联储的一些成员还认为偶然的衰退可以通过铲除无效率的公司和降低工资而在资本主义社会发挥有益的净化作用。

第三个解释基于这样一个事实：直到1932年，联邦储备银行一直被要求持有足额的黄金来支持它所发行的纸币（联储银行券）。在20世纪30年代初，联邦储备银行持有的"自由黄金"或者说美联储持有的抵押超额黄金已经低到不安全的水平。当外部由于英国放弃金本位制和接着产生的不稳定环境而在1931年9月和10月开始把他们手中的美元换成黄金时，联邦储备银行大幅度地提高了他们的贴现率。这一中央银行对国际危机的典型反应表明美联储受到国际经济考虑的严重束缚，因此限制了它对国内经济事件做出反应的能力和意愿。

（资料来源：劳埃德．1999．货币、银行与金融市场．北京：机械工业出版社）

【案例思考】

1．你同意案例对美联储在大萧条期间没能采取主动行动以阻止经济走向恶化的三个解释吗？为什么？

2．通过案例的启示，你认为中央银行在经济中应如何发挥自身的功能，扮演好自己的角色？

思考题

1．分析中央银行产生的必要性。
2．中央银行制度的类型有哪几种？
3．如何认识中央银行的性质？
4．简述中央银行的三大职能。如何理解中央银行职能的新变化？
5．中央银行为什么要垄断货币发行？为什么货币发行是中央银行的负债业务？
6．中央银行有哪些业务？这些业务与商业银行有什么不同？
7．中央银行的再贴现与贷款业务的区别是什么？
8．中央银行存款业务的特点是什么？
9．中央银行准备金存款的内容与目的是什么？

在线学习

1．进入方式

授课视频路径：输入网址“http://www.upln.cn/”→“教学资源中心”→“资源共享课”，单击“货币金融学”（杨秀萍教授主讲），观看本章的教学视频。

2．学习方式

进入本章授课视频，自主完成“练习、作业、测验、案例”等，并通过网页提供的“在线测验、试卷答题”等形式检验自己对知识的掌握情况。

第8章

货币供给

知识目标

1. 掌握基础货币的构成、性质与特点。
2. 掌握决定基础货币变化的主要因素。
3. 理解中央银行对基础货币的调控。
4. 掌握商业银行存款货币创造的机制与制约因素。
5. 理解货币供给、基础货币和货币乘数三者的关系。
6. 理解影响货币乘数的因素与中央银行对货币乘数的调控。

基本概念

货币供给　基础货币　原始存款　派生存款　存款货币创造　存款乘数　法定存款　准备金制度　非现金结算制度　现金漏损率　超额准备金率　货币乘数

开篇案例

从“9・11”事件看美联储

通常情况下，美国各银行每天会在金库里持有400亿美元的现金，在联邦储备银行持有100亿美元的储备存款。它们持有的贴现贷款余额实际为零。而且在通常情况下，纽约联邦储备银行每天通过交易柜台进行的临时公开市场操作会购买价值50亿美元的债券，但不会干预外汇交易市场。

2001年9月11日后的第二天，是不寻常的一天。飞机停飞，位于曼哈顿的华尔街地区不允许进入。实际上民用飞机不允许起飞使美联储不能将支票从一个地区转送到另一地区。截至9月13日，未兑现额激增，由平时的约5亿美元上升至500亿美元以上。同时，由于人们不能去纽约街上的办公室上班，使一些大银行被迫关闭。尽管这些银行还能从其他银行收取款项，却不能对他人付款。资金流入一些巨额储备账户，但没有任何流出。这些银行正在吸收金融体系的血液——流动性，从而威胁到支付体系，造成其中断。

美联储的官员看到了正隐约逼近的危机，立即做出反应，向需要者提供储备资金。

9 月 11 日的晚上，一群大约 20 名美联储官员在美联储大楼内留宿，以便在第二天早上作出公开市场操作对策。接下来，他们来到汉德森河岸突发事故应急中心，继续他们的工作。9 月 13 日和 14 日，美联储提高了证券持有额至 700 亿～800 亿美元，发放了 80 亿美元的贴现贷款，购买了价值约 200 亿美元的欧元。这些交易再加上接近 500 亿美元的自由资金，我们可以看出，在两天多时间里美联储将储备余额提高至近 1500 亿美元。这种储备注血随着之后一周储备体系恢复正常而很快耗尽（注：因回购交易的完成而收回流动性）。美国的银行体系经受住了这次巨大冲击，完成了它的使命，或多或少使人们的金融资产免受影响。

（资料来源：Cecchetti S G.2006.Money,Banking,and Financial Market.New York:McGraw-Hill Companies,Inc）

美联储面对意外冲击为什么如此紧张？面对市场对货币的需求，中央银行如何操作才能稳定市场流动性实现合理的货币供给？商业银行体系在货币供给机制中又在发挥着怎样的作用？这正是本章要学习和讨论的内容。

货币供给主要研究货币供给的形成与调控机制，包括货币供给的主体、货币供给的方式、影响货币供给量的因素以及货币管理当局对货币供给量的控制等内容。

8.1 中央银行基础货币的供给

货币供给理论的产生和形成比货币需求理论要晚得多。直到 20 世纪 60 年代末，才出现了现代意义上的货币供给理论。这是因为，在很长的时间里，绝大多数经济学家把货币供给量作为货币当局能够完全控制的外生变量，因而不去研究货币供给的决定过程，只研究中央银行改变货币供应量时经济发生的变化。

事实上，中央银行并不能完全控制货币供应量。因为货币供应量的创造涉及到 3 个主体的行为：①中央银行的基础货币供给；②商业银行体系存款货币创造；③机构与个人提供的存款。这是一个错综复杂的过程，货币供应受各种因素的影响。在这个过程中，中央银行的基础货币注入最为重要，它是货币供给量产生的源头。

8.1.1 基础货币及其决定

1. 基础货币

基础货币（monetary base，MB），被定义为社会公众持有的现金（currency，C）和商业银行在中央银行的准备金（reserves，R）之和。即

$$MB=C+R \tag{8.1}$$

由于一个单位的基础货币投放可以派生出超过自身数倍的货币供给量，所以，基础货币又被称为高能货币（high powered）或强力货币。

基础货币具有 5 个显著特点：①它是中央银行的负债；②流通性很强；③具有派生性；④与货币供给的各相关层次有较高的相关度，它的变化对于货币供给变化起着决定性作用；⑤具有可控性，即中央银行能够控制它，并且通过对它的控制来影响货币供给量。在基础货币的 5 个显著特点中，流通性和派生性是其最本质特征。

2. 基础货币的决定

从基础货币（MB）的构成来看，基础货币来源于流通在银行体系之外的现金（C）和商业银行在中央银行的存款准备金（R）两个方面。现金是由中央银行发行的，存款准备金是商业银行存放在中央银行的存款。从性质上来看，基础货币是中央银行的负债。

由于基础货币是中央银行的负债，我们从中央银行的资产负债表中就可以直观地看到基础货币的来源。我们忽略不同国家货币当局资产负债表编制的自身特点，仅从共性出发建立一个中央银行资产负债表简表，如表 8.1 所示。

表 8.1 中央银行资产负债表

资产（A）	负债（L）
A_1：政府证券 A_2：贴现贷款 A_3：外汇资产 A_4：其他资产	L_1：流通中现金 L_2：存款准备金 L_3：政府存款 L_4：其他负债 L_5：资本金
合 计	合 计

因为 A＝L（资产＝负债），即

$$A_1+A_2+A_3+A_4=L_1+L_2+L_3+L_4+L_5 \tag{8.2}$$

所以

$$MB=C+R=L_1+L_2=(A_1+A_2+A_3+A_4+L_5)-(L_3+L_4) \tag{8.3}$$

从等式中可以看出，基础货币由流通中的现金 C（在资产负债表中用 L_1 表示）和存款准备金 R（在资产负债表中用 L_2 表示）两部分组成，构成基础货币的来源。

3. 决定基础货币变化的主要因素

（1）影响商业银行存款准备金变动的因素决定基础货币的变化

1）存款准备金率的变化。存款准备金包括商业银行在中央银行的存款和实际持有的库存现金。商业银行在中央银行的存款又可以分为两部分：中央银行要求商业银行必须持有的准备金（法定存款准备金，required reserves，RR）和商业银行自愿持有的额外的准备金（超额存款准备金，excess reserves，ER）。例如，中国人民银行要求存款机构每吸收 1 元钱的货币存款，必须将其中的一部分（例如 1 角钱）以准备金形式持有。1 角钱货币被称为法定存款准备金；而 1 角钱占 1 元钱的比率（10%）被称为法定存款准备金率（required reserves ratio）。法定存款准备金率是指商业银行等存款金融机构上交中央银行的准备金占存款的百分比。

如果中央银行提高法定存款准备金率，商业银行上交的存款准备金就多，基础货币量增加；反之，中央银行降低法定存款准备金率，商业银行上交的存款准备金就少，基础货币量就减少。

2）流通中现金量的变化。流通中的现金流入银行系统的数量增加，可使商业银行上缴的存款准备金随之增加；流通中现金流出银行系统，可使商业银行上缴的存款准备金减少。某些资本主义国家的财政部门有直接向流通中投入现金的权力，所以财政部门直接投入流通中现金量的多少也会相应地增减存款准备金。

3）中央银行买卖信用证券数量的变化。中央银行通过公开市场业务买进有价证券，可使商业银行上缴的存款准备金增加；反之，如果中央银行卖出有价证券，商业银行上缴的存款准备金减少。同时，中央银行买卖外汇也会引起商业银行存款准备金和基础货币的变化，具有和普通公开市场业务一样的影响。

4）中央银行对商业银行放款、贴现的松紧。中央银行作为最后贷款人，如果扩大或放松对商业银行的放款、贴现，那么商业银行在中央银行的存款准备金将增加；反之，商业银行上缴的存款准备金则减少。

（2）影响流通中现金变动的因素决定基础货币的变化

1）公众收入和消费变化。一般来说，公众手持现金量会随着货币总收入的增加而增加。同时，由消费倾向所决定的支出构成变化，也会引起现金量的复杂变动：积蓄增加会减少现金持有，购买增加则形成手持现金暂时增加。

2）物价变动状况。一般来说，在币值和物价比较稳定的情况下，公众的手持现金除了随着季节性的变化有所变动外，是比较稳定的。但是，在币值和物价不稳定，甚至是持续的恶性通货膨胀的情况下，往往会出现提取存款、储存现金、抢购商品等混乱局面，暂时会出现流通中现金增加的现象。

3）经济发展和体制变动情况。例如，商品交易发展、就业人数增加、集贸市场扩大、价格调整等因素，往往导致流通中现金量的增加。

4）信用发展程度。例如，银行存款利率的提高、储蓄网点的增多、非现金结算的广泛开展等，这些因素往往会影响流通中现金量。

4. 中央银行对基础的货币控制

（1）中央银行控制基础货币的手段

控制基础货币是中央银行的一项重要任务，由此可实现对信用总量的控制。在现代经济中，中央银行主要通过经济手段控制和调节基础货币，最明显的表现是改变其资产负债表的规模和结构。中央银行资产负债表中 L_1 和 L_2 总是受到资产负债表其他组成部分的影响。或者说，中央银行资产负债表中任何一个项目的变动都会引起基础货币量的增减。具体来讲，中央银行主要通过以下几种手段来改变资产负债表的规模和结构。

1）调整存款准备金率，影响商业银行发放贷款扩张货币的基础能力。

2）公开市场操作，即中央银行在金融市场上买卖有价证券。中央银行如果从商业银行手中购买证券，则增加银行准备金；如果从个人手中购买证券，则增加流通中现金。

3）外汇交易干预，即中央银行买卖外汇储备货币，其原理与买卖有价证券相同。

4）中央银行对商业银行贴现贷款的扩张或收缩，商业银行在该交易中主动性更强。

5）非银行公众对现金的提取，该行为不改变中央银行负债总额和基础货币总额，但改变了负债结构，使中央银行储备负债减少、现金负债增加。

（2）中央银行控制基础货币的力度

从以上中央银行控制基础货币的手段来看，中央银行控制力最强的，就是能够直接决定存款准备金率以及增减对商业银行和其他金融机构的资产。但是，基础货币变动的效果还要取决于商业银行和其他金融机构的反应。比如，调整存款准备金率有时不能直接作用到基础货币的增减上，因为商业银行的存款准备金包含法定准备金和超额准备金两部分，当超额准备金充足时，中央银行调高法定存款准备金率，只能降低超额准备金的数量增加法定准备金数量，基础货币总量不变。因此，虽然法定准款准备金率的制定完全由中央银行掌控，但对基础货币量的影响效果不确定，取决于商业银行超额准备金的多少。

公开市场操作和贴现贷款是决定基础货币供给的两个主要因素。虽然中央银行能够完全控制公开市场购买或公开市场出售的规模，但是中央银行不能单方面决定或准确估计商业银行向中央银行借款的数额。中央银行制定贴现率（贴现贷款的利率），然而由商业银行决定是否借款。贴现贷款的规模虽然受中央银行设定的贴现率的影响，但却不是由中央银行完全控制的，商业银行的决策也会发挥作用。

因此，我们还可以对基础货币从其来源再进行分类，它包括两部分：一部分是中央银行以公开市场操作方式出售证券而注入到流通中的通货及增加的商业银行准备金，称为非借入性基础货币（nonborrowed monetary base，MB_n）。另一部分是由中央银行的贴现窗口而增加的商业银行准备金，称为借入准备金（borrowed reserves，BR）。于是，基础货币又可以表示为

$$基础货币＝非借入性基础货币＋借入准备金$$

或者

$$MB=MB_n+BR \tag{8.4}$$

由于公开市场操作中央银行可以直接、主动地进行，所以，一般认为非借入性基础货币中央银行能够完全控制。而控制力较弱的是由中央银行的贴现贷款所创造的基础货币，即借入准备金。

8.2 商业银行体系的多倍存款货币创造

存款货币是由存款货币银行创造的。存款货币银行是国际货币基金组织采用的有关金融机构分类中的一个口径，通常指接收活期存款并可以创造存款货币的金融机构。在整个金融体系中，商业银行与其他金融机构的显著区别在于最初只有商业银行才能经营活期存款业务，并具有创造派生存款的能力。金融管制放松后，一些其他的金融机构也被允许经营活期存款业务，但从规模和影响来看远不及商业银行，因此，商业银行仍然是存款创造最重要的主体。为简化起见，说及存款货币银行时，往往就用商业银行这一概念来代替。

8.2.1 多倍存款货币创造的前提条件

多倍存款货币创造是指商业银行吸收一笔原始存款后，经过银行体系连续存贷引致的存款总额不断扩张，最终创造出超过原始存款数倍的存款量。

商业银行存款的初始增加要引起多倍的存款创造，需要具备两个基本的前提条件，即部分法定准备金制度和非现金结算制度。

1. 部分法定准备金制度

部分法定准备金制度是相对于全额准备金制度而言的。部分准备金制度，是指商业

银行吸收存款后，只需缴存部分金额作为法定存款准备金，其余金额可以全部或部分贷出的制度。即中央银行规定的法定存款准备金率大于或等于零，但必须小于 100%。只有部分法定准备金制度才能为创造多倍存款货币提供可能。

2. 非现金结算制度

非现金结算制度是指国家规定个人、社会组织、政府机关等各类社会主体的资金收付要通过在商业银行开立的账户办理转账结算，不得使用现金（通常规定零星小额资金收支可以使用）。非现金结算制度保证了中央银行基础货币投放不游离于商业银行体系之外，能够保证商业银行体系可吸纳的存款量，使多倍存款创造成为可能。

在部分准备金条件下，借款人获得的贷款完全以现金取出，并长期持有这些现金，银行就失去了新的存款来源，因而也不能继续存款的创造过程。只有在支票流通和转账结算的前提下，借款人的借款转存在银行，才能创造新的存款，并进一步创造派生存款。

8.2.2 多倍存款货币创造的过程

为清晰地讨论存款货币的创造过程，有必要将存款划分为原始存款和派生存款。因此，在分析多倍存款货币创造过程之前，我们首先定义原始存款和派生存款。

1. 原始存款与派生存款

原始存款（primary deposit），是整个商业银行体系最初吸收的存款，具体是指商业银行吸收的现金存款或中央银行对商业银行提供的再贷款、再贴现而形成的存款，是商业银行从事资产业务的基础。这部分存款不会引起货币供给总量的变化，仅仅是流通中的现金变成了商业银行的活期存款，存款的增加正好抵消了流通中现金的减少。原始存款对于商业银行体系而言，是现金的初次注入，是商业银行进行信用扩张的基础。

派生存款（derivative deposit），是相对于原始存款而言的，是指由商业银行以原始存款为基础发放贷款而引申出的超过最初部分存款的存款。派生存款产生的过程，就是商业银行吸收存款、发放贷款，形成派生存款，最终导致银行体系存款总量增加的过程。

2. 多倍存款货币创造的过程

为了简单清晰地描述存款货币的多倍创造过程，接下来举例进行说明。

以银行活期存款为例：①假定中央银行规定的法定准备金率为 10%（法定准备金率用 r_d 表示），并假定只考虑法定存款准备率对存款派生的影响；②假定商业银行保有的超额存款准备金（ER）为零，即超额储备率为零（超额储备率用 e 表示）；③假定现金漏损率为零（即没有现金游离开银行系统。现金漏损率用 c 表示）。

更为简单起见，假设中央银行注入 10 000 元的贴现贷款存入 A 银行。A 银行的资产负债 T 型账户为：

A 银行　　（单位：元）

资产		负债	
准备金	+10 000	活期存款	+10 000

如果按照规定提取存款准备金 1000 元，其余的 9000 元全部贷款给客户甲，此时，A 银行的资产负债 T 型账户变为：

A 银行　　　　（单位：元）

资产		负债	
存款准备金	+1 000	活期存款	+10 000
贷款	+9 000		

假定客户甲将这 9000 元贷款存入自己的开户行 B 银行，B 银行按照规定提取 900 元法定存款准备金后，再将其余的 8100 元全部贷款给客户乙，此时，B 银行的资产负债 T 型账户为：

B 银行　　　　（单位：元）

资产		负债	
存款准备金	+900	活期存款	+9 000
贷款	+8 100		

假定客户乙再将这 8100 元贷款存入自己的开户行 C 银行，C 银行按照规定提取 810 元法定存款准备金后，而后将其余的 7290 元全部贷款给客户丙，此时，C 银行的资产负债 T 型账户为：

C 银行　　　　（单位：元）

资产		负债	
存款准备金	+810	活期存款	+8 100
贷款	+7 290		

此时，商业银行体系最初增加的 10 000 元原始存款，所引起的活期存款增量已经达到 27 100 元（10 000 元+9000 元+8100 元）。

继续推理这个过程，活期存款还会进一步增加（D 银行、E 银行、F 银行等）。因此，最初 10 000 元准备金增量所引起的存款增加总额将达到 100 000 元，如表 8.2 所示。

表 8.2　商业银行多倍存款货币创造过程（假定 r_d=10%，e=0，c=0）

商业银行	存款增加/元	贷款增加/元	准备金增加/元
A 银行	10 000	9 000	1 000
B 银行	9 000	8 100	900
C 银行	8 100	7290	810
D 银行	7 290	6 561	729
E 银行	6 561	5 904.9	656.1
⋮	⋮	⋮	⋮
所有银行总计	100 000	90 000	10 000

通过表 8.2 可以看出，各商业银行的活期存款数额构成了一个无穷递减等比数列，即 10 000，10 000×(1−10%)，10 000×$(1-10\%)^2$，…，根据无穷递减等比数列的求

和公式，可得出整个银行体系的存款总额为：

$$10\,000+10\,000（1-10\%）+10\,000（1-10\%）^2+10000（1-10\%）^3+\cdots$$
$$=10\,000\times 1/[1-(1-10\%)]$$
$$=10\,000\times 1/10\%$$
$$=100\,000（元）$$

其中，派生存款为：100 000－10 000＝90 000（元）。

这表明，r_d=10%的情况下，商业银行吸收 10 000 元原始存款后，经银行系统的资产、负债业务的不断转化，最终可以变成 100 000 元的存款，增加了 10 倍，恰好是法定存款准备金率 10%（0.1）的倒数。

以上简单清晰地说明了存款货币的多倍创造过程，与其倍数扩张过程相对称，派生存款紧缩也是成倍数缩减，即原理一样。如果以 R 表示原始存款，D 表示存款增加总额，可用公式表示如下：

$$D=R\times 1/r_d \tag{8.5}$$

8.2.3 存款乘数与多倍存款货币创造的制约因素

1. 存款乘数

存款货币银行多倍存款货币创造，强调的是商业银行体系吸收原始存款在部分法定存款准备金制度和非现金结算制度下能够带来的派生存款的创造。因此，我们将原始存款＋派生存款（商业银行体系存款总额）与原始存款之比，即存款总额超过原始存款的倍数，称为存款乘数。

由于存款乘数受到法定存款准备金率的约束，存款货币创造的倍数恰恰是法定存款准备金率的倒数，因此有：

存款乘数＝存款总额 / 原始存款＝1 / 法定存款准备金率

我们用 k 表示存款乘数，则有

$$k=1/r_d \tag{8.6}$$

存款乘数有别于货币乘数，是因为存款乘数的基数口径比较窄，仅仅是商业银行的存款准备金。而货币乘数的基数是基础货币，基础货币除了包括商业银行的存款准备金，还包括公众手中的现金（后面专门阐述）。

2. 多倍存款货币创造的制约因素

（1）法定存款准备金率

存款乘数表明，商业银行存款货币创造的能力与法定存款准备金率成反比，即提高法定存款准备金率，将降低银行存款货币创造能力，从而降低其信用扩张能力；反之，降低法定存款准备金率，将提高银行的存款货币创造能力，从而提高其信用扩张能力。正因为如此，中央银行可以通过调节法定存款准备金率来调控货币供应量。但是在现实生活中，存款货币的多倍创造和收缩却要复杂得多。

（2）现金漏损率

现金漏损率（c）是指银行在扩张信用及创造派生存款的过程中，被提取而流出银行体系的现金占银行活期存款的比例。由于现金外流，银行可用于放款部分的资金减少，因而削弱了银行体系创造存款货币的能力。因此，现金漏损率与存款乘数成反比。由于现金漏损率等于流出银行体系的现金数额与活期存款之比，则在推导存款乘数时要在原来 $1-r_d$ 基础上再减去 c，仍利用无穷递减等比数列求和公式，可得出存款乘数公式为：

$$k=1/(r_d+c) \tag{8.7}$$

例如，假定在上例中，当借款人甲从 A 银行获得了 9000 元的贷款后，如果甲从其账户中提走了 900 元的现金，B 银行能得到的存款就只有 8100 元了。因此，在 B 银行不仅满足 10%的法定存款准备金率的要求，还出现了 10%的现金漏损率，则它发放贷款的数量就不是 7290 元，而是 6561 元了。假定其他银行也存有 10%的现金漏损率，则银行系统的存款创造能力就达不到 10 倍，而只有 5［$k=1/(10\%+10\%)=5$］倍了。

（3）超额准备金率

为了应付存款的变现和机动放款的需要，即保有充分的流动性，银行在实际经营中所提留的准备金总是多于法定准备金，其差额称为超额准备金。银行的超额准备金同活期存款在数量之间的比率关系，可用超额准备金率（e）来表示。把超额准备金因素也考虑进去，则银行体系创造存款的扩张乘数公式应修正为

$$k=1/(r_d+c+e) \tag{8.8}$$

例如假定在上例中，假定 B 银行在获得 9000 元的贷款后，现金漏损出现 900 元，同时，还另外保有 5%的超额准备金，则它发放贷款的数量就不是 6561 元了，而是 5904.9 元了。假定其他银行也保有 5%的超额准备金，则银行系统的存款创造能力就达不到 5 倍，在综合考虑了法定存款准备率、现金漏损率和超额准备金率后的存款派生倍数就降为 4［$K=1(10\%+10\%+5\%)=4$］倍了。

（4）定期存款比率及其准备金率

企业等经济行为主体既会持有活期存款，也会持有定期存款。银行对定期存款（D_t）也要按一定的法定准备率（r_t）提留准备金。定期存款的准备金比率要比活期存款的准备金率低，因而定期存款占存款总额的比例越高，商业银行能用于发放贷款的资金就越多，创造的派生存款就越多，反之则相反。

设定期存款同活期存款总额（D_d）之间的比例为 t，则（$r_t \cdot D_t$）$/D_d=r_t \cdot t$。考虑这一因素后，存款的扩张乘数公式可修正为

$$k=1/(r_d+c+e+r_t \cdot t) \tag{8.9}$$

在上例中，假定甲得到 9000 元贷款后，有 20%转化成了 B 银行的定期存款，另外的 80%转化为 B 银行的活期存款。定期存款法定准备率为 8%，在综合考虑超额准备率、现金漏损率等因素后，存款乘数进一步降为 3.8 倍了。

$$k=1/(10\%+10\%+5\%+8\%\times20\%)=3.8$$

以上分析了影响存款扩张乘数的若干主要因素。就实际情况来说，存款货币扩张的乘数究竟能达到多少，还受其他因素的影响，如国民经济所处的发展阶段、国家宏观政策、微观主体的经济行为、财政存款比率等多种因素的制约与影响，中央银行能直接影响的只是法定存款准备金率，而诸多制约因素也加大了中央银行货币调控的难度。

同时，上述公式至少存在一个缺陷，即它仅仅研究了货币供应中的商业银行体系存

款部分，而没有对货币供应中的另一重要组成部分——流通中的现金进行研究，接下来“货币乘数与货币供给”一节，将对这部分内容进行研究。

知识链接

不同货币供给层次的不同决定因素

影响货币供给量的因素除了存款货币创造的各种限制因素，针对不同层次的货币供给，还存在其他外部经济因素及技术因素。

1. 狭义货币

狭义货币（M_1）包括现金和活期存款，其影响因素包括以下几个方面。

1）利率。市场利率上升使其与中央银行贴现率差额增大，追求利润最大化的银行会从中央银行借入更多的准备金并持有更少的超额准备金，用于放款并产生存款货币的派生。

2）中央银行政策工具。中央银行购买证券、降低贴现率、降低法定存款准备金率都会增加商业银行超额准备金，为存款派生提供源泉。

3）银行的态度。外部因素变化后，商业银行借入准备金的意愿和对超额准备金的态度直接决定存款派生的基础。

4）公众对现金的需求。出于支付习惯变化等因素，公众对现金的需求下降，意味着流入商业银行的准备金增加，相当于现金漏损率的下降。

5）准备金的其他来源。中央银行购买外汇等行为使商业银行准备金增加，同样构成存款派生的基础。

2. 广义货币

广义货币（M_2）在狭义货币的基础上加入了非交易性存款（储蓄存款、定期存款、货币市场存款账户、货币市场共同基金、隔夜互换协议等），所有影响 M_1 的因素也影响 M_2。此外，必须到考虑非交易性存款与活期存款的比率，则该比率越大，在不考虑其他因素时，广义货币供给越大。这一结论解释了 20 世纪 90 年代美国广义货币增长微弱的原因，即上述比率呈下降趋势。例如，1992 年美国总准备金增加了 20.2%，M_1 增长了 14.3%，而由于非交易性存款与活期存款比率下降，M_2 仅增长了 2.8%。

（资料来源：迈克尔，卡马．2003．现代货币、银行与金融市场．上海：上海人民出版社）

8.3 货币乘数与货币供给

8.2 节讨论了存款货币的派生过程。实际上，市场上的货币存量，包括商业银行体系的存款量和游离开银行体系的流通中的现金量。这两个变量加在一起，构成社会的货币供给量。

8.3.1 货币供给

1. 货币供给的含义

货币供给（money supply）是指一个经济体在某一时点上为社会经济运行服务的货

币量，它由包括中央银行在内的金融机构供给的存款货币和现金货币两部分构成。

对于货币供给的含义，要注意从以下几个方面加以理解。

1）货币供给中所指的货币，在经济理论界并没有统一的认识。因此，人们对许多金融理论和实务问题都存在争议，如货币供给在整个社会经济活动中的重要性，货币政策对宏观经济调控的作用等。因此，有必要进一步理清货币供给的定义和内容。

2）货币供给是一个存量概念。货币供给量是指一个经济体在某一时点上的货币存量，包括被财政部门、各生产经营单位、家庭和个人所持有的，由银行体系所供给的存款量和现金发行量。因此，银行是影响和决定货币存量大小的重要机构。

3）货币供给是一个现实的客观存量。货币需要量虽然有客观性，但毕竟是一个预测量，而货币供给却是实实在在地反映在银行资产负债表一定时点上的银行负债总额。具体地说，存款量是商业银行的负债，而现金发行量则是中央银行的负债。

4）货币供给与货币需求是紧密相连的。研究货币供给的目的，是为了使社会实际提供的货币量能够与商品流通和经济发展对货币的需求量相吻合。所以，对货币供给有重要研究价值的不是实际的货币供给量，而是合理的货币供给量。

5）货币供给既是外生变量（external oriented variable），又是内生变量（internal oriented variable）。外生变量又称为政策变量，它是指在经济运行过程中由经济循环外部因素，即非经济因素所决定的变量；内生变量即非政策性变量，它是指在经济体内部由纯粹的经济因素所决定的变量。中央银行能够运用货币政策工具对社会的货币量进行扩张和收缩，所以货币供给首先是一个外生变量。然而，货币供给量的变化又受制于客观经济过程，即除受中央银行货币政策工具操作的左右外，还取决于经济社会中其他经济主体的货币收付行为；同时，中央银行对货币的供给又受客观经济发展的制约，因此它又是一个内生变量，即不为政策因素所左右的非政策性变量。

2. 基础货币与货币供给的关系

在前面学习的知识中我们知道，社会公众手中持有的现金（C）和商业银行持有的准备金（R）之和构成基础货币（MB）。基础货币是创造派生存款的基础，相对于经济体在某一时点上为社会经济运行服务的货币量（即货币供给量）来讲，它是从货币产生的源泉角度来定义的。货币创造过程源于商业银行体系，其基础是存款。社会公众手中持有的现金与商业银行持有的准备金（存款）之间是可以相互转化的。当现金转化为存款，货币创造就有了基础；商业银行持有的准备金（广义上包括库存现金）是其可直接操作（发放贷款）的资金来源，因而是存款货币创造的源泉。

现代信用货币的形式可以简单概括为现金和银行存款，从货币供给的运行过程来看，现金的运行机制比较简单，而银行存款在运行中能创造出更多的可用货币。与现金运行相比，银行存款的运行具有两个明显特点：①存款运行在银行体系内进行；②存款在运行过程中能够自行扩大，即存款运行结果不仅会引起结构的变化，还会导致总量的增加。

以 M_s 表示货币供给量，我们可以通过图 8.1 来形象地描述基础货币量与货币供给量之间的关系。图中，基础货币 $MB=C+R$，其中 C 为公众手中的现金，它不创造派生存款，R 作为商业银行的准备金，又称原始存款，ΔR 为派生存款，$R+\Delta R$ 构成商业银行体系的存款额。存款额用 D 表示，$D=R+\Delta R$，$C+D$ 构成货币供给量，进而，$M_s=C+D$。

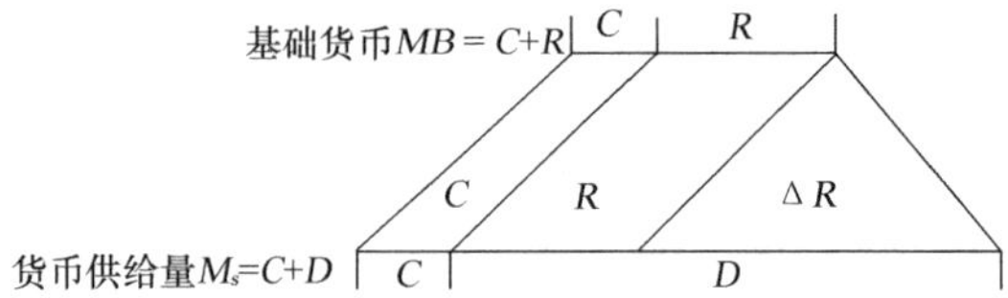

图 8.1 基础货币量与货币供给量之间的关系

从图 8.1 中，我们希望知道货币供给量究竟应该是基础货币的多少倍，这个倍数就是货币乘数问题。因此，在考察存款货币派生时，把原始存款扩展到基础货币范畴，则相应地把简单存款扩张倍数（存款乘数）就扩展到了货币乘数范畴。

8.3.2 货币乘数

1. 货币乘数的概念

乘数是指某一经济变量的变化对另一经济变量的影响或比率。货币乘数（monetary multiple，用 m 表示），是指一定量的基础货币发挥作用的倍数，是基础货币增加或减少一单位时引起的货币量增加或减少的倍数。又可以表述为是基础货币的既定变动所引起的货币供给变动的比率。

2. 货币乘数与存款乘数的比较

比较货币乘数与存款乘数，两者的目的都在于说明存款派生的量，但是认真分析，两者有以下两点区别。

1）货币乘数说明增加一个单位基础货币的供给可相应引起商业银行存款货币的增加，而存款乘数通常指商业银行存款与法定存款准备金的比率。在推导存款乘数时往往基于以下假设：①现金漏损为 0，活期存款变化不影响公众对现金的需求；②超额准备金率为 0，银行不愿持有超额准备金，活期存款变化不影响超额准备金需求；③准备金要求对所有活期存款相等，甚至对其他银行负债无准备金要求。在这些假设条件下，货币乘数与存款乘数相等，都是法定准备金率的倒数。但在实践中，上述假设是不现实的，货币乘数会因公众和银行的行为而连续变化。

2）货币乘数是包括商业银行缴存中央银行的存款准备金和流通中现金在内的中央银行对社会总负债的改变量，因此，西方学者通常将其定义为总体信用的扩张倍数；存款乘数只反映中央银行对商业银行负债的改变量，是中央银行全部负债的一部分，因此，通常被称为简单的存款扩张乘数或倍数。

3. 货币乘数模型与应用

以 M_s 表示货币供给量，以 m 表示货币乘数，MB 表示基础货币，那么整个货币供给模型为

$$M_s = m \cdot MB \tag{8.10}$$

可得货币乘数模型：

$$m = M_s / MB \tag{8.11}$$

货币供给量、基础货币和货币乘数构成货币供给的三要素。其中，基础货币是货币

创造的基础，货币乘数是货币创造的能力或倍数。货币乘数 m 反映了基础货币转化为货币供给的倍数。由于货币乘数大于1，因此基础货币又被称为高能货币。

（1）货币供给模型推导

在前面学习的知识中我们知道，商业银行的准备金包括法定存款准备金（RR）和超额存款准备金（ER）两部分，因此

$$R=RR+ER$$

其中，法定准款准备金总额（RR）等于法定存款准备金率（r_d）乘以活期存款（D），故

$$RR=r_d\times D\text{（来自于 }RR/D=r_d\text{）}$$

在前面学习的知识中我们也知道，公众手中的现金 C 等于现金漏损率 c 乘以活期存款 D，故

$$C=c\times D\text{（来自于 }C/D=c\text{）}$$

商业银行的超额准备金（ER）等于超额准备金率（e）乘以活期存款（D），故

$$ER=e\times D\text{（来自于 }ER/D=e\text{）}$$

进而，$R=RR+ER$ 可变为

$$R=r_d\times D+e\times D$$

因为 $MB=R+C$，故

$MB=r_d\times D+e\times D+c\times D=(r_d+e+c)\times D$，等式两边同除以括号里的项，就可以得到活期存款（$D$）与基础货币（$MB$）之间的表达式：

$$D=\frac{1}{r_d+e+c}\times MB \tag{8.12}$$

由 M_1 定义的货币供给等于现金加上活期存款（$M_s=D+C$），再次将 C 替换为 $C=c\times D$，有

$$M_s=D+C=D+c\times D=(1+c)\times D$$

用式（8.12）中的 D 的表达式替代该公式中的 D，得到

$$M_s=\frac{1+c}{r_d+e+c}\times MB \tag{8.13}$$

由此，我们推导出与公式（8.10）形式相同的表达式。可以看出，与基础货币相乘的比率为货币乘数，反映了基础货币（高能货币）既定变动所引起的货币供给变动的倍数。可以用与公式（8.11）形式相同的表达式表示货币乘数（m），即

$$m=\frac{1+c}{r_d+e+c} \tag{8.14}$$

式（8.14）说明，货币乘数是储户决定的现金比率（c）、银行决定的超额准备金率（e）和中央银行决定的法定存款准备金率（r_d）的函数。

（2）货币供给模型的应用

1）狭义货币乘数。如果仅考虑狭义货币供给（M_1），利用式（8.14）就可以求出狭义货币层次的货币乘数。

【例8.1】 某国的法定准备率为10%，现金漏损率为10%，超额准备率为5%，流通中现金为5000亿元。试计算，该国狭义货币 M_1 以及货币乘数 m_1。

解： 由流通中现金5000亿元及现金漏损率10%可计算出活期存款总额为50 000亿

元（5000/10%），故

$$M_1=C+D=5000+50\,000=55\,000\text{（亿元）}$$

$$\begin{aligned}m_1&=M_1/MB\\&=55\,000/[5000+50\,000\times(10\%+5\%)]\\&=4.4\end{aligned}$$

或

$$\begin{aligned}m_1&=(c+1)/(c+r+e)\\&=(10\%+1)/(10\%+10\%+5\%)\\&=4.4\end{aligned}$$

2）广义货币乘数。如果考虑广义货币供给 M_2，用 D_d 表示活期存款，D_t 表示定期存款，定期存款占活期存款的比例 $t=D_t/D_d$，则广义货币供给为

$$\begin{aligned}M_2&=C+D_d+D_t\\&=C+(1+t)D_d\end{aligned}\tag{8.15}$$

广义货币乘数 m_2 的推导和表示方法有两种。

一种方法是用 r 表示全部存款（活期存款和定期存款之和）的综合法定准备率（加权平均数），用 e 表示全部存款的综合超额准备率，即全部准备金 $R=(r+e)(D_d+D_t)=(r+e)(1+t)D_d$。从而广义货币乘数 m_2 可化简为

$$\begin{aligned}m_2&=M_2/MB\\&=[C+(1+t)D_d]/[C+(r+e)(D_d+D_t)]\\&=[C+(1+t)D_d]/[C+(r+e)(1+t)D_d]\\&=[C/D_d+(1+t)]/[C/D_d+(r+e)(1+t)]\\&=(1+c+t)/[c+(r+e)(1+t)]\end{aligned}\tag{8.16}$$

【例 8.2】 某国活期存款和定期存款加权平均法定准备率为 10%，平均超额准备率为 5%，现金漏损率为 10%，定期存款占活期存款的比例为 30%。试计算该国广义货币供给乘数。

解：

$$\begin{aligned}m_2&=(1+c+t)/[c+(r+e)(1+t)]\\&=(1+10\%+30\%)/[10\%+(10\%+5\%)(1+30\%)]\\&=4.75\end{aligned}$$

另一种方法是用 r 表示活期存款法定准备率，用 e 表示活期存款超额准备率，用 r_t 表示定期存款法定准备率（商业银行一般对定期存款不持有超额准备，如果持有，r_t 则包括了超额准备部分），则定期存款的准备金为

$$R_t=r_tD_t=t\cdot r_t\cdot D_d$$

广义货币乘数 m_2 可化简为

$$\begin{aligned}m_2&=M_2/MB\\&=[C+(1+t)D_d]/(C+R_r+R_e+R_t)\\&=[C+(1+t)D_d]/(C+rD_d+eD_d+t\cdot r_t\cdot D_d)\\&=[C/D_d+(1+t)]/(C/D_d+r+e+t\cdot r_t)\\&=(1+c+t)/(c+r+e+t\cdot r_t)\end{aligned}\tag{8.17}$$

【例 8.3】 某国活期存款法定准备率为 10%，超额准备率为 5%，现金漏损率为 10%，

定期存款法定准备率为 5%，定期存款占活期存款的比例为 30%。试计算该国广义货币供给乘数。

解：

$$m_2=(1+c+t)/(c+r+e+t\cdot r_t)$$
$$=(1+10\%+30\%)/(10\%+10\%+5\%+30\%\cdot 5\%)$$
$$=5.28$$

8.3.3 决定货币乘数的因素

1. 货币乘数的影响因素

通过货币乘数的推导，不难发现，影响货币乘数的主要因素已经反映在货币乘数模型中。具体而言，有以下几个因素。

（1）法定存款准备率

其主要指活期存款法定准备金率，广义上也包括定期存款法定准备金率（r_t），该因素总体上与货币乘数呈反向变动关系。在经济运行中，法定存款准备金率主要受以下 3 类因素影响：

1）中央银行货币政策的意向。政策放松，则法定存款准备金率低；政策紧缩，则法定存款准备金率高。

2）商业银行存款负债的结构。定期存款比例高，则综合法定存款准备金率低；活期存款比例高，则综合法定存款准备金率高。

3）商业银行的经营规模和处所。中央银行根据不同商业银行在上述方面的差别，可能实行有差别的法定存款准备金政策。

（2）现金比率

现金比率，指非银行部门所持有的中央银行现金负债（C）与商业银行活期存款负债（D）之间的比例，该因素总体上与货币乘数呈反向变动关系。在经济运行中，现金比率的高低主要受以下因素影响：①非银行部门的可支配收入（Y），现金比率是其递增函数；②非银行部门持有现金的机会成本（P_c），现金比率是其递减函数；③金融市场的完善程度（F_m），现金比率是其递减函数；④其他非经济因素（u）。一般情况下，社会不稳定，现金比率上升；社会稳定，现金比率平稳。

【例 8.4】 承接例 8.1，假设现金比率从 10%增加到 15%，包括法定存款准备金率（10%）、超额准备金率（5%）在内的其他要素保持不变，试计算狭义货币乘数。

解：

$$m_1=(c+1)/(c+r+e)$$
$$=(15\%+1)/(15\%+10\%+5\%)$$
$$=3.83$$

狭义货币乘数随着现金比率的增加，从 4.4 下降到 3.83。在其他因素（基础货币）不变的条件下，狭义货币乘数和狭义货币供给都会下降约 13%。

实际上，不同国家和不同时期的现金比率变化是不确定的。支票账户替代物的增加会使现金比率上升；所得税税率上升以及地下经济的发展会使现金比率上升；利率的下降相当于持币机会成本下降，会使现金比率上升；收入和财富水平的上升可能会使现金比率上升，但其他耐用品的收入需求弹性如果大于现金的收入需求弹性则可能会使现金比率上升。

图 8.2 显示了改革开放以后我国现金比率的变化。由图 8.2 可以看出，在 1990 年以前，现金比率呈现上升趋势，由 0.28 上升到 0.61；1990 年以后现金比率又呈现下降趋势，到 2010 年降为 0.2 左右。

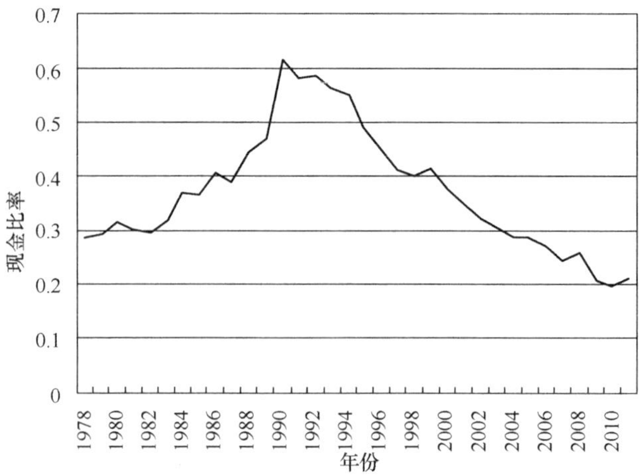

图 8.2　中国现金比率的变化

（3）定期存款比率

定期存款比率是指非银行部门持有的商业银行的定期存款负债与活期存款负债的比例，该因素与定期存款法定准备金率一起对货币乘数产生影响。在经济运行中，定期存款比率的高低主要受以下因素影响：①非银行部门的可支配收入（Y），定期存款比率是其递增函数；②持有定期存款的机会成本（P_t），定期存款比率是其递减函数；③定期存款的利率（I），定期存款比率是其递增函数。

（4）超额准备金率

超额准备金率是指商业银行持有的超额准备金（实际持有的准备金超过应当保留的准备金部分）与非银行部门所持有的商业银行的活期存款之间的比例。在经济运行中，超额准备金率主要受以下因素影响：①商业银行持有超额准备金率的机会成本（P_e），超额准备金率是其递减函数；②商业银行借入准备金的代价（I_e），超额准备金率是其递增函数；③非银行部门对现金的偏好（C_e），超额准备金率是其递减函数；④非银行部门对定期存款的偏好（T_e），超额准备金率是其递减函数；⑤中央银行货币政策的意向，即预期中央银行采取紧缩政策，超额准备金率上升；反之，则下降；⑥商业银行的业务经营传统，若银行注重安全性，则超额准备金率较高；若银行注重盈利性，则超额准备金率较低。

实际上，不同国家在实践中通常根据因素法计算货币乘数，如美联储货币乘数的计算公式可简化为

$$m=\frac{1}{c+r+e+t\cdot rt} \tag{8.18}$$

该货币乘数的影响因素包括法定准备金率（r）、超额准备金率（e）、现金漏损率（c）

和定期存款准备金率和定期存款比率。

我国运用因素法对货币乘数的分析为

$$m=\frac{1}{c+r+e+h+(r+e)(c+h)} \tag{8.19}$$

式中：h 为财政性存款比率。

2. 中央银行对货币乘数的控制

中央银行对货币供给的调控，既通过基础货币，又通过货币乘数。中央银行对货币乘数影响力有多大，取决于其影响货币乘数因素的能力。

1）中央银行对现金比率通常没有直接的影响，这一变量直接对公众的货币需求和活期存款做出反应。公众通过支票和储蓄账户提取资金获得现金。如果银行现金出现缺口，就会从中央银行获取现金，并通过借记其在中央银行的准备金存款账户来进行支付。中央银行发行银行券的行为是由公众的行为触发的，所以公众被视为现金比率的决定因素。

2）法定准备金率是由中央银行制定的。例如，中国为抑制流动性，应对通货膨胀，于 2010 年和 2011 年各上调存款准备金率 6 次，由 2008 年年底的 15%一路上调至 2011 年 6 月的 21.5%。

3）超额准备金率主要由商业银行的决策决定，受中央银行的影响很小。商业银行在决定超额准备金水平时主要考虑持有超额准备金的成本和收益，对利率水平、未来政策预期和其他经济现象很敏感。

综上所述，某一时点上的货币供给由公众、银行和中央银行共同决定。从长期看，货币供给的变化主要是由基础货币的变化所支配；从短期看，货币乘数的变化至少与基础货币的变化同样重要，导致货币供给每周、每月和每季的变动。

在过去的 100 多年中，现金比率的变化是导致货币乘数变化的最重要原因，然而在中央银行对货币供给及货币乘数的控制上存在着争论。例如，对于美国，货币主义学派认为美联储能够对短期货币供给进行准确的控制，并认为这样做是重要的；凯恩斯主义学派和其他非货币主义学派则倾向于怀疑美联储的短期控制货币能力，认为货币供给的增长趋势是重要的，而短期波动是无害的。

小 结

货币供给是指一个经济体在某一时点上为社会经济运行服务的货币量，它由包括中央银行在内的金融机构供给的存款货币和现金货币两部分构成。

货币供给主要研究货币供给的形成与调控机制，包括货币供给的主体、货币供给的方式、影响货币供给量的因素以及货币管理当局对货币供给量的控制等内容。

货币供应量涉及的 3 个主体及其行为是：①中央银行的基础货币供给；②商业银行体系存款货币创造；③机构与个人提供的存款。

基础货币通常被定义为社会公众持有的现金和商业银行在中央银行的准备金之和。从性质上看，基础货币是中央银行的负债。

决定基础货币变化的因素主要是影响商业银行存款准备金变动的因素和影响流通中

现金变动的因素。

中央银行对基础货币控制力最强的，是能够直接决定存款准备金率以及增减对商业银行和其他金融机构的资产。由于公开市场操作是中央银行可以直接的、主动的进行的，所以，一般认为非借入性基础货币中央银行能够完全控制。而控制力较弱的是由中央银行的贴现贷款所创造的基础货币，即借入准备金。

多倍存款货币创造是指商业银行吸收一笔原始存款后，经过银行体系连续存贷引致的存款总额不断扩张，最终创造出超过原始存款数倍的存款量。

商业银行多倍存款创造需要两个基本的前提条件，即部分法定准备金制度和非现金结算制度。

存款乘数是指原始存款＋派生存款（商业银行体系存款总额）与原始存款之比，即存款总额超过原始存款的倍数。存款乘数有别于货币乘数，是因为存款乘数的基数口径比较窄，仅仅是商业银行的存款准备金。而货币乘数的基数是基础货币，基础货币除了包括商业银行的存款准备金，还包括公众手中的现金。

货币乘数是指一定量的基础货币发挥作用的倍数，是基础货币增加或减少一单位时货币量增加或减少的倍数。货币乘数主要由 3 个变量决定，即现金比率、法定存款准备金率和超额准备金率。其中现金比率主要由公众决定，法定存款准备金率主要由中央银行决定，超额准备金率主要由商业银行决定。

中央银行对货币供给的调控，既通过基础货币，又通过货币乘数。中央银行对货币乘数影响力有多大，取决于其影响货币乘数因素的能力。

案例分析

大萧条时期的银行倒闭与货币标题给

1929 年 8 月～1933 年 5 月，美国的货币供给减少了 28%。一些经济学家认为，这种货币供给的大幅度减少是造成大萧条的主要原因。但是，我们并没有讨论为什么货币供给减少会如此之多。表 8.3 显示了 1929 年和 1933 年决定货币供给的 3 个变量——基础货币、准备金—存款比率及通货—存款比率。可以看出，货币供给的减少并不能归咎于基础货币的减少：实际上，在这一时期，基础货币增加了 18%；相反，货币供给减少是由于货币乘数下降了 38%。货币乘数下降是因为通货——存款比率和准备金——存款比率都大幅度上升了。

表 8.3　货币供给及其决定因素

	1929 年 8 月	1933 年 5 月
货币供给	26.5	19.0
通货	3.9	5.5
活期存款	22.6	13.5
基础货币	7.1	8.4
通货	3.9	5.5
准备金	3.2	2.9
货币乘数	3.7	2.3
准备金——存款比率	0.14	0.21
通货——存款比率	0.17	0.41

大多数经济学家把货币乘数的下降归咎于20世纪30年代初的银行大量倒闭。1930～1933年，美国有9000多家银行停止营业，拖欠了存款人的存款。银行倒闭通过改变存款人和银行家的行为而引起货币供给减少。

银行倒闭由于公众对银行体系的信心降低而提高了通货—存款比率。人们担心银行倒闭会持续下去，他们开始把通货而不是活期存款作为更合意的货币形式。当他们提取自己的存款时，他们就用尽了银行的准备金。当银行对准备金减少的反应是减少自己未被偿还的贷款余额时，货币创造过程就反过来了。

此外，银行倒闭使银行家更为谨慎而提高了准备金——存款比率。在看到许多银行的惨淡经营之后，银行家对用少量准备金经营感到担忧。因此，他们把自己准备金的持有量提高到法定最低限之上。正如家庭对银行危机的反应是相对于存款持有更多通货一样，银行的反应是相对于贷款持有更多准备金。这些变动共同引起货币乘数大幅度下降。

尽管解释货币供给减少的原因很容易，但要决定是否应该归罪于美联储却是较为困难的。有人认为，基础货币并没有减少，因此不应该归罪于美联储。对美联储这个时期政策的批评主要有两种观点。第一，批评者认为，美联储应该通过在银行经营中需要现金时起到最后贷款人的作用而在防止银行倒闭中起更加积极的作用。这将有助于维持对银行体系的信心，并防止货币乘数大幅度下降。第二，批评者指出，美联储可以通过比它所做得更多地增加基础货币来对货币乘数下降做出反应。这两种行为都可以阻止货币供给的这种大幅度减少，而这又会降低大萧条的严重程度。自20世纪30年代以来，美国已实行了许多政策，使货币乘数如此大而突然的下降在现在已不大可能。最重要的是联邦存款保险制度，它维持了公众对银行体系的信心，从而防止了通货——存款比率的大幅度波动。但是，存款保险也是一项费用很高的政策：在80年代末期和90年代初期，联邦政府为了紧急援救许多无偿还能力的储蓄与贷款机构而有大量支出。但存款保险有助于稳定银行体系和货币供给。

（资料来源：Mankiw G N．宏观经济学．梁小民，译．北京：中国人民大学出版社：442-443）

【案例思考】

1．试利用货币供给理论分析美国大萧条期间货币供给下降的原因。

2．如何解释货币乘数的下降？

思考题

1．什么是货币供给？

2．试述货币供给的影响因素。

3．什么是基础货币？如何定义基础货币的量？基础货币的性质与特点是什么？

4．简述中央银行对基础货币的控制。

5．简述多倍存款货币创造机制。

6．什么是货币乘数？存款乘数和货币乘数的区别在哪里？

7．简述影响货币乘数的因素。

8．简述中央银行对货币乘数控制的能力。

在线学习

1．进入方式

授课视频路径：输入网址“http://www.upln.cn/”→“教学资源中心”→“资源共享课”，单击“货币金融学”（杨秀萍教授主讲），观看本章的教学视频。

2．学习方式

进入本章授课视频，自主完成“练习、作业、测验、案例”等，并通过网页提供的“在线测验、试卷答题”等形式检验自己对知识的掌握情况。

第9章

货币需求

知识目标

1. 掌握货币需求的内涵，理解货币需求的不同研究视角。
2. 掌握费雪的现金交易方程式和剑桥学派的现金余额方程式的货币需求理论和异同。
3. 掌握凯恩斯货币需求理论的主要内容及其政策涵义。
4. 了解凯恩斯货币需求理论的发展情况。
5. 掌握弗里德曼货币需求理论的主要观点及其政策涵义。
6. 掌握弗里德曼货币需求理论与凯恩斯货币需求理论观点的主要区别。

基本概念

货币需求　现金交易说与费雪方程式　现金余额说与剑桥方程式
流动性偏好　投机性货币需求　流动性陷阱　平方根定律　永恒收入

开篇案例

货币都在哪里？

2004年6月，M_1为13 359亿美元，其中，大约6767亿美元为流通中现金，其余为支票存款。这些货币支持了约11.8万亿美元的国内生产总值（GDP），因此货币流通速度约为8.8次。考虑到当时美国约有1.07亿个家庭，所以家庭平均拥有现金货币数量为6325美元。

如果你来自普通家庭，你可能会发现这个数字非常高。我们认识的人，包括教授、学生、政府统计人员及其他专业人士，好像都没有拥有那么多的货币余额。尽管我们的证据不够科学，但多年来我们一直在问我们的学生、同事和朋友这个问题，而答案使我们左右为难。所以你会怀疑，所有这些货币到底在哪里？

可能很少有调查能阐明这种形势。正如我们知道的，法律禁止公司持有支付利息的支票存款。我们能够推测，活期存款余额（2004年6月总额为3227亿美元）中的大部分是由公司持有的。我们还知道，其他支票存款账户（总额为3288亿美元）一定是为家庭所持有。因此，支付利息的支票存款账户的家庭平均余额等于3073美元。这个数字看起来显然更现实。

这种对支票存款余额在哪里的解释好像“合情合理”，但关于那些更大的现金货币持有余额又如何呢？它们在哪里？部分解释是，因为大多数企业（尤其是街边的杂货店、干洗店等）需要现金货币。另外，据估计，超过50%（也许有60%）的流通中美元现金由美国境外所持有。实际上，截至2004年年初，有4个国家已经收回了其本国的流通中现金货币，而完全使用美元做交易。这4个“美元化”的国家是厄瓜多尔、危地马拉、萨尔瓦多和巴拿马。再者，许多猜测认为，大量的现金被用于支持地下经济中的非法活动（如毒品运输），以及一些现金尤其是硬币被收藏者持有。此外，一些其他合法活动也通过现金来进行，目的是逃避税收，而该行为本身是不合法的。不管如何，自从20世纪60年代以来家庭平均现金余额数量为什么一直在增长还是个谜。

（资料来源：Burton M, Lombra R. 2007.The Financial System and the Economy-Principles of Money and Banking.4 Edition.Beijing：China Renmin University Press：326）

与货币供给相比较，货币需求是一个理论性较强的货币金融范畴。在商品经济社会里，全社会的产出与其劳务价值不仅需要通过货币来核算，同时，实现商品的交换也需要货币做媒介。面对总体经济既定和潜在的产出，需要多少货币是合适的？货币是否中性？货币需求和利率关系如何？是什么决定了货币需求？不同的经济学流派给予了不同的回答。本章主要阐述货币需求理论的演变过程：从新古典的货币数量论的货币需求思想，到凯恩斯的货币需求理论及其主要发展，再到弗里德曼的现代货币数量论的货币需求理论。其中也介绍了马克思以金属货币为基础的货币需求理论，阐述了马克思和弗里德曼货币需求理论的政策含义。

9.1 货币需求概述

9.1.1 货币需求与货币需求理论

1. 货币需求的含义

货币需求（money demand）是指在一定时期内，社会各阶层（包括个人、单位、政府）愿意以货币形式持有资产的需要，或者社会各阶层对执行流通手段、支付手段和价值储藏手段的货币的需求。在理解货币需求内涵时要注意把握以下几点。

1）货币需求量是有条件限制的，是一种能力与愿望的统一。它以收入或财富的存在为前提，是在具备获得或持有货币的能力范围之内愿意持有的货币量，是有效需求。不能把货币需求仅理解为一种主观欲望、一种纯心理的占有欲望。经济学研究的货币需求是客观的货币需求。

2）货币需求产生的根本原因在于货币所具有的职能。在市场经济中，各种商品价值的衡量和比较都需要用货币这一统一尺度，人们需要以货币为取得收入的主要形式，用货币作为交换和支付手段，以货币作为财富的储藏手段，由此对货币产生了一定数量的需求。

3）货币需求主要是一个宏观经济学问题。因为市场需求是由货币所体现的有现实购买力的需求，所以宏观调控主要也是需求方面的管理。当然，它的实现必然要通过对货币供给的控制来进行，由此不能忽视货币供给问题在宏观调控中占有的突出地位。

4）货币需求是一个存量的概念。货币需求是在某一时点上社会各部门在其拥有的全部资产中愿意以货币形式持有的数量或份额，而不是在某一段时间内各部门所持有的货币数额的变化量。

5）现实中的货币需求不仅包括对现金的需求，而且包括对存款货币的需求。因为人们对货币的需求是源于货币具有的功能，而在信用货币制度下，具有该功能的货币形式已经发生了变化，服务于经济的不仅包括存款货币，而且其比重和作用大大超出现金货币的比重与作用。

2. 货币需求理论

（1）货币需求理论研究的内容

人们为什么要持有货币？这个问题吸引了许多伟大的经济学家。费雪在20世纪早期，凯恩斯在20世纪二三十年代，威廉·鲍莫尔（William Baumol）、詹姆斯·托宾（James Tobin）、哈里·马科维茨（Harry Markowitz）、弗里德曼自20世纪50年代以来都分别对此问题作出过解答。凯恩斯被公认为“现代货币需求理论之父”，他创立了一个概念框架，推动了现代货币需求理论的发展。现代货币需求理论的基石即为凯恩斯所分析的3个动机：交易动机、预防动机和投机动机。弗里德曼对现代货币需求理论的贡献是将这3个动机综合在了一起。

货币需求理论是研究货币需求的动机、构成和数量的理论。货币需求理论的主要研究内容是一国经济发展在客观上需要多少货币量，货币需要量是由哪些因素决定的，这些因素相互之间有什么关系，以及一个经济单位（企业、个人或家庭）在现实的收入水平、利率水平和商品供求关系等经济背景下保持多少货币的成本最小、收益最大等问题。

（2）货币需求理论发展的特点

从货币需求理论的发展脉络来看，古典经济学中的货币数量说、马克思的货币必要量公式和费雪的现金交易方程式是从社会的角度出发考查的宏观货币需求。自从剑桥学派提出现金余额说以来，西方经济学家主要从微观主体的角度出发，考查微观货币需求。

货币需求理论的发展具有以下几个特点。

1）考查对象不断拓宽。马克思以及前人基本上重视贵金属；费雪开始注意存款通货；凯恩斯较为明确地指出货币就是现钞和支票存款；弗里德曼所说的货币已是较大口径的广义货币。总之，他们的考查对象是从黄金到纸币再到一切可称为货币的金融资产，是一个不断演进的过程。

2）考查范围不断扩大。费雪及其前人从宏观总量上考查货币需求，而剑桥学派开始关注微观主体的持币动机，从而扩大了对货币需求考查的范围。

3）对影响货币需求的变量的分析不断深化。费雪阐明了总支出仅仅决定于货币数量的变动，而对利率波动不具有敏感性。剑桥学派认为对实际余额的需求是与实际收入成比例的，且不排除利率对货币需求的影响。凯恩斯提出了持有货币的3种动机，他将其归结成流动性偏好理论，并认为货币需求的交易成分和预防成分与收入成比例，而货币需求的投机成分对利率及利率预期极为敏感。弗里德曼的货币需求理论将货币视作一种资产，运用资产需求理论得出了货币的需求是持有货币的机会成本和恒久性收入的函数。由此可以看出，对影响货币需求的变量的分析不变的深化过程，就

是从 f（Y）发展为 f（Y，r），并不断纳入更多自变量的过程。

9.1.2 与货币需求相关的概念

1. 主观货币需求与客观货币需求

按照货币需求的动机，货币需求可以划分为主观货币需求与客观货币需求。

1）主观货币需求是指个人、家庭或单位在主观上希望拥有货币的欲望。

2）客观货币需求是指个人、单位或国家在一定时期内能满足经济发展客观需要的货币需求。主观货币需求在量上是无限制的，是一种无约束性的无效货币需求，因此不是货币需求理论的研究对象。

2. 微观货币需求与宏观货币需求

客观货币需求，又可以分为微观货币需求与宏观货币需求。当从个人、家庭或单位的微观角度考查其在既定的收入水平、利率水平和其他经济条件下，保持多少货币最为合适时，这种类型的货币需求可称为微观货币需求。当从整个国民经济的宏观角度考查一个国家在一定时期内的经济发展和商品流通所必需的货币量，即能保持社会经济平稳健康发展的货币量时，这种类型的货币需求可称为宏观货币需求。

3. 名义货币需求与真实货币需求

名义货币需求是指整个社会或某一经济部门在不考虑价格变动情况下的货币需要量，一般用 M_d 表示。真实货币需求则是在扣除价格变动因素后的货币需要量，也就是以某一不变价格为基础计算的商品量和劳务量对货币的需求。如果将名义货币需求用某一具有代表性的物价指数（如 GDP 平减指数）进行平减后，就可以得到真实货币需求，所以真实货币需求通常可记为 M_d/P。

在金属货币流通的条件下，流通中的货币需求可以自发调节，所以不存在名义货币需求与真实货币需求的矛盾。在信用货币制度下，当价格水平很少变化时，也没有必要区分名义货币需求与真实货币需求；但在价格水平经常变动且幅度较大的情况下，区分这两种货币需求是非常必要的。

必须指出，价格变动的情况异常复杂，既有合理因素（如对某些商品予以合理调价），也有非合理因素（如通货膨胀或通货紧缩）。现实状况往往是：如果根据过高的通货膨胀预期所计算的名义货币需求量安排货币供给，过度的货币供给就会成为直接推动物价上涨的因素；反之，如果不考虑价格不可避免的波动而简单按实际货币需求供给货币，则会因货币供给不足而直接抑制经济的增长。所以，区分名义货币需求和实际货币需求相当重要，但如何根据变化了的实际情况测算这两种货币需求是繁杂而困难的问题。

9.2 马克思的货币需求理论

马克思在其《政治经济学批判》和《资本论》等著作中深刻地研究了货币需求理论

问题。他的货币必要量理论集中表现在其货币流通规律公式中。马克思的货币必要量公式是在总结前人对流通中货币数量广泛研究的基础上，对货币需求理论的简要概括，马克思对这个问题的分析无论是在理论上还是在表述上都达到了当时比较完美的境界。其货币必要量公式为

货币必要量＝商品价格总额/同名货币的流通速度

或

$$M=PQ/V \tag{9.1}$$

式中：M 代表执行流通手段职能的货币量；P 代表商品价格水平，Q 代表流通中的商品数量，PQ 代表商品价格总额；V 代表同名货币的流通速度。

这一公式表明，货币必要量的决定因素是流通的商品数量、价格水平和货币流通速度。货币需要量与商品数量、价格水平进而与商品价格总额成正比，与货币流通速度成反比。但这一公式的前提是金币（或金属货币）流通。

之所以公式右方决定左方，是因为商品价格取决于商品价值和黄金价值，商品价格有多大，就需要有多少金币来实现它，商品价格总额是一个既定的值，必要的货币量是根据这一既定值确定的。商品与货币交换后，商品退出流通，货币却留在流通领域媒介其他商品的交换，从而一定数量的货币流通几次，就可以媒介数倍于其商品的交换。公式中的货币流通量总是等于货币必要量，因为马克思认为，货币的储藏手段职能可以调节货币的流通。

马克思在分析纸币流通时指出，纸币本身没有价值，只有流通时才能作为黄金的代表。由于流通所能吸收的黄金量是客观决定的，所以无论向流通中投入多少纸币，所能代表的也只是客观所能吸收的黄金量。假定流通中需要 10 万克黄金，如果投入 10 万张纸币，那么一张纸币就代表 1 克黄金；如果投入 20 万张，那么每张只能代表 0.5 克黄金。从而，价格为 1 克黄金的商品，用纸币表示就是要用 2 张纸币，即物价上涨了一倍。

由此得出纸币流通规律是：纸币的发行限于它所代表的金（或银）的实际流通的数量，纸币投入越多，则纸币贬值，物价就上涨。因此，与金属货币制度相比，在纸币流通条件下，货币数量与价格之间的决定关系颠倒过来。

马克思的货币必要量公式具有重要的理论意义，它揭示了商品流通决定货币流通这一基本原理。但是由于马克思的货币必要量公式是以完全的金币流通为条件和基础的，因此还有一些问题需要引起注意。

1）马克思的货币必要量公式强调商品价格由其价值决定，商品价格总额决定货币必要量，而货币数量对商品价格无决定性影响。这个论断适用于金属货币流通，而不适用于纸币流通。因此，信用经济发达的今天，对货币必要量进行深入的研究和探讨就不能简单地套用这一公式。

2）直接运用这个公式测算实际生活中的货币需求还存在许多操作上的困难。也就是说，货币必要量公式的计算结果只能是理论分析中的定性的量，而非实践中可以测量的值。

3）马克思的货币必要量公式反映的是货币交易性需求，即执行流通手段职能的货币需要量，不包含执行支付手段、储藏手段职能的货币需求。

9.3 传统货币数量论的货币需求理论

9.3.1 现金交易说及交易方程式

1. 现金交易说的理论基础

传统的货币数量理论可分为早期货币数量理论和近代货币数量理论，美国经济学家费雪的现金交易说是近代货币数量说的代表，它和现金余额说一起组成的近代货币数量理论（又称新古典货币数量理论）对货币需求理论影响深远。费雪的研究是建立在前人货币数量理论基础上的，即古典经济学中早期的货币数量学说成为费雪的交易方程式的理论基础。

被誉为“经济学之父”的英国经济学家威廉·配第（William Petty）在其《政治算术》中，就已经提出了宏观货币需要量的命题。他注意到了宏观货币需求理论的几个实质问题，并以严密的逻辑把它们联系起来：①为实现一国正常的商品流通需要多少货币；②流通中已有多少货币；③客观需要与实际存在的货币的差额；④货币流通速度；⑤货币增发量；⑥对于新发行货币的保证。

约翰·洛克（John Locke）进一步发展了早期的货币数量学说。他认为货币也是商品，其市场价值由供求关系决定。由于货币能够换取任何商品，所以货币具有无限的需求，不存在供大于求的情况。因此，货币的价值完全由供给数量决定，其数量越少，货币的价值就越高，购买力就越大。

理查德·坎特罗（Richard Cantillon）在洛克研究的基础上，又对货币数量增加引起物价上涨的过程做了论述。坎特罗认为，货币数量的增加来自两个方面：一是由于金银矿的开采而造成的货币数量的增加，二是由于对外贸易的顺差而造成的货币量的增加。虽然货币数量与物价有因果关系，但是货币数量增加后物价并不按比例上涨，两者之间无严格的比例关系。

古典经济学的奠基人亚当·斯密认为，一国流通中必需的货币量取决于该国每年所流通的商品价值量，即取决于该国每年所销售商品的价格总额，而不是商品的价格总额取决于流通中的货币量。亚当·斯密反对把货币需求看成是无限的。他指出，对黄金的需求，正像对其他各种商品的有效需求一样，在任何一国都是一个有限的量。

约翰·S. 穆勒（John S. Mill）通过对前人的各种理论加以综合分析，提出了自己的货币数量学说，其学说支配货币理论界几十年。穆勒认为货币只是便利交换的工具而已，货币的价值由货币的供求决定，物价上涨的比例就是货币数量增加的比例。

爱德文·W. 甘末尔（Edwin W. Kemmerer）是近代货币数量理论的先驱，他的分析对费雪及现代货币数量理论都产生了一定程度的影响。甘末尔在《一般物价关系下的货币与信用工具》一书中继承并发展了早期货币数量学说的集大成者约翰·穆勒的货币供求决定说，提出运用数学工具表示货币数量与物价关系的最早公式。

2. 现金交易说的内容

费雪的现金交易说的中心思想在于解释总的物价水平为什么会发生变化。费雪的贡献体现在用一个数学方程式把直接影响物价变化的各个因素归纳在一起，将货币数量学说更为严谨地表达出来。后人把这个方程式称为交易方程式或费雪方程式。由于把货币看成是购买力，强调的是货币作为交易工具的作用，所以交易方程式所阐述的货币数量理论被称为“现金交易数量说”。

交易方程式发表在费雪1911年所著的《货币的购买力》一书中。费雪所谓的“货币的购买力”实际上是指“通货的购买力”。在具体的研究上，费雪认为物价决定于以下三个因素：①流通中货币平均数量（M）；②流通货币的效率，即流通速度（V）；③商品的交易数量（E）。以P作为加权平均后的一般物价水平，T表示用货币进行交易的社会总商品量，则$E=PT$，所以有

$$MV=PT \tag{9.2}$$

货币流通速度由公众的支付习惯、信用范围的大小、交通和通信的发达程度等制度上的因素决定，这些因素比较稳定，因而货币流通速度也是比较稳定的。商品的交易数量决定于影响生产者的因素，如自然资源、技术条件等，这些因素在短期内不会发生明显的变化，因而也可以假设商品交易数量在短期内是不变的。既然货币流通速度比较稳定，商品的交易数量在短期内不变，那么一般物价水平就必然由流通中的货币数量决定。因此，费雪交易方程式又可表示为

$$P=MV/T \tag{9.3}$$

费雪认为，物价水平与货币流通数量、货币流通速度和用货币进行交易的商品量的关系如下：①物价与货币流通数量呈正比例的变动；②物价与货币流通速度呈正比例的变动；③物价与用货币进行交易的商品量呈反比例的变动。费雪还指出，货币数量决定物价水平，但不一定在任何情况下都完全保持相同的比例。

费雪将交易方程式进行一定的变形，就得到了货币需求方程式为

$$M=PTV \tag{9.4}$$

式（9.4）表明，决定一定时期名义货币需求数量的因素主要是这一时期全社会一定价格水平下的总交易量与同期的货币流通速度。该公式具有一定的理论和现实意义。在货币流通速度比较平稳时期，也常常用它来预测货币需求。例如，在我国计划经济体制下20世纪60年代，曾长期奉行的1∶8的经验公式，即对于8元钱的商品交易需要1元钱的现金发行。但是，这样做要冒较大的风险，因为即使对货币流通速度预测的误差很小，用它除商品劳务总额的观测值之后所得到的货币需求预测值误差也将相当惊人。

费雪对现金交易数量的研究是建立在对前人特别是对甘末尔的研究基础上的。他的现金交易数量研究的出发点是宏观角度，也就是说，费雪探讨货币需求的最初动机是说明一国商品与劳务的交易总值与交换过程中的货币流通总量的恒等关系。从宏观上看，费雪认为有以下三个因素影响货币需求：①社会支付制度，包括收入和支出的规则性、时距、次数等，通常，收支时距越短，越有规律，则货币需要量越小；②金融制度，金融机构愈发达及支票流通越广泛，则货币需要量越小；③经济形势，国民经济中工商业越发达，人口密度越大，则货币需要量越大。

阅读资料

费雪生平

费雪（1867～1947年）被认为是第二次世界大战前美国最伟大的经济学家（有人甚至认为他是美国历史上最伟大的经济学家）。他的全部学术生涯是在耶鲁大学度过的。费雪于1888年在耶鲁大学获得理学学士学位。3年后，在24岁的时候，费雪获得哲学博士学位。1892～1895年，费雪在耶鲁大学教授数学，1895年经济学系成立，他转入经济学系，直到1935年退休，他一直从事经济学的研究。他喜欢这门学科，因为它对于解释重要的现实问题有很强的适用性。

在费雪对于经济学众多的贡献之中，最突出的当数关于货币、资本和效用的理论。费雪通过其著名的交易方程——MV＝PT 澄清了货币在经济中的作用。在《货币的购买力》一书中，他详细阐述了影响货币流通速度和实际产出的因素。由于费雪认为货币流通速度和实际产出变化很慢，所以，他指出引起通货膨胀和通货紧缩的原因是货币数量的变化。

或许由于费雪生活在价格水平极不稳定的时代（时间较长的1873～1896年的通货紧缩，第一次世界大战期间的严重通货膨胀，1920～1921年和1929～1933年的严重通货紧缩），费雪对价格水平不稳定深恶痛绝。为了防止价格水平不稳定，他提出了“补偿美元”（compensated dollar）计划。在该计划中，费雪指出美元应与固定的黄金价值相联系，而不是固定黄金数量。如果价格水平上升5%，用以支持美元的黄金数量也上升5%。考虑到一国的黄金存量以及现存的金本位制度，该计划自动会使货币供给产生5%的收缩，从而消除通货膨胀。1912～1935年，费雪编辑整理了300份文件（书籍、文章、信件），用以支持他的“补偿美元”计划。

除在经济学方面取得卓越的成就外，费雪还是一个多才多艺、热情的改革运动参与者。费雪积极参与了许多当时的改革活动，并在禁酒、世界和平、优生学、公共卫生（在患结核病期间，他发明了一种用于治疗的帐篷）等方面取得了积极的和丰富的成果。他通过发明和销售可显示卡片指数系统，赚取了丰厚的利润。从一件事可以看出他曾经多么的富有，在20世纪30年代的大萧条中，据估计，他的损失达800万～1000万美元。

通过把数学和统计学应用到经济学中来，费雪为使经济学成为一门真正的科学做出了自己的贡献。有两个概念是以他的名字命名的，一个是我们已经熟悉的“费雪方程”（MV＝PT）；另一个是“费雪效应（Fisher effect）”，预期通货膨胀发生变化，会使名义利率相应发生类似的变化。

（资料来源：劳埃德．1999．货币、银行与金融市场．北京：机械工业出版社）

费雪从宏观货币需求角度出发而得到的一些基本结论也适合于分析个人的货币需求。费雪认为，$MY=PT$ 已经表明，个人在手中持有若干货币的基本理由是使日常生活中的交易活动顺利进行。而持有量的多少则取决于 V、P 和 T 三个变量。费雪认为，个人的货币需求受以下三个因素的影响。第一，个人的习惯。个人越节俭，在银行的存款越多，货币需求就越少。第二，个人对未来收入及价格变动的预期。预期收入越少，预期价格变动幅度越低，则货币需求越大。第三，个人对财富量的预期变化。预期利率下降，证券价格上升，都会使预期财富增加而减少货币需求。

总之，费雪涉及了微观货币需求问题，但真正建立起微观货币需求理论的是费雪之后的经济学家。

9.3.2 现金余额说及剑桥方程式

费雪的交易方程式没有考虑微观主体对货币需求的影响，许多经济学家认为这是一个缺陷。以英国剑桥大学马歇尔和阿瑟·C. 庇古（Arthur C. Pigou）为代表的剑桥学派在研究货币需求时，某种程度上弥补了这一不足，更重视微观主体的行为。

剑桥学派认为，处于经济体系中的个人对货币的需求，实质上是以怎样的方式保持自己的资产问题（个人资产选择的角度），决定人们持有货币多少的因素包括：①个人财富的总额，货币的需求首先受到个人所拥有的财富总额的限制；②人们持有货币的机会成本，即货币以外各种资产的收益，人们往往要将持有货币资产的好处与持有其他金融资产和实物资产的好处进行权衡；③对未来收入、支出和物价变动的预期。

1. 马歇尔的现金余额说

马歇尔是剑桥学派的创始人，也是现代微观经济学的奠基人。他于1923年出版了《货币信用与商业》一书，系统地提出了现金余额说。他认为，货币包括金属铸币和纸币，是商品与劳务的购买手段和债务的清偿手段，是不经任何审查即可普遍流通之物。马歇尔认为，货币的价值与其他商品价值一样，是由供给与需求决定的。供给为当时存在的通货量，需求则为人们对于货币的需要量。他把货币比做机油，欲使机器灵活运转，需要不断加些机油，但加油过多，反而阻碍机器的运转。货币亦如此，其量过多，必将丧失信用。马歇尔认为，费雪的交易方程式有很大缺点。他认为，在一般情况下，人们都把财产和收入的一部分用货币的形式持有，而另一部分用非货币的形式（实物形态或直接消费）持有。如果储存货币过多，必然受到损失。因此，人们常将储存货币所得到的利益与购买消费品所得到的享受及投资于生产所得到的收益加以权衡，而决定其应储存的货币量，即应保有的备用购买力数量。他认为，不论社会状况如何，社会各阶层人民用通货形态保存财富以备购买的数额是一定的，如果流通中的货币量增加，必然引起物价上涨。假定其他情况不变，在通货数量与物价水平之间便存在着一种直接的关系。若通货数量增加10%，物价水平就上升10%。因此，他认为，货币的价值决定于全国居民用通货保持的实物价值与信用货币数量的比例。

2. 庇古的剑桥方程式

1917年，庇古发表了《货币的价值》一文，把马歇尔的现金余额说用数学方程式予以解释。庇古认为，在其他条件不变的条件下，对于每个人来说，名义货币需求与名义收入之间保持着较稳定的比例关系。对整个经济体系来说，也是如此。把这一想法用一个方程式表示，即剑桥方程式为

$$M=KPY$$

或

$$MP = KY \tag{9.5}$$

式中：M 为人们手中愿意持有的货币量，也可看做人们对货币的需求量；P 为最终产品和劳务的平均价格；Y 为全部财富，即以货币计量的国民生产总值或国民收入；K 为用货币形态保持的财富与总财富之间的比率，即现金余额系数实际上相当于费雪交易方程式货币流通速度的倒数（$K=1/V$）；KY 为实际货币需求量。

根据式（9.5），如 Y 与 M 不变，则单位货币的币值（$1/P$）与 K 的变化成正比。因为币值越高，物价越低，物价与 K 的变化成反比。所以，货币的币值或一般物价水平决定于（K）。马歇尔认为“货币的价值决定于全国居民欲以通货保持的实物价值与该国货币数量的比例”。由于庇古的 K 依据马歇尔的理论假设，因此人们一般称 K 为“马歇尔的 K”。

庇古把马歇尔的分析进一步明确化。他说，人们拥有的财产与收入有 3 种用途：一是投资于实物形态，从事生产；二是用以直接消费；三是保持货币形态，形成现金余额。投资于生产可得利润与利息，消费可得享受，保持现金余额可得便利与安全。此 3 种用途是互相排斥的，人们究竟在三者之间保持什么样的比例，由各自的主观意志所决定，K 也就因此而变动。

庇古认为，K 和 Y 是比较稳定的，因此 P 的变化主要取决于 M 的变化。如果货币供应量增大，货币供给大于人们想保存的货币量，有了现金余额，人们会扩大支出，从而需求增加，物价上涨；反之，人们会缩小支出，从而需求减小，物价下跌。可见，人们保持在手边的现金余额的大小是决定物价水平的根本因素。庇古还分析了现金余额变化引起物价变化的传导中介是货币流通速度。他说，现金余额增加，货币流通速度就减慢，即使货币数量不变，货币也必升值，物价必然下跌。在经济萧条时期，一方面货币数量减少，另一方面现金余额增加，所以物价的跌落便更为剧烈。在经济繁荣时期，一方面货币数量增加，另一方面现金余额减少，物价则迅速回复和上升。

剑桥方程式所阐述的现金余额说与费雪的现金交易说所表达的方式不一样，但两者所得出的结论是相同的，即物价水平取决于货币数量。但是，剑桥方程式中的货币需求决定因素多于交易方程式，特别是利率已经成为不容忽视的因素，只是在剑桥方程式中没有明确地表示出来。

9.3.3 现金交易说和现金余额说的区别

费雪的交易方程式把货币需求与支出流量联系在一起，重视货币支出的数量和速度，而剑桥方程式则是从用货币形式保有资产存量的角度考虑货币需求，重视这个存量占收入的比例。所以，费雪的交易方程式被称为现金交易说，而剑桥方程式则被称为现金余额说。此外，这两种学说的区别还具体体现在以下几点。

1. 对货币需求分析的侧重点不同

现金交易说强调的是货币作为商品交换媒介的功能，认为人们需要货币是为了便于交换；现金余额说则强调价值储藏功能，认为货币是资产的一种形态。这是两种学说的最大区别。

2. 所强调的货币需求决定因素有所不同

现金交易说重视影响交易的金融及经济制度等因素；现金余额说则重视持有货币的成本与持有货币的满足程度的比较，重视预期和收益等不确定性因素。而且，现金余额说中决定货币需求的因素多于现金交易说。

3. 分析的出发点和角度不同

现金交易说侧重从整个国民经济的角度考虑货币数量问题，属于宏观货币需求理论；现金余额说则重视微观主体的行为，转向微观货币需求研究。

4. 对实际货币需求研究深度不同

现金交易说没有明确地区分名义货币需求与实际货币需求；现金余额说分析了实际货币需求，它不受物价水平的影响，物价变动只能影响名义货币需求。

总之，现金余额说与现金交易说相比，有一定的进步，但是它也有很大的局限性。例如，这里它认为人们以货币形式持有的财富占总收入的比例（K）是一个常数，实际上 K 是受多种因素决定的一个变量（如利率、通货膨胀率等）。现金余额说放弃对 K 的进一步研究，简单地将其视为一个常数，影响了它的研究深度。

9.4 凯恩斯的货币需求理论及其发展

9.4.1 凯恩斯的货币需求理论

凯恩斯是英国著名的经济学家，是宏观经济学的创始人。他早期是剑桥学派的一员，1936 年《就业、利息和货币通论》一书出版，标志着凯恩斯独树一帜的新学说开始形成，由此逐步形成了他的货币需求理论。凯恩斯继承了现金余额说的分析方法，从资产选择的角度来考查货币需求。凯恩斯对人们持有货币的各种动机进行了详尽的分析，进而得出实际货币需求不仅受实际收入影响，而且受利率影响的结论。由于凯恩斯将人们持有货币的动机称为流动性偏好，因此他的货币需求理论又被称为“流动性偏好论”。

1. 货币需求源于“流动性偏好”三大动机

凯恩斯货币需求理论最显著的特点是注重对货币需求的各种动机的分析，凯恩斯将人们保有货币的动机分为交易动机、预防动机和投机动机 3 类。前两类动机承袭了庇古的思想，而投机动机是他的独创。正是有了投机动机，进而有了投机性货币需求，凯恩斯的货币需求理论才与庇古的理论迥然不同。

1）交易动机，是指个人或企业为了应付日常交易需要而产生的持有货币需要。它决定人们进行交易持有多少货币。凯恩斯将交易需求看作是收入的稳定函数。收入越多，此项货币需求就越大；收入越少，此项货币需求也就越小。

2）预防动机，又称谨慎动机，是指人们为了应付紧急情况而持有一定数量的货币。它的产生主要是因为未来收入和支出的不确定性，其大小也主要取决于收入水平的多少。

3）投机动机，是指人们为了在未来的某一适当时机进行投机活动而保持一定数量的货币。这是凯恩斯货币需求理论中最有特色的内容。投机动机的货币需求的大小决定于3 个因素：①当前利率水平；②投机者心目中的正常利率水平；③投机者对利率变化趋势的预期。

2. 货币需求分为交易性货币需求和投机性货币需求

凯恩斯认为，交易动机和预防动机主要与货币的流通手段职能有关，主要取决于收入水平，而对利率变化不敏感，所以可以把这两种动机合二为一，由这两种动机产生的货币需求统称为交易性货币需求。交易性货币需求有以下几个特征。

（1）货币主要充当交换媒介

交易性货币需求主要出于商品交换，货币持有者将货币作为商品交换的媒介，货币发挥流通手段的职能以满足商品交易的需要。

（2）交易性货币需求相对稳定

出于交易动机的货币需求一般可以事先确定，原因是在一定时期内用于交易的货币金额、用途、支出时间是完全可以事先预测的，因而这类货币需求是稳定的。出于预防动机的货币需求虽难以事先确定，但由于它主要作为交易的使用金，所以受交易规模、货币收入的影响，也受手持现金而损失的利息收入大小的影响。上述因素在短期内是相对稳定的，因此出于预防动机的货币需求也是可以预计的。

（3）交易性货币需求是收入的递增函数

交易性货币需求主要取决于收入和货币流通速度。货币流通速度在短期内是相对稳定的，因此，交易性货币需求主要取决于人们的收入。收入增加会使开支增加，从而交易数量增加，必然增加货币的交易性需求。而预防性货币需求只有在一定收入水平上才会产生，并随收入的增加而上升，因而预防性货币需求也是收入的递增函数。

（4）交易性货币需求对利率不敏感

由于持有货币会丧失利息收入，所以利率变动会影响货币需求，但交易性货币需求主要用于必不可少的日常交易，利率再高、利息损失再大，也必须保持一定数额的现金，以保证正常的交易顺利进行，也必须保持起码的预防性货币以备不测。投机性货币需求则与利率因素密切相关，有以下几个特征。

1）货币主要充当财富储藏的职能。凯恩斯在复杂的经济中抽象出两种金融资产——货币和债券。债券包括各种缺乏流动性但能带来收益的生息资产。由于货币自身的特征，使其不仅具备极好的流动性，执行交换媒介的职能，还能作为积累而充当财富储藏的职能。因此，人们在选择自己资产的形式时，需要对金融市场作出预测，权衡具有流动性且有储藏作用的货币所带来的效用与有收益的债券所带来的效用，将二者进行比较之后，才能决定是持有货币还是购买债券。

2）投机性货币需求难以预测。人们出于投机动机产生的货币需求注重的是货币的流动性，但流动性偏好随着人们对未来情况所做的估计而发生变化，并且人们对未来的估计不尽相同。这种心理现象是变化莫测的，加上市场行情变化的影响，导致货币投机性需求难以预测。

3）投机性货币需求对利率极为敏感，是利率的递减函数。在一般情况下，市场利率与债券价格反向变动，人们预期利率上升，则意味着预期债券价格下降；预期利率下降，则意味着债券价格上升，这种预期影响着人们持有资产的决策，从而影响投机性货币需求。具体而言，当前利率较低时，人们预期利率会上升，将抛出债券而持有货币；当前利率较高时，人们预期利率下跌，将抛出货币而持有债券。所以，投机动机的货币需求是当前利率水平的递减函数。

3. 凯恩斯货币需求理论模型

凯恩斯认为，交易性货币需求主要取决于收入水平，而投机性货币需求主要取决于利率水平。所以，交易性货币需求可表示为

$$M_1=L_1（Y） \tag{9.6}$$

式中：M_1 代表为满足交易动机和预防动机而持有的货币量；Y 代表收入水平；L_1 代表 M_1 与 Y 之间的函数关系。

投机性货币需求可表示为

$$M_2=L_2（r） \tag{9.7}$$

式中：M_2 代表为满足投机动机而持有的货币量；r 代表市场利率；L_2 代表 M_2 与 r 之间的函数关系。

综上所述，凯恩斯的货币需求函数为

$$M=M_1+M_2=L_1（Y）+L_2（r） \tag{9.8}$$

式中：M_1 表示交易动机和预防动机引起的货币需求，它是 Y 的函数；M_2 表示投机动机的货币需求，是 r 的函数；L 是作为“流动性偏好”函数的代号，货币最具有流动性，所以流动性偏好函数也就相当于货币需求函数。这个函数式表明，货币的总需求是由收入和利率两个因素决定的，其最重要的贡献在于将利率引入货币需求函数。

对于任何既定的价格水平，根据 $M_1=L_1（Y）$，可以求出每一收入水平 Y 上的货币需求。同理，根据 $M_2=L_2（r）$，可以求出在每一利率水平上的货币需求。因此，可以求出每一个可能的收入和利率上的对货币的总需求。如图 9.1（a）所示，曲线 L_1 与利率无关，是一条与货币需求横轴垂直或与利率纵轴平行的直线。L_2 是一条向右下倾斜的曲线，即利率越高，货币需求越少；反之，利率越低，货币需求越多。如果将 L_1 与 L_2 相加，则货币总需求曲线为 L，如图 9.1（b）所示。

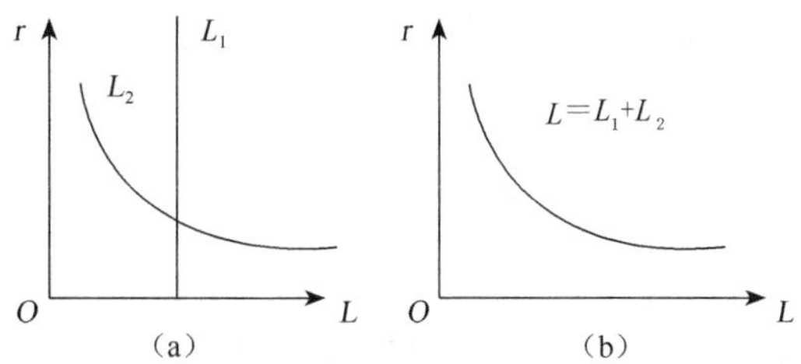

图 9.1 凯恩斯的货币需求曲线

值得注意的是，L 曲线并非一条单独的在（Y，r）平面上的曲线，而是在该平面上

的一系列随收入而变化的曲线。

4. 流动性陷阱

凯恩斯认为，当利率降到一定低点之后，由于利率太低，人们不再愿意持有没有什么收益的债券或其他资产，而宁愿以货币的形式来持有其全部财富，即货币需求变为无限大。如果利率稍微下降，不论中央银行增加多少货币供给，都将被货币需求所吸收。因此，利率不会再下降，这就像存在着一个大陷阱，中央银行的货币供给都落入其中。在这种情况下，中央银行试图通过增加货币供给来降低利率的意图就会落空。此时货币需求曲线就会变成与横轴平行的直线，人们把这一直线部分称作“流动性陷阱”。

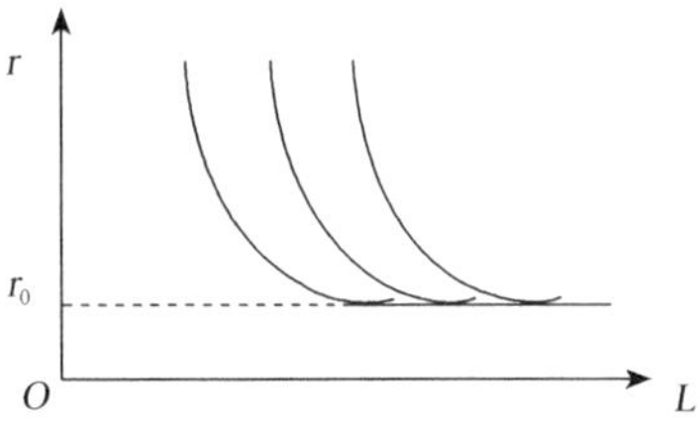

图 9.2 凯恩斯的“流动性陷阱”

如图 9.2 所示，当利率降至 r_0 时，货币需求曲线变成与横轴平行的直线，在该直线部分，货币需求的利率弹性变得无限大。值得注意的是，L 曲线并非一条单独的在（Y，r）平面上的曲线，而是在该平面上的一系列随收入而变化的曲线。

9.4.2 凯恩斯的货币需求理论的发展

凯恩斯的货币需求理论在 20 世纪 50 年代后得到深入研究和扩展。对凯恩斯货币需求理论的发展做出重大贡献的包括新古典综合派和新剑桥学派。

1. 新古典综合派的货币需求理论

新古典综合派的主要代表人物鲍莫尔、爱德华·惠伦（Edward Whelen）、托宾等是凯恩斯的后继者，他们从不同方面推进了凯恩斯的货币需求理论。

（1）鲍莫尔的平方根定律

第一次深入分析交易性货币需求与利率关系的是美国经济学家鲍莫尔。他于 1952 年 11 月在《经济学季刊》上发表了一篇题为《现金的交易需求——一种存货的理论分析》的论文，运用管理科学中最佳存货控制技术对货币需求进行研究。

鲍莫尔在分析时，提出以下假定：人们收入的数量一定，间隔一定；支出的数量事先可知，且速度均匀；人们将现金换成生息资产，采用购买国库券的形式；每次变现（出售债券）与前一次的时间间隔及变现量都相等。

在此假设的基础上，鲍莫尔运用最适度存货确定方法推导出平方根定律，对凯恩斯的交易性货币需求理论进行了修正，认为利率是交易性货币需求的重要影响因素。其公式为

$$M=\frac{1}{2}\sqrt{\frac{2bY}{r}} \tag{9.9}$$

式中：M 表示适度的货币需要量；b 表示交易费用，即变现手续费；Y 表示交易量；r 表示利率。式（9.9）表明：适量的交易性货币需求的确定原则是使现金存量的成本降到最低限度。交易性货币需求的变化与交易量、变现手续费和利率呈平方根关系。具体来说，人们出于交易动机而持有的货币的利率弹性是－0.5，即利率提高 1%，货币需求减少

0.5%；货币需求的收入弹性为0.5，即收入提高1%，货币需求增加0.5%。这表明，交易性货币需求在很大程度上受利率变动的影响，并且具有规模经济的特征。

鲍莫尔的平方根定律问世以后，对西方货币理论产生了重大影响。众多学者在研究货币理论和货币政策问题时都涉及该理论。

鲍莫尔从人们保持适度的现金用于交易，而将暂时闲置的部分用于获利这一现象出发，得出交易性货币需求在很大程度上受利率变动影响的结论，具有普遍适用性。这是对凯恩斯货币需求理论的重要发展。该理论又可以广泛应用在国际金融领域，即国际储备不必与国际贸易量按同一比例增减。但是，该理论忽视了影响货币交易需求的时间价值、通货膨胀等因素，将弹性值固定为一个常数也是欠妥的。

（2）惠伦的立方根定律

美国经济学家惠伦论证了预防性货币需求与利率的函数关系，得出立方根定律即惠伦模型。立方根定律论证了预防性货币需求受利率影响的观点，从而修正了凯恩斯关于预防性货币需求对利率不敏感的观点。

惠伦认为，预防性货币需求来自于人们对未来事物不确定性的考虑。为稳妥起见，人们实际持有的货币总是大于预计的净支出需要量，这个超额部分就是预防性货币需求。惠伦认为，决定人们预防性货币需求的因素主要有两个：一是持币的成本，包括非流动性成本（变现手续费）和持有预防性货币余额的机会成本；二是收入和支出的平均值及变化情况和变现的可能次数。

总成本（C）最小时的预防性现金持有量（M）为

$$M=\sqrt[3]{\frac{2bS^2}{r}} \tag{9.10}$$

式（9.10）表明，预防性货币需求有一个最佳的量，其确定的依据是收入和支出的状况以及持币的成本。预防性货币需求与净支出分布的方差（S^2）、转换现金的手续费（b）和以利率（r）表示的持币机会成本呈立方根变化关系。最佳的预防性货币需求对非流动性成本和净支出方差的弹性为1/3；对利率的弹性为−1/3。也就是说，在其他因素不变时，收入和支出每增加一个单位则预防性货币需求增加1/3个单位；在其他因素不变时，利率每上升一个百分点，则预防性货币需求下降1/3个百分点。因此，预防性货币需求同样受利率变动的影响，同样具有规模经济的特征。

立方根定律证明了预防性货币需求对利率的敏感性，但把预防性货币需求看作是固定的，只进行静态的定量分析是不够的。预防性货币需求的收入和支出弹性、利率弹性不应是一个固定的数值，而应在一个弹性区间内变动。

（3）托宾的资产组合理论

在凯恩斯的投机性货币需求分析中，人们对货币或债券这两种资产的选择是相斥的（或者选择货币，或者选择债券，两者不能兼得），原因是人们对未来利率变化的预期是不确定的。然而现实情况与凯恩斯的假定并不完全吻合，投资者通常对自己作出的对未来利率变化的估计并不完全自信，因而在资产选择上一般采取既持有货币也持有债券的组合形式。基于这种情况，1958年美国经济学家托宾在他发表的《流动偏好——对付风险的行为》一文中对凯恩斯的货币需求理论做了重要的修正和拓展，他以人们对未来预期的不确定性为前提，研究如何持有资产，形成了对投机活动和金融管理产生深远影响的资产组合理论。

托宾认为，人们在选择资产组合时，不仅要考虑资产组合的预期收益率，而且要考虑风险。托宾的资产选择理论假设人们在投资上追求高利率（或高收益），而且他们不愿保留有风险的资产，只有当报酬足够高的时候才保留它们；在具有同一利率的资产中间，人们寻找安全的投资。这一理论说明，不同风险好恶的人（风险厌恶者、风险爱好者、风险中立者）会有不同的资产组合选择，一个不愿冒风险的投资者分配资金的最好办法就是将其资金在各种投资之间进行分散，于是一种最优的资产组合至少会包括一部分安全资金。所以，持有货币是由于人们追求资产安全的需要。

托宾从投资者基于风险的考虑，在微观的资产选择理论框架内，推导出了和凯恩斯相同的结论：利率越高，预期收益越高，则货币持有量比例越小，即货币投机需求与利率之间存在着反方向变动的关系。

托宾从投机者资产选择行为出发进行分析比较切合现实，但忽略了物价波动的因素，分析的资产只包括货币和债券也不够全面。

2. 新剑桥学派的货币需求理论

凯恩斯认为，人们的货币需求动机有 3 种，即交易动机、预防动机和投机动机。新剑桥学派认为，随着经济的发展，仅这 3 种动机不能反映全部现实状况，应予以扩展。英国经济学家文特劳布是新剑桥学派的主要代表人物，和其他经济学家共同提出了货币需求七动机说。

1）产出流量动机。当企业决定增加产量或扩大经营规模时，无疑需要有更多的货币。它相当于凯恩斯提出的交易需求，由企业的行为决定。

2）货币—工资动机。这种货币需求是由货币—工资增长的连带效应造成的。在现代经济中，通货膨胀是一种普遍的现象，当货币供给增加以后，往往连带着工资的增长。

3）金融流量动机。这是指人们为了购买高档商品需要储存货币的动机。高档商品在实际购买之前一般要有积累货币的时间。

4）预防和投机动机。在手中保留超出交易需要的货币，一方面以备不测之需，另一方面等待时机以进行投机。

5）还款和资本化融资动机。这是由于随着信用的发展，债权债务关系十分普遍，大部分个人或企业都负有一定的债务。同时，现代社会里，融资具有资本化的特点，即各种融资形式都以取得报酬为前提，因此，为了保证自己的信誉，保证再生产顺利进行，必须按规定的条件偿还债务、支付利息等，这就需要保持一定的货币量。

6）弥补通货膨胀损失的动机。这是通货膨胀造成的后果，因为在物价上涨、货币贬值的情况下，即使维持原有的生活或生产水平，也需要更多的货币量。

7）政府需求扩张的动机。除了个人或企业外，政府也有需求扩张的动机。现实中，财政赤字往往是货币需求大大增加的重要原因，特别是当政府有意识地采取这种政策以支持战争或应对经济危机时，情况更是如此。

为了更清楚地说明问题，新剑桥学派将以上 7 个动机归纳为三大类。第一类是商业性动机，包括产出流量动机、货币—工资动机和金融流量动机。由这3种动机产生的货币需求与收入紧密相关。第二类是投机性动机，包括预防和投机动机、还款和资本化融资动机及弥补通货膨胀损失动机。基于这类动机而产生的货币需求与人们对未来的预期高度相关，而这又与金融市场的发展状况和利率水平紧密相连。第三类是公共权力动机，即政府需求扩张动机，是政府为干预经济尤其是在实施赤字财政政策和膨胀性货币政策时具有的需求扩张动机。由此动机产生的货币需求主要取决于政府的经济政策，当政府实施扩张性的经济政策时，这类货币需求就会增加；反之，则会减少。

新剑桥学派的货币需求七动机说沿袭了凯恩斯对货币需求动机的分析方法，对于人们为什么持有货币的不同动机进行了区别讨论。其实，新剑桥学派的货币需求七动机说中的前六大动机是对凯恩斯提出的三大动机的细分，基本上没有超出凯恩斯提出的范围，只是政府需求扩张动机是新剑桥学派的独创。

9.4.3 凯恩斯货币需求理论的政策含义

凯恩斯货币需求理论及其后继者对该理论的发展，最重要的贡献在于引入并强调了利率对货币需求的影响。

凯恩斯认为，利率取决于流动性偏好和货币数量，流动性偏好决定货币需求。在一定的货币供给量下，人们对货币的流动性偏好越强，利率就越高，而高利率将阻碍投资。这样，在资本边际效率递减和存在流动性偏好两个因素的作用下，投资需求出现不足。消费需求不足和投资需求不足将产生大量的失业，形成生产过剩的经济危机。因此，解决失业和复兴经济的最好办法是政府干预经济，采取赤字财政政策和膨胀性的货币政策来扩大政府开支，降低利息率，从而刺激消费，增加投资，以提振有效需求，实现充分就业。

凯恩斯提出的流动性陷阱也有着重要的政策意义。

凯恩斯认为，由于陷入流动性陷阱，利率已经达到不能再低的程度，此时增加货币供给不能作用于利率，从而不能影响投资，无法提高收入水平。此时，政府需通过财政政策去实现货币政策不能达到的目标。

凯恩斯认为，如果已经达到充分就业，仅采用膨胀性货币政策是不够的，特别在经济危机中，增加的货币数量可能被增大的流动性偏好所吸收，而对利率不发生影响，从而对实际投资不起作用。因此，必须同时采取其他政策，其中最主要的是赤字财政政策。因为凯恩斯认为，资本主义经济的病根在于有效需求不足，而有效需求不足很难靠居民或企业的自发调节去解决，而必须要有政府的干预才能实现。一方面，政府可以直接扩大投资；另一方面，政府的投资活动可以带动私人投资。他认为，政府采取赤字财政的政策来扩大公共投资，可以扩大有效需求，促进就业增长，从而促进经济增长。

总之，当利率和收入水平都很低时，货币政策效果甚微，但财政政策效果卓著；当利率和收入水平提高时，货币政策能充分发挥作用，而财政政策几乎没有效力；在中等利率与收入水平下，货币政策和财政政策都有一定的效力。也就是说，在不同的利率和收入水平上，货币政策与财政政策对于利率和收入水平的影响程度各不相同。

9.5 弗里德曼的现代货币数量论

9.5.1 现代货币数量论的主要内容

由于1929～1933年的世界性经济危机、第二次世界大战相继发生，世界经济长时期萧条，因此，1936年至20世纪50年代末是“萧条经济学”——凯恩斯学派的全盛时期。但在这之后，大规模的经济萧条现象已经不是世界经济的主题，取而代之的是通货膨胀问题。到70年代，简单的通货膨胀又变成了更为复杂的“滞胀”，即经济停滞与高通货膨胀同时存在。在这种经济环境下，弗里德曼在1956年发表了著名论文《货币数量说的重新表述》，提出了他的货币需求理论，标志着现代货币数量论的诞生。伴随这一理论出现的，还有一个崭新的宏观经济学派——货币主义学派。

1. 前提假设

弗里德曼的现代货币数量论的理论假设包括以下几点。

1）采用长期分析，价格及价格预期对产出发生作用。在通货膨胀条件下，价格或多或少会影响实际国民收入，但在“滞胀”条件下，价格只影响名义国民收入。

2）货币量的层次为广义货币（M_2），即包括货币和准货币。弗里德曼扩大了货币的涵盖内容，将货币定义在了广义货币层次上。广义货币总量与国民收入的相关系数最大，并且货币总量与国民收入的相关系数要分别大于货币总量中各个组成部分（如现金、活期存款、定期存款）与国民收入的相关系数。

2. 货币需求函数

（1）货币需求影响因素

弗里德曼将货币看做资产的一种形式，用消费选择理论来分析人们对货币的需求。消费选择理论认为，消费者在选择消费品时，须考虑三类因素：①收入，它构成预算约束；②商品价格，以及替代品和互补品的价格；③消费者的偏好。费里德曼认为，影响人们货币需求的因素主要有以下三类。

1）总财富水平。弗里德曼用收入来代表财富总额，但这个收入不是统计测算的现期收入，而是长期收入，即永恒收入，是指一个人在比较长的一个时期内的过去、现在和今后预期会得到的收入的加权平均数，它具有稳定性的特点。弗里德曼认为，货币需求与长期收入呈正比关系，由总财富决定的长期收入水平越高，货币需求越大。弗里德曼进一步把财富分为人力财富和非人力财富两大类。人力财富是指个人获得收入的能力，其大小与接受教育的程度紧密相关；非人力财富指各种物质性财富，如房屋、生产资料等。这两类财富都能带来收入，但人力财富缺乏流动性，给人们带来的收入是不稳定的，很难转化为非人力财富；非人力财富能够给人们带来较稳定的收入。因此，如果长期收入主要来自于人力财富，人们就需要持有更多的货币以备不时之需；反之，人们的货币需求就会下降。因此，非人力财富带来的收入在总收入中所占的比重与货币需求成反比。

2）持有货币的机会成本。这是指货币与其他资产（如债券、股票）的预期报酬率之差。货币的名义收益率（r_m）在通常情况下为零，其他资产收益率一般可以分为两部分。第一部分是目前的名义收益率：①预期的固定收益率，如债券利率和债券价格的预期波动；②预期的非固定收益率，如股票的收益率，这里包括股票价格的预期波动。第二部分名义收益率是指预期的实物资产价格变动率。通货膨胀时，物价上涨就是持有货币的机会成本之一。

3）持有货币给人们带来的效用。持有货币可以给人们带来流动性效用，此效用的大小以及影响此效用的其他因素，如人们的嗜好、兴趣等也是影响货币需求的因素。

在上述货币需求的诸多决定因素中，弗里德曼十分重视长期收入对货币需求的影响，同时他也很重视预期物价变动率对货币需求的影响。

（2）货币需求函数

弗里德曼对货币需求的分析同样以微观主体行为作为始点，并吸收了包括凯恩斯在内的经济学家对货币需求理论的研究成果，对货币需求量的各种因素进行了深入的分析，在此基础上，建立了独具特色的货币需求函数。在《美国和英国的货币趋势》一书中，弗里德曼将单个财富持有者的货币需求理论函数简化为

$$M/P=f（Y;\ W;\ r_m,\ r_b,\ r_e;\ 1/P\times \mathrm{d}P/\mathrm{d}t;\ U） \quad (9.11)$$

式中：M 为个人财富持有者保有的货币量，即名义货币需求量；P 为一般物价水平；M/P 为实际货币需要量；Y 为长期收入；W 为物质财富（非人力财富）占总财富的比率；r_m 为预期的货币名义收益率；r_b 为固定收益的债券收益率；r_e 为非固定收益的债券（股票）收益率；$(1/P)\times(dP/dt)$ 为预期物价变动率，即实物资产的名义报酬率；U 为货币的效用以及影响此效用的因素。

弗里德曼货币需求函数中的自变量明显多于凯恩斯的货币需求函数，W 和 U 都是弗里德曼列出的独特变量。下面将具体分析弗里德曼货币需求函数中的各个变量：长期收入对货币需求具有重要作用，由于波动幅度较小，所以货币存量与恒久性收入的比值（也可称为货币流通速度）是相对稳定的；W 与货币需求正相关，前面已有所分析；r_m 表示货币名义收益率，可看做存款货币的利率，这反映了所考查货币的口径已大于过去各学派对货币考查的口径，它是持币机会成本的抵销项；r_b 和 r_e 以及 $(1/P)\times(\mathrm{d}P/\mathrm{d}t)$ 是人们持有货币的机会成本，与货币需求负相关。

（3）货币需求函数的简化

弗里德曼和其他学派的学者对货币需求函数做了较为细致的研究。由于货币需求函数中自变量较多，为了便于分析，把一些在某种条件下可以忽略的自变量省略。

1）因为在短期内货币的效用及影响此效用的因素（如人们的嗜好、偏爱等）不会发生无规则的大幅度的变化，因而可省略 U。

2）由于财富的构成比例在一定时期内也是比较稳定的，它对货币需求的影响不会有显著的变化，所以也可以从函数中删除。

3）根据一些国家的统计数据，只有当物价变动幅度很大、持续时间很长时，才会对货币需求量产生显著影响，这种情况很少发生。因此，$(1/P)\times(\mathrm{d}P/\mathrm{d}t)$ 也可以略去。

4）一般情况下，狭义的货币收益率（r_m）仅指定期存款的利率，这个利率通常不高，该变量对货币需求的影响应该是极不显著的，可以略去。两种金融资产的收益率 r_b、r_e

受大致相同的因素决定，二者高度正相关，用一个收益率做变量，完全可以替代和反映出另一个收益率的变动。因此，可以将二者合并，以“市场利率”统称之，用 i 表示。

由此，弗里德曼货币需求理论函数的最终简化式为

$$M/P=f(Y,\ i) \tag{9.12}$$

（4）货币需求函数的实证

根据货币需求函数的简化式，实际货币需求是由实际收入和市场利率这两个因素决定的。弗里德曼及货币主义学派学者在大量的实证分析中摸索建立方程式为

$$M/P=aY^b i^c \tag{9.13}$$

运用回归分析方法检验时，可以用对数方法把非线性方程化为线性方程，即

$$\ln(M/P)=\ln a+b\ln Y+c\ln i \tag{9.14}$$

该二元回归方程被认为是“近年来货币数量论者通过大量的对货币需求的经验研究所得出的基本公式”。回归系数可用最小二乘法求得。货币学派根据美国 1892～1960 年的统计数据计算得出：$\ln a=3.003$；$\ln b=1.394$；$\ln c=-0.155$。

将上述回归系数写入方程，有

$$\ln(M/P)=3.003+1.394\ln Y-0.155\ln i$$

式中：M 为广义货币（M_2）；Y 为实际长期收入；i 为 4～6 个月商业票据利率。该式表明，Y 与 i 的变动可以高度解释（拟合优度 $R^2=0.99$）M 的变动，且实际货币需求的收入弹性为 1.394。该收入弹性说明，当实际收入提高 1%时，实际货币需求将提高 1.394%；反之亦然。同时，该式还说明，实际货币需求的利率弹性为－0.155，即当利率提高 1%时，实际货币需求下降 0.155%，几乎无弹性。

不过，对于货币需求的收入弹性结论，弗里德曼自己也多有修正。1959 年，他认为是 1.8；1970 年，他认为是 1.0～2.0，并将其分为 1.0～1.5 和 1.5～2.0 两个区间。

3. 弗里德曼现代货币数量论的贡献

弗里德曼的现代货币数量论对货币理论的贡献体现在以下几个方面。

1）研究的货币口径增大，从凯恩斯的 M_1 扩展到 M_2；

2）提出长期收入概念，以此可以代表人们持有的财富总额——货币、债券、股票和非人力财富的总和。同时，严格地将名义量和实际量加以区分。

3）提出具有决定意义的论断，即货币需求函数具有稳定性。这是因为影响货币供给和货币需求的因素相互独立；在货币需求函数的变量中，有些自身就具有相对的稳定性，如长期收入的波动幅度比现期收入小得多；货币流通速度（长期收入除以货币存量）也相对稳定。

4）将货币视为一种资产，从而将货币理论纳入了资产组合理论的框架，摒弃了古典学派视货币为纯交易工具的狭隘理念，并在一般均衡的资产组合理论中，特别强调货币量在经济中的枢纽作用，纠正了凯恩斯学派忽视货币量的偏颇。

5）在货币需求函数中，首先设置了预期物价变动率这一独立变量，确定了预期因素在货币理论中的地位。

6）特别强调实证研究的重要性，纠正了以往学者在经济理论，尤其是在货币理论中只顾抽象演绎的缺陷，使货币理论更向可操作的货币政策靠拢了。

9.5.2 弗里德曼现代货币数量论的政策含义

弗里德曼现代货币数量论认为，价格水平变动率与利率会影响货币流通速度与实际货币需求，但是这种影响非常微小，因而决定货币需求的关键因素是长期收入，所以货币流通速度和实际货币需求是相当稳定的。弗里德曼由此得出了与早期货币数量论相似的政策结论：财政政策的作用非常小，而货币政策的作用是重要的。因此，以弗里德曼为代表的现代货币数量论者反对凯恩斯主义国家干预经济的政策，尤其是财政政策。这正是货币主义与凯恩斯主义的重大分歧之一。

弗里德曼的货币需求稳定性的结论对中央银行有重要意义。由于货币需求是稳定的，中央银行不应该采取管理货币需求的政策，而应该采取管理货币供给的政策。货币供给应配合货币需求，而货币需求是稳定的，因而货币供给也应该是稳定的，中央银行应采取稳定的货币政策。弗里德曼的规则论由此产生。

9.5.3 弗里德曼的现代货币数量论与凯恩斯的货币需求理论的区别

弗里德曼的现代货币数量论的提出，基于特定的历史背景，该理论与凯恩斯的货币需求理论有着明显的区别。

1）在凯恩斯的货币需求函数中，利率仅限于债券利率，收入为即期的实际收入水平。在弗里德曼的货币需求函数中，利率则包括各种财富的收益率，收入则是具有高度稳定性的长期收入，是决定货币需求的主要因素。

2）凯恩斯的货币需求函数以利率的流动性偏好为基础，认为利率是决定货币需求的重要因素。弗里德曼则认为，货币需求的利率弹性较低，即对利率不敏感。

3）凯恩斯认为，货币流通速度与货币需求函数不稳定。弗里德曼则认为，货币流通速度与货币需求函数高度稳定。

4）凯恩斯认为，国民收入是由有效需求决定的，货币供给量对国民收入的影响是一个间接作用的过程，即经由利率、投资及投资乘数而作用于社会总需求和国民收入。弗里德曼则认为，由于货币流通速度是稳定的，货币流通速度的变动直接引起名义国民收入和物价水平的变动，所以货币是决定总支出的主要因素。

9.6 我国的货币需求研究

9.6.1 1∶8经验公式

我国曾长期采用1∶8的经验数据来确定货币量。所谓1∶8的经验数据，其含义是每8元零售商品供应需要1元人民币实现其流通。

这一经验数据的理论依据是马克思的货币必要量公式，在该公式中，决定货币需求的是待销售的商品价格总额。20世纪80年代以前，在计划经济体制下，生产资料和消费资料的流通明确划分为两个领域：生产资料通常是调拨，而不是流通；在流通领域的主要是消费资料。后者的总额在统计口径上近似地可指社会商品零售总额。所以，这个总额就是马克思的货币必要量公式中的商品价格总额。

“1∶8”的经验数据是运用倒推法计算出来的，即选取正常年份（即国民经济发展平稳、货币流通正常的年份）的货币流通量（实际上是现金流通量）(M) 以及价格 (P) 和商品零售总额 (T)，由 $V=PT/M$ 求出的 V，其计算结果约为 8。

“1∶8”的经验数据在当时计划经济体制运作机制以及相应的政策法规高度稳定的严格约束条件下是可以真正起到作用的，但随着我国改革开放的不断深入，各种相关因素的变化，这一经验数据也逐渐失去其实用价值和应有的意义。

除了“1∶8”的经验数据，我国还曾使用定额法和增长率计算方法来确定货币需要量。

定额法是指中央银行确定一个货币供应量增长的绝对额指标，作为计划期的货币供应依据，年度货币调节的任务就是努力使货币供应增量不突破这个指标。这是我国长期沿用的传统方法，只是在 1986 年以前，我国的货币供给量仅指现金流通量，并且不使用“货币供给量”这一国际通用术语，而用“货币发行量”来代替。例如，1984 年我国货币发行计划为 80 亿元，1985 年为 150 亿元，1986 年为 180 亿元等。

一般来说，制定这个定额指标的依据是国民经济发展计划，因而它有一定的科学性。但从我国 30 多年的实践来看，执行结果并不是很理想，计划指标很少能严格控制。

增长率计算方法则基于货币流通速度不变这一假设，运用货币必要量公式来获得。无论是从马克思货币必要量公式出发还是从交易方程式出发，在忽略货币流通速度的变化时，都可推导出

$$g_M=g_{\mathrm{Y}}+g_{\mathrm{p}} \tag{9.15}$$

式中：g_M 表示名义货币增长率；g_{Y} 表示实际经济增长率；g_{p} 表示预期物价上涨率，即预期通货膨胀率 π_{e}。因为货币流通速度不变，货币流通速度变化率 g_{v} 为 0。

式（9.15）的内涵是，货币供给增长率等于预期（或计划）物价上涨率加上经济增长率。

9.6.2 影响我国货币需求的主要因素

由于不同国家在经济制度、金融发展水平、文化和社会背景及所处经济发展阶段的不同，影响货币需求的因素也会有所差别。现阶段，影响我国货币需求的因素既有宏观方面的，也有微观角度的。概括来讲，主要有以下几个方面。

1. 收入

在市场经济体制下，微观经济主体的收入最初都是以货币形式获得的，其支出也都要以货币支付。一般来说，收入提高，说明社会财富增多，支出也会相应扩大，因此需要更多的货币来满足商品交易。所以，收入与货币需求呈同方向变动。近年来，随着城乡居民收入水平及经济货币程度的不断提高，货币在经济生活中的作用领域不断扩大，使我国的货币需求不断增加。

2. 价格

从本质上看，货币需求是在一定价格水平上人们从事经济活动所需要的货币量。在

商品和劳务量既定的条件下，价格越高，用于商品和劳务交易的货币也必然增多。因此，价格和货币需求，尤其是交易性货币需求之间，是同方向变动关系。在现实生活中，由商品价值或供求关系引起的正常物价变动对货币需求的影响是相对稳定的，而由通货膨胀造成的非正常物价变动对货币需求的影响则极不稳定。新中国成立后，我国几次通货膨胀期间都曾不同程度地出现了提款抢购或持币待购的行为，造成了这些时期货币需求的超常增长。可见，价格因素对我国货币需求的影响是很大的。

3. 利率

由于利率决定了人们的持币机会成本，利率越高，持币成本越大，人们就不愿持有货币而愿意购买生息资产以获得高额利息收益，因此货币需求会减少；利率越低，持币成本越小，人们则愿意手持货币而降低了购买生息资产的欲望，货币需求就会增加。利率的变动与货币需求量的变动是反方向的。例如，1988 年全国零售物价指数上升了18.5%，而当时一年期定期储蓄的利率则仅为 7.2%，实际利率为负的状况导致居民挤提存款，抢购商品，货币需求急剧上升。政府实施保值储蓄的办法之后，实际利率上升，挤兑抢购的局面很快得到扭转，储蓄余额又开始上升，货币需求回落。

4. 货币流通速度

货币流通速度是指一定时期内货币的转手次数。动态地考查，一定时期的货币总需求就是货币总流量，而货币总流量是货币平均存量与速度的乘积。在用来交易的商品与劳务总量不变的情况下，货币流通速度的加快会减少现实的货币需求量；反之，货币流通速度的减慢则必然增加现实的货币需求量。因此，货币流通速度与货币总需求呈反方向变动。改革开放以来，我国的货币流通速度有减缓的趋势，客观上增加了货币需求量。1978～2010 年，我国的货币流通速度如图 9.3 所示。其中 V_1 为狭义货币流通速度，V_2 为广义货币流通速度。

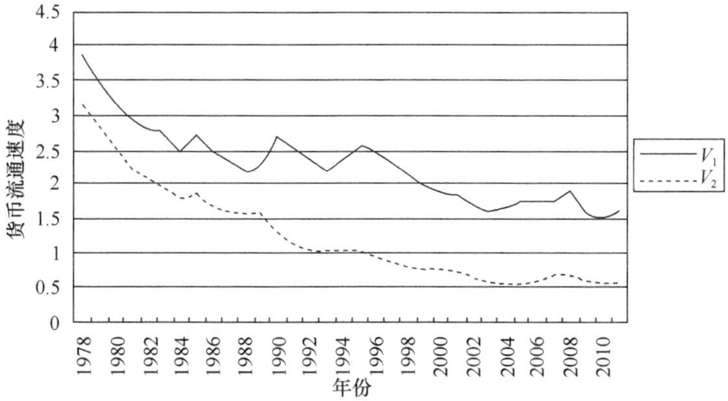

图 9.3 1978～2010 年我国的货币流通速度

5. 金融资产选择

各种金融资产与货币需求之间有替代性，所以各种金融资产的收益率、安全性、流动性以及公众的资产多样化选择，对货币需求量的增减都会发生作用。

6. 其他因素

例如，经济体制变化、对利润与价格的预期变化、财政收支引起的政府货币需求的变化、信用发展状况、金融服务技术与水平，甚至民族特性、生活习惯等都会影响我国的货币需求。

小　结

货币需求是指在一定时期内，社会各阶层（包括个人、单位、政府）愿意以货币形式持有财产的需要，或者社会各阶层对执行流通手段、支付手段和价值储藏手段的货币的需求。

货币需求理论的主要研究内容是一国经济发展在客观上需要的货币量，货币需要量是由哪些因素决定的，这些因素相互之间有什么关系，以及一个经济单位（企业、个人或家庭）在现实的收入水平、利率水平和商品供需状况等经济背景下保持多少货币的成本最小、收益最大等问题。

马克思的货币必要量公式表明，货币需要量的决定因素是流通的商品数量、价格水平和货币流通速度。货币必要量与商品数量、价格水平进而与商品价格总额成正比，与货币流通速度成反比。

费雪从现金角度出发提出交易方程式，认为决定一定时期名义货币需求量的因素主要是这一时期全社会一定价格水平下的总交易量与同期的货币流通速度。

以马歇尔和庇古为代表的剑桥学派开始从微观角度对货币需求展开研究。剑桥方程式中的货币需求决定因素多于费雪方程式，特别是利率已经成为不容忽视的因素。

凯恩斯从资产选择的角度来考查货币需求，将人们持有货币的动机称为流动性偏好，并从交易动机、预防动机和投机动机的角度说明货币需求是由收入和利率两个因素决定的，其最重要的贡献在于将利率引入货币需求函数。他认为，货币需求与收入成正比，与利率成反比。凯恩斯指出，当利率降到一定低点之后，会出现“流动性陷阱”，此时扩张的货币政策会失效。

新古典综合派和新剑桥学派对凯恩斯货币需求理论的发展作出重大贡献。新古典综合派的主要代表人物有鲍莫尔、惠伦、托宾等，他们主要对利率因素对货币需求的影响展开了研究，并建立了模型；新剑桥学派的代表人物文特劳布和其他经济学家共同提出了货币需求七动机说，丰富了凯恩斯的三动机说。

货币主义学派的代表人物弗里德曼提出了现代货币数量论。他采用长期分析对广义货币需求展开研究，认为影响人们货币需求的因素主要有 3 类，即总财富水平、持有货币的机会成本和持有货币给人们带来的效用。弗里德曼的货币需求函数可最终简化为只包括收入和利率两个变量的形式。

案例分析

金融创新与货币流通速度

当我们讨论交易性货币需求时，强调了金融创新对货币需求数量的影响。通过改变既定收入水平下人们必须持有的货币数量，金融创新影响了货币流通速度。金融创新（如提供开立支票账户特权的债券互助基金）在便利人们生活的同时，使统计者设计的原本有用的货币总量概念陷入困境。

下面回顾一下依据金融资产流动性而定义的不同货币计量口径。例如，M_2 包括 M_1 中各项资产加上其他一些流动性稍差的资产；M_3 包括 M_2 中各项资产加上其他一些流动性更差的资产。金融创新改变了我们持有的金融资产的流动性。理想的货币总量的定义可以通过考虑新的金融工具而调整，但这项工作并不简单。

为考查金融创新对货币计量的影响，我们可以检验一特定历史阶段，即 20 世纪 70 年代付息存款账户（包括货币市场互助基金账户）引入之后。随着资金从传统支票账户转向这些新金融工具，货币流通速度出现上升。按原来的定义，即不包括货币市场存款账户和货币市场互助基金账户时，M_2 的货币流通速度上升两倍，而统计者们重新定义 M_2 后，货币流通速度却稳定在 1.5～2。

在考虑了金融体系变化的事实后，货币总量可以一直调整下去。只有这样，才足以监测长期经济形势的变化。实际困难是，在上述变化出现时如何计算其影响，以便利用该信息制定短期政策。有谁能在事前就能精确地知道新的付息存款账户的引进会如何影响货币需求？20 世纪 90 年代后期货币流通速度的上升标志着需要再次重新定义 M_2 吗？这些问题都是货币增长目标区的倡导者们需要回答的问题。

（资料来源：Cecchetti S G. 2006. Money,Banking,and Financial Market.New York：McGraw Hill Companies, Inc：542-543）

【案例思考】

1．为什么货币流通速度与货币定义有关？
2．货币流通速度变化对货币需求有什么影响？

思考题

1．试分析费雪交易方程式和剑桥方程式的区别。
2．凯恩斯货币需求理论的主要内容是什么？
3．简述凯恩斯学派货币理论的发展。
4．费里德曼货币需求理论的主要内容是什么？
5．试分析凯恩斯货币理论和费里德曼货币理论的区别和政策意义。

在线学习

1．进入方式

授课视频路径：输入网址“http://www.upln.cn/”→“教学资源中心”→“资源共享课”，单击“货币金融学”（杨秀萍教授主讲），观看本章的教学视频。

2．学习方式

进入本章授课视频，自主完成“练习、作业、测验、案例”等，并通过网页提供的“在线测验、试卷答题”等形式检验自己对知识的掌握情况。

第10章

通货膨胀

知识目标

1. 掌握通货膨胀的定义和衡量指标。
2. 掌握通货膨胀的常见类型。
3. 掌握通货膨胀的成因。
4. 理解和掌握通货膨胀的正负效应。
5. 掌握治理通货膨胀的手段。
6. 理解和掌握通货紧缩的定义、影响及治理对策。

基本概念

通货膨胀　通货膨胀率　消费者物价指数　生产者物价指数
GDP 平减指数　公开型通货膨胀　隐蔽型通货膨胀　需求拉上型通货膨胀
成本推进型通货膨胀　供求混合型通货膨胀　温和式通货膨胀
收入再分配效应　财富分配效应　强制储蓄效应　资源配置效应
产出效应　抑制总需求政策　物价与收入政策　收入指数化政策
供给政策　通货紧缩

开篇案例

1945～1949 年中国的恶性通货膨胀

国民党统治时期的 1937 年 6 月，法币发行额是 14.1 亿元，到了 1945 年 8 月抗日战争结束时，法币发行额是 5569 亿元，比 1937 年 6 月的发行额增长了 392 倍。1945 年年底，法币发行量突破 1 万亿元大关，达 10 319 亿元；1946 年年底，更增至 37 261 亿元，比 1945 年年底增长了 2.6 倍；1947 年 12 月，法币发行量高达 331 885 亿元，在 1946 年的基础上又增长近 8 倍；1948 年 8 月 21 日，法币发行量竟高达 6 636 946 亿元之巨，短短的 8 个月里增长了 19 倍，币值已贬到不及它本身纸价及印刷费的价值。于是国民政府孤注一掷，发行新的通货金圆券来取代法币，以 1∶300 万的比例收兑无限膨胀了的法币。1948 年 8 月 19 日，国民政府的货币新政付诸实施，规定新币每元含金量为纯金 0.222 17 公分，发行限额为

20亿元。但国民政府很快自食其言，1948年12月，金圆券的发行量已达83.2亿元，超过发行限额4倍多；1949年1月，增长至208亿元，相当于发行限额的10.4倍；1949年5月，更猛增至679 458亿元，是金圆券发行限额的33 972倍，如果以1∶300万的兑换率折合成法币，其数量高达2 038 374 000 000亿元的天文数字，相当于1937年6月法币发行额的144 565 531 900倍。票面额也越发越大，从100元面额到1万元、10万元，最后竟出现50万元、100万元一张的巨额大票。当拿着这100万元的大钞也换不了一袋大米时，金圆券最后遭到人民拒用。这是国民政府1945～1949年的恶性通货膨胀。

诺贝尔经济学奖获得者弗里德曼在他的《货币的祸害》一书中也曾引用了中国的这个例子，并结合其他国家的实例，揭示了通货膨胀之谜。

他说，通货膨胀的发生就好比某一天，有一架飞机从天上给某国撒下了一大笔钱。如果人们只是高兴地把这笔天降货币收进自己的腰包而不花费出去的话，那么什么事情也不会发生。这时候的市场中，商品的价格还是原来的价格，人们的收入还是原来的收入，只不过每个人手中的现金余额增加了。可是，从人的本性讲，他们不会这样做。再没有什么事情比天上掉下来的钱更让人高兴了。每个人都感觉手中的货币多了，都以为自己富裕了，人们纷纷去花钱。很快人们会发现，商品的价格涨上去了，上涨的程度刚好是这笔天上掉下来的货币的额外增幅，人们却没有额外增加任何财富。这里的天降一笔货币暗指中央银行超经济扩大货币供给。

那么，通货膨胀产生的具体机理究竟是什么？通货膨胀对人们的生活产生怎么样的影响？又该如何防范与治理通货膨胀呢？这将是本章所要介绍和探讨的问题。

10.1 通货膨胀的定义与衡量

10.1.1 通货膨胀的定义

1. 通货膨胀的定义

西方经济学家对于通货膨胀的定义有不同的观点。

凯恩斯之前的经济学家认为，通货膨胀是“太多的货币追逐太少的货物”，即货币的过度发行导致单位货币购买力的下降。凯恩斯则认为货币数量增加在充分就业前引起的物价上涨是“半通货膨胀”，在充分就业后货币增加导致物价同比例增长，这才是真正的通货膨胀。

弗里德里希·A.哈耶克（Friedrich A.Hayek）认为：“通货膨胀一词的原意和真意是指货币数量的过度增长，这种增长会合乎规律地导致物价上涨。”

弗里德曼认为：“物价持续上涨就叫做通货膨胀。”

萨缪尔森加上时期概念指出：“物价和生产要素价格普遍上涨的时期——面包、汽车、理发的价格上升；工资、租金等也都上升。”

新剑桥学派的琼·罗宾逊（Joan Robinson）认为：通货膨胀是“由于对国际经济活动的工资报酬率的日益增长而引起的物价总水平的持续上升”。

根据大多数经济学家的论述，通货膨胀可定义为一个经济体中大多数商品和服务的价格在一段时间内普遍持续快速上升的现象。

2. 对通货膨胀定义的理解

“无论何时何地，通货膨胀无一例外都是货币现象”。这是弗里德曼从美国和其他国家第二次世界大战之后经历中得出的一句名言。他的这个论断，其实是指，物价水平只有持续地向上运动才属于货币现象。当通货膨胀被定义为物价水平的持续上涨，大多数的经济学家（无论是货币主义学派还是凯恩斯学派）都会同意他的论断，认为货币是通货膨胀唯一的原因。

一般定义下的通货膨胀包含以下几个要点。

1）强调把“商品和服务的价格”作为考查对象，目的在于与股票、债券以及其他金融资产的价格相区别。

2）通货膨胀指物价水平的上涨现象，并不是指地区性或个别某种商品的价格，而是“大多数商品和服务的价格”或“一般物价水平”。

3）必须是物价在一段时间内“持续”上涨才算发生了通货膨胀，并非偶然的价格跳动，而是一个过程，并且这个过程具有上涨的趋向。

10.1.2 通货膨胀的衡量

1. 通货膨胀率与价格水平

无论对通货膨胀的定义有何不同，世界各国对通货膨胀程度的度量实际上都使用物价指数。通常说通货膨胀率（inflation rate）多大，实际就是指物价指数上涨了多少。通货膨胀率被定义为物价总水平的增长率。如物价指数上升了 5%，通货膨胀率就是 5%。如果物价下跌，通货膨胀率为“负”。通货膨胀率的计算公式为

$$\text{当期通货膨胀率}=\frac{\text{当期物价指数}-\text{基期物价指数}}{\text{基期物价指数}}\times 100\% \tag{10.1}$$

2. 通货膨胀的衡量

价格水平高低是通过各种物价指数来衡量的，一般常用的物价指数有消费者物价指数（consumer price index，CPI）、生产者物价指数（producer price index，PPI）和国内生产总值平减指数（gross domestic product deflator，以下简称“GDP 平减指数”）。这几项指数所反映的内容不同，因而在数值上往往不尽一致，有时相差甚远。

（1）消费者物价指数

消费者物价指数，又称居民消费物价指数，是一种用来测量各个时期内城市家庭和个人消费的商品和劳务的价格平均变化程度的指标。

消费者物价指数表示的是不同时期为购买一篮子商品所支付的成本的价格指数。这一篮子商品通常包括食品、衣服、住房、燃油、交通运输、学费及其他日常生活所必需的商品和服务。在建立价格指数时，通常按照每种商品在经济生活中的重要程度来确定商品价格的权数。因此，消费者物价指数反映了价格水平变动对居民生活费用的实际影响。一般来说，3%是通货膨胀警戒线，当消费者物价指数的增幅＞3%时，称为通货膨

胀；当消费者物价指数的增幅>5%时，称为严重的通货膨胀。

消费者物价指数作为指标的优点是资料容易收集，公布次数较频繁，居民消费品的价格变动能及时反映消费的供给与需求的对比关系，能直接地与公众的日常生活相联系，有其他指标难以比拟的优越性。其缺点是范围较窄，只包括社会最终产品中的居民消费品这一部分，不包括公共部门的消费、生产资料、进出口商品、资本产品和中间产品的价格变动趋势。据国家统计局 2016 年 1 月发布的数据显示，受到食品价格拉动，2015 年 12 月份全国居民消费价格总水平同比上涨 1.6%，环比上涨 0.5%。2015 年全年 CPI 上涨 1.4%，这是自 2010 年以来，我国全年 CPI 首次落入“1”时代。

知识链接

消费者物价指数的计算

消费者物价指数的增幅不等于通货膨胀率，它只是衡量通货膨胀率其中的一个指标。CPI 采用的是固定权数按加权算术平均指数公式计算：

$$\text{CPI}=\frac{\text{一组固定商品按当期价格计算的价值}}{\text{一组固定商品按基期价格计算的价值}}\times 100 \tag{10.2}$$

例如，2000 年某国普通家庭每个月购买一组商品的费用为 800 元，而 2010 年购买这一组商品的费用为 1000 元，那么该国 2010 年的消费价格指数为（以 2000 年为基期）：

$$CPI=\frac{1000}{800}\times 100=125$$

也就是说，消费者物价指数上涨了 25%。

（2）生产者物价指数

生产者价格指数又称批发物价指数（wholesale price index，WPI），是根据大宗商品（包括最终商品、中间产品及进口商品）的加权平均批发价格编制的物价指数。生产者物价指数将统计范围从商品拓展到各种资产，尤其是实际资产存量和金融资产。

生产者物价指数的优点是能较好地反映大宗商品的价格波动，较灵敏地反映企业生产成本的变化，并能在一定程度上预示着消费者物价指数的变动趋势。其缺点是没有将各种劳务价格包括在内，也不能反映消费者日常购买力的变化。

（3）GDP 平减指数

GDP 平减指数（GDP deflator）是衡量一国经济在不同时期内所生产和提供的最终产品与劳务的价格总水平变化程度的经济指标。GDP 平减指数是名义国内生产总值和实际国内生产总值的比率。名义国内生产总值是用生产物品和劳务的当年价格计算的全部最终产品与市场价值总和。实际国内生产总值是用从前某一年作为基期的价格计算出来的当期全部最终产品的市场价值总和。可用公式表示为

$$\text{GDP平减指数}=\frac{\text{报告期价格计算的国内生产总值}}{\text{基期价格计算的当期国内生产总值}}\times 100\% \tag{10.3}$$

GDP 平减指数的优点是包括范围广，可以衡量生产的所有产品与服务的价格，既包括

消费资料也包括生产资料，既包括有形商品也包括无形商品（劳务），因此能准确反映物价总体水平的变动情况。它的缺陷是资料较难搜集，需要对不在市场上发生交易的商品和服务进行换算。因此，多数国家每年只统计一次，不能迅速反映通货膨胀的程度和动向。另外，GDP 平减指数只包括国内生产的产品，进口品价格变动并不反映在 GDP 平减指数上。

10.2 通货膨胀的类型与成因

10.2.1 通货膨胀的类型

经济学家根据不同的标准划分出不同类型的通货膨胀。

1. 按市场机制的作用程度分类

按市场机制的作用程度，可分为公开型通货膨胀和隐蔽型通货膨胀。

1）公开型通货膨胀，又称开放式的通货膨胀，其前提是市场功能完全发挥，价格对供求反应灵敏，过度需求通过价格的变动得以消除，价格总水平明显地、直接地上涨。

2）隐蔽型通货膨胀，又称压制型通货膨胀，是表面上货币工资没有下降，物价总水平也未提高，但居民实际消费水准却下降的现象。其前提是在经济中已积累了难以消除的过度需求压力，但由于政府对商品价格和货币工资进行严格控制，过度需求不能通过物价上涨而吸收，商品供不应求的现实通过准价格形式表现出来，如黑市、排队、凭证购买、有价无货以及一些产品在价格不变的情况下质量下降等。

2. 按产生的原因分类

按产生的原因，通货膨胀可划分为需求拉上型通货膨胀（demand-pull inflation）、成本推进型通货膨胀（cost-push inflation）和供求混合型通货膨胀（supply and demand-push inflation）。这几种类型的通货膨胀将在后文中予以讨论。

3. 按物价总水平上涨的幅度分类

按物价总水平上涨的幅度不同，通货膨胀可分为爬行式通货膨胀、温和式通货膨胀、奔腾式通货膨胀和恶性通货膨胀 4 种。

爬行式通货膨胀是指价格总水平上涨的年率不超过 2%～3%，并且在经济生活中没有形成通货膨胀的预期。温和式通货膨胀时，价格总水平上涨比爬行式通货膨胀快，但又不是很快，具体百分比没有统一的说法。奔腾式通货膨胀物价总水平上涨率在两位数以上，且发展速度很快。恶性通货膨胀又称超级通货膨胀，物价上升特别猛烈，且呈加速趋势。此时，货币已完全丧失了价值储藏功能，部分丧失了交易媒介功能，持有者争先恐后地将其抛出，货币制度面临崩溃的危险。

萨缪尔森描述了相似的分类方法，他把通货膨胀分为温和的通货膨胀（low inflation）、急剧的通货膨胀（galloping inflation）和恶性通货膨胀（hyper inflation）3 种类型。在他看来，温和的通货膨胀是指通货膨胀率为一位数（即不超过 10%）的通货膨胀。如果通货膨胀率突破两位数，甚至达到三位数，如物价总水平以每年 20%、100%，甚至 200%的速率上涨，即为急剧的通货膨胀。在这种较高的通货膨胀率下，经济会发生严重的扭曲，货币会明显贬值，人们会积极地囤积商品、购置房产，以此降低高通货膨胀率给自己带来的经济损失，而人们的这种预期心理会使货币购买力加速下降，通货膨胀率进一步提高，金融市场逐渐消亡，资本逃向国外。恶性通货膨胀是指价格水平每年以百分之一百万，甚至以百分之十亿的惊人速率持续上涨的通货膨胀。这种通货膨胀爆发后，通常会使整个经济窒息。

历史上也曾发生过恶性的通货膨胀，如 20 世纪 20 年代的德国、20 世纪 80 年代的阿根廷和玻利维亚、20 世纪 90 年代的巴西和俄罗斯以及 21 世纪以来的津巴布韦。其中，2008 年的津巴布韦通货膨胀率竟高达 2 200 000%。

阅读资料

德国的恶性通货膨胀

1921 年 1 月的德国，一份报纸为 0.3 德国马克。不到两年时间，1922 年 11 月，一份同样的报纸价格为 7000 万德国马克。而当时整个德国所有的物价都在疯狂上涨。这是历史上最惊人的通货膨胀事件。而类似的情况在 20 世纪 40 年代的中国也发生过。

那么，什么是通货膨胀？简单地说，就是经济中物价总水平发生大幅度的持续性的上升。又是什么原因引起了通货膨胀？在大多数严重或持续的通货膨胀情况下，罪魁祸首都是相同的。当一国政府发行大量本国货币时，货币的价值就下降了。政府有各种各样的理由多印钞票，如在一些税制不健全的国家，政府为了负担开支，就要通过增印钞票来暗中征税；另外，政府为了增加教育、基础建设或国防的开支，或为了援助灾民，也会增印钞票。

增印钞票的理由数之不尽，有些是正当的，有些是不正当的——更准确地说，对某些人来说是正当的，而对另外一部分人来说是不正当的。正当与否，经济学无法作出“科学的”判断。但不管怎样，通货膨胀的成因，就是政府发行了过量的钞票。

由于高通货膨胀会给社会带来高昂代价，所以世界各国都把保持低通货膨胀作为经济政策的一个目标。

（资料来源：罗红卫．2010．经济学原理．北京：经济科学出版社）

10.2.2　通货膨胀的成因

传统的通货膨胀理论侧重于从需求或供给方面分析通货膨胀的形成原因和机理。从理论规范的要求出发，通货膨胀的成因可归纳为需求拉上说、成本推进说和供求混合推进说。

1. 需求拉上说

需求拉上说是产生最早、流传最广、影响力最大的通货膨胀理论。之前，已经介绍了需求拉上型通货膨胀，它又称超额需求通货膨胀，是指社会总需求过度增长，超过了既定价格水平下商品和劳务方面的供给，从而导致物价上涨。

当总需求与总供给的对比处于供不应求的状态时，过多的需求拉动价格水平上涨，可以表述为“过多的货币追求过少的商品”。对物价水平产生需求拉上作用的有以下两个方面：①实际因素，如投资需求增加；②货币因素，或货币需求减少，或货币供给增加过快。

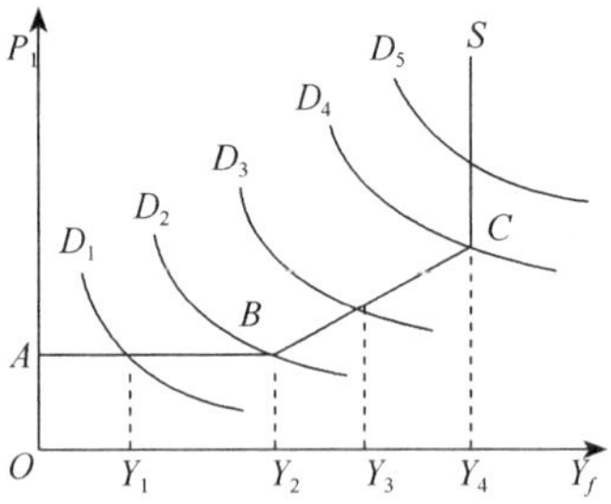

图 10.1 需求拉上型通货膨胀

这样的分析是以总供给给定为假定前提的。如果投资的增加引起总供给同等规模的增加，物价水平可以保持不变；如果总供给不能以同等规模增加，物价水平上升较缓；如果丝毫不能引起总供给增加，需求的拉动将完全作用到物价上。需求拉上型通货膨胀可用图 10.1 加以说明。在图 10.1 中，横轴代表总产出，纵轴代表物价水平。社会总供给曲线 *AS* 可按社会的就业状况分成 *AB*、*BC* 和 *CS* 共 3 个线段。

1）线段 *AB* 呈水平状态，意味着供给弹性无限大。这是因为这时社会上存在着大量的闲置资源或失业人群。当总需求从 D_1 增至 D_2 时，总产出从 Y_1 增至 Y_2，而物价并不上涨。

2）线段 *BC* 则表示社会逐渐接近充分就业，这意味着闲置资源已经很少，从而总供给的增加能力也相应较小。此时，在需求拉动之下的产出扩张将导致生产要素资源价格的上涨。因此，当总需求从 D_2 向 D_3、D_4 增长时，产出虽也增加，但增加幅度减缓，同时物价开始上涨。

3）线段 *CS* 表示社会的生产资源已经达到充分利用的状态，即不存在任何闲置的资源，Y_f 就是充分就业条件下的产出。这时的总供给曲线就成为无弹性的曲线。在这种情况下，当总需求从 D_4 增加至 D_5 时，只会导致物价的上涨。

阅读资料

通货膨胀来了

2011 年，世界各国为了应对全球金融危机后经济发展迟缓的问题，纷纷采取了刺激经济的政策，其中一条核心措施就是扩大货币发行量，从而推动国民经济发展，对抗经济衰退，全球经济因此逐步进入上升通道。但是，该措施的副作用就是通货膨胀，物价全面上涨。

随着经济的全球化进程，中国经济受世界经济的影响越来越大。我国政府为了应对金融危机，刺激经济，也曾采取了扩张的财政政策和货币政策，这使在维持我国经济 10%增长速度的同时，我国的消费者物价指数也达到了 6%的增长幅度，通货膨胀已经影响到人们日常生活的各个方面，特别是衣食住行等方面的物价上涨幅度更大，如何应对通货膨胀、实现资产的保值成为当前面临的首要问题

（资料来源：瑞比．2011．通货膨胀来了：最好的防御措施．王煦逸，等译．上海：上海财经大学出版社）

2. 成本推进说

成本推进说是一种侧重从供给或成本方面分析通货膨胀形成机理的假说。20 世纪 50 年代后期，资本主义国家出现了“滞胀”。对此，需求拉上说无法解释，于是就有经济学家从总供给的方面寻找答案。成本推进型通货膨胀是指在总需求不变的情况下，由于供给方面成

本的提高，而导致的一般价格水平持续显著的上涨。

成本推进的原因：一是工会力量对于提高工资的要求（工资推进型通货膨胀）；二是垄断行业企业为追求利润制定垄断价格（利润推进型通货膨胀）。

（1）工资推进型通货膨胀

工资推进型通货膨胀是指在不完全竞争条件下的劳动力市场中，过高的工资导致一般物价水平的上涨。这种理论的假定前提是存在强大的工会组织，从而存在不完全竞争条件下的劳动力市场。在完全竞争条件下的劳动力市场中，工资率完全取决于劳动力的供求，因此，工资的提高不会导致通货膨胀。但是，在不完全竞争条件下的劳动力市场中，由于工会组织的力量强大，工资不再是竞争的结果，而是工会与雇主集体协商的产物，这种工资一般会高于因竞争而得到的工资。工会迫使企业提高工资，并使工资的增长快于劳动生产率的增长，生产成本就会提高，从而导致物价上涨。价格的上涨又导致工会提出新一轮的工资提高，又会对物价上升产生压力，于是就形成了工资—物价螺旋上升的结果。

（2）利润推动型通货膨胀

利润推动型通货膨胀是指因垄断企业和寡头企业利用市场优势谋求过高利润而导致一般价格水平的上涨，从而导致通货膨胀。这一理论得以实现的前提条件是商品和劳动力市场是不完全竞争的。因为在完全竞争的市场中，价格完全由商品的供求状况而决定，任何企业都无法通过控制产量来改变市场价格。而在不完全竞争的市场中，垄断企业和寡头企业为了追求利润的更大化，可以通过其市场地位操纵产品价格，从而使价格上涨的速度大大超过成本支出增加的速度。

成本推进说的目的在于论证在不存在需求拉上的条件下也能产生物价上涨。所以，总需求给定是假设前提。既然存在这样的前提，当物价水平上涨时，取得供求均衡的条件只能是实际产出的下降，相应的则必然是就业率的降低。因此，这种条件下的均衡是非充分就业的均衡。成本推进型的通货膨胀可用图 10.2 表示。

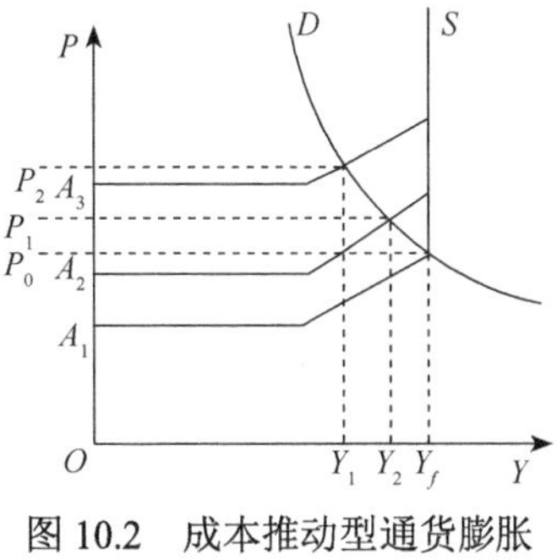

图 10.2 成本推动型通货膨胀

在图 10.2 中，初始的社会总供给曲线为 A_1S。在总需求不变的条件下，由于生产要素价格提高，生产成本上升，使总供给曲线从 A_1S 上移至 A_2S、A_3S。结果，由于生产成本提高，导致失业增加、实际产出缩减。在产出由 Y_f，下降到 Y_2、Y_1 的同时，物价水平却由 P_0 上升到 P_1、P_2。

阅读资料

美国通用汽车公司破产的原因

2009 年 6 月 1 日，昔日全球汽车业“巨无霸”，曾是世界上最赚钱的公司之一的美国通用汽车公司（General Motors Corporatioy，GM），终于向当地法庭递交破产申请，正式进入破产保护程序。GM 的破产保护是美国历史上第三大破产案例，也是美国工业制造领域的最大破产案例。

GM 为什么会破产？原因当然是多方面的，包括金融危机造成的冲击，也包括 GM 在战略和经营管理方面所犯下的诸多积重难返的错误。但是，导致 GM 最终选择递交破产申请的，其实是美国工会。而致使 GM 被长期压得喘不过气来并最后走向破产的一个根本原因，是美国汽车业工人的高工资和高福利。

下面的这些数据可以帮我们看到 GM 在工资和福利方面的沉重负担：GM 拥有近 10 万名美国本土工人，他们的综合工资加上福利、养老、医疗、保险等，相当于时薪 69 美元。此外，GM 还有近 50 万退休员工及其家属，他们享受着终身退休金和医疗保险；失业工人项目供养着 8000 多名下岗工人，闲置的待业工人也享受着 95%的原有薪水。由全美汽车工人联合会（Untied Auto Workor，UAW）控制的僵硬而昂贵的劳动协议，迫使北美三大汽车公司以有限的资产对在职员工和退休员工及其家属背负了近乎无限的责任包袱。在近年来 GM 为走出危机而筹措的资金中，用于偿付退休员工的医疗金等福利支出占据了相当大的比例。

从 2005 年以来，GM 一直在全美汽车工人联合会谈判，它试图启动一项由工会运作的退休员工医疗基金，GM 将向基金注入 216 亿美元，一旦退休员工医疗基金投入运作，GM 每名员工每小时平均生产成本就会降到 62 美元，同时 GM 可能在未来卸下在职及退休员工福利造成的沉重包袱。但强硬的全美汽车工人联合会最终拒绝了 GM 的计划，迫使 GM 最终选择破产。

（资料来源：张满林，蔡春霞．2010．经济学原理．北京：中国经济出版社）

3. 供求混合推进说

供求混合型通货膨胀是指总需求和总供给均发生变化的情况下所发生的通货膨胀。供求混合推进说的主张者反对将通货膨胀的原因简单地区分为“需求拉上”或是“成本推进”，而认为，在现实经济社会中，实际通货膨胀率取决于货币需求和生产成本在制度结构方面的相互影响，既有来自需求方面的因素，也有来自供给方面的因素，即所谓“拉中有推、推中有拉”。例如，过度需求—物价上涨—提高工资—成本（工资）推进通胀。该理论将供求两个方面的原因结合起来，即“成本推进”只有加上“需求拉上”才有可能产生一个持续性的通货膨胀。

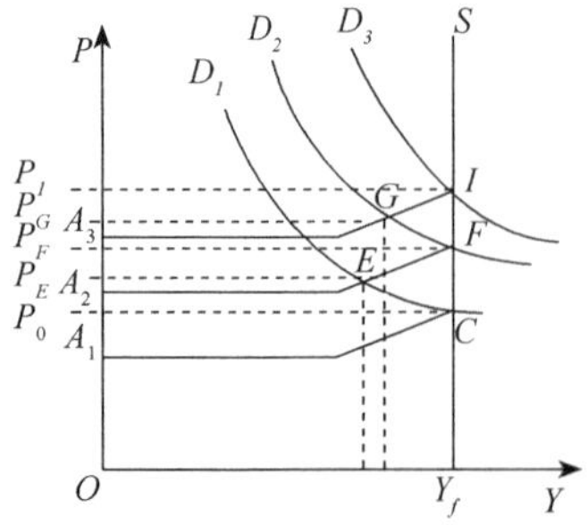

图 10.3 供求混合推进型通货膨胀

现实经济中，这样的观点也得到了佐证。当非充分就业的均衡存在时，政府不会袖手旁观，就业的难题往往会引出政府的需求扩张政策，以期缓解矛盾。逐渐地，失业率和产出可以恢复到充分就业水平，但物价则进一步上升。这样，成本推进与需求拉上并存的混合型通货膨胀就会成为现实。供求混合型通货膨胀如图 10.3 所示。

图 10.3 实际上是将图 10.1 和图 10.2 综合在一起所得的结果。由于需求拉上（即需求曲线从 D_1 上升至 D_2、D_3）和成本推进（即供给曲线从 A_1S 上升至 A_2S、A_3S）的共同作用，物价则沿 $C—E—F—G—I$ 呈螺旋式上升。

10.3 通货膨胀的影响

当通货膨胀完全可以预期时，各种商品与生产要素的价格就都会按预期的通货膨胀率调整，通货膨胀对经济影响很小。实际上，通货膨胀是难以完全准确预测的，当各种价格无法按通货膨胀率调整时，在通货膨胀不能完全预期的情况下，通货膨胀将严重影响经济活动。其影响可以归纳为以下几个方面。

10.3.1 收入再分配效应

在发生通货膨胀的情况下，由于货币贬值，名义货币收入与实际货币收入之间会产生差距，名义货币收入的增加往往并不意味着实际货币收入的等量增加，有时是实际货币收入不变甚至下降。只有剔除物价的影响，才能明确了解人们实际货币收入的变化。由于社会各阶层收入来源不相同，因此，在物价总水平上涨时，有些人的收入水平会下降，有些人的收入水平反而会提高。这种由物价上涨造成的收入再分配，就是通货膨胀的收入再分配效应。

在现代国家，大多数人依靠工资或薪金生活，工资收入差不多就是其全部收入。在物价持续上涨的时期，工资收入只有每隔一段时间才会做一定幅度的调整，使之与物价上涨保持大致相同的比率，才能保证实际收入水平不下降。但这种通货膨胀条件下的定期工资调整，只有依靠强大的工会力量才能做到；否则，工资的增长常会落后于物价上涨，这是一种较普遍的现象。货币工资的增长相对于物价上涨的滞后时间越长，遭受通货膨胀损失相应地也就越大。此外，依靠利息和租金收入的人受到的损失也会比较严重。整体上，通货膨胀对浮动收入者、实际财富持有者、雇主和政府有利，但对靠固定的货币收入维持生活的低收入者不利。

10.3.2 财富分配效应

财富分配效应又称资产结构调整效应。一个家庭的财富或资产由实物资产和金融资产构成。许多家庭同时还有负债，如汽车抵押贷款、房屋抵押贷款和银行消费贷款等。因此，一个家庭的财产净值是其资产价值与债务价值之差。

在通货膨胀的环境下，实物资产的货币值大体随通货膨胀率的变动而或高或低地升降，而金融资产则比较复杂。例如，在其中占相当大比例的股票，其行市是可变的，在通货膨胀之下会呈上升趋势。但影响股市的因素极多，所以股票绝非通货膨胀中稳妥的保值资产形式。

各种金融资产的共同特征是有确定的货币金额。显然，物价上涨，实际的货币额减少；物价下跌，实际的货币额增多。在这一领域之中，预防通货膨胀损失的办法，通常是提高利率或采用浮动利率。但在严重的通货膨胀条件下，这样的措施往往难以弥补损失。一般来说，当发生通货膨胀时，社会财富的一部分会从债权人手中转移到债务人手中，即通货膨胀使债权人的部分财富流失，而使债务人的财富相应增加，从而形成了财富的再分配效应。

正是由于以上情况，每个家庭的财产净值往往会发生很大变化。一般来说，小额存款人和债券持有人最易蒙受通货膨胀的打击。大的债权人不仅可以采取各种措施规避通货膨胀带来的损失，而且他们往往同时又是大的债务人，则可享受通货膨胀带来的巨大好处。

10.3.3 强制储蓄效应

这里所说的储蓄，是指用于投资的货币积累，并非一般意义上的银行储蓄。这种积累的主要来源包括家庭、企业和政府。在正常情况下，上述3个部门的储蓄有各自的形成规律：家庭部门的储蓄由收入剔除消费支出构成；企业储蓄由用于扩张生产的利润和折旧基金构成；政府储蓄的来源则比较特殊。

如果政府用增加税收的办法筹资并用于生产性投资，那么这部分储蓄是从家庭和企业的储蓄中挤出来的，虽有强制性，但全社会的储蓄总量并不会增加。

如果政府向中央银行借债，从而造成直接或间接增发货币，这种筹措建设资金的办法就会强制增加全社会的储蓄总量，结果将使物价上涨。在公众名义收入不变条件下，按原来的模式和数量进行的消费和储蓄的实际额均随物价的上涨而相应减少，其减少部分大体相当于政府运用通货膨胀实现强制储蓄的部分。

上述分析基于这样的假定，即经济已达到充分就业水平。因此，用扩张货币的政策来强制储蓄会引起物价总水平的上涨。如果在实际经济运行中尚未达到充分就业水平，生产要素闲置，这时政府扩张有效需求虽然也是一种强制储蓄，但并不会引发持续的物价上涨。

10.3.4 资源配置效应

通货膨胀的资源配置效应是指在通货膨胀中，由于各种商品和生产要素价格的上涨幅度不同，可以改变各种商品和生产要素的相对价格，引起相对价格体系的变动，最终使经济资源配置状况发生改变。通货膨胀的资源配置效应主要有以下三种观点。

1. 正效应

在一定时期和条件下，通货膨胀引起的相对价格变化会使资源配置从不合理状态转为合理状态或趋于优化状态。例如，原来某个行业就业不好，现在由于这一行业的货币收入增长率超过了物价上涨率，从而使这一行业得到快速发展，使人力资源配置趋于合理。

2. 负效应

在一定时期和条件下，通货膨胀引起的相对价格变化不仅不会改善资源配置，反而使资源配置更加不合理，使社会生产下降。在通货膨胀的情况下，由于资源的价格发生混乱，导致价格引导、资源分配的机制被严重扭曲：通货膨胀造成扭曲的相对价格，必然引起错误的资源配置；通货膨胀助长了投机并导致社会资源的浪费；通货膨胀打击储蓄意愿并降低资本积累速度；通货膨胀妨碍金融市场的健康发展。

3. 混合效应

在一定时期和条件下，通货膨胀引起的相对价格变化会使一些生产部门的资源配置趋于合理，而另一些生产部门的资源配置趋于不合理。

10.3.5 产出效应

通货膨胀的产出效应一般表现为通货膨胀与经济增长到底是怎样的一种关系，相关论点可分为促进论、促退论和中性论。

1. 促进论

所谓促进论，就是认为通货膨胀具有正的产出效应，可以促进经济的增长。促进论的基本观点是：西方国家经济长期处于有效需求不足，实际经济增长率低于潜在经济增长率的状态，因此，政府可以实施通货膨胀政策，利用增加赤字预算、扩张投资支出、提高货币供给增长率等手段来刺激有效需求，促进经济增长。

持这种观点的学者认为，通货膨胀具有以下三种有利于投资的效应：一是政府通过增加货币供给所得的新增收入，可以直接用于增加投资；二是在存在通货膨胀的情况下，工资增长幅度通常要落后于物价上涨速度，企业的利润率相应提高，也会刺激私人的投资积极性；三是通货膨胀实质上是通过价格上涨实行国民收入再分配，这种再分配有利于高收入阶层，而高收入阶层的边际储蓄率和投资率相对较高。因此，通货膨胀可通过以上 3 个效应增加投资，从而有利于促进经济增长。

2. 促退论

促退论正好与促进论相反，是一种认为通货膨胀会损害经济成长的理论。这种理论认为，持续的通货膨胀会通过降低效率的途径损害经济成长。其具体分析如下：一是通货膨胀会降低借款成本，从而诱发过度的资金需求，而过度的资金需求会迫使金融机构加强信贷配额管理，从而削弱金融体系的运营效率；二是较长时期的通货膨胀会增加生产性投资的风险和经营成本，从而使资金流向生产性部门的比重下降，流向非生产性部门的比重增加；三是当通货膨胀持续一段时间后，在公众舆论的压力下，政府可能采取全面价格管制的办法，削弱经济的活力。

3. 中性论

持中性论的学者认为通货膨胀对实际产出和经济增长既无正效应，也无负效应。其理由是，公众会根据对通货膨胀发展的预期，按照物价上涨水平作出合理的行为调整，因此，通货膨胀的各种影响作用会相互抵销。

10.3.6 恶性通货膨胀将破坏正常的经济金融秩序

上述通货膨胀效应，都是以通货膨胀的严重程度保持在一定限度之内为假定前提的。当物价总水平的持续上涨超过一定界限从而形成恶性通货膨胀时，将破坏正常的经济金融秩序，损害政府的威信。更严重的会导致政局不稳，进而有可能引发社会危机。

恶性通货膨胀会使正常的生产经营难以进行：在物价飞涨时，产品销售收入往往不足以补进必要的原材料；在物价迅速上涨的过程中，地区之间上涨幅度极不均衡是必然现象，这就会造成原有商路的破坏，流通秩序的紊乱；迅速上涨的物价，使债务的实际价值下降，如果利率的调整难以弥补由物价上涨所造成的货币债权损失，正常的信用关系就会极度萎缩。恶性通货膨胀是投机的温床，而投机是经济机体的腐蚀剂。

恶性通货膨胀会引起突发性的商品抢购和挤兑银行的风潮。它所造成的收入再分配和居民生活水准的急剧下降则会导致阶级冲突的加剧。这一切的后果往往是政治动荡。

最严重的恶性通货膨胀会危及货币流通自身：纸币流通制度不能维持；金银贵金属会重新成为流通、支付的手段；经济不发达地区则会迅速向经济的实物化倒退。

1923 年间德国曾发生恶性通货膨胀，自从那时起，德国人民对于货币贬值的恐慌一直延续至今。如果 1922 年 1 月的物价指数为 1，那么 1923 年 11 月的物价指数则为 100 亿。如果一个人在 1922 年年初持有 3 亿德国马克债券，两年后，这些债券的票面价值早就买不到一片口香糖了。两位教授曾将德国的通货膨胀数字绘成书本大小的直观柱状图，可是限于纸张大小，未能给出 1923 年的数据柱，结果不得不在脚注中加以说明：如果将该年度的数据画出，其长度将达到 200 万英里。德国在第一次世界大战败北之后，丧失了 1/7 的领土和 1/10 的人口，各种商行及工业产品均减少，同时按 1921 年币值赔偿 1320 亿金马克赔款。在操作中，德国不得不靠发行纸币来渡过难关，结果是陷入灾难的深渊。当时德国政府以极低的利率向工商业者贷款，同时投放巨额纸币，它们又很快贬值，从而债务人得以有廉价的马克偿还贷款。“新富”们在通货膨胀中发了大财，“旧富”们面临崩溃。各个经济部门和各个家庭生活在此不公平中受到致命打击。

20 世纪 30 年代后半期到整个 40 年代，中国的恶性通货膨胀在世界上曾是一个典型。据统计，从 1937 年 6 月到 1949 年 5 月，上海的物价上涨了 68×10^{13} 倍，每月平均上涨 24.5%，每年平均上涨近 14 倍。在连年战争的背景之下，恶性通货膨胀使经济更加畸形扭曲；多年已不流通的银元重新成为主要的支付手段；在农村，则基本退回到实物交易的状态。这一时期的恶性通货膨胀给中国人民造成了几十年挥之不去的梦魇。

2008 年 7 月，津巴布韦中央银行发行了单张面额 1000 亿津元的钞票，以对付失控的通货膨胀。但即使是面值千亿的钞票，竟还不够买一个面包，或一天的公交车票。根据官方统计数字，当时津巴布韦的年通货膨胀率已高达 2 200 000%，不过非官方机构统计，津巴布韦的实际通货膨胀率可能已高达 10 000 000%～15 000 000%。

2009 年 4 月，津政府宣布不再流通本国货币，后大量使用外币，美元、南非兰特、博茨瓦纳普拉、英镑和欧元就成了法定货币。在以后的几年里，政府又允许了澳元、人民币、日元、印度卢比成为了法定货币，而且政府不设定汇率，于是这个非洲内陆国家就成了世界上也许是唯一一个九种货币共存的国度，唯独没有他们自己的本国货币。2015 年，津巴布韦央行宣布采取“换币”行动，从 2015 年 6 月 15 日起至 2015 年 9 月 30 日内，175 千万亿津巴布韦元可换 5 美元，每个津元账户最少可得 5 美元。据英国《卫报》报道，津巴布韦 2015 年 7 月宣布将把人民币设为法定货币。津巴布韦储备银行和中国人民银行最终达成协议，从 2016 年年初开始人民币将和美元一样在津巴布韦通用。

阅读资料

典型的通货膨胀案例

1. 古罗马：铸币成色下降的恶果

138～301年，古罗马军服的价格上涨了166倍，自2世纪中叶至3世纪末，小麦价格——物价水平的主要标志——上涨了200倍。这次通货膨胀，无论如何也不能归罪于纸币，因为纸币要到其后1000年才出现。

古罗马实行的是金属货币制度，包括金、银、铜和青铜。政府财政基本上采用现金形式。帝国的皇帝们为了强化他们对资源的控制，相继削减铸币尺寸或在铸币中添加贱金属。同时却希望凭着自己的权威保持其价值不变——这当然是不可能的。这种违背经济规律的行为在罗马帝国时代代代相传，最终导致的结果是铸币贬值，物价上涨。235～284年，古罗马政治陷入无政府状态，通货膨胀臻于极致，铸币急剧贬值。在253～268年之间，银币的含银量还不到5%。

2. 黑死病与价格行为

14世纪中叶，欧洲普遍出现了温和的通货膨胀。在3年的时间里，物价至少翻了一番。通货膨胀在这一时期并不引人注目，值得重视的是它的背景——黑死病。这是一种能致人猝死的病疫。在当时，此病夺取了2000万人的生命，是当时整个欧洲人口的1/3。在疫病流行期间，商品的价格出现了突然的、短暂的下降。原因很明显，人口锐减导致需求下降，而流通中的货币及商品存量却基本不变，但幸存者的需求却是有限的。而随着疫情的过去，物价又回升了。原因是储存消耗殆尽，同时由于人口减少，产量随之下降——因为生产者的生活条件恶劣，因而生产人员减少的数量远大于有稳定需求的富人。

3. 西班牙：来自新大陆的金银

16世纪，西班牙物价上涨4倍多，年上涨率为1.5%，贵金属过剩是这次通货膨胀的根源。1501～1600年，由墨西哥和秘鲁神话般的矿山产出的1700万千克纯银和18.1万千克纯金涌入西班牙。除官方渠道，走私的数量估计相当于官方进口的10%，相对于已有的储备，来自新大陆的金银可谓数额巨大。无论如何，贵金属的涌入掀起了一场价格革命。这次通货膨胀价格上涨缓慢，没有对西班牙的各个经济部门产生什么影响。年增长率1.5%，这在目前来说是经济发展过程中一个再合适不过的数字了。但在当时，它至少证明了这样一些观点：①货币不等于财富；②和缓的通货膨胀可以和经济增长兼容；③白银减缓了制度变革的压力；④以贵金属为保证的货币制度并不能预防通货膨胀；⑤西班牙最终没有留住海外流入的金属；⑥始于西班牙的通货膨胀扩散到其贸易对象；⑦对经济规律的懵懂无知并不妨碍人们自行其是；⑧货币幻觉尽管充满了神秘，但如果人们警惕周围的变化，其迷惑性必将大大降低。

（资料来源：闵纬国．2011．当通胀来了．北京：机械工业出版社）

10.4 通货膨胀的治理

通货膨胀破坏正常的经济秩序，增加不确定性，普通公众对它也高度关注，警惕地跟踪相关物价指数的变化。因此，治理通货膨胀，保持物价稳定，是一国政府的重要经济目标之一。治理通货膨胀的对策主要包括以下几个方面。

10.4.1 抑制总需求政策

如果通货膨胀主要由总需求过度膨胀引起，那么采取抑制总需求的政策就能取得明显的效果。抑制总需求的政策主要包括紧缩性货币政策和紧缩性财政政策。

1. 紧缩性货币政策

紧缩性货币政策的实质可以归结为控制货币供应量，但这种控制通常并不是指货币存量的绝对减少，而只是减缓货币供应量的增长速度。当然中央银行也可利用传统的政策工具，尤其是三大法宝（通过公开市场业务出售政府债券，减少货币存量；提高再贴现率；提高商业银行法定存款准备金率）影响信贷与投资，以此遏制总需求的急剧膨胀。

2. 紧缩性财政政策

紧缩性财政政策主要是通过削减、压缩财政支出和增加税收的办法来治理通货膨胀，一方面压缩政府支出形成的需求；另一方面抑制私人部门的需求。具体的措施包括：①削减政府支出，包括减少军费开支和政府在市场上的采购；②限制公共事业投资和和公共福利支出；③增加赋税，以抑制私人企业投资和个人消费支出。但是，财政支出有很大的刚性，如教育支出、国防支出和社会福利支出的削减往往困难重重，并非完全由政府控制。增加税收则会遭到公众的强烈反对，政府轻易不愿尝试。

10.4.2 物价与收入政策

物价与收入政策又称为工资—物价管制政策，主要指紧缩性收入政策对工资和物价的控制，以此治理成本推动型与供求混合型通货膨胀。其主要内容是政府制定一套关于物价和工资的行为准则，采取强制性或非强制性的手段，由劳资双方共同遵守，借以限制物价和工资率上涨，同时又不造成大规模的失业。

物价与收入政策一般包含以下内容：①确定工资—物价指导线，政府根据劳动生产率的提高幅度等因素，确定一个增长标准，并据此采取措施控制各个部门的工资增长率；②进行强制性限制，即政府颁布法令对工资和物价实行管制，甚至实行暂时冻结；③运用税收手段，即通过对增加工资超限的企业按工资超额增长比率征收特别税等办法来抑制收入增长速度。

但是，物价与收入政策也存在以下缺陷。

1）如果是保守性的指导性政策或税收政策，效果取决于劳资双方与政府能否通力合作。

2）强制性的物价与收入政策会妨碍市场机制对资源的有效配置。如果禁止价格上涨，价格配置资源的机制也就失去意义。

3）如果在价格管制的同时没有采取相应的紧缩需求的措施，公开型通货膨胀就会转变为隐蔽型通货膨胀，物价与收入政策的效果就大打折扣。

10.4.3 收入指数化政策

收入指数化政策又称指数连动政策，是按物价变动情况自动调整收入的一种分配方案。此政策为了消除通货膨胀引起的收入分配变动对经济的不利影响，而对货币性契约订立物价指数条款（index linked contracts），使工资、利息、各种债券收益以及其他货币收入的名义价值按照物价水平的变动进行调整，使其实际价值保持不变。在实践中曾广为采用的指数化政策包括债券（存款）指数化、税收指数化和工资指数化。其作用主要有以下 4 个方面。

1）可以借此剥夺政府从通货膨胀中获得的收益，杜绝其制造通货膨胀的动机。

2）可以消除物价上涨对个人收入水平的影响。

3）可稳定通货膨胀环境下微观主体的消费行为，避免出现抢购囤积商品、储物保值等加剧通货膨胀的行为。

4）可割断通货膨胀与实际工资、收入的互动关系，稳定或降低通货膨胀预期，从而抑制通货膨胀。

瑞典学派经济学家还认为，收入指数化方案对面临世界性通货膨胀的小国更有积极意义，但也有尖锐的否定意见。这类意见指出，收入指数化政策只能在一定程度上缓解通货膨胀造成的不公平的收入再分配，并不能从根本上对通货膨胀起到抑制作用。并且，全面实行收入指数化政策会面临很高的技术性要求；还会造成工资—物价的螺旋上升，进一步加剧通货膨胀。

10.4.4 供给政策

供给政策是以阿瑟·拉弗（Arther.Laffer）等为首的供给学派提出的。该学派学者认为，由于供给不足，需求相对过剩就会引起通货膨胀，而通货膨胀又反过来会损害经济的供给能力。因此，供给学派认为，治理通货膨胀，尤其是“滞胀”，根本的方法在于增加生产和供给，这样也可避免单纯依靠紧缩总需求引起的衰退。为了增加生产和供给，关键的措施包括：一是减税，进而提高人们的储蓄和投资能力，调动人们的投资积极性；二是削减政府开支，消灭财政赤字，平衡预算，并缓解对私人部门的挤出效应；三是限制货币增长率，稳定物价。政府的主要职责在于为增加供给创造良好的环境和提供必要的条件，而不应对经济多加干预，市场机制会对经济进行自动调节。只有这样，减税对经济的刺激作用才能充分发挥出来，生产和供给的增加才能彻底消除通货膨胀。

凯恩斯学派和供给学派都认为，总供给减少是导致通货膨胀的主要原因。凯恩斯学派认为，总供给减少的最主要原因是影响供给的一些重要因素发生了变化，因此，治理必须从增加供给着手，主要对策包括政府减少失业津贴的支付、改善劳动条件、加强职业培训和职业教育、改进就业信息服务、调整财政支出结构和税收结构等。供给学派则认为，税率偏高是总供给减少的主要原因，因此，政府应首先降低边际税率以刺激投资，刺激产出。

供给学派强调了长期被忽视的供给因素，认为治理通货膨胀，特别是“滞胀”的根本出路在于增加供给，有重要的积极意义。但是，该学派过分夸大了减税对增加供给的刺激作用，现实状况和理论描述相距甚远。

10.4.5 国际合作

全球通货膨胀问题需要各国政府与中央银行共同应对。长达10年的低通货膨胀期过后，各国再度面临高通货膨胀的风险。国际货币基金组织已经表示，高通货膨胀成为全球经济的主要威胁。各国政府应采取有效措施，既要防止通货膨胀失控，也要防止出现“滞胀”的局面，防止通货膨胀由供应方的压力转成需求方的压力。经济全球化的背景下，一国的通货膨胀在很多时候是与世界联动的。一个国家采取行动治理通货膨胀，结果是坏处始终留给自己，好处却让别国分享了。这个矛盾使各个国家都不太愿意治理通货膨胀，这样一来容易引起全球性的通货膨胀。所以，世界各国中央银行要通力合作，有效控制通货膨胀。

总之，治理通货膨胀是一个十分复杂的问题，不仅通货膨胀的成因及其影响是多方面的，而且其治理的过程也必然会牵涉经济社会的方方面面，影响到各个产业部门、各个企业、社会各阶层和个人的既得利益，因此不可能有十全十美的治理对策。各国必须根据本国实际情况，从宏观经济全局出发，采取适当的措施，才能保持经济的持续稳定发展。

阅读资料

反通货膨胀的代价

20世纪70年代末80年代初，时任美联储主席保罗·沃尔克（Paul Volcker）为反通货膨胀所付出的代价说明了菲利普斯曲线的存在。

20世纪70年代，“滞胀”一直困扰着美国。1979年夏，通货膨胀率高达14%，失业率达6%，经济增长率不到1.5%。在这种形势下，沃尔克被詹姆斯·E.卡特（James E.Carter）任命为美联储主席。沃尔克上台后把自己的中心任务定为反通货膨胀。他把贴现率提高到12%，货币量减少，但到1980年2月通货膨胀率仍高达14.9%。与此同时，失业率高达10%。沃尔克顶住各方面压力，继续实施这种紧缩政策，终于在1984年使通货膨胀率降至4%，开始了20世纪80年代的繁荣。沃尔克反通货膨胀的最终胜利是以高失业为代价的。经济学家把通货膨胀率减少1%的过程中每年国内生产总值减少的百分比称为牺牲率。国内生产总值减少必然引起失业加剧。这充分说明通货膨胀与失业之间在短期内存在交替关系，实现低通货膨胀在一定时期内以高失业为代价。

经济学家把牺牲率确定为5%，即通货膨胀每年下降1%，每年的国内生产总值减少5%，沃尔克把1980年10%的通货膨胀率降低至1984年的4%，按此推理，每年减少的国内生产总值应为30%。实际上，国内生产总值的降低并没有这么严重。其原因在于沃尔克坚定不移的反通货膨胀决心使人们对通货膨胀的预期降低，从而使菲利普斯曲线向下移动，使反通货膨胀的代价变小。但代价仍然是有的，美国这一时期经历了自20世纪30年代以来最严重的衰退，失业率达到10%。反通货膨胀付出的代价证明了短期菲利普斯曲线的存在，也说明维持物价稳定的重要性。

（资料来源：梁小民．2009．宏观经济学纵横谈．上海：三联出版社）

10.5 通货紧缩

10.5.1 通货紧缩的含义

第二次世界大战以后，世界经济经常处于通货膨胀之中，因此当时一般的教科书和有关研究文献专门对通货紧缩（deflation）进行论述和研究得都比较少。近些年来，一些国家和地区持续发生通货紧缩，此现象逐渐引起经济学家的重视，与此相关的研究也成为一个热点。西方比较流行的经济学教科书中都有对通货紧缩的定义。

萨缪尔森和威廉·D.诺德豪斯（William D.Nordhaus）在其经典教科书《经济学》中定义通货紧缩为“物价总水平的持续下跌”。约瑟夫·E.斯蒂格利茨（Joseph E.Stiglitz）、罗伯特·巴罗（Robert Barro）、奥利维尔·布兰查德（Olivier Blanchard）、罗伯特·戈登（Robert J.Gordon）等在其各自的著作中对通货紧缩的定义基本上都表述为一般物价水平的持续下跌。

综合以上观点，通货紧缩一般被定义为商品和服务的货币价格总水平持续下降的现象。

10.5.2 对通货紧缩含义的理解

通货紧缩是否就是通货膨胀的反义词？听上去是这样，但是又并非那么简单。毫无疑问，二者的一个显著区别在于通货膨胀情况下物价上涨，而通货紧缩情况下物价下跌。对通货紧缩含义的理解还应注意以下几个要点。

1. 从本质上说通货紧缩是一种货币现象

实体经济中的总需求对总供给的偏离，或实际经济增长率对潜在经济增长率的偏离是产生通货紧缩的根本原因。当总需求持续小于总供给或实际经济增长率持续低于潜在经济增长率时，就会出现通货紧缩现象。

2. 通货紧缩表现为物价水平的持续、普遍地下降

个别商品和服务价格的下降，是由于某些商品或服务供大于求或技术进步、市场开放、生产效率提高降低了成本所致，反映了不同商品和服务之间比价的变化，不是通货紧缩；商品和服务价格的暂时或偶然下跌是受诸如消费心理变化、季节性因素等非货币因素影响而引起的价格变化，它们与货币本身没有必然联系，也不是通货紧缩。

3. 通货紧缩也是一种实体经济现象

通货紧缩通常与经济衰退相伴，表现为投资的边际效益下降和投资机会相对减少，信贷增长乏力，消费和投资需求减少，企业普遍开工不足，非自愿失业增加，收入增长速度持续放慢，各类市场普遍低迷。

10.5.3 通货紧缩的社会经济效应

1. 通货紧缩对经济增长的影响

促进论认为适度的通货紧缩有利于经济的增长；促退论认为通货紧缩会抑制经济增

长，甚至使经济衰退。大多情况下，物价疲软、下跌将直接导致经济增长乏力，甚至出现负增长。

2. 通货紧缩的财富效应

通货紧缩的财富效应与通货膨胀的财富效应刚好相反。例如，物价降低将提高购买力，现金将会升值，固定利率的存款、债券将会升值，将加重货币性负债债务人的负担。但是，如果从宏观上讲，通货紧缩将使全社会的财富缩水。

10.5.4 通货紧缩的治理

无论是通货膨胀还是通货紧缩，都是不稳定的，都会破坏原有商品或服务的比价关系，从而使社会各经济主体的利益重新调整。关于通货紧缩的治理，主要有以下几种措施。

1. 实行积极的货币政策

积极的货币政策包括：①较大幅度地增加货币供应量，尤其是扩大中央银行基础货币投放；②下调法定存款准备金率和完善准备金制度；③加快利率市场化；④加速货币信贷主体的货币投放积极性，消除货币投放中的障碍。

2. 实行积极的财政政策

积极的财政政策包括：①调整财政投资的内容和方向；②加大启动消费需求的财政政策力度；③加速推进税费体制改革，是持续扩大内需、遏制通货紧缩的一个重要措施。

3. 结构性调整

对由于某些行业的产品或某个层次的商品生产绝对过剩所引发的通货紧缩，可以采用结构性调整的办法加以治理。例如，长线产品限制生产、短线产品鼓励生产；新兴行业鼓励发展、夕阳产业限制发展。

4. 完善社会保障体系

如果造成通货紧缩的主要原因是中低层居民收入过低以致消费需求不足，可以通过建立、健全社会保障体系，改善国民收入的分配格局，提高中低收入居民的收入水平，缓解通货紧缩的矛盾。

阅读资料

全球通货紧缩的陷阱

2008 年的国际金融危机已经过去 7 年多的时间，全球经济正在步入曲折性与脆弱性并举的复苏轨道。从未来几年甚至更长时期的趋势来看，全球经济不确定性和复杂性日益上升，通货紧缩问题是其中难以逃离的陷阱。

根据国际货币基金组织（International Monetary Fund）评估数据，在 1990～2013 年，全球通胀率平均为 11%，其中低通胀率的发达经济体 1990～2013 年年均通胀率为 2.3%，2014 年仅为 1.7%。而根据 2015 年 5 月份数据显示，美国 CPI 和 PPI 分别同比增长 0.4%和 0.3%，两项指标均已连续 10 个月持续下降；欧元区 5 月份为 0.3%和－2.1%；中国 5 月份 CPI 和 PPI 分别为 1.2%和－4.6%，PPI 已连续 39 个月负增长。工业通缩已成为威胁投资和产出的最大风险，全球多家国际机构早已发布警告。国际货币基金组织（IMF）更是在 2015 年最新版的《世界经济展望》中将此视为世界经济复苏的最大威胁。

在全球流动性总体比较充裕，多国继续实施量化宽松政策的大背景下，全球通缩风险却持续增强，这背后既包括世界经济增长迟缓，总需求不足等原因，更凸显出一些深层次的结构性因素，比如大宗商品繁荣周期趋于结束引发价格危机；全球需求结构变化导致供需出现缺口；资产负债表衰退导致债务型通缩；强势美元回归引发全球“输入型通缩”压力；以及全球主要经济体处于劳动人口周期变化的拐点等。

（资料来源：中国财经报．2015．http://finance.china.com.cn/roll/20150901/3321986.shtml）

小 结

根据大多数经济学家的论述，通货膨胀可定义为一个经济中大多数商品和服务的价格在一段时间内普遍持续快速上升的现象。通货膨胀率被定义为物价总水平的增长率。

世界各国对通货膨胀程度的度量实际上都使用物价指数。常用的物价指数，有以下三种：消费者物价指数、生产者物价指数和 GDP 平减指数。

经济学家根据不同的标准划分出不同类型的通货膨胀：按市场机制的作用程度分为公开型通货膨胀和隐蔽型通货膨胀；按产生的原因，分为需求拉上型通货膨胀、成本推进型通货膨胀和供求混合型通货膨胀；按物价总水平上涨的幅度分为爬行式通货膨胀、温和式通货膨胀、奔腾式通货膨胀和恶性通货膨胀。萨缪尔森把通货膨胀分为温和的通货膨胀、急剧的通货膨胀和恶性通货膨胀。

对通货膨胀的成因主要归纳为需求拉上说、成本推进说和供求混合推进说。

通货膨胀对于经济社会的影响主要有收入再分配效应、财富分配效应、强制储蓄效应、资源配置效应、产出效应以及恶性通货膨胀将导致经济社会危机等。

恶性通货膨胀会使正常的生产经营难以进行，还会引起突发性的商品抢购和挤兑银行的风潮。它所造成的收入再分配和人民生活水准的急剧下降则会导致政治动荡。

如果通货膨胀主要由总需求过度膨胀引起，那么采取抑制总需求的政策就能取得明显的效果。抑制总需求的政策主要包括紧缩性货币政策和紧缩性财政政策。

物价与收入政策又称为工资—物价管制政策，主要指紧缩性收入政策对工资和物价的控制，以此治理成本推动型通货膨胀与供求混合型通货膨胀。

收入指数化政策又称指数连动政策，是按物价变动情况自动调整收入的一种分配方案。

供给政策是以拉弗等为首的供给学派提出的。供给学派学者认为，治理通货膨胀，尤其是“滞胀”，根本的方法在于增加生产和供给，这样也可避免单纯依靠紧缩总需求引起的衰退。

通货紧缩一般被定义为商品和服务的货币价格总水平持续下降的现象。

案例分析

33年前400元存款今非昔比

400元能干什么？别看现在买不了什么，但在33年前，那可是一笔巨款！2010年10月，成都市民黄女士拿着一份存了33年的手写存单到银行取款，却吃了闭门羹……她说，跑了大半年时间，还是取不到款。难道，这笔钱已经“飞嘎了”？

这笔钱的主人是黄女士的婆婆汤玉莲。1977年，汤婆婆是一家工厂的行车工，每月工资20元。400元钱是夫妻俩省吃俭用积攒下来的，在33年前，这笔钱对普通家庭来说堪称巨款，甚至可以买下一套房子。1977年存钱后，由于家里不急需用钱，这笔钱就一直存在了银行，这一存就是33年。2010年，汤婆婆忽然想起了这张存单，于是喊儿媳去取钱。

因为当年存钱的中国人民银行牛市口营业所的招牌早已易主，奔波了4个多月还没有找到当年的存款记录。经过长达一周的查询，中国农业银行终于在牛市口支行的账本库房里找到了汤婆婆存单的原始记录，并通知汤婆婆的儿媳妇黄女士前来兑付。2010年10月25日上午，黄女士带着汤婆婆的身份证和存钱时的印章，来到农业银行牛市口支行取钱。

在银行办公室，黄女士见到了这本早已发黄的传统账本。银行工作人员解释说，这是33年前的手写账本，每个储户占一行，因为整册账本上有15 000个储户。按规定，凡是了结的账单每15年就会销毁一批，但这个账本因为汤婆婆这笔未取的存单得以保存了下来。

“到底能取出多少钱呢？”黄女士关心地问。随后，银行通过电脑对汤婆婆的存单进行了核算，截至2010年10月25日，汤婆婆的400元存款产生了438.18元的利益，扣除中间几年需要征收的利息税2.36元，汤婆婆连本带息可取出835.82元。“才800多块，太不值价了嘛！”黄女士颇为失落。

33年前，假如你往银行里存了400元钱。当年这笔钱能盖一套房子、买500斤猪肉、909千克面粉、727盒中华香烟或50瓶茅台酒。今天，你取出这笔钱，连本带息835.82元，盖房还是买房？仅够房产证工本费用吧，可能还不够买40斤猪肉或3两茅台酒。——通货膨胀，就是这样疯狂地吞噬着我们的财富！

（资料来源：http://www.cdwb.com.cn）

【案例思考】

1．试分析案例中通货膨胀的类型。
2．通过本案例分析货币性金融资产的财富效应。

思考题

1．什么是通货膨胀？通货膨胀是如何衡量的？
2．通货膨胀有哪些类型？通货膨胀的成因是什么？
3．通货膨胀有哪些影响？

4．为什么说恶性通货膨胀将导致经济社会危机？

5．如何治理通货膨胀？

6．如何理解通货紧缩？

在线学习

1．进入方式

授课视频路径：输入网址“http://www.upln.cn/”→“教学资源中心”→“资源共享课”，单击“货币金融学”（杨秀萍教授主讲），观看本章的教学视频。

2．学习方式

进入本章授课视频，自主完成“练习、作业、测验、案例”等，并通过网页提供的“在线测验、试卷答题”等形式检验自己对知识的掌握情况。

第11章

货币政策

知识目标

1. 掌握货币政策的最终目标，理解多个最终目标之间的矛盾统一关系。
2. 掌握货币政策中介目标、操作目标的选择标准和特点。
3. 掌握货币政策工具体系的构成、作用机理及特点。
4. 掌握货币政策的多种传导机制。

基本概念

货币政策　货币政策目标　菲利普斯曲线　货币政策中介目标
货币政策操作目标　一般性货币政策工具　法定存款准备金率
再贴现率　公开市场业务　选择性货币政策工具　直接信用控制
利率最高限制　信用配额　流动性比率　直接干预　间接信用控制
道义劝告　窗口指导　货币政策的传导机制　货币政策效应
货币政策时滞　相机抉择　单一规则

开篇案例

欧央行推出大规模量化宽松政策

2015年1月22日，欧央行召开首次由19成员国（立陶宛于年初加入）组成的理事会会议，为实现价格稳定目标，决定推出“欧版”量化宽松政策。主要内容包括：一是继续扩大资产购买计划的规模。从3月起每月资产购买规模提升至600亿欧元，将持续至2016年9月或中期通胀率接近2%，预计总资产购买规模达1.1万亿欧元。二是扩大资产购买计划的范围。在此前购买资产支持证券和担保债券（每月约110亿欧元）的基础上，将购买范围扩大到投资级的成员国政府机构债券和欧盟机构发行的债券（每月约490亿欧元）。三是欧央行和成员国央行共同参与。对于新增资产部分，欧央行购买和持有成员国政府机构债券的8%；成员国央行购买和持有剩余的92%，其中12%为欧洲机构债券，80%为成员国政府机构债券（以各成员国央行在欧央行持有的股份比例为基础进行分配）。四是欧央行和各成员国央行共同分担所持部分资产风险。欧央行所购8%的政府机构债券，以及各成员国所购12%的欧洲机构债券纳入共担风险的范围，其余资产的风险由各成员国央行自行承担。2015年3月5日，欧央行进一步公布了QE细节，并于3月9日开始正式执行。

量化宽松政策推出以来，欧元区经济金融状况有所改善。一是欧元区多数国家各期限国债收益率进一步下降，股票及其他资产价格上升。二是银行融资成本和贷款利率降低，信贷条件更加宽松。三是通胀预期触底回升，综合物价指数（HICP）降幅也逐步收窄。四是欧元区经济呈现部分复苏迹象，消费者和企业信心总体有所提高。

欧央行量化货币政策对其他经济体产生了溢出效应。瑞士在欧央行正式宣布量宽之前采取行动，于1月15日宣布放弃自2011年以来实行的瑞郎与欧元挂钩的汇率政策，丹麦、加拿大、埃及、土耳其、秘鲁和印度等多家央行纷纷降息以应对可能带来的冲击。

目前欧元区成员国仍处于“紧缩改革”和“增长优先”的激烈争论中，量化宽松政策的长期效果还有待观察。欧元区各成员国竞争力差异较大，从根本上看，加快经济结构调整和改革才是经济复苏的治本之策。此外，也有观点认为，风险共担机制虽然减少了欧央行的风险，强化了各成员国的风险责任，但也可能会降低危机国家主权债券对市场的吸引力，弱化“欧版”量化宽松政策的可信度和政策效力。

（资料来源：中国货币政策执行报告二〇一五年第一季度）

货币政策的选择和实施关系到本国宏观经济形势的走向，而且在经济金融全球化不断发展的背景下，各经济体货币政策的外溢效应和相互影响越加明显，货币政策具有极为重要的意义。因此，我们必须知道：什么是货币政策？货币政策实施的工具是什么？货币政策的传导机制是什么？怎样去评价货币政策的实施效果？

11.1 货币政策目标

货币政策是指中央银行为实现其宏观经济目标所采用的调节货币供应量和利率水平等经济变量的方针和措施的总和。

货币政策通常包括三方面的内容：一是货币政策的目标；二是实现货币政策目标的工具或手段，也称货币政策工具；三是货币政策的效果。由于从确定目标到采用工具，并实现最终的效果，需要一定的时间，存在着一些作用环节，所以货币政策实际还包括中介目标及传导机制等内容。实施货币政策的部门，是各国的中央银行或货币管理当局。

11.1.1 货币政策最终目标

货币政策最终目标，是中央银行通过实施各种控制货币和信用的手段所达到的宏观经济目标。之所以是所要达到的宏观经济目标，是因为货币政策最终目标是要经过较长的时期才能实现的，基本上与一国的宏观经济目标相一致。世界各国所追求的货币政策最终目标有所不同。但主要有四个方面：稳定物价、充分就业、经济增长和国际收支平衡。

1. 稳定物价

物价稳定与经济发展有着密切的联系，物价稳定是经济健康发展的前提。物价稳定一般是指通过实行适当的货币政策，保持一般物价水平的相对稳定，以免出现通货膨胀或通货紧缩。人们之所以希望物价保持稳定，是因为物价水平的波动会造成经济中的不确定性。通货膨胀也使人们难以对未来作出计划。另外，通货膨胀也可能造成一个国家的紧张气氛，让人民对本国货币失去信任，严重者将会使该国的经济倒退到物物交换，或者发生外国货币对本国货币的“替代”，甚至引起经济与社会的动荡。

物价稳定并不是指物价静止不变，而是指每年的通货膨胀率能否控制在可容许限度内。中央银行究竟应该把一般物价控制在什么水平上才算稳定？这个问题要依据各国的具体情况和不同社会的承受能力而定。

2. 充分就业

充分就业通常是指凡有劳动能力并自愿希望参加工作的人，都能在较合理的条件下，随时找到适合的工作。充分就业是一国政府最为关注的问题之一。其重要性有两个原因。首先，高度失业给人们造成家计艰难、个人自尊心丧失，导致社会犯罪率增加，影响国家的长治久安；其次，高度失业造成经济资源的大量闲置，不仅是劳动力资源的闲置，而且伴随工厂关闭、设备闲置，从而使经济的总产出大幅降低。所以，充分就业的意义在于将失业率控制在合理的程度。

失业包括自愿失业和非自愿失业，其中，自愿失业是因不愿重新工作或不愿在现行工资水平下重新工作而造成的失业，非自愿失业是愿意在现行工资水平下工作却找不到新的工作而造成的失业。充分就业主要针对一国经济中的非自愿失业。因此，充分就业不等于失业率为零，应当允许一个不为零的自然失业率的存在，在这个自然失业率水平上，劳动力的供给（愿意并且能够提供的劳动力）等于劳动力的需求。只要失业率低于自然失业率水平，就可以说该经济社会达到了充分就业。要想制定一个准确的目标作为合理的失业水平是很难做到的，因此不同的经济学家有不同的观点，有的认为 3%的失业率可以被看作是充分就业，有的则认为长期维持在 4%～5%的失业率比较好。美国多数经济学家认为，失业率在 5%以下就算充分就业。

3. 经济增长

经济增长是指在一个国家内商品与劳务产出的增长及与其相结合的供给能力的增长。通常用国民生产总值（gross national product，GNP）或国内生产总值（gross domestic product，GDP）扣除价格变化因素后的年增长率或人均年增长率来衡量。由于经济增长常常会带来一些负面效应，如环境污染、资源浪费等，因此当今各国不仅重视经济增长的“量”，更加强调经济增长的“质”，追求在资源可持续性前提下的“有效增长”。

4. 国际收支平衡

国际收支平衡是指一个国家或地区与世界其他国家或地区之间在一定时期内全部经济往来活动的收支持平、略有顺差或略有逆差。反映在国际收支平衡表上，就是每年黄金外汇储备不发生增减变化。西方经济学家认为，每个国家的国际收支都应该自谋平衡，但实际上，个别国家却经常为国际收支盈余而努力。从全世界来看，一个国家的盈余势必意味着其他国家有赤字。因此，每个国家都要保持国际收支的盈余是绝对不可能实现的事情。因此，一般在短时期内是允许国际收支略有盈余或略有赤字的，而在较长的时期内，某一年份国际收支不平衡可以由另一年份进行弥补。能够做到这一点，就可以认为实现了国际收支的基本平衡。

事实上，国际收支平衡是一种理想的状态，实际经济交往中国际收支不平衡是常态，且短期的不平衡并非完全不利。例如，某国某年出现逆差，可能意味着该年度多进口了外国的机器、设备、先进技术和其他商品，促进了本国的经济增长。但是，如果一国连年出现逆差或者顺差，就会产生相应的问题。连年逆差会使国家弥补逆差的能力连续消耗，外汇储备急剧下降，导致外汇市场对本币丧失信心，资本大量外流，本币大幅贬值，甚至会导致货币和金融危机。20 世纪 90 年代的墨西哥金融危机和亚洲金融危机就是这方面的例证。相反，连年顺差，则使一国的外汇储备不断增加，不但造成外汇资源闲置或浪费，而且因购买大量的外汇而增发本国货币，会导致或加剧国内通货膨胀。因此，应当努力避免长期的大量顺差或逆差，保持国际收支的大致平衡。正是由于这个原因，各国政府都把国际收支平衡作为本国货币政策的主要目标之一。

11.1.2 货币政策目标之间的矛盾与冲突

货币政策目标之间是既统一又矛盾的关系，从长期看，这些目标之间是统一的、相辅相成的。从短期看，这些目标之间存在着矛盾和冲突，因此不同国家在不同时期对这四个目标都有所取舍或侧重。

1. 物价稳定与充分就业之间的矛盾与冲突

凯恩斯学派认为，通货膨胀是在经济实现充分就业以后，由于需求的继续增长而产生的，因此失业与通货膨胀不会同时存在。1958 年，菲利普斯发表了一篇题为《1861—1957 年英国失业率与货币工资变动率之间的关系》的论文，画出了一条向右下方倾斜的曲线，如图 11.1 所示，即著名的菲利普斯曲线，并得出结论：失业率与物价上涨率之间存在着此消彼长的关系，这使人们第一次注意到失业与通货膨胀之间存在负相关关系。菲利普斯曲线表明，要降低失业率，就必须扩大生产规模，增加货币投放量，从而导致物价上涨，通货膨胀率升高；若要降低通货膨胀率，就必须紧缩银根，从而减少投资，压缩生产规模，这又会导致失业率的上升。

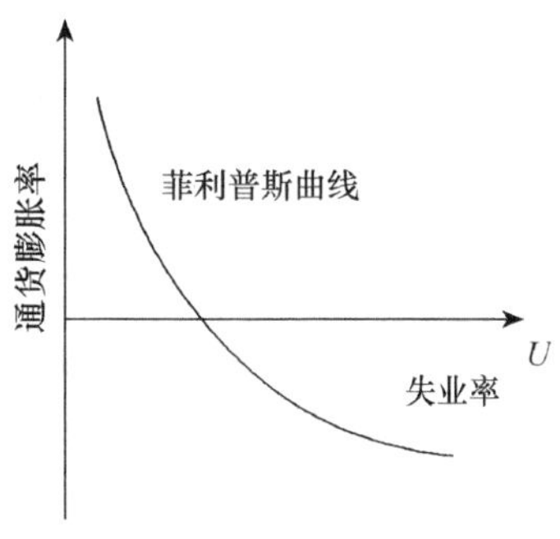

图 11.1 失业与通货膨胀的关系

2. 物价稳定与经济增长之间的矛盾与冲突

物价稳定与经济增长是货币政策目标的核心内容，从短期看，经济的高速增长往往伴随着信用扩张和物价上涨。各国的实践表明，这两者之间呈一种较强的相关关系，因而在短期内这两个目标往往存在着冲突。例如，在经济衰退时期采取扩张性货币政策，以刺激需求、刺激经济增长和减少失业，但这常常造成流通中的货币数量大于与经济发展相适应的货币需求量，导致物价上涨。相反，在经济扩张时期，为了抑制通货膨胀、保持物价稳定而采取紧缩性货币政策，减少货币供应量，这又往往会阻碍经济增长并使就业机会减少。可见，物价稳定与经济增长之间有一定的矛盾，这两个目标的最优结合点是货币政策选择的一个重要问题。

3. 物价稳定与国际收支平衡之间的矛盾与冲突

在世界经济一体化的趋势下，开放型经济国家的经济状况通常带有国际化的特征，该国的经济状况与其他国家的经济状况有着密切的联系，并在一定程度上受到他国经济状况的影响。当本国物价稳定时，如果其他国家发生通货膨胀，这必将使以外币表示的本国商品价格上升，从而本国的出口下降，进口增加，导致国际收支出现逆差或者使已有的逆差加大。可见，一国的物价稳定并不能保持国际收支平衡，只有世界各国都能维持大致相同的物价水平，而且在贸易形态不发生变化的情况下，物价稳定和国际收支平衡才可能同时达到，而这实际上是很难达到的。

4. 充分就业与国际收支平衡之间的矛盾与冲突

如果一国就业人数增加，收入水平提高，就会使该国对外国商品的进口增加，国内商品的出口（相对）减少，从而扩大了国际收支逆差。例如，为了减少逆差，采用紧缩性货币政策和财政政策来抑制国内需求，这又导致就业机会减少，失业增加。可见，短期来看，充分就业时国际收支很可能不平衡，而国际收支平衡时却很可能存在大量失业。所以，充分就业与国际收支平衡这两个目标也存在着相互矛盾的地方。

5. 经济增长与国际收支平衡之间的矛盾与冲突

国内经济增长会导致人均收入水平大幅度提高和支付能力的增强，从而增加对进口商品的需求，同时国内本来用于出口的部分商品也因此转变为国内需求。如果出口贸易增长不足以抵消这部分需求，必然会导致国际收支逆差。反之，刻意地保证国际收支平衡会使净出口得不到增长，而净出口又是拉动国内经济增长的因素之一。

综上所述，货币政策的 4 个最终目标之间存在着不同程度的冲突，这是当代各国政府及经济学家面临的一个重大课题。实践表明，为了实现一个目标而采取的货币政策措施可能会影响另外一个目标的实现，或者会破坏另外一些已达到很好状态的目标。所以，各国政府在制定货币政策时，必须根据本国当时的具体情况进行权衡和有侧重点地选择。

11.1.3 货币政策目标的选择

就各国货币政策的实践来看，在不同的经济背景下，中央银行在确定货币政策目标的时候，并非把四大最终目标全部确定为货币政策的主要目标，而是选择这 4 个目标中的部分或者是全部进行组合。

由于不同国家和地区的经济、金融环境不同，所处的发展阶段和历史背景不同，经济生活和管理体制也不同，因此在货币政策目标的选择上必然会存在差异。总体而言，货币政策目标可以划分为单目标和多目标。单目标是指中央银行在制定货币政策目标时明确突出一个目标，即单一目标，如德国、新西兰等国就比较注重对币值和物价稳定的维护，其中央银行认为货币政策的目标只能有一个，就是物价稳定；欧洲中央银行诞生后，也明确把物价稳定作为其唯一目标。而有些国家明确要追求几个目标，即多目标，如美国、英国等将全面追求经济增长、充分就业、物价稳定和国际收支平衡作为货币政策目标；日本银行在1998年新银行法实施前，把稳定物价、国际收支平衡和维持对资本设备的适当需求作为货币政策目标。

就不同时期而言，各个国家的货币政策目标也是在发展变化的。20世纪40年代中期，凯恩斯主义的国家干预经济主张盛行以后，英国、美国等相继以法律形式宣称，谋求充分就业是其货币政策的目标之一，比维持物价稳定更为突出。自50年代起，由于普遍的、持续的通货膨胀，各国中央银行把“物价上涨控制在可以接受的水平之内”作为货币政策的首要目标。到了50年代后期，西方国家中经济增长理论广泛流行，许多国家为了保护自身的经济实力和国际地位，都把发展经济、促进经济增长作为货币政策目标的重点。从60年代开始，一些国家国际收支逆差的出现，使维持固定汇率发生困难，一些国家将平衡国际收支作为一项货币政策目标。70年代中期之后，“滞胀”促使一些西方国家的货币政策目标先后转为以稳定货币为主。有的国家还提出了“低通货膨胀增长”或“无通货膨胀增长”的方向。90年代以后，一些国家先后采取了“通货膨胀指标制”（inflation targeting）的货币政策，政策的核心是以未来一段时间内确定的通货膨胀率目标或者目标区作为货币政策目标，来实施货币政策工具的操作。进入21世纪，伴随着2008年国际金融危机的全面爆发，世界各国不约而同地把货币政策的首要目标确定为促进经济增长和维持物价稳定。

知识链接

通货膨胀指标制

1989年12月，新西兰银行正式确立了世界上第一个通货膨胀指标制货币政策框架。随后，包括加拿大、英国、瑞典、澳大利亚、西班牙、韩国、波兰、墨西哥、巴西等在内的国家的中央银行先后采用了通货膨胀指标制。本·S．伯南克（Ben S. Bernanke）在担任美联储主席时的就职演说中也表达了改革美国货币政策框架，逐步转向通货膨胀指标制的愿望。

概略地说，通货膨胀指标制是中央银行采取的一种货币政策框架，保持物价稳定是货币政策的首要目标。在通货膨胀指标制下，中央银行事先向公众公布通货膨胀的水平，并承诺在未来的某一时间跨度内实现该目标，货币政策的远期中间目标就是中央银行对通胀率的预测值，而货币政策的近期中间目标是价格性的指标，如短期利率；为了实行通货膨胀指标制，物价稳定的目标不应当受到汇率制度的影响。较之采用货币供给量、利率作为远期中间目标，通货膨胀目标制增加了货币政策的透明度，通过解释实现公众最关切的通货膨胀目标所需的代价和手段提高了货币政策的可信度，降低了中央银行陷入时间不一致性陷阱的概率。

实践证明，通货膨胀指标制的效果相当好。实行通货膨胀指标制的国家降低了通货膨胀率和通货膨胀预期，优于缺乏通货膨胀指标的情况下可能达到的水平。而且，这些国家的通货膨胀一旦降了下来，就保持低水平。制止住通货膨胀之后，在随后的经济周期扩张期间，这些国家的通货膨胀率也没有反弹。

阅读资料

中国货币政策目标的选择

在许多场合，货币政策最终目标之间的矛盾往往显得较为突出。在这样的背景下，我国理论界对于中国货币政策应有什么样的目标问题，一直存在着争论。主要观点有以下几种。

1）单一目标观点。这又可分成两种相当对立的意见：一种是从稳定物价是经济正常运行和发展的基本前提出发，强调物价稳定是货币政策的唯一目标；另一种是从货币是再生产的第一推动力出发，主张以最大限度的经济稳定增长作为货币政策的目标，并在经济发展的基础上稳定物价。

2）双重目标观点。这种观点认为，中央银行的货币政策目标不应是单一的，而应当同时兼顾发展经济和稳定物价两方面的要求。强调两者的关系是：就稳定货币而言，应是一种积极的、能动的稳定，即在经济发展中求稳定；就经济增长而言，应是持续、稳定、协调的发展，即在稳定中求发展。不兼顾，则两者的要求均不能实现。

3）多重目标观点。鉴于经济体制改革的进一步深化和对外开放的加快，就业和国际收支问题对宏观经济的影响越来越重要。因此有人提出：我国的货币政策目标必须包括充分就业，国际收支均衡和经济增长，稳定物价等诸多方面，即目标应是多重的。

从我国货币政策的实践来看，在不同时期中国的货币政策目标不尽相同，大致的脉络如下：1979 年以前是“一切为国民经济计划发展服务”；1986 年 1 月，《中华人民共和国银行管理暂行条例》提出“中央银行、专业银行和其他金融机构，其金融业务活动，都应以发展经济、稳定货币，提高社会主义经济效益为目标”，即以经济发展和稳定货币为双重目标，但经济发展放在首位；1995 年 3 月，《中华人民共和国中国人民银行法》提出：“保持币值稳定，并以此促进经济发展”，即以保持货币稳定，促进经济发展为双重目标，但中央银行的首要任务是保持货币稳定，其次才是促进经济增长；2004 年 12 月，新修正的《中华人民共和国中国人民银行法》提出：“货币政策目标是保持货币币值的稳定，并以此促进经济增长。”

（资料来源：潘淑娟．2008．货币银行学．北京：中国财政经济出版社）

11.2 货币政策中介目标和操作目标

11.2.1 货币政策中介目标

货币政策的中介目标是中央银行为了实现货币政策的终极目标而设置的可供观察和调整的指标，通过对中介目标变动的分析，货币当局就可以了解到国民经济运行的实际状况以及其偏离调控目标的方向和程度，从而为下一阶段的货币政策操作提供指导。货币政策的中介目标通常有利率和货币供应量等。

1. 货币政策中介目标的作用

为什么要设置货币政策的中介目标呢？因为从货币政策开始启动到终极目标发生变化需要一定的时间，即存在时滞，西方国家货币政策的时滞一般都在 9 个月至 1 年左右。如果等货币政策终极目标发生变化再来调整货币政策工具，有可能时过境迁，使中央银行陷于十分被动的境地。为此，各国中央银行都设置一些能够在短期内显现出来，并可与货币政策终极目标高度相关的指标，作为自己观测和调控的标的。如货币供应量、利率等，它们与货币政策终极目标关系密切，并且中央银行又可直接控制，通过观测和控制这些指标，就可以间接地控制终极目标了。因此，货币政策中介目标是货币政策工具与货币政策最终目标之间的桥梁和中介，在货币政策的传导中起着承上启下的作用。另外，在货币政策实施的过程中，为避免货币政策制定者的机会主义行为，因此需要为货币当局设定一个“名义锚”（nominal anchor），以便社会公众观察和判断货币当局的言行是否一致。

概括起来，货币政策中介目标的作用在于：第一，表明货币政策实施的进度；第二，为中央银行提供一个追踪观测的指标；第三，便于中央银行调整政策工具的使用。

2. 货币政策中介目标选择的标准

第二次世界大战以后，对货币政策中介目标的研究方法和角度虽然在不断演进，但中介目标的选择标准却一直比较稳定，其基本的选择标准如下。

（1）可观测性

通过这种指标能够观察货币政策作用的效果和实施进度，反映这种指标的数字资料能够比较容易且迅速地取得。

（2）可控性

即这一指标必须能够由中央银行控制，要能直接处于中央银行运用的政策工具的作用范围之内。如果把那些与货币政策的终极目标关系很近的指标直接作为中介目标，尽管在效果上更接近于终极目标值，但是由于这些指标不能受中央银行的直接控制，所以就不能作为货币政策的中介目标，比如类似劳动生产率这样的指标，中央银行就很难进行控制。

（3）相关性

作为中介目标的指标必须同货币政策的终极目标之间有密切的、稳定的和统计数量上的联系。唯有如此，中央银行才能根据这些中介指标来判断终极目标的变化情况，才能准确地操作货币政策工具达到预定的目的。

3. 中介目标的选择

根据以上三条标准，各国中央银行选择的中介目标虽然不尽相同，但一般说来更多地是选择利率和货币供给量作为中介目标。

（1）利率

利率是凯恩斯主义所坚持的货币政策的中介目标。20 世纪 70 年代以前凯恩斯主义占统治地位时，各国中央银行都把利率作为主要的中介目标。

将利率作为中介目标的主要理由是：

1）利率与经济活动高度相关。利率的变动能反映货币与信贷的供求状况，利率水平提高，可能是货币市场紧俏；利率水平下降，可能是货币市场松弛。利率还是把货币供应量的变动传导到生产和投资领域的重要渠道，利率的变动会影响企业投资、政府支出等的规模。

2）利率的可测性强。中央银行在任何时候都能观察到市场利率的水平和结构。

3）利率高低可以由中央银行加以控制。中央银行通过变动贴现率和在公开市场上买卖有价证券就可以影响整个金融市场的利率水平。

但是，利率作为中介指标也有不理想的地方。利率是顺经济周期的，当经济繁荣时，信贷需求增加，利率会上升；反之，当经济衰退时，信贷需求也会缩减，利率则下降。然而作为政策变量，利率与总需求也应沿同一方向变动：经济过热，应提高利率；经济疲软，应降低利率。也就是说，利率作为内生变量和作为政策变量往往很难区分。这就使政策效果和非政策效果混合在一起，使中央银行难以弄清真相而做出错误判断。例如，在需求过大和通货膨胀的情况下，市场利率为10%，中央银行要控制与压缩需求，抑制通货膨胀，决定将利率提高至13%。但在实际操作过程中，由于非政策性因素的作用，如通货膨胀的心理预期和投机行为等，而使市场利率上升到14%。从表面上看，中央银行的中介目标13%已经达到。但实际上，在上升的4%中，可能有3%是非政策性因素造成的，而政策性因素仅有1%，中央银行的紧缩政策并没有完全实现。中央银行却可能产生错觉，误认为政策已经奏效，不再继续采取提高利率的措施，使反通货膨胀政策半途而废。因此，利率作为中介目标有其局限性，并不是十分理想的指标。

（2）货币供应量

在20世纪70年代中期以后，西方国家面临前所未有的滞胀局面，以弗里德曼为代表的货币学派明确指出通货膨胀是由货币供应量过多导致的，为了保护物价稳定，只需控制住货币供应量，其他问题可以由市场机制去调节，经济也可以由此获得稳定增长。在这一理论的指导下，主要国家的中央银行，纷纷把货币政策的中介目标由利率调整为直接控制货币供应量。货币供应量包括流通中的现金和银行存款。

以货币供应量作为货币政策的中介目标的理由是：

1）货币供应量与经济活动高度相关。首先，货币供应量是经济过程的内生变量（即由客观因素所决定的变量），生产和商品交易的变化必然引起货币供应量相应变化，而这种变化也是顺循环的。当经济繁荣时，生产和商品交易规模扩大，信贷需求增加，银行体系的剩余储备减少，引起货币供应量增加；反之，当经济衰退时，生产和商品交易萎缩，信贷需求减少，银行体系的剩余储备增加，引起货币供应量收缩。其次，货币供应量又是货币政策的外生变量（即由中央银行人为决定的变量），它的松紧变动会直接反作用于经济过程。

具体来说，第一，货币供应量的变动能直接引起国民生产总值的变动。货币供应量增加，能促进国民生产总值的增长；紧缩货币供应量，会抑制国民生产总值的增长。通过对货币供应量的调节，能够调节国民生产总值的增长速度。第二，货币供应量的变动与物价的变动也有密切的关系。货币供应量增加，对商品、劳务的需求增加，超过一定的限度后，物价上涨率就会提高；紧缩货币供应量，会抑制物价上涨水平。因此，货币供应量是与货币政策终极目标高度相关的指标。

2）便于观测，不会使政策性因素与非政策性因素的影响与政策效果发生混淆而导致中央银行产生错觉。例如，在需求过大和通货膨胀的情况下，货币供应量增长率为 12%。中央银行为了抑制总需求，决定将货币供应量增长率降为 10%。但由于通货膨胀心理和非政策性因素的影响，货币供应量增长率却上升到 15%。这种情况不但不会使中央银行做出错误的分析，还会继续强化紧缩银根的措施。

3）货币供应量可以由中央银行直接控制。但是，也有一些学者认为，货币供应量也不是最理想的货币政策的中介目标。因为货币供应量也要受一些非政策性因素的影响，例如，公众持有现金比率的变化就会对货币供应量产生影响，从而使中央银行难以精确地控制货币供应量。此外，以货币供应量作为中介指标，首先遇到的困难是确定哪种口径的货币供给作为中介指标：是现金，还是 M_1，抑或是 M_2？

在改革开放以前及其后的相当长时间内，我国货币政策的中介目标是信贷规模限额和现金发行计划，1979～1984 年还使用过存贷差额。1996 年，中国人民银行正式引入货币供应量，它与信贷规模限额控制一起作为货币政策的中介目标；1998 年 1 月 1 日，中央银行宣布取消信贷规模限额控制，货币供应量成为货币政策的中介目标。但货币供应量中介目标有效发挥作用有三个必要条件，即中央银行有效控制基础货币、货币乘数和货币流通速度相对稳定且可以预测。近几年，随着金融体制改革的深化、金融创新的发展，同时受汇率制度和外汇管制的影响，货币供应量的可控性、可测性、相关性大大降低了，货币供应量中介指标受到挑战。同时由于中国利率市场化程度较低，在企业和银行缺乏约束机制和竞争机制的情况下，利率既不能对经营起约束和激励作用，也不能反映资金的实际供求，致使利率中介目标的作用弱化，目前还无法以利率取代货币供应量作为货币政策的中介目标。

11.2.2 货币政策操作目标

1. 货币政策操作目标的作用

为实现对货币政策中介目标的调节和控制，中央银行通常将货币政策工具首先作用在几个操作目标之上。操作目标是指相对中介目标来说，中央银行政策工具更容易直接作用的金融变量，但比较来说不容易直接影响最终目标。严格意义上来说，货币政策的中介目标是连接货币政策终极目标与货币政策工具操作目标的中间环节，是实施货币政策的关键步骤，它是接近于最终目标但距离政策工具较远的金融变量，比较容易对最终目标产生影响，但中央银行不容易对它直接进行控制。通过对操作目标的调控，影响到中介目标，再通过中介目标的变动，产生对社会经济进行调节与控制的效应，最终实现货币政策终极目标。

2. 货币政策操作目标选择的标准

操作目标的选择标准亦遵循可观测性、可控性和相关性的原则。这里不赘述。需要指出的是，这里的相关性，是指作为操作目标的指标必须同货币政策的中介目标之间要有密切的、稳定的和统计数量上的联系。唯有如此，中央银行才能根据这些操作指标来判断中介目标的变化情况，进而准确地操作货币政策工具达到预定的目的。

3. 操作目标的选择

可供中央银行选择的操作目标主要有基础货币、存款准备金和短期利率（同业拆借市场利率）。

（1）基础货币

基础货币（base currency）又被称为强力货币和高能货币，是商业银行的准备金和银行体系之外社会公众持有的现金总和，是中央银行直接控制的金融变量，也是银行体系的存款扩张、货币创造的基础。

（2）存款准备金

存款准备金是指商业银行的库存现金和在中央银行的准备金存款，是中央银行各种货币政策工具影响中介目标的主要传递指标。中央银行要控制货币供给量等金融变量，必须控制商业银行的货币创造能力，而商业银行货币创造的基础是存款准备金。

（3）短期利率

短期利率是指短期货币市场利率，如银行同业拆借市场利率、回购协议市场利率、票据市场贴现率以及国库券利率，它们能比较灵活地反映货币市场资金供求变化。通常，中央银行通过调节银行同业拆借市场利率来改变货币供给量，因此银行同业拆借市场利率经常被用作操作目标。

引入操作目标概念以后，货币政策实施过程就通常被划分为政策工具、操作目标、中介目标、终极目标四个相互关联的阶段。其关系如图 11.2 所示。

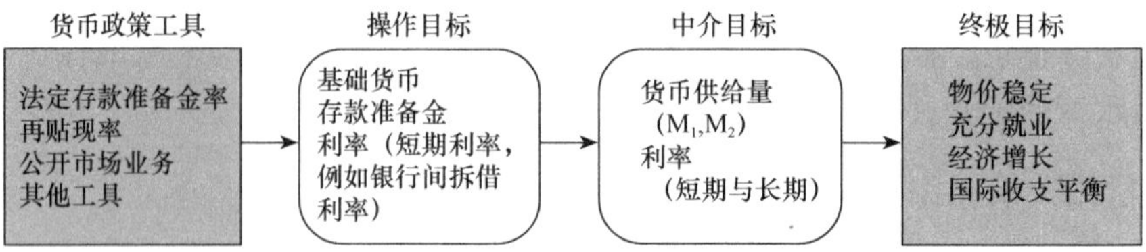

图 11.2 货币政策工具、操作目标、中介目标、终极目标之间的关系图

11.3 货币政策工具

货币政策工具是中央银行为了实现货币政策目标而采取的措施和手段。货币政策工具可以分为一般性货币政策工具、选择性货币政策工具、直接信用控制和间接信用控制等。

11.3.1 一般性货币政策工具

一般性货币政策工具是经常使用且能对整个经济运行产生普遍影响的工具。其特点是，它对金融活动的影响是普遍的，即无特殊的针对性和选择性。一般性货币政策性工具主要有法定存款准备金政策、再贴现政策和公开市场业务，即货币政策的“三大法宝”。

1. 法定存款准备金率

中央银行规定商业银行必须按照一个最低比例将其吸收存款的一部分上交中央银

行，作为法定存款准备金。法定存款准备金率即商业银行按照中央银行的法定要求上缴的存款准备金数额占其吸收的全部存款额的比率。

（1）法定存款准备金率政策工具的作用

存款准备金制度的最初目的，是防止商业银行盲日发放贷款，保证其清偿能力，保护客户存款的安全，以维持整个金融体系的正常运行。存款准备金制度起源于英国，美国在20世纪30年代首先将其用法律形式加以确定。1935年的《美国银行法》规定，联邦储备委员会享有调整会员银行法定存款准备金率的权力。如果需要很快地收缩信用，它可以把大银行和小银行的法定存款准备率分别提高到22%和14%的法定限度。至此，美国现代存款准备金制度开始确立。当时是为了加强商业银行的清偿能力，后来逐渐用做调节信用的一种手段。

1973年，美联储对商业银行存款准备金的干预办法是，按照存款的种类和规模规定了不同的比率。一般来说，活期存款的准备金率比定期存款高，同一性质的存款中大额存款准备金率比小额存款准备率高。当时，商业银行活期存款在200万美元以下的适用8%的准备金率；200万～1000万美元的适用10.5%的准备金率；1000万～1亿美元的适用12.5%的准备金率；1亿～4亿美元的适用13.5%的准备金率；4亿美元以上的则适用18%的准备金率。商业银行的定期存款，500万美元以下的适用3%的准备金率；超过500万美元的适用5%的准备金率。另外，不同地区的银行适用的存款准备金率也有差异。

法定存款准备金率的优势在于：改变法定存款准备金率从本质上说是影响货币供应量的强有力的政策工具，因为调整法定存款准备金率不但影响商业银行的超额准备金，而且也影响商业银行的货币创造能力，对货币供应量的调节是成倍数地放大或缩小。

那么，法定存款准备金率的调整是如何影响货币供应量呢？由存款货币创造原理可知，法定存款准备金率与货币乘数负相关。中央银行降低法定存款准备金率会增大货币乘数，使银行扩张信贷的能力增强，从而增加货币供应量，导致利率下降，使社会经济出现扩张的态势；反之，中央银行提高法定存款准备金率，缩小货币乘数，借以收缩货币和信贷规模，导致利率上升，使社会经济出现紧缩的态势。这里，降低或提高法定存款准备金率，实际上等于相应增加或减少超额准备金，而超额准备金增减便可增减放款规模，从而衍生或收缩出数倍于超额准备金的存款。

假如银行体系根据20%的法定存款准备金率已经以5∶1的比例扩大了存款，而超额准备金接近于零。现在，假定中央银行需要收缩信用，把法定存款准备金率从20%提高到25%，即使中央银行不使用公开市场业务和再贴现率政策来改变银行准备金，商业银行也必须大大收缩它们的贷款与投资，进而收缩它们的存款。为什么会造成这种结果呢？因为银行存款与法定存款准备金的比例现在只能是4∶1（25%的法定存款准备金率），而不是5∶1的比例（20%的法定存款准备金率），于是所有存款必须下降至能够与法定存款准备金保持4∶1的比例为止。这种痛苦的收缩很快开始出现，因为中央银行一旦公布把法定存款准备金率提高到25%，每一家商业银行都会感到法定存款准备金不足，它必须卖掉一些债券和收回一些贷款。那么，购买债券的人会提取他们的活期存款，借款被收回的人也必须提取他们的活期存款来偿付这种借款。只有当银行把它们的存款降低到准备金的4倍，而不再是5倍时，这个过程才会结束。

表11.1、表11.2说明了在准备金改变的前后商业银行资产负债表所发生的变化。

表 11.1 商业银行资产负债表 （单位：亿元）

资产		负债	
准备金	20	活期存款	100
贷款与投资	80		
总计	100	总计	100

表 11.2 商业银行资产负债表 （单位：亿元）

资产		负债	
准备金	20	活期存款	80
贷款与投资	60		
总计	80	总计	80

可以肯定，法定存款准备金率的变动可对货币供应量产生强有力的影响，但实际上中央银行并非经常使用，近年来，美国的联邦储备银行每隔几年才改变法定存款准备金率一次，并不像公开市场业务那样，每天都在操作。其原因在于法定存款准备金率政策具有明显的缺陷。

（2）法定存款准备金率政策工具的局限性

1）法定存款准备金是一个具有很强行政特点的机制。法定存款准备金率的高低通常由中央银行单方面决定，除了按照规定执行外，商业银行等金融机构没有任何讨价还价的余地，与此相比，其他工具则带有较强市场机制的特点。

2）法定存款准备金的实施具有突然的震动性，即使是对准备金率很微小的调整，对商业银行的超额准备、货币乘数的影响也非常大，由于其效果过于猛烈，中央银行难以确定调整准备金率的时机和调整的幅度，因而法定存款准备金率不宜随时调整。这就是法定存款准备金率通常被称为“猛烈而不常用的武器”的原因。各国在运用这一工具时均持慎重态度。

3）存款准备金政策对各类银行和不同种类的存款的影响不一致。比如，在不同区间调整存款准备金率，效果并不相同。一般来说，在低水平区间，存款准备金率的轻微变动，会引起货币供应量的剧烈波动；在高水平区间，存款准备金率的大幅度变动，会引起货币供应量的缓慢增减。即对于超额准备金低的银行来说，提高法定存款准备金率可能立即引起流动性问题。为了迅速调整准备金以符合提高的法定限额，许多银行被迫在不利的市价水平上抛售有价证券，从而陷入资金严重周转不灵的困境。因而货币政策实现的效果可能因这些复杂情况的存在而不易把握。

4）频繁调整法定存款准备金率会加大银行经营管理的难度，扰乱银行正常的财务计划和管理。正是鉴于法定存款准备金制度存在着一系列缺陷，同时，又有一系列工具可以起到调整贷款投放状况的机制作用，所以，从 20 世纪 80 年代以后，一些发达国家或者取消了法定存款准备金制度，或者基本不再采用。

在我国，中国人民银行于 1983 年作为中央银行行使职权后，于 1984 年首次规定了各专业银行缴存存款准备金的办法。截至 2015 年 4 月，我国对存款准备金率一共进行了 49 次调整，与发达国家较少使用该工具形成鲜明反差。尤其是 2007 年以来，中国人民银行调节法定存款准备金率的频次之高实属罕见。2007 年，中国人民银行为防止货币信贷总量过快增长，保持我国国民经济平稳快速健康发展，曾连续10次调高存款准备金率。2008年，为克服历史罕见的特大自然灾害和国际金融危机的不利影响，实现“保增长”的目标，我国实行了适度宽松的货币政策，对存款准备金率进行了9次向下调整（2008年9月25日起开始运用差别准备金动态调整机制，对大型和中小型等金融机构实行差别准备金管理）。2009年后，市场流动性充足，通货膨胀有所抬头。在稳通胀的背景下，我国自2010年1月18日起到2011年6月20日止，又连续12次调高存款准备金率。2011年第四季度后，货币政策的短期目标从防通胀转移到了保增长方面，货币政策开始出现微调，因此，从2011年12月5日开始到2015年4月20日，我国又7次降低存款准备金率。这些举措表明存款准备金制度已经越来越成为我国中央银行间接调控的重要工具。从另一方面也表明我国经济形势的特殊性，在其他货币政策工具作用有限的情况下，只能选择威力更大的法定存款准备金率政策，实属不得已而为之。总之，随着金融全球化的深入发展，国际银行业的竞争日趋激烈，法定存款准备金率有逐渐降低的趋势。

阅读资料

法定存款准备金率制度的发展趋势

存款准备金制度自产生以来经历了历史性的演变过程，从最初的保持银行的清偿能力，到调节货币供应量的有效手段，无论是准备金制度本身还是它的作用都发生了很大的变化。20世纪90年代以来，为了减轻金融机构的负担，主要工业国家中央银行陆续将利率指标确定为货币政策调控的中介目标，新兴市场经济国家与发达国家一样也存在降低法定存款准备率的趋势，但总体而言，新兴市场经济国家的法定存款准备率普遍高于发达国家。

虽然大多数新兴市场经济国家的法定存款准备金率也经历了一个不断下降的过程，但改革的力度与发达国家相比还有一定的差距。一些国家大幅度降低法定存款准备金率，甚至完全取消了存款准备金要求。例如英国、加拿大、澳大利亚、丹麦、瑞典等国家就已完全取消存款准备金要求，这些取消存款准备金制度的国家大部分都已实行通货膨胀制度。在这些国家，大多数商业银行的准备金水平降低到了只与其日常清算需要相应的水平。

与此同时，这些国家采取了各自不同的措施协助银行在无指令性存款准备金要求情况下有效地管理准备金和进行公开市场操作。

而且，在一些发展中国家频繁调整准备金率的同时，同样的背景下，西方国家却很少使用法定存款准备金率这一工具。从西方国家的货币政策实践情况看，法定存款准备金率在20世纪90年代前一直作为信贷总量调节工具；而20世纪90年代以后，存款准备金在西方国家的信用调节功能日益减弱。目前主要发达国家的存款准备金水平已基本降为零，大部分国家放弃使用法定存款准备金率作为货币政策工具。

（资料来源：蒋先玲．2015．货币金融学．北京：机械工业出版社）

2. 再贴现率

再贴现是指商业银行等金融机构为弥补营运资金的不足，将持有的通过贴现业务取得的未到期的商业票据向中央银行申请转让，以此获得中央银行资金融通的经济行为。中央银行在对商业银行等金融机构办理票据再贴现时所收取的利息率，称为再贴现率。以再贴现率为货币政策的工具是指中央银行通过制定、调整再贴现利率来干预、影响市场利率和货币供应量的一种政策手段，包括两方面的内容，一是再贴现率的调整，二是规定再贴现票据的条件。

近年来，由于商业银行从中央银行获得资金，除了采取再贴现的方式外，还采取了其他的贷款方式，如以国库券为抵押的贷款、利用回购协议向商业银行借入证券等，因此，准确地说应是再贷款利率。同时，各国中央银行一般都不再提“再贴现政策”，而提“贴现政策”，不再使用“再贴现率”这个提法，但是无论是再贴现率、再贷款利率、再贴现政策还是贴现政策，都是指通过改变中央银行对商业银行的贷款利率来影响后者的信用活动。这里仍沿用“再贴现率”。

（1）再贴现率政策工具的作用

中央银行调整再贴现率可以发挥如下作用。

1）影响商业银行的资金成本，借以影响商业银行的融资意向。当中央银行提高再贴现率时，商业银行无非有两种反应：或者是减少从中央银行的借款，因为利率提高后，对商业银行的贷款需求起着一种抑制作用，这样就直接地紧缩了信用；或者是按同样幅度提高对工商企业的贷款利率，因为若不提高贷款利率，其盈利就会受到影响。提高对工商企业的贷款利率会抑制后者的贷款需求，从而间接地起到了紧缩银根的作用。

2）具有“告示性效应”，通过告示作用，影响商业银行及大众的预期。比如，当中央银行提高再贴现率时，就预示经济要紧缩。这一告示作用会在很大程度上加强对金融市场的直接影响，特别是商业银行一般会自觉与中央银行保持一致，按同样幅度调高向企业的贷款利率。

3）贴现窗口管理。中央银行向银行发放贴现贷款的设施称为贴现窗口。为了调整银行的贷款投向或防止贴现贷款被银行滥用，中央银行会对贴现贷款采取一些限制性的措施。例如，为了调整国民经济的结构，中央银行可通过规定再贴现票据的种类和再贴现率来影响银行及社会资金的投向。

4）履行“最后贷款人”的职能。再贴现政策还有一个非常重要的作用，就是中央银行可以利用它来履行“最后贷款人”的职能，防止金融恐慌。当某些金融机构发生流动性不足乃至支付危机时，中央银行可以通过再贴现途径给予流动性支持，从而帮助这些金融机构渡过难关，免于因金融机构倒闭而引起整个金融领域的支付危机与金融恐慌。

（2）再贴现率政策工具的局限性

尽管具有如上作用，但是，再贴现率作为一种货币政策工具与其他工具相比，具有自身难以克服的局限性。

1）中央银行处于被动地位，往往不能取得预期效果。虽然中央银行可以规定再贴现的各种条件，但银行是否愿意到中央银行申请再贴现，或再贴现多少，都取决于银行的行为。

2）调整再贴现率的“告示性效应”是相对的，存在出现负面效应的可能。例如，中央银行调高再贴现率，这时人们有可能会认为社会上已出现了较严重的通货膨胀，中央银行的行为是为了治理通货膨胀，于是就会产生通货膨胀预期，这种预期指导下的反应就是当前多借入资金，等到出现更猛烈的通货膨胀时再还，于是中央银行调高再贴现率不但没有减少人们的资金需求，反而可能会刺激人们的借款欲望。这就是再贴现政策的负面“告示性效应”。

3）中央银行通过再贴现政策发挥“最后贷款人”职能存在道德风险问题。由于银行知道在自己陷入困境时中央银行会来救助，在经营中会倾向冒更大的风险，这就是道德风险问题。越来越多的中央银行已经认识到，应当在防止金融恐慌与防范道德风险之间进行权衡，不能过于频繁地充当“最后贷款人”。

4）与法定存款准备金政策相比，再贴现率较易于调整，但随时调整再贴现率也会引起市场利率的经常波动，使商业银行做出频繁反应，结果必将引起金融秩序混乱，给经济发展带来不良影响，因此再贴现率也应保持相对稳定。

再贴现作为我国中央银行的业务，始于 1986 年。但由于我国商业信用不发达，票据承兑贴现量小且不规范，再贴现业务量在中国人民银行资产中的比重微不足道，再贴现工具在我国的作用一直不明显，在各类货币政策工具中处于次要地位。多年来，从公布实施《中华人民共和国票据法》到加大利率体制改革，从引导广泛开展票据承兑、贴现到倡导和推行票据结算，中国人民银行力求在各方面为再贴现的扩展创造条件，特别是在支持小微企业和“三农”经济发展中。截至 2013 年 6 月，全国再贴现额度为 1620 亿元，再贴现总量中，小微企业票据占比为 45%、涉农票据占比为 27%。总体看，再贴现政策的实施对支持金融机构扩大对小微企业和“三农”信贷投放发挥了积极作用。

此外，中国人民银行对金融机构的再贷款曾经是中央银行一项重要的货币政策工具。再贷款的“再”字是套用再贴现的“再”字而来的，但用在这里很不准确。它实际是指中国人民银行对商业银行等金融机构发放的贷款，而不是像把已经贴现的票据再次贴现那样地把已有的贷款再贷一次。从推出这一政策工具时起的很长阶段，再贷款在中国人民银行的资产中占有最大的比重，是我国基础货币吞吐的主要渠道和调节贷款流向的重要手段。在中央银行实施金融宏观调控中，特别是在其他货币政策工具的功能尚未得到应有发挥的条件下，通过再贷款调节信贷规模与结构，对控制货币供应量确实起到了重要的作用。但由于存款准备金制度的扭曲，中央银行对再贷款工具的运用往往缺乏自主性，即不是出于实现宏观调控目标而仅仅是迫于商业银行资金需求的压力。1994 年以后，伴随外汇占款在中央银行资产中的比重大幅上升，再贷款的比重开始下降。同时，伴随着方方面面深化改革力度的加大，更多地发挥其他政策工具的作用成为既定方向。

3. 公开市场业务

公开市场业务又称公开市场操作（open market operations），是指中央银行在金融市场上买进或卖出有价证券，以改变商业银行等存款类金融机构的准备金数量，进而影响货币供应量和利率，实现货币政策目标。公开市场业务在金融市场发达的国家是最重要的、最常用的货币政策工具。

（1）公开市场业务的操作类型与业务形式

按照公开市场操作的目的划分，可以分为能动型公开市场业务和防御型公开市场业务。

1）能动型公开市场业务，是指中央银行以改变准备金水平和基础货币为目的，公开买卖有价证券。该业务在实施货币政策方面具有重要意义。当中央银行决定改变货币政策时，就在公开市场上连续、同向操作，买入或卖出有价证券，以达到紧缩或扩张的货币政策效果。

2）防御型公开市场业务，是指中央银行为了维持既定的货币政策，抵消影响准备金和基础货币的其他因素变动而采取的公开买卖有价证券的业务。例如，当某种外在因素（如外汇储备上升等）引起货币供给量增加时，中央银行通常采取相反的措施在公开市场上卖出有价证券以冲销货币供给的增加。因此，防御型公开市场业务就是为保证货币政策既定目标的实现而被动采取的公开市场业务。

按照公开市场操作的业务形式划分，可分为现券交易和订有回购协议的购买及配售交易。

1）现券交易，又称为直接交易，是指当中央银行发现准备金存在着持续的过剩或短缺，希望对准备金供给产生长期影响的操作。它包括购买或出售证券，没有相反的交易。

2）回购协议，是一种短期交易，在现实中为主要方式。回购协议的购买是指中央银行与卖方（经纪人）在购买证券时达成协议，规定卖方在规定期间内（一般在 7 日之内）须按某种价格再买回证券。同样，当中央银行要出售证券时，它与买方（经纪人）达成协议，规定买方在规定时间（一般在 7 日之内）里必须以确定价格再把证券卖还给中央银行，此方式称为“配售”，或称“逆回购”。中央银行使用回购和逆回购协议方式，目的在于暂时性地调节市场证券价格和货币供应量，以保持金融市场的稳定。一份回购协议实际上就表现为一次暂时性公开市场交易，它特别适合于防御型公开市场业务。

（2）公开市场业务的作用

公开市场业务的作用主要表现在以下两个方面。

1）公开市场业务可以调控商业银行的准备金和货币供应量。中央银行通过在金融市场上买进或卖出有价证券，可以有效改变商业银行的准备金乃至公众手持现金，从而达到控制、调节信贷规模和货币供应量的作用。

2）公开市场业务可以影响利率水平和利率结构。当中央银行购入有价证券时，一方面证券需求上升，证券价格上升，收益率下降；另一方面，银行超额准备金增加，货币供给增加，引起利率水平下降。反之，亦然。

此外，中央银行可以根据需要同时购入或卖出不同期限的有价证券，以改变各期限有价证券的供求状况，进而达到调节利率结构的目的。

（3）公开市场业务的优势

与其他货币政策工具相比，公开市场业务具有以下优势。

1）中央银行始终处于主动地位。公开市场业务的主动权完全在中央银行，其操作规模大小完全由中央银行控制，而再贴现率政策不具备这样的优越性。

2）中央银行可以精准微调、持续操作。公开市场业务灵活且精确，可以适时适量地按任何规模进行调节。中央银行既可大量买卖有价证券，又可以在很小程度上买进卖出，对经济不造成震荡，因此，可以进行经常性、连续性的操作，这就比法定存款准备金政策灵活得多。

3）迅速、及时。公开市场业务操作迅速，不会有延误。当中央银行决定要改变银行准备金和基础货币时，只要向公开市场交易商发出购买或出售的指令，交易便可立即执行。

4）具有极强的可逆转性。万一出现经济形势的变化，中央银行可以迅速进行反方向的操作。其他货币政策工具则不能迅速地逆转。

（4）公开市场业务的局限性

公开市场业务作为一种货币政策工具也有其缺陷，具体表现如下。

1）政策的告示性比较微弱。在对公众预期的影响方面，虽然通过对中央银行买进或卖出各种政府债券加以观察，大致可以看出中央银行的政策趋向，从而影响公众的心理预期，但由于公开市场业务是持续发生的，随时可以改变，所以很难判断公开市场业务是改变政策的能动型操作，还是抵消其他影响的防御型操作，因此对心理预期的影响不明显；另外，中央银行进行公开市场操作业务的对象一般是银行等金融机构，大众很难迅速观察到中央银行的动作行为，所以其告示效果不大。

2）公开市场政策要有效发挥作用，需要一定的前提条件。例如，要赋予中央银行强大的、足以干预和控制整个金融市场的金融实力；赋予中央银行弹性操作的权力，即在买卖证券的数量、种类等方面的主动权；金融市场必须具备一定的深度和广度，市场较发达，组织较健全，证券的种类和数量要丰富且充足。

正因为公开市场业务有以上的特点，所以成为西方中央银行常用的货币政策工具。特别是在美国，公开市场业务是改变商业银行超额准备金从而实现货币政策目标的主要方法，美国联邦储备委员会90%的货币吞吐是通过公开市场业务进行的。从20世纪80年代开始，许多发展中国家也将公开市场业务作为货币政策工具。

中国公开市场操作包括人民币操作和外汇操作两部分。1994年3月，外汇公开市场操作启动，1998年5月26日，人民币公开市场操作恢复交易，规模逐步扩大，并于2004年6月正式建立了金融体系流动性预测分析体系（银行体系的流动性由银行类金融机构在中央银行的超额准备金与商业银行的库存现金构成，是银行类金融机构创造货币的基础）。中国人民银行已与公开市场业务一级交易商建立了流动性日报制度，通过电子系统收集各一级交易商的流动性实际情况、流动性需求和流动性缺口数据；同时，还从有关部门收集现金、财政收支等方面情况，运用这些数据每日进行流动性分析，估算当日银行体系流动性缺口，根据要实现的流动性目标，得出流动性的操作目标。通过每周二和周四的公开市场操作，调控每日的银行体系流动性供求，实现流动性目标。

目前，从交易品种看，中国人民银行公开市场业务债券交易主要包括回购交易、现券交易和发行中央银行票据。其中回购交易分为正回购和逆回购两种，正回购为中国人民银行向一级交易商卖出有价证券，并约定在未来特定日期买回有价证券的交易行为，正回购为中央银行从市场收回流动性的操作，正回购到期则为中央银行向市场投放流动性的操作；逆回购为中国人民银行向一级交易商购买有价证券，并约定在未来特定日期将有价证券卖给一级交易商的交易行为，逆回购为中央银行向市场上投放流动性的操作，逆回购到期则为中央银行从市场收回流动性的操作。现券交易分为现券买断和现券卖断两种，前者为中央银行直接从二级市场买入债券，一次性地投放基础货币；后者为中央银行直接卖出持有的债券，一次性地回笼基础货币。中央银行票据于2004年1月6日首次发行，是中央银行为调节商业银行超额准备金而向商业银行发行的短期债务凭证，其实质是中央银行债券。之所以叫中央银行票据，是为了突出其短期性特点（从已发行的中央银行票据来看，期限最短的是 3 个月，最长的也只有 1 年）。中央银行通过发行中央银行票据可以回笼基础货币，票据到期则体现为投放基础货币。

阅读资料

公开市场操作与流动性管理

流动性管理是中央银行的重要职责，也是实现货币政策目标的重要手段。在中央银行管理流动性的工具箱中，除了传统的公开市场操作、法定存款准备金率、再贷款、再贴现等工具外，也在不断增加新的政策工具，以更好地满足流动性管理的需要。不同的流动性管理工具在使用对象、方式、期限、抵押品要求等方面有不同的特点，所适用的流动性环境以及投放和回收流动性的特点也各不相同。中央银行根据经济金融形势和货币调控的需要，结合流动性变化的趋势，搭配使用不同流动性管理工具，对短、中、长期流动性进行合理调节，发挥好工具合力，保持流动性总量合理适度，降低短期利率波动，促进货币政策目标的实现。

公开市场操作是指中央银行通过在公开市场上融入或融出短期资金，调节银行体系流动性水平，进而影响货币供应量及利率水平的过程，主要操作品种包括债券正回购和逆回购、买卖政府债券、发行中央银行票据等。与其他流动性管理工具相比，公开市场操作主要有以下几方面特点：一是中央银行主动操作；二是采用以公开招标为主的市场化交易方式，操作信息公开透明；三是通常以相对稳定的频率（每日或每周等）定期开展操作，属于流动性调节的常规手段；四是中央银行可以根据流动性变化及时调整操作的品种、方向和力度，具有高度的灵活性和主动性。目前，主要发达经济体中央银行均将公开市场操作作为日常流动性管理的主要工具之一。

在不同的流动性环境下，中央银行开展公开市场操作的节奏和力度不同，向市场传递的信息也不尽相同。当银行体系流动性存在长期、趋势性供求矛盾时，公开市场操作可与其他工具相配合，对较长期限的流动性进行有效调节。比如，2003～2013 年，中国人民银行通过发行央行票据和开展正回购操作，与法定准备金率等其他工具相配合，有效对冲了外汇大量流入带来的过剩流动性。

相对于持续性的投放和回收流动性，公开市场操作高度灵活的特点决定了这一工具在双向微调流动性方面更具优势。中央银行通过合理安排公开市场操作的品种、期限、规模等要素，可对短期流动性波动进行“削峰填谷”式的微调操作，实现对流动性的精细化管理，促进流动性和货币市场平稳运行。比如，当税收集中上缴国库或节日现金大量投放等季节性因素导致资金供求出现短期缺口、货币市场利率面临上行压力时，可开展公开市场逆回购操作投放流动性，并安排逆回购到期时间与后续财政支出或节后现金回笼的节奏相匹配，从而达到保持流动性总量相对稳定、促进市场资金供求均衡的目的。再如，法定准备金率下调等因素会使流动性供给一次性大幅增加，而银行体系扩张贷款进而增加对流动性的需求则是平缓和渐进的，需要一个过程。在市场短期资金供给明显大于需求的情况下，可先通过公开市场正回购操作从银行体系适当回笼流动性，随着流动性的消耗再逐渐补充回去，使法定准备金率下调一次性释放的大量资金分散到一段时间内均匀释放，避免流动性大量淤积于银行体系增大金融市场的潜在风险。

中央银行的货币政策取向取决于经济金融形势、通胀水平等宏观因素，在一段时间内具有相对稳定性。在既定的货币政策取向下，公开市场操作的方向和力度主要取决于流动性供求状况和流动性管理的需要。从历史经验看，公开市场操作灵活变换操作方向对流动性进行双向微调是为了更好地实现流动性管理和货币调控的目标，并不意味着货币政策取向发生变化，这也是各经济体中央银行在进行流动性管理时的普遍做法。

（资料来源：中国货币政策执行报告二〇一五年第二季度）

11.3.2 选择性货币政策工具

选择性货币政策工具是指中央银行针对某些特殊的经济领域或特殊用途的信贷而采用的信用调节工具，主要是为了实现结构性的控制目标。常用的选择性政策工具有下几种。

1. 消费者信用控制

消费者信用控制，是指中央银行对不动产以外的耐用消费品的销售融资予以控制。其目的在于影响消费者对耐用消费品的支付能力和需求。其主要内容包括规定用分期付款购买耐用消费品时第一次付款的最低金额；规定用消费信贷购买商品的最长期限；规定可用消费信贷购买的耐用消费品种类，对不同消费品规定不同的信贷条件等。在需求过旺和通货膨胀时期，中央银行采取消费信用控制，能起到抑制消费需求和物价上涨的作用；反之，在需求不足及经济衰退时，中央银行可以进行相反的操作，以刺激消费的增长。

2. 证券市场信用控制

证券市场信用控制，是指中央银行对有价证券交易的各种贷款进行限制，目的在于抑制过度的投机。例如，规定应支付的保证金比率。保证金比率是购买者在买进证券时必须支付现款的比率。在保证金比率为50%时，证券购买者就必须支付50%的现款，其余50%的资金才能向银行借款。中央银行根据金融市场及经济形势，有权随时改变证券保证金比率。

3. 不动产信用控制

不动产信用控制，是指中央银行对商业银行等存款类金融机构向客户提供不动产抵押贷款的管理措施。其目的主要在于限制房地产投机，抑制房地产泡沫。例如，对金融机构的房地产贷款规定最高限额、最长期限，以及首次付款和分期还款的最低金额等。

4. 优惠利率

优惠利率，是指中央银行对国家重点发展的经济部门制定较低的贴现率或贷款利率，以鼓励这些部门发展。

5. 预缴进口保证金制度

预缴进口保证金制度，是指为保证国际收支平衡，抑制进口过度增长，中央银行要求进口商按照进口商品总值的一定比例预缴进口商品保证金，存入中央银行。预缴进口保证金多为国际收支经常出现逆差的国家采用。

11.3.3 直接信用控制

直接信用控制是指中央银行以行政命令等方式直接对商业银行等存款类金融机构的信用活动进行控制。常用的手段包括利率最高限额、信用配额、流动性比率和直接干预等。

1. 利率最高限额

利率最高限额，是指规定商业银行等存款类金融机构存贷款最高利率的限制，是最常用的直接信用管理工具。例如，在 1980 年以前，美国有“Q 条例”规定，活期存款不准付息，对定期存款及储蓄存款则规定利率最高限。其目的是为了防止银行用抬高利率的办法竞相吸收存款和为谋取高利而进行高风险放贷。

2. 信用配额

信用配额，是指中央银行根据金融市场状况及客观经济需要，分别对各个银行的信用规模加以分配，限制其最高数量。在市场需求旺盛和资金短缺时期，中央银行对银行的贷款分配提出要求，甚至规定在各部门或各地区的贷款分配数量或比例。这是一种计划控制手段，在多数发展中国家，由于资金供给相对于需求不足，这种办法被广泛采用。

3. 流动性比率

流动性比率，是指流动资产占存款的比率。规定流动性比率是限制信用扩张规模和结构的直接管制措施之一。为保持中央银行规定的流动性比率，银行必须采取缩减长期放款、扩大短期放款和增加易于变现的资产等措施。

4. 直接干预

直接干预，是指中央银行直接对商业银行的信贷业务、放款范围等加以干预。例如，对业务经营不当的商业银行拒绝再贴现或采取高于一般利率的惩罚性利率，直接干涉商业银行对存款的吸收等。

11.3.4 间接信用控制

间接信用控制是指中央银行通过道义劝告、窗口指导等办法间接影响商业银行的信用创造行为。

1. 道义劝告

道义劝告，是指中央银行利用其特殊的声望和地位，对银行等存款类金融机构经常发出通告、指示或与各存款类金融机构的负责人举行面谈，劝告其遵守和贯彻中央银行政策。例如，在国际收支出现赤字时，中央银行会劝告各存款类金融机构减少海外贷款；在房地产市场与证券市场投机盛行时，中央银行会要求存款类金融机构减缩对这两个市场的信贷等。目前，世界上许多国家的中央银行都采取道义劝告手段来加强金融管理。

2. 窗口指导

窗口指导是指中央银行根据产业行情、物价趋势和金融市场动向，规定银行每季度贷款的增减额，并要求其执行。如果银行不按规定的增减额对产业部门贷款，中央银行可削减向该银行贷款的额度，甚至采取停止提供信用等制裁措施。虽然窗口指导没有法律约束力，但其作用有时也很大。第二次世界大战结束后，“窗口指导”曾一度是日本货币政策的主要工具。我国在取消贷款规模控制以后，更加注重窗口指导的作用。

间接信用指导的优点是较为灵活，但要起作用，必须使中央银行在金融体系中有较强的地位、较高的威望和拥有控制信用的足够法律权力和手段，因而间接信用指导只能是其他政策工具的一种有益的补充。

在我国，中国人民银行职能转换后，“窗口指导”作为贯彻实施货币信贷政策、服务地方经济发展的重要手段被经常使用。如2007年，在信贷扩张动力较强的情况下，中国人民银行提示商业银行关注贷款过快增长可能产生的风险以及银行的资产负债期限错配问题，引导金融机构合理控制信贷投放总量和节奏，坚持“区别对待、有保有压”，优化信贷结构。2014年5月，人民银行以召开住房金融服务专题座谈会的形式，指导商业银行认真贯彻落实国务院关于房地产市场调控的决策部署、严格执行差别化住房信贷政策。对进一步改善住房金融服务工作提出了“合理配置信贷资源，优先满足居民家庭首次购买自住普通商品住房的贷款需求；科学合理定价，综合考虑财务可持续、风险管理等因素，合理确定首套房贷款利率水平”等5项要求。座谈会上央行的指导性意见，虽然没有强制执行的效力，也没有形成任何文件，但在央行“喊话”后，多家商业银行迅速作出反应。例如工商银行表示，进一步提高个人住房贷款的审查审批效率，加快个人住房贷款审批；中国银行也表示，在2014年新投放的个人住房贷款中，近九成的资金用于支持居民家庭首次购买自住普通商品住房；兴业银行迅速通知各家网点，将原本上浮10%的首套房房贷利率，降为仅上浮5%。

11.4 货币政策传导机制

11.4.1 货币政策传导机制概述

货币政策传导机制是指中央银行通过各种货币政策工具的运用，最终实现货币政策目标，所经过的各种中间环节间的有机联系及其因果关系。关于传导机制的观点，往往构成货币政策中间目标选择的理论基础。

概括来说，中央银行货币政策的传导可通过两条基本途径来实现。

1）通过金融市场影响利率水平以及其他资产价格而发生传导作用。货币政策工具实施以后，可改变金融市场的货币供给和货币需求，导致利率水平发生变化，进而影响到企业决策、消费者的储蓄行为和货币政策目标的实现。此外，当货币供给和货币需求发生改变的时候，会引起各类（金融）资产收益和价格变化，影响到人们的财富水平，这些变化在某种程度上会影响企业、居民的经济主体的行为，并影响货币政策最终目标的实现。

2）通过信用市场传导途径，即通过银行的信贷渠道和资产负债表这两种形式发挥作用。货币政策工具实施以后可改变商业银行等存款类金融机构的融资成本和超额准备金数量，进而导致商业银行等存款类金融机构调整信贷规模、利率水平和贷款期限，影响企业和居民的消费、储蓄及投资活动，实现货币政策的最终目标。另外，货币政策工具的实施，可促使企业的资产负债状况发生变化，导致逆向选择和道德风险增减，进而影响银行调整对外放款的行为，最终影响到货币政策目标。但是，一些经济学家认为，信贷市场的主要力量来自信贷需求，如果信贷需求者有较强的内部融资能力，或信贷需求者有更方便的外部融资渠道，或信贷需求者对经济发展的预期与政策制定者不一致，货币政策的传导机制就会出现偏差。对于金融市场欠发达的国家和地区而言，采用商业银行信贷渠道来运行货币政策的传导机制较为有效。

11.4.2 西方主要货币政策传导机制理论

关于货币政策在传导过程中哪一种金融变量发挥着主要作用的问题，在西方货币政策理论中存在较大的分歧。早期主要有凯恩斯学派的传导机制理论和货币学派的传导机制理论。后来，经济学家进行了深入的研究，又提出了一些新的观点。

1. 早期凯恩斯学派的货币政策传导机制理论

早期凯恩斯学派的货币政策传导机制理论的核心是利率传导，基本思路可以归结如下：通过货币供给（M）的增减影响利率（r），利率的变化通过资本边际效率的影响使投资（I）以乘数方式增减，而投资的增减会通过乘数效应，直接影响总支出（E）和名义总收入（Y）。其用符号可表示为

$$M \to r \to I \to E \to Y$$

在上述传导机制发挥作用的过程中，主要环节是利率：货币供给量的调整首先影响利率的升降，然后才能使投资乃至总支出发生变化。例如，货币供给增加，利率会相应下降；下降的利率刺激投资，并引起总支出增加，最终将推动总收入上升。根据这个传导机制，货币政策对收入影响的大小，取决于货币供给量的变化对利率的影响、利率变化对投资的影响和投资对收入的影响。只要有一个环节存在着阻塞，都会导致货币政策效果减弱或无效。

利率传导机制的重要特征在于，它强调影响消费者和企业决策的是实际利率，而非名义利率。而且，对支出产生重要影响的是长期实际利率，而不是短期利率。中央银行调节短期名义利率的行为会导致长期债券和短期债券的实际利率发生同向的变动。这种传导机制表明，即使中央银行已经将名义利率降至零或接近于零，货币政策依然会通过一定的途径起到刺激经济的作用。例如，当名义利率水平接近于零时，承诺未来实施扩张性货币政策，会提高预期物价水平和预期通货膨胀率，因而会降低实际利率水平，通

过货币政策传导机制，最终导致总收入水平的上升。这种传导机制可以解释为什么在大萧条时期美国经济并没有陷入流动性陷阱（如果陷入流动性陷阱，货币供应量的增加就不能降低利率水平）。

2. 货币学派的货币政策传导机制理论

货币学派认为利率在货币政策传导机制中不起主要作用，而更强调货币供给量在整个传导机制上的直接效果。这一理论的核心是货币数量传导。货币学派认为，增加货币供给量在开始时会降低利率，但不久会因货币收入增加和物价上涨而使名义利率上升，而实际利率则有可能回到并稳定在原先的水平上。货币学派认为，货币政策的传导机制主要不是通过利率间接地影响投资和收入，而是通过货币实际余额的变动直接影响支出和收入。其用符号可表示为

$$M \rightarrow E \rightarrow Y$$

在上述传导机制中，主要环节是货币供给量，它的变动直接影响支出，进而影响名义总收入。

货币学派的这个传导机制受到凯恩斯学派的批评，他们认为货币学派有一套变戏法的“魔术箱”——进去的是货币量的增加，出来的是收入的增加。面对批评，货币学派对货币政策传导机制过程进行了更细致的研究后得出的结论是：如果货币供给增加到供过于求的状况，则公众会感到他们现实持有的货币超过了他们所愿意持有的货币，于是他们将多余的货币用于购买各种资产，首先购买金融资产（如债券、股票等），继而购买实物资产（如房屋、耐用消费品、投资品等），这种购买支出将使实物资产需求增加、价格上涨，必然使生产者增加生产，从而增加名义收入。

3. 托宾的q理论

托宾发展了一种用于解释货币政策通过权益（股票）价值来影响经济的机制的理论，该理论称为q理论。托宾把q定义为

$$q=\frac{\text{企业资本的市场价值}}{\text{企业资本的重置成本}}$$

式中：企业资本的市场价值的评价依据是上市企业的股票价格；资本重置成本是按现行物价购买机器设备进行新投资的成本，其价格指数可以在国民收入和国民生产核算账户中查到。

q和投资支出之间是正相关的关系，对投资的影响如下：当$q<1$时，由于企业资本的市场价值低于资本的重置成本，它们不会购买新的投资品；当$q>1$时，企业资本的市场价值高于资本的重置成本，意味着在新厂房和设备上的投资支出可以从发行股票上得到回收，并且还有盈余，这时，企业就会增加投资支出。

q和投资支出有正相关关系，q的变化与普通股股票价格也是正相关关系，那么，货币政策的变化与股票价格之间又有什么样的联系呢？当采取扩张性货币政策时，引起货币供给量增加，人们发现手中的货币比他们需要持有的要多，就会按照自己的偏好购买金融资产，其中一部分货币必然流向股票市场，造成对股票需求的增加，股票价格（P_S）将会上升。

将货币政策与q之间、q与投资支出之间的相互影响联系起来，货币政策传导机制

可以表述为

$$M \to P_S \to q \to I \to Y$$

4. 财富效应

货币政策的财富效应是指货币政策通过货币供给量的增减影响股票价格，使公众持有的以股票市值计算的个人财富变动，从而影响其消费支出的效应。美国经济学家佛朗哥·莫迪利亚尼（Franco Modigliani）最早利用其消费生命周期理论对货币政策引起的这种消费支出变动进行了研究。莫迪利亚尼认为，消费者在一生中平均安排其消费支出（这里的消费，是指消费者对非耐用消费品和服务的支出，不包括对耐用消费品的支出），而消费支出取决于消费者毕生的财富，而不是取决于消费者的当期收入。消费者毕生财富的一个重要组成部分是金融资产，而股票又往往是金融资产的重要组成部分。因此，当扩张性货币政策使货币供给量增加，使股票的价格上升，金融资产的市场价值上升时，消费者的毕生财富（W）也增加，进而消费（C）增加。这样，财富效应的货币政策传导机制为

$$M \to P_S \to W \to C \to Y$$

莫迪利亚尼发现，这是一个强有力的机制。在 20 世纪 90 年代中后期，美国股市持续走高，美国公众持有的金融资产的市场价值上升，这对同期消费支出增加和经济稳定增长产生了重要作用。需要说明的是，只有股市较长时间的上涨才会增加消费者整体的毕生财富，这时才具有财富效应。股市短时间的暴涨暴跌则不具有财富效应。

财富效应和托宾的 q 理论考虑的是一般意义的权益，因此，它们还适用于住宅市场。在这里，住宅是一种权益。住宅价格的升高会提高住宅价格与重置成本之比，导致住宅的 q 值升高，从而刺激住宅的生产。同样，由于住宅和土地价格也是财富的重要组成部分，住宅价格的升高也会增加财富，刺激消费者进行消费。扩张性货币政策会通过上述 q 值和财富效应提高土地与住宅价格，最终导致总需求增加。

5. 信贷传导机制理论

信贷传导机制理论认为信贷传导途径包括银行借贷渠道和资产负债表渠道这两种形式。银行借贷渠道是指货币供给量的增加，会直接导致银行信贷可供量（L）的增加，进而导致投资和总收入的增加；反之，亦然。资产负债表渠道是指货币供给量增加会导致利率水平的下降。利率水平下降一方面使企业股价上升，公司净值 P_e 提高；另一方面会使企业利息支出减少，直接增加现金流（NCF）。这两个方面都促进企业资产状况得到改善，使银行贷款的逆向选择和道德风险减少，从而贷款数量增加，投资和总收入增加；反之亦然。信贷渠道在货币政策传导过程中的作用应是银行信贷和公司资产负债表两个途径的结合，该传导过程可以表述为

$$M \to L \to I \to Y$$

$$M \to i \to P_e，NCF \to 资产状况改变 \to L \to I \to Y$$

6. 汇率传导机制理论

在开放经济条件下，净出口（NX），即一国出口总额与进口总额之差，是总需求的

重要组成部分。货币政策可以通过影响国际资本流动，改变汇率（r_e），并在一定的贸易条件下影响净出口。

在实行固定汇率制的国家，中央银行可以直接调整汇率；在实行浮动汇率制的国家，汇率受外汇供求的影响。当一国实行紧缩的货币政策，利率随之上升，从而引起短期资本的大量流入，这就使该国货币在外汇市场上升值。本币的升值不利于该国商品的出口，却有利于进口，导致净出口下降。当一国实行扩张的货币政策，则有相反的过程。这样的机制可表述为

$$M \to r \to r_e \to NX \to Y$$

汇率传导机制作用效果的大小取决于利率变动如何影响汇率，汇率的变化又会引起多大的净出口变化。

以上是西方学者关于货币政策传导机制的论述。货币政策通过何种渠道作用于经济的争议虽然较大，但可以肯定，单一的传导机制不足以对货币政策的效果作出完全的评价，而不同的国家不同传导机制的重要性也不同。在一个以银行为主体的国家，货币信贷渠道可能是最为重要的；而在一个金融市场高度发达的国家，资本市场在货币政策的传导中发挥着更为重要的作用；对于一个高度开放的经济体，汇率传导机制显然更为重要。

11.5 货币政策效果

11.5.1 货币政策的有效性

1. 货币政策有效性的含义及其衡量

货币政策的有效性是指中央银行推行一定的货币政策之后，社会经济运行所作出的现实反应。货币政策的有效性是一种结果，目的是好的，但结果可能与货币政策目标之间有偏差。这种偏差较小时，则货币政策有效性较高；偏差明显偏大时，则货币政策的有效性较低。

货币政策有效性的判断取决于具体的政策目标。若物价稳定是货币政策的唯一目标，则只需考虑货币政策与通货膨胀之间的变化情况即可对货币政策的有效性作出判断。如果货币政策的目标较多，则必须综合起来进行判断。以物价稳定和经济增长为目标评估紧缩性货币政策为例，如果紧缩性货币政策平抑了价格水平的上涨，或者促使价格水平回落，同时又不影响产出或供给的增长率，那么可以认为这项紧缩性货币政策的有效性最大。如果紧缩性货币政策在平抑价格水平上涨或促使价格水平回落的同时，也抑制了产出数量的增长，那么货币紧缩政策有效性的大小，则要视价格水平变动率与产出变动率的对比而定。若产出数量虽有减少，但减少规模还不算大，而抑制价格水平的目标接近实现，可视为货币紧缩政策的有效性较大；若产出量的减少非常明显，而价格水平目标的实现并不理想，货币紧缩政策的有效性就较小。如果紧缩性货币政策无力平抑价格上涨或促使价格回落，却抑制了产出的增长甚至使产出的增长为负，则可以认为货币紧缩政策是无效的。衡量其他类型的货币政策效应也可采用类似的思路，结合货币政策作

用的自身机制来进行分析。

2. 影响货币政策有效性的因素

（1）货币政策的时滞

从实施政策工具到实现政策目标不可能一瞬间完成，其间存在一个或短或长的时间差，这就是时滞。货币政策时滞是决定货币政策有效性中作用时间长短问题的决定性因素，它由内部时滞和外部时滞两部分组成。

1）内部时滞，是指从政策制定到中央银行采取行动这段期间。它可以分为两个阶段：一是从形势变化需要中央银行采取行动到它认识到这种需要的时间距离，称为认识时滞；二是从中央银行认识到需要行动到实际采取行动这段时间，称为行动时滞。内部时滞的长短取决于中央银行对经济形势发展的预见能力、中央银行的独立性、制定对策的效率和行动的决心等因素。

2）外部时滞，又称效应时滞，是指从中央银行采取行动开始直到对政策目标产生影响为止这段时间。它也可以分为两个阶段：一是中央银行变更货币政策后，经济主体决定调整其资产总量与结构所耗费的时间，称为执行时滞；二是从经济主体决定调整其资产总量与结构到整个社会的生产、就业等变量发生变化所耗费的时间，称为生产时滞。外部时滞主要由客观的经济和金融条件决定。

关于时滞长度的问题，西方经济学家曾做过大量的研究，结论颇不一致。一般认为，内部时滞较短，外部时滞较长，货币政策生效少则需要 6 个月，长则需要两年。

（2）货币流通速度

对货币政策有效性的另一主要限制因素是货币流通速度。对于货币流通速度一个相当小的变动，如果政策制定者未能预料到或在估算这个变动幅度时出现小的差错，都可能使货币政策效果受到严重影响，甚至有可能使本来正确的政策走向反面。假设在预测的年度，国民生产总值将增长 20%；再假设，根据以前一些年份有关数据的实证规律，只要包括货币流通速度在内的其他条件不变，货币供给等比增加即可满足国民生产总值增长对货币的追加需求。如果货币流通速度在预测的期间加快了 10%，不考虑其他条件的变化，货币供给则只需增加 9.1%即可。如果中央银行没有预见到货币流通速度的变化，而是按流通速度没有多大变化的考虑决策增加货币供给 20%，那么新增的货币供给量必将成为助长经济过热的因素。

（3）微观主体预期

对货币政策有效性构成挑战的另一种因素是微观主体的预期。当一项货币政策提出时，各种微观经济主体，立即会根据可能获得的各种信息预测政策的后果，并很快地作出对策，而且极少有时滞。因此，中央银行推出的货币政策面对微观主体广泛实施的抵消其作用的对策，货币政策很可能归于无效。例如，一国政府拟采取长期的扩张政策，人们通过各种信息预期社会总需求会增加，物价会上涨，在这种情况下，工人会通过工会与雇主谈判，要求提高工资，企业预期工资成本的增大而不愿扩展经营，最后的结果是只有物价的上涨而没有产出的增长。鉴于微观主体的预期，似乎只有在货币政策的取向和力度没有或没有完全为公众知晓的情况下才能生效或达到预期效果。但是这样的可能性不大，中央银行不可能长期不让社会知道它所要采取的政策；即使采取非常规的货币政策，不久之后也会落在人们的预期之内。假如中央银行长期采取非常规的货币政策，则将导致微观经济主体作出错误判断，并会使经济陷入混乱之中。但实际情况是，公众的预测即使非常准确，实施对策即使很快，其效应的发挥也要有个过程。这就是说，货币政策仍可奏效，但公众的预期行为会使其效应大打折扣。

（4）其他因素

货币政策的有效性也会受到其他因素的影响，如政治因素、经济因素、金融创新和全球经济金融一体化。

政治因素对货币政策效果的影响是巨大的。由于任何一项货币政策的实施，都可能给不同阶层、集团、部门或地方的利益带来一定的影响。这些主体如果在自己利益受损时做出较强烈的反应，就会形成一定的政治压力。当这些政治压力足够强大时，就会迫使货币政策进行调整。一般来讲，高经济增长和低失业率会给执政党带来不少选票，所以，执政党在大选之前会力图刺激经济，而新政府一般在大选之后会采取紧缩政策，使国民经济平稳下来，这叫做“政治经济周期”，这些因素必然会影响到货币政策的有效性。

客观经济条件的变化也会影响货币政策的实施效果。一项既定的货币政策出台后总要持续一段时间，在这段时间内，如果生产和流通领域出现某些始料不及的情况，而货币政策又难以作出相应的调整时，就可能出现货币政策效果下降甚至失效的情况。例如，在实施扩张性货币政策的过程中，生产领域出现了生产要素的结构性短缺。这时纵然货币、资金的供给很充裕，由于瓶颈部门的制约，实际的生产也难以增长，扩张型货币政策的目标就无从实现。

金融创新的蓬勃发展对世界范围的金融业都产生了全面而深刻的影响，使货币政策工具、中间目标和传导机制都发生了明显的变化，因此也极大地影响着货币政策的实施效果。例如，金融创新使各层次货币定义与计量遇到困难，削弱了中央银行对本国货币的控制能力。

由于全球经济金融一体化导致资本跨国界流动更加方便和自由，从而通过利率—汇率机制的作用，使一国的货币政策越来越受到国际资本流动的影响，或者受到其他国家货币政策的影响。也就是说，一方面，货币政策在国内的效果可能会被外部的影响削弱；另一方面，货币政策的有效性也可能延伸到国外。

11.5.2 货币政策的“相机抉择”和“单一规则”

货币政策的时滞等各种影响因素给政策的实施带来困难，甚至产生不良的后果，这就引起在如何执行货币政策的问题上产生了争端。

1. 凯恩斯学派主张的“相机抉择”

凯恩斯学派主张，货币政策应当“相机抉择”，逆经济风向行事。在经济过热时，相机采取紧缩性政策；在经济萧条时，相机采取扩张性政策。也就是说，利用反周期货币政策去稳定经济。

凯恩斯学派主张“相机抉择”的理由如下。

1）市场机制本身是不稳定的，并且没有足够的自我调节能力，如果任其自我调节所需时期也太长，必须依赖于政府的一系列稳定性经济政策，才能实现经济的稳定与发展。因此，中央银行应会同财政部门依照具体的经济和金融情况，采取相应措施来稳定经济和金融。

2）在错综复杂的现实经济生活中，政府根本不可能一成不变地遵守任何既定规则。当货币量的增减已成为稳定经济所必需之时，如在失业率有大幅度上升的情况下，中央银行就不应该再恪守“单一规则”。

3）实行“单一规则”是以货币流通速度稳定，至少其变动幅度稳定为假定前提的，但是，货币流通速度是不稳定的。而根据货币需要量与流通速度的关系来看，不稳定的货币流通速度必然使货币增长率难以稳定。

4）贯彻货币政策应综合运用多种指标。“单一规则”只强调货币供给量指标，而使中央银行忽视对其他指标的运用，这必然会影响到货币政策的有效性。

2. 货币学派主张的“单一规则”

20世纪五六十年代，西方国家普遍采取了反周期货币政策，但到了70年代，“滞胀”局面出现，反周期货币政策的有效性受到怀疑。

以弗里德曼为代表的货币学派认为，因为时滞的存在及其他因素，“相机抉择”的货币政策并不能稳定经济，反而会使经济波动更大，因而他们主张应当实行“单一规则”的货币政策，即中央银行应使货币供给增长率保持稳定。货币学派的这种主张也受到供给学派、理性预期学派等经济学派的支持。

货币学派主张“单一规则”的理由如下。

1）市场机制在本质上是稳定的，具有自我调节作用。现实经济生活中虽然经常出现不稳定，其根源是货币供给的反复无常变动。因此，只要通过一定的货币政策使货币供给保持稳定或有一个稳定的增长率，经济就会处于均衡与稳定状态，并进而取得发展。

2）中央银行缺乏必要的技术知识和管理能力，常常是起步太晚和行为过头，加上时滞因素，往往使政策负效应太大。例如，当通货膨胀已开始抬头时，中央银行却对此看得不太清楚，加之对紧缩政策会导致失业率上升和经济受损的顾虑，推迟了紧缩政策的实行，致使在有明显通货膨胀时实行全面紧缩政策，而过度的紧缩政策会给经济造成更大的损失。又如，中央银行在经济衰退时期采取扩张性货币政策，但由于时滞因素的影响，货币政策发生作用是在一段时期之后，而那时的经济或许已走出低谷，并进入了上升阶段。于是，扩张性货币政策为高涨的经济推波助澜，反周期货币政策加剧了经济的不稳定。“相机抉择”难以准确、有效。运用“单一规则”更能有效地促使经济稳定发展。在经济过热时，固定货币增长率小于经济所需的货币增长率，因而具有自动收敛经济过分膨胀之能力；在经济衰退时，固定货币增长率大于经济所需的货币增长率，因而具有自动刺激经济恢复之能力。

3）来自政府方面的压力，可能使中央银行无法酌情采取相应的政策行动，以及合理预期等因素，都可能导致反周期货币政策失效或大大降低其有效性。

理论争论并没有终结，现实中的做法则较为折中，即在“相机抉择”中也要遵守一定的货币规则。

阅读资料

规则与相机抉择之争

货币政策操作规范的规则与相机抉择之争，迄今已有至少150多年的历史（Fischer，1990），最早可追溯至19世纪中叶的通货学派与银行学派的学术争论。通货学派断言货币供给是引起经济波动的直接原因，认为“货币管理政策应该具有自己特定的原则……而不是为了应付金融恐慌……这种原则能够通过固定的规则而加以衡量或调节”（Lord，1837），故他们赞成对英格兰银行的银行券要求100%的边际储备。银行学派则持反对意见，认为与真实贸易需求有关的信用扩张是无害的，因此货币供给可以不受固定发行规则的约束，故他们极力反对《皮尔法案》作出的对英格兰银行发行银行券的限额规定。

20世纪初，规则与相机抉择之争倒向相机抉择那一边。相机抉择的货币政策不仅在理论上占据上风，而且在实践中运行也相当成功。由于受经济自由主义思潮的影响，古典经济学认为经济能自动达到均衡，反对国家干预宏观经济。但到1929年爆发了世界性的经济危机，反对国家干预的古典经济学对此束手无策，因此古典经济学退出主导地位，而主张国家干预经济的凯恩斯主义登上了历史舞台，占据了主导地位。相机抉择是凯恩斯主义经济学的一个核心内容。凯恩斯认为政府应该从需求的角度，根据相机抉择（逆经济风向）来调控宏观经济，结果取得了良好的效果，使得世界经济形势大幅好转，因此相机抉择被认为是根治经济大萧条的一剂良药。人们认为相机抉择的货币政策调控模式比规则更优，此时规则与相机抉择之争倒向相机抉择那一边。好景不长，到了20世纪70年代，西方国家普遍出现了“滞胀”，主张相机抉择的凯恩斯主义对此无能为力，主张规则的货币主义认为只要货币供应量稳定增长就能克服经济“滞胀”的问题，认为相机抉择的凯恩斯主义经济学是经济波动的根源。发达资本主义国家的实践也表明，相机抉择的货币政策很容易使经济陷入“滞胀”的境地。基于这些理由，弗里德曼主张实行货币增长率固定不变的“单一规则”，反对相机抉择的主张。但是凯恩斯主义者认为如果某项规则可以使经济稳定运行，那么相机抉择总可以采纳这项规则，还可以保留必要时改变规则的灵活性。

20世纪70年代后期，基德兰德和普雷斯科特首次将“时间非一致性”的概念引入了宏观经济学，从而开启了新一轮的规则与相机抉择之争，在某种程度上缓解了规则派的理论困境。所谓的时间非一致性，是指政策当局在t时按最优化原则制定一项在$t+n$时执行的政策，但这项政策在$t+n$时已非最优选择。Barro和Goldon（1983）最早将这一概念引入货币政策的研究，他们认为，时间非一致性的存在导致初始的政策承诺是不可信的。对于货币政策来说，如果中央银行采用相机抉择的货币政策，则低通胀的政策承诺是不可信的。自基德兰德和普雷斯科特的论文发表后，学术界关于规则和相机抉择的讨论出现了一边倒的倾向，大多数人都支持实行货币政策规则而不是相机抉择。但是，支持相机抉择的经济学家也指出，即便是规则的货币政策，在执行中也会因为违约成本的降低而导致时间非一致性，而且规则的政策还面临一个由凯恩斯主义者提出的规范性问题，就是其不能顾及未预期到的情况。总之，相机抉择论者认为规则缺乏灵活性，不能应对突发事件的冲击；规则论者认为相机抉择缺乏可信性，并且易于导致时间非一致性现象出现。

（资料来源：朱新蓉．2011．货币金融学．北京：中国金融出版社）

11.5.3 货币政策的透明度

货币政策决策的透明度对于政策效应的发挥至关重要，也是一个十分受关注的问题。1999 年 9 月 26 日，国际货币基金组织（IMF）通过了《货币金融政策透明度良好行为准则》，明确了中央银行在实施货币政策和其他金融机构在实施金融政策中有关透明度的做法。该准则将透明度定义为：在通俗易懂、容易获取并及时的基础上，让公众了解有关政策目标及其法律、制度和经济框架，政策决定过程和原理，以及与货币和金融政策有关的数据、信息和机构的职责范围。

《货币政策透明度良好行为准则》的主要内容是：

1）明确中央银行货币政策的作用、责任和目标，包括应在有关立法或规定中明确定义货币政策的最终目标和制度框架，应明确定义货币政策和财政操作的制度关系，应明确定义中央银行代表政府行使的代理职能。

2）公开中央银行制定和报告货币政策决策的程序，包括应向公众介绍、解释并说明实现货币政策目标的分析框架、工具和某些指标；如果设有货币政策决策机构对基本经济状况进行评价、监测实施货币政策目标的进展情况以及制定未来政策，那么，应公开这一机构的组成、结构和职能的相关信息；应及时公布和解释货币政策工具的变化；中央银行应就实现货币政策目标的进展情况和前景定期发表公开声明；如果拟对货币管理结构作出重大的技术性改变，则应为公众在适当时期内发表意见创造条件；应公布金融机构向中央银行报送执行货币政策所需数据的有关规定。

3）货币政策信息发布，包括中央银行提交和公布的数据，应符合 IMF 数据公布标准中关于覆盖范围、频率、即时性和公众可获得性的各项标准；中央银行应按事先宣布的时间表公布其资产负债表，并按预定周期向公众提供关于市场交易总量的若干信息；中央银行应提供并保持公共信息服务，公众可以随时获得中央银行发布的管理条例。

4）中央银行的责任心和诚信保证，包括中央银行官员应随时向指定的政府当局当面汇报货币政策的执行情况，解释其政策目标，说明实现政策目标的情况，并可能就经济和金融体系的情况交换意见；中央银行应按事先公布的时间，编制和公布经审计的财务报表；每年应向公众提供有关中央银行业务支出和收入的信息；应公开披露中央银行官员和工作人员个人财务行为标准；以及防止利用利益冲突，包括任何一般性的受托义务规定。

提高货币政策透明度主要基于两方面的原因：第一，如果公众知道政策的目标和操作工具，而且货币当局对实施这些目标和工具做出可信的承诺，那么货币金融政策的有效性就会增强；第二，中央银行要对其行为负责，尤其是当其独立性较高时，增加透明度有利于接受公众的监督。

不透明不利于货币政策的有效贯彻，但不能与保密要求统一的透明也是不成立的。例如利率调整，如果把中央银行决策全过程都袒露在公众面前，那么市场就会在胡乱猜测中紊乱。因此，透明、保密与取得公众信任这三方面取得协调就有利于货币政策效应的发挥。

阅读资料

中央银行沟通与预期管理

全球金融危机之后，一些非传统货币政策工具逐渐进入公众视野，其中之一就是“前瞻性指引”（forward guidance）。“前瞻性指引”是个新名词，但其背后的经济学思想却有更久远的渊源。与之相关的是两个更广泛的概念，预期和中央银行的沟通。近二十年来，随着对预期管理认识的深入，同时也伴随央行独立性的提高和问责的需要，中央银行神秘的面纱一点点撩开，沟通日益成为重要的货币政策工具。

理论和实践发展促进了对中央银行沟通及预期引导重要性的认识。有关央行透明度和沟通的研究在20世纪90年代中期逐渐展开。尤其是在货币形态与金融资产日趋复杂、规模不断扩大的情况下，稳定预期对于货币政策调控的作用就显得更加重要。1996年，Alan Blinder提出更多沟通有利于央行提升政策效果。2001年Michael Woodford提出货币政策的精髓就是管理预期，在2003年出版的著作《利息与价格》中，他指出货币政策的有效性取决于其影响政策利率未来路径的市场预期的能力，而不仅仅是当期的政策利率水平本身。如果市场参与者更多地了解有关货币政策意图和未来可能的政策路径，其行为就可能向调控所希望的方向趋同，从而提高政策调控的有效性。这意味着现代的货币政策调控不仅要靠操作，还要靠对预期的引导。还有一些文献从学习角度对预期管理和沟通进行了研究，提出由于经济环境或者政策规则的动态变化，公众的预期并非完全理性，央行和公众之间存在信息不对称，公众通过学习了解央行，因此央行需要通过沟通建立与公众之间的桥梁，帮助公众正确理解央行的意图，从而有效地达到政策效果。

基于上述理论研究和实践发展，中央银行不断改进和完善沟通。最开始披露总体目标和策略；其次公布决策结果，如目标利率水平等；之后，在决策结果之外，还公布决策的原因以及对经济的展望。近年来，面临零利率下限约束，一些央行尝试引进前瞻性指引，即央行直接发布利率的未来预期路径，但这并非是一种政策承诺，而是表明如何就未来的形势发展做出合理的政策反应。总体看，货币政策调控框架的演进更加强调了透明度和规则性，这本身就是强化沟通的一种重要方式，通过有效的沟通，可以更好地帮助公众形成对未来政策路径的合理预期，并据此做出经济决策。中央银行的沟通经历了一个发展的过程。以美联储为例，20世纪80年代至90年代初，美联储在明确政策目标和策略上作出了一些尝试；1994年美联储开始在公开市场委员会（FOMC）例会之后发布公告，最开始的公告只有一个政策方向性的信息，之后内容逐渐扩展，逐步公布利率调整的幅度、决策的原因、对风险的评估等；2012年美联储开始引入前瞻指引。一些对央行沟通实践的实证研究也表明，有效的沟通能够影响金融市场，提高货币政策的可预测性，帮助货币当局实现宏观经济目标。

总体看，各方对预期管理和沟通在央行政策中的重要作用已基本形成共识，但仍然有许多开放性的问题值得进一步研究和讨论。

一是如何把握沟通的程度，是否透明度越高越好？比如披露决策细节，虽然可能有助于提高透明度并对决策者形成激励，但也有可能使之屈从各方面压力而从众；披露的细节过多，由于经济形势复杂多变可能导致前后信息不一致，或者不同渠道发布内容表述不完全一致，反倒可能损害央行信誉，且过多信息也可能成为噪音。此外正如前文提到的，央行透明度与独立性也有关联，一般而言，独立性越高，对透明度的要求越高，否则做法上可能会不一样。

二是如何提高沟通的有效性？很多因素，包括公众的理解能力、媒体的倾向性报道都可能影响沟通的有效性。再比如，在一些新兴市场经济体和发展中国家，因制度建设有待完善，央行不一定有优势来指导市场参与者。如果沟通并未包括很多有用的信息，对于指导市场参与者的意义并不大。

三是有没有最优的沟通策略？由于各国情况不同，各国采取的沟通策略存在差异，目前尚未有所谓的最佳实践。特别是围绕最近发展起来的前瞻性指引还有不少争论。比如，通过设立单一指标简化经济模型，对货币政策设置门槛值，虽然方便了央行与公众的沟通，但宏观经济形势与市场发展瞬息万变，过于简化的做法可能影响货币政策的连续性。此外，前瞻性指引是在面临零利率下限、传统货币政策操作空间有限情况下的一种尝试，经济环境不同的国家还应根据本国情况谨慎使用。

（资料来源：中国货币政策执行报告二〇一五年第一季度）

小　结

货币政策的最终目标是中央银行通过实施各种控制货币和信用的手段所达到的宏观经济目标，主要包括物价稳定、充分就业、经济增长和国际收支平衡。货币政策各个目标之间是既统一又矛盾的关系。从长期看，这些目标之间是统一的，相辅相成的。从短期看，这些目标之间存在着矛盾和冲突，因此不同国家在不同时期对这 4 个目标都有所取舍或侧重。

货币政策的中间目标是货币政策工具和货币政策最终目标之间的桥梁和中介，在货币政策的传导中起着承上启下的传导作用。货币政策中间目标的选择，必须满足“三性”原则，即可测性、可控性和相关性。

货币政策的中间指标一般有利率、货币供应量、超额准备金、基础货币等。利率（通常指长期利率）和货币供应量，这两种指标一般被视为远期指标，超额准备金、基础货币、短期利率一般被视为近期指标。

货币政策工具可以分为一般性货币政策工具、选择性货币政策工具、直接信用控制和间接信用控制。一般性货币政策工具主要有法定存款准备金政策、再贴现政策和公开市场操作，通常被称为货币政策的“三大法宝”。常用的选择性政策工具包括消费者信用控制、证券市场信用控制、不动产信用控制、优惠利率和预缴进口保证金制度。直接信用控制常用的手段包括利率最高限额、信用配额、流动性比率和直接干预。间接信用控制是指中央银行通过道义劝告、窗口指导等办法间接影响商业银行的信用创造行为。

中央银行货币政策的传导可通过两条基本途径来实现：一是通过金融市场影响利率水平及其他资产价格而发生传导作用；二是通过信用市场传导途径，即通过银行的贷款行为发挥作用以及通过影响企业的资产负债表发挥作用。关于货币政策传导机制的分析，在西方，早期主要有凯恩斯学派的传导机制理论和货币学派的传导机制理论。后来，经济学家进行了深入的研究，又提出了一些新的观点。

货币政策的有效性是一种结果，目的是好的，但结果可能与货币政策目标有偏差。这种偏差较小时，则货币政策有效性较高；偏差明显偏大时，则货币政策的有效性较低。影响货币政策有效性的因素为货币政策的时滞、货币流通速度、微观主体预期和其他因素。

凯恩斯学派主张，货币政策应当“相机抉择”，逆经济风向行事。以弗里德曼为代表的货币学派主张应当实行“单一规则”的货币政策，即中央银行应使货币供给增长率保持稳定。

货币政策的透明度对于政策效应的发挥至关重要，也是一个备受关注的问题。提高货币政策透明度主要基于两方面的原因：第一，如果公众知道货币政策的目标和操作工具，而且中央银行对实施这些目标和工具作出可信的承诺，那么货币政策的有效性就会增强；第二，中央银行要对其行为负责，尤其是当其独立性较高时，增加透明度有利于接受公众的监督。

案例分析

2015年中央银行5次降息、降准

10月23日，中国人民银行宣布，自2015年10月24日起，下调金融机构人民币贷款和存款基准利率，以进一步降低社会融资成本。其中，金融机构一年期贷款基准利率下调0.25个百分点至4.35%；一年期存款基准利率下调0.25个百分点至1.5%；其他各档次贷款及存款基准利率、人民银行对金融机构贷款利率相应调整；个人住房公积金贷款利率保持不变。同时，对商业银行和农村合作金融机构等不再设置存款利率浮动上限，并抓紧完善利率的市场化形成和调控机制，加强央行对利率体系的调控和监督指导，提高货币政策传导效率。

自同日起，下调金融机构人民币存款准备金率0.5个百分点，以保持银行体系流动性合理充裕，引导货币信贷平稳适度增长。同时，为加大金融支持“三农”和小微企业的正向激励，对符合标准的金融机构额外降低存款准备金率0.5个百分点。这已经是2015年以来央行第5次降息和降准。

【案例思考】

1．2015年中央银行降息的经济背景是什么？央行降息的意义何在？

2．此案例中，中国人民银行实施了什么样的货币政策，并评价政策效果？

思考题

1．简述货币政策目标及目标之间的冲突。

2．简述货币政策的中间目标及选择中间目标的标准。

3．简述一般性货币政策工具体系的主要内容及各自的特点。

4．简述货币政策传导的途径及西方主要货币政策传导机制理论。

5．简述影响货币政策效果的因素。

6．论述“相机抉择”和“单一规则”的基本内容。

7．简述货币政策透明度的含义，试分析增强货币政策透明度的积极意义。

在线学习

1．进入方式

授课视频路径：输入网址“http://www.upln.cn/”→“教学资源中心”→“资源共享课”，单击“货币金融学”（杨秀萍教授主讲），观看本章的教学视频。

2．学习方式

进入本章授课视频，自主完成“练习、作业、测验、案例”等，并通过网页提供的“在线测验、试卷答题”等形式检验自己对知识的掌握情况。

第12章

金融监管

知识目标

1. 掌握金融脆弱性的含义，理解商业银行脆弱性和金融市场脆弱性。
2. 掌握金融危机的含义和危机的形成过程，理解金融脆弱性和金融危机的关系。
3. 掌握金融监管体系的构成和金融监管的主要内容，了解金融监管的体制。
4. 熟悉金融监管国际协调的基本内容和主要的国际协调组织。

基本概念

金融脆弱性　金融危机　金融监管　市场准入　资本充足率　市场退出监管　金融监管体制　一元多头式金融监管体制　二元多头式金融监管体制　集中单一式金融监管体制　金融国际化　并表监管

开篇案例

从美国次贷危机看金融监管的缺失

2008年，美国金融危机全面爆发。一个个金融巨头濒危或倒下，那些曾在华尔街呼风唤雨的五大投资银行在此次危机中全军覆没；保险业巨头美国国际集团亏损严重，处于破产边缘；美国最大的银行集团花旗集团资金缺口严重，亏损额不断扩大；美国最大的储蓄及贷款银行华盛顿银行倒闭，成为美国有史以来倒闭规模最大的银行。同时，金融危机还波及全球，欧洲成为危机肆虐的重灾区，东亚、东南亚国家均受到不同程度的冲击。

这次危机的起源是次级抵押贷款危机，而这种并不引人关注的次级抵押贷款却逐步演变到全面的金融危机，美国金融监管体系中的漏洞、缺失甚至真空是重要原因之一。

美国现行的金融监管是一种“双线多头式”，即中央地方两级均对金融机构有监管权，同时各级又有若干金融机构共同行使监管职能。这种体制分工细致，网络覆盖面广，但又不可避免地存在交叉漏洞，在此次金融危机中表现最明显的就是对不断创新的衍生金融产品缺乏监管。按揭抵押支持债券（mortgage backed securities,

MBS）将住房抵押贷款特别是次级抵押贷款的风险转移给市场或其他金融机构，这使贷款机构敢于不计风险地扩大次级抵押贷款，证券化的形式掩盖了其中次级抵押贷款的风险，美国监管机构对此却并未采取有效措施加以约束和控制。如果说 MBS 与实体经济还有一定联系的话，抵押债务债券（collateralized debt obligation，CDO）则与实体经济完全脱离。通过建立专门的结构性投资工具，公司将其所持有的住房抵押贷款打包组合再分级后出售，甚至将所持有的 CDO 资产重新包装组合出售，从而衍生出更多的 CDO，投资机构或投资者很难分清这种抵押债券背后的资产到底是什么或风险有多大，信用评级机构对 CDO 的不负责任的高评级更使这种债券成为市场的新宠，而美国的金融监管机构对这种充斥市场的衍生金融产品充耳不闻。信用违约掉期（credit default swap，CDS），就其本身而言，不仅是一种保险产品，还是一种证券产品，它将原已扩大的风险进一步扩大，却因为徘徊于保险业和证券业之间而游离于美国金融监管体系以外。

对金融机构表外业务缺乏相应的监管、分析和报警机制是美国金融监管体系在此次危机中暴露出来的另一个问题。很多重要的监测风险的指标并未加入表外业务数据，如资本充足率的计算就未把表外业务的风险涵盖进来。即使是专门针对表外业务的监管指标，也并未囊括表外业务的全部内容。由于美国现行的金融监管体制对此类风险业务的有效监管不足，从而导致了其中隐含风险最终转化成为现实风险，给整个金融体系造成了严重的后果。

美国监管体系的问题还在于其指导思想是以不影响金融体系活力为前提的。在金融自由化思想的引导下，美国逐步放开了对混业经营的限制，并最终在 1999 年制定了《金融服务现代化法》。“过多的政府监管会导致金融体系缺乏活力”，这种思想也导致了美国的金融监管当局以放松监管而促进金融创新、增强市场活力为主要目标，并最终酿成危机。

（资料来源：祁敬宇，祁邵斌．2011．金融监管案例评析．北京：首都经济贸易大学出版社）

可见，金融监管的缺失会影响整个金融系统的稳定，进而影响整个社会经济体系的稳定。如何进行金融监管？如何建立有效的金融监管体制？如何进行金融监管的国际协调，这些正是本章所要学习和讨论的问题。

12.1 金融脆弱性

高负债经营的行业特点决定了金融业具有容易失败的特性，这就是狭义上的金融脆弱性（financial fragility）。广义上的金融脆弱性，则是泛指一切融资领域（包括金融机构融资和金融市场融资）中的风险积聚。早期主要从狭义上来理解金融脆弱性，现在更多地是从广义角度使用这一概念。

12.1.1 商业银行的脆弱性

金融脆弱性存在于金融的各个领域，但商业银行是金融体系中最脆弱的部门。从表面上看，股票市场的起伏波动要比信贷市场大得多，但历史经验表明，银行危机发生的频率和次数要远高于股市崩盘的频率和次数，更重要的是，银行危机对整个金融体系和经济体系的影响是致命的。所谓商业银行的脆弱性，是指商业银行由于资产负债结构的特征，在外在因素或信息的冲击下，易于导致存款人心理恐慌，进而挤兑银行的这样一种特性。其主要包含以下四层含义。

1）商业银行的“软资产、硬负债”特征是导致商业银行脆弱性的本质原因。一般企业不具备这样的资产负债结构特征，所以也不存在脆弱性这一说法。

2）商业银行脆弱性的体现需要外在条件，即受到外在因素或信息的冲击。这些因素可能与商业银行直接相关，如经济衰退、信用紧缩、银行经营业绩不佳、银行发生大规模损失等，也可能与商业银行不直接相关，如本身是健康银行，但受到问题银行发出不良信号的干扰。

3）公众的心理因素是导致商业银行脆弱性的关键因素，因为这个因素使得单个问题银行的挤兑扩大至整个银行系统。

4）发生挤兑是商业银行脆弱性最基本、最直接的表现。

银行危机的爆发往往以商业银行的挤兑为征兆，在外部环境发生变化时，银行体系的脆弱性又往往在外部环境的刺激下发生挤兑现象，当银行体系脆弱性不断恶化时，挤兑现象便会产生，而银行挤兑在银行间具有传染性，当大量银行挤兑一起发生时，银行机构就会倒闭，银行危机从而爆发。商业银行所具有的内在脆弱性及其积累构成了金融体系面临的一个主要风险，成为银行危机爆发的主要根源。

12.1.2　金融市场的脆弱性

金融市场的脆弱性，往往从价格波动的角度来研究。金融资产价格的过度波动是金融体系脆弱性积累的重要来源。

金融市场据以对某种金融资产进行定价的是该资产将会带来的未来收入流量以及影响这一流量变化的各种风险因素。影响未来收入流量变化的各种因素难以被资产的持有者所知。但无论如何，对未来的收入流量总会有预期，否则价格也不存在。这样，任何影响资产未来收入流量的心理预期都会引起资产价格的波动。投机家索罗斯据此提出一种说法：他认为世界上并不存在完全效率的金融市场，也不存在所谓的由资产内在价值决定的均衡价格。在资本市场上，资产价格和交易行为之间的关系不仅仅是交易行为单向决定资产价格，资产价格也决定交易行为，中间的桥梁是市场心理。通过这种资产价格和交易行为之间的相互循环决定，于是资产价格间接地决定自身，形成了“市场决定市场的自我循环”：高的价格决定新一轮、再一轮的价格攀升；低的价格决定新一轮、再一轮的价格下滑。只有当这种单方向的市场能量释放完毕，市场运行趋势发生逆转，才开始反方向的循环。这种自我循环的运作必然造成资产价格的过度波动。

经济学家主要从过度投机、宏观经济不稳定和交易与市场结构的某些技术型特征三个方面来解释股市的过度波动。

1. 过度投机

该理论强调市场集体行为的非理性导致的过度投机对资产价格的影响。当经济的繁荣推动股价上升时，幼稚的投资人的涌入，使股票价格上升得更快，以至于达到完全无法用基础经济因素来解释的水平。由于脱离了基础经济因素，市场预期最终必将发生逆转，导致股市崩溃。

2. 宏观经济的不稳定

与股市相比，宏观经济的波动通常比较缓和。但是，宏观经济运行的任何变动，哪怕只是显示了某种变动的迹象，都会对股市产生影响。

3. 交易和市场结构的某些技术性特征

以保证金交易方式为例，通过这种方式，投资者可以从事大规模股票交易，从而推动市场价格急剧变化；当价格朝着对其不利的方向发展时，迫于保证金的压力，投资者又不得不仓皇地强制平仓并导致股价大落。

除去资产价格的波动，汇率的过度波动性是金融市场脆弱性的另一个主要来源。汇率过度波动性，是指市场汇率的波动幅度超出了真实经济因素所能够解释的范围。对于汇率过度波动性的解释，1976 年，鲁迪格·多恩布什（Rudiger Dornbusch）曾提出汇率超调理论（theory of exchange rate over shooting）。该理论指出，浮动汇率制下汇率剧烈波动的主要原因是，面对某种初始的外部冲击，不仅资产的价格和商品的价格都可能过度反应，而且资产市场和商品市场的调整速度常常不一致。这些问题集中反映到汇率上，就会使汇率的波动过度。即使在固定汇率制下，也有汇率波动的问题。其惯常表现是货币的对外价值发生激烈的意外变化。当市场参与者对该货币的当前汇率的稳定性失去信心时，他们就将抛售该国货币，使固定汇率水平难以维持。

12.2 金融危机

金融脆弱仅仅表明金融已经具有不稳定性，还不等于金融危机。由金融脆弱到金融危机有一个演化过程。金融危机的爆发以金融脆弱积累到一定程度为条件，但最终在何时发生，还需要某一或某些触发点。某些突发的金融事件，如特大企业的倒闭、欺诈丑闻的揭露等造成公众信心的动摇，往往就是这样的触发点。金融体系越脆弱，人们提防它出问题的警觉就越高，金融危机发生的可能性也就越大。

12.2.1 金融危机的含义

金融危机的内涵很丰富，至今还没有一个准确的定义。经济学家雷蒙德·戈德史密斯（Raymond Goldsmith）指出，金融危机是“所有或绝大部分金融指标的一次急剧的、短暂的、超周期的恶化，这些指标包括短期利率、资产（股票、房地产）价格、厂商的偿债能力以及金融机构的破产等”。弗雷德里克 · S. 米什金（Frederic S. Mishkin）认为金融危机的结果是金融市场不能有效提供资金向最佳投资机会转移的渠道，从而对整个经济造成严重破坏。

《新帕尔格雷夫经济学大辞典》对金融危机的定义是“全部或大部分金融指标，如短期利率、资产（证券、房地产、土地）价格、商业破产数和金融机构倒闭数的急剧、短暂和超周期的恶化”。这个定义说明了金融危机所具有的3层含义：一是金融危机是金融状况的恶化；二是金融危机时的金融恶化涵盖了全部或大部分金融领域；三是金融危机时的金融恶化具有突发的性质，它是急剧、短暂和超周期的。判断金融危机的标准是这种恶化的严重性在金融领域的表现程度，以及对物价体系、信用关系、资本市场、国际收支乃至整个国民经济所造成的影响。

《新帕尔格雷夫经济学大辞典》还对金融危机做了一个补充性的描述：“外国资产持有者大量抛出资产——通常是货币和债券——以逃避用某种货币为计价单位的资产而出现的国际金融危机……由于没有国际上的最终贷款者出来，或者它的力量不够强大，结果债务紧缩越来越严重，终于导致长期的衰退。”从这一定义可以看出，当前的金融危机是指在金融市场上，由于金融秩序不完善、市场机制不健全、交易风险管理水平差、国际游资的冲击等原因而引起各种程度不同的金融混乱现象。其表现是银根收紧、银行发生挤兑或停兑、金融机构倒闭、固定汇率制度崩溃、外汇储备耗尽等。

阅读资料

金融危机的先祖：大萧条

1928年和1929年美国股票市场价格成倍增长。美联储官员将股票市场高涨视为过度投机的结果。为了治理这一问题，他们采取了紧缩的货币政策，即提高利率。但是，1929年10月股票市场崩溃，股价暴跌20%，这是美联储始料未及的。

虽然1929的股市崩溃深刻影响了整整一代美国人，但大部分人依然忘记了1930年中期超过一半的股市下跌的态势已经有所逆转。事实上，当时信贷市场状况仍然十分稳定，基本没有严重金融危机即将爆发的迹象。

然而，原本是一次正常的经济衰退出现了迥然不同的结果。当时农业部门遭遇了不利冲击，导致农业产区的银行破产，进而蔓延到银行业中心。银行业恐慌从1930年10月持续到了1933年3月，超过1/3的美国银行不幸破产。

1930年中期以后，股票价格的继续下跌，以及由经济萎缩导致的企业状况不确定性上升，使信贷市场上逆向选择和道德风险更为严重。1/3的银行破产减少了金融中介机构的数量。逆向选择和道德风险问题的加重削弱了金融市场向具有生产性投资机会的企业融资的能力。同我们的分析结果一致，1929～1933年，商业贷款余额减少了1/2，而投资支出则从1929年的水平下跌了90%。

由于物价水平在1930～1933年间下跌了25%，阻挠了在大部分经济衰退中都出现的迅速复苏的进程。物价水平的大幅下跌，加重了企业的债务负担，减少了企业净值，导致债务萎缩的出现。净值的减少和由此增加的逆向选择和道德风险问题，延长了经济萎缩的过程，失业率上升到25%。大萧条时期的金融危机是美国历史上最为严重的一次，它可以说是美国所经历的最严重的经济萎缩。

（资料来源：米什金．2011．货币金融学．郑艳文，荆国勇，译．北京：中国人民大学出版社）

12.2.2 金融危机的形成过程

一般来讲，金融危机形成过程大致可分为 4 个阶段，即危机的潜伏阶段、危机爆发阶段、危机扩散阶段和经济复苏阶段。

1. 危机的潜伏阶段

危机的潜伏阶段在金融危机爆发前，这一阶段往往表现为国内经济一片大好，国内生产总值增速明显，房地产欣欣向荣，股价涨势喜人，整个社会呈现出一种普遍乐观的心理，而政府扩张性货币政策或金融监管的放松助长了这一乐观情绪。其基本特征是经济持续增长，外部资金大量涌入，信贷投放快速增长，投资规模极度膨胀，资产价格迅速飙升。各种经济数据一片向好催生了投资者的乐观情绪，市场开始出现投资狂热，非理性投资行为占据了主导位置。

这种乐观的情绪具有传染性，或叫“羊群效应”。查尔斯·麦凯伊（Charles Mckay）在其《过度幻觉与群体疯狂》一书提到南海泡沫中投资者乐观传染的一个例子：银行家马丁（Martin）在 1792 年 8 月的第三次南海股票认购时说，当世界上其他人都发疯时，我们必须以某种方式效仿他们。某些事件的发生增强了市场信心，导致市场盲目乐观，确信未来经济会繁荣，因此人们进一步认为有必要加大投资。结果，金融机构接受了在理性环境下一般不会接受的流动性较低的负债结构，经济开始扩张，不断繁荣，直至产生经济过热。伴随着投资过热，人们的贪婪欲望随之增大，市场上的欺诈行为应运而生。一旦欺诈行为被曝光，市场将可能出现混乱，并往往引发突发性崩溃和恐慌。历史上著名的南海泡沫、日本“失去的十年”（1991～2000 年）以及 2007 年美国次贷危机，都出现了各种各样的欺诈行为。

2. 危机的爆发阶段

泡沫总归是泡沫，虽然美丽但最终仍是难，逃脱破灭的宿命。任何一次金融危机基本都遵循这样一个逻辑：经济政策放松，信贷扩张，经济繁荣；资产价格泡沫形成，经济政策反转；预期改变，资产泡沫破裂；金融危机爆发，金融机构破产；信贷（流动性）紧缩，危机向实体经济扩散（导致经济下滑或衰退）。在危机的爆发阶段，市场一般表现两大特征：一是预期变化往往是引发危机的直接原因；二是房市、股市及外汇市场是危机爆发主要导火索。继投资过热、经济繁荣之后，由于外部冲击或其他某种因素改变了市场参与者的预期，资产泡沫破裂，金融危机爆发。历次金融危机的实际表明，房地产市场、股票市场及外汇市场是引发金融危机爆发的导火索。银行业危机中，房地产泡沫、股市泡沫的破裂无疑是引发金融危机的源头；货币危机或债务危机中，危机爆发国的货币往往成为国际投机者的狙击对象，进而可能引致银行危机。以日本金融危机为例。1989 年 5 月～1990 年 8 月，日本银行 5 次上调中央银行贴现率，达到 6%。由此，日本经济就像一只膨胀的气球被猛扎数针，房地产价格、股票价格迅速暴跌，金融危机全面爆发。东南亚金融危机的爆发则始于汇率贬值。1997 年 7 月 2 日，泰国中央银行放弃泰铢与美元挂钩的联系汇率制，代之以浮动汇率制，从而导致泰铢大幅贬值，外汇市场、股票市场、房地产市场泡沫破裂，并引发金融危机，成为亚洲金融危机的导火索。

3. 危机的扩散阶段

随着经济全球化的深入发展，各国在经济、金融方面的联系越发密切，金融危机扩散日渐成为一种普遍现象，危机一旦爆发，将不再限于危机国家内部，而迅速扩散到其他国家和地区，演变成区域性乃至全球的金融危机。无论是 1992 年爆发的欧洲金融危机、1994 年爆发的墨西哥金融危机、1997 年爆发的亚洲金融危机，还是 2007 年爆发的美国次贷危机，都是从发源地迅速向周边国家扩散、传导，给周边国家甚至世界经济发展带来了极为严重的负面影响。

4. 经济的复苏阶段

金融危机严重的国家，在不断修复之后逐步进入危机发展的第四阶段，即实体经济修复阶段。此时面对的关键问题是，如何消除金融危机的影响，提高金融体系的效率和稳定，促进并保证受到打击的世界经济能够恢复和发展。从历史的经验看，金融危机爆发一段时期后，都会引起危机国实体经济的下滑或衰退，经过政府的救市以及经济的自我调节，经济开始逐步恢复稳定，市场利率降低，市场上升态势开始显现。在这一阶段，金融危机的负面影响即将结束。随后，市场参与主体的信心逐步恢复，对未来的经济形势不再过度悲观，投资者的投资热情开始被市场调动，消费者的消费能力也逐步被市场挖掘，整个市场逐渐恢复。

12.2.3 金融危机的防范

纵观 20 世纪 90 年代中期以来发生的金融危机，可以得出一个结论，金融全球化增加了危机在新兴市场国家不断爆发的可能性。金融危机的巨大破坏力使各国都在加紧研究和制定防范危机的政策措施，以尽量避免本国经济遭受大规模投机冲击的威胁。

1. 建立金融危机的预警机制

金融危机往往给经济带来沉重的打击，构造一套预警指标体系，使一国金融监管当局能在危机发生前有所准备，成为危机后人们关注的一个热点。金融危机预警系统是指应用某种统计方法预测某国或某个经济体在一定时间范围内发生货币危机、银行危机以及股市崩溃可能性大小的宏观金融监测系统，除指标体系以外，还包括必要的法律框架和组织结构等制度安排。

构造指标体系的主要步骤就是对一系列备选指标进行系统分析，选出其中在统计上显著的指标。选择哪些指标进行分析，在很大程度上取决于人们对危机起因的理解，但这些指标必须是易于测量的，且测量时应是确定的。一般来说，这些指标主要包括国际储备的变化、实际汇率、国内信贷、对公共部门的信贷、国内通货膨胀率、短期外债与国内生产总值的比例、贸易差额、出口、货币供给增长率、国内生产总值增长率、财政赤字等。把这些指标组合成了一套预警指标体系，并力求恰当地赋予这些指标一定的权重，才有可能计算出在某一特定时间后的 24 个月中发生金融危机的概率。

2. 改善政府宏观调控

金融是现代经济的核心，金融危机的实质在于宏观经济结构和经济体制内在矛盾、问题的暴露和凸显，其产生源于微观经济基础的企业缺乏活力和市场竞争力。因此，防范金融风险、保持金融稳定的关键在于健全和完善市场经济体制，以适应经济全球化进程的加快和变化。从发展趋势看，随着经济全球化、区域化进程的加快：一方面是协调与合作加强，另一方面是竞争和风险增多。无论是新兴市场国家还是发展中国家都要注重开拓国内市场，同时也要坚持对外开放，积极参与全球贸易、投资和金融自由化的进程；必须适应经济金融全球化的进程，进一步完善经济体制，充分发挥市场机制的作用，改善政府的宏观调控。政府的职能包括：一是制定和执行宏观经济政策；二是建立健全法制、法规，保持平等竞争和社会稳定的环境；三是通过实施产业政策，提高产品在全球市场的竞争力。这样，通过改善政府的宏观调控，避免泡沫经济，促进国际收支平衡，保持经济结构合理、健康，形成保持金融稳定的宏观经济结构和微观经济基础。

3. 强化金融监管

提高透明度，健全金融法律法规体系和金融监管体系。透明度的提高有利于市场信息的公开、传播和对称，促进市场经济的健康快速发展。落实透明度原则，需要有健全的金融法律法规体系和金融监管体系，使各类金融机构按照国际统一标准报告真实数据，从而使金融监管机构有效地采取应对措施，化解金融风险。在亚洲金融危机中，日本、韩国一些金融机构隐瞒不良资产，透明度不够，也是导致其金融动荡恶化的一个重要原因。因此，要吸取各国经验教训，并结合中国实际，逐步建立统一的金融监管体制，完善各项监管手段，制定金融风险国内、国际预警指标体系，提高防范化解金融风险的针对性和快速反应能力。

4. 完善市场退出机制

在发生金融危机时，一些金融机构的市场退出是难免的。市场退出可以由其他同业机构或特别处理机构来实施，如由健康金融机构以承担债务为条件的兼并、收购，通过兼并、收购化解有问题机构的不良资产，达到维护存款人利益，维护社会公众信心，稳定整个金融体系的目的。在发生严重金融危机时，通常成立一些临时性的特别处理机构，负责专门处理这些问题，其职责在于通过接收、托管、拍卖、回收陷入困境的金融机构的全部资产负债业务，以最小的成本化解金融危机。

12.3 金融监管

金融系统的脆弱性决定了金融系统需要政府提供监督管理，以维持社会公众的信心，从而维持金融安全。随着现代科技的发展和金融创新的不断涌现，金融业务之间的界限不断被打破，金融机构之间的区别日益模糊，金融国际化和国际资本流动不断扩张，金融领域的风险急剧增大，通过监管保证金融业的稳健运行越来越成为经济与社会健康发展的关键。

12.3.1 金融监管体系的一般构成

金融监管（financial regulation 或 financial supervision）有狭义和广义之分。狭义的

金融监管是指中央银行或其他金融监管机构依据法律法规的授权对整个金融业（包括金融机构以及金融机构在金融市场上所有的业务活动）实施的监督管理。广义的金融监管是在上述监管之外，还包括了金融机构的内部控制与稽核、同业自律性组织的监管、社会中介组织的监管等。就广义的金融监管而言，其体系一般包括金融监管机构的监管、行业自律组织的监管、中介机构的监督以及社会舆论的监督。

1. 金融监管机构的监管

金融监管机构的监管主要指中央银行或其他金融监管机构依法对金融业的监管。金融监管机构要想有效进行监管的关键在于及时、准确掌握金融机构的财务状况和业务经营情况。《中华人民共和国银行业监督管理法》规定："银行业监督管理机构根据履行职责的需要，有权要求银行业金融机构按照规定报送资产负债表、利润表和其他财务会计报表、统计报表、经营管理资料以及注册会计师出具的审计报告。"同时规定："商业银行应当按照国家有关规定，真实记录并全面反映业务活动和财务状况，编制年度财务会计报告，及时向国务院银行业监督管理机构、中国人民银行和国务院财政部门报送。"

金融监管机构获得信息的途径，主要是要求被监管的金融机构报告财务信息、管理信息和公众举报等。绝大多数情况下，金融监管机构是从监管客体处依法通过强制手段获得需要的信息，通过对这些财务信息的分析发现问题。金融监管机构通过对金融机构财务报表的数据汇总、计算和对比，综合分析、评价财务状况和经营成果。财务报表分析是从财务角度对金融机构工作的业绩或经营状况进行评估。一家经营有方的金融机构，能保持在承担有限金融风险的条件下获取稳定的收益，或在收益相同的情况下承担较低的风险。虽然金融机构的财务报表提供了可供分析的第一手资料，但它是一种历史静态文件，只能概括反映一家金融机构在一段时间内的财务状况与经营成果，不足以作为监管者评估的全部依据，还需要通过现场检查方式获取更加详细和准确的信息。

2. 行业自律组织的监管

在金融监管机构难以全面覆盖的"软"范围，可通过行业自律组织对金融机构进行约束。可以说，行业自律组织的监管是金融监管的补充与延伸。加强行业自律组织管理是金融监管的重要辅助，加强金融监管与提倡行业自律并行不悖。各类行业自律组织以职业道德为支柱，形成自检互检制度，能起到防患于未然的作用。

自律监管发挥作用的主要方式是行业自律组织制定自律规则，实现内部自我约束和自我监督。许多国家和地区通过立法对行业自律组织加以规范，大部分国家和地区的行业自律组织都充当金融监管机构的协调机构，有些国家和地区的行业自律组织还发挥监督作用。例如，1984 年《法国银行法》规定，银行同业公会、国家信贷互助联合会、中央城乡互助信贷联合会都属于行业自律组织。这些行业自律组织与金融监管机构协作，负责保证行业内成员实施法律法规，保证行业内成员具有偿付能力，对本行业成员的财务和行政方面进行内部监督，并有权对违反法律和规章的金融机构给予处分。中国香港规定，银行公会享有以下自律权：与香港财政司协商后指定会员银行的利率协议，并负责监督执行；在征得财政司的同意后，制定有关银行业的业务规章，包括银行的各种佣金和费用；调查和处理会员银行的违章事件和对会员银行的投诉。

行业自律监管的途径主要是通过金融同业成员相互之间的信息交流和磋商，利用共享的财务资料与管理经验等揭示经营中可能存在的风险，加以防范。金融行业成员尽管会对涉及各自商业机密的资料予以保密，但是，鉴于行业共同利益的需要，能够实现较好的真实信息交流。

3. 中介机构的监督

能够对金融机构起监督作用的中介机构包括审计事务所、会计师事务所、律师事务所和外部评级机构等。

中介机构的监督在金融监管中发挥以下 3 个方面的作用。

1）信息鉴证。以金融监管机构对商业银行的开业管理为例，许多国家的银行法律规定，开业申请人须向金融监管机构提供由会计师事务所或审计事务所出具的有关开业的各种信息和真实性报告。

2）法定审计。各国公司法普遍规定，公司年度财务报表要经过审计事务所的稽核，金融机构也不例外。许多国家的银行法律规定，商业银行要向金融监管机构递交近期经过审计事务所审计的年终财务报表，凭以检查。一般来说，金融机构应在决算日之后的 3～6 个月之内，向金融监管机构递交经过审计事务所审计的财务报表。若未能遵守这一规定，可能会被处以罚款或其他更严厉的制裁。

3）监管审计。审计事务所为满足金融监管需要而对金融机构进行的检查，称为监管审计。各国金融法都有规定，金融监管机构有权要求商业银行等金融机构提供由会计师事务所、审计事务所出具的报告。审计监管的范围、内容和频率都由金融监管机构决定，一般会征求被稽核金融机构的意见。监管审计的范围和频率应根据金融机构的性质、规模和记录等确定。对于规模较小的金融机构，一般每年进行一次审计。对于规模较大的金融机构，可以纳入“滚动性检查计划”。

金融监管机构可借助中介机构审计、核实金融机构的财务会计报表及相关数据，对金融机构实施现场检查，对金融机构进行外部评级，提高金融信息披露的客观性和权威性，强化市场约束。中介机构协助金融监管机构从事金融监管业务，必须取得金融监管机构的资格认可，资格标准包括：①具有金融业务知识或经验的注册会计师（或审计师、评估师）；②具有较好的金融审计记录和声誉；③具有良好的职业道德和规范；④能够与金融监管机构积极配合。经过金融监管机构资格认定的中介机构可协助承担部分金融监管职责，包括报表审计和现场检查等。金融监管机构监督中介机构金融审计报告的质量。中介机构必须按照客观、公正和诚实的原则，认真履行职责，接受金融机构的委托进行审计和评价，及时、客观地向金融监管机构报告工作，向金融机构收取费用。如果发现中介机构有不真实的审计报告，应取消其金融机构审计业务的资格。

4. 社会舆论的监督

社会舆论监督是指动员全社会关心和协助金融监管，通过建立举报制度和查处程序形成社会监督威慑力，督促各金融机构依法经营。社会舆论监督的主体是与金融机构存在业务往来关系的个人与单位。公众可以通过阅读金融机构公布的资料，通过报纸、杂志、广播、电视等对一些不正常的情况予以曝光，进行舆论监督。社会舆论监督体系能否进行有效监管取决于被监管的金融机构披露的信息的可信度和准确度。

社会舆论监督体系是金融监管体系的重要组成部分，通过大众媒体等向金融监管机构传递金融机构经营中出现问题的信息，对于及时发现问题和避免金融违规现象，具有不可替代的积极作用。

12.3.2 金融监管的原则

1. 监管主体的独立性原则

巴塞尔银行监管委员会于2006年10月颁布了新的《有效银行监管的核心原则》，提出独立性原则是指在一个有效的银行监管体系下，参与银行监管的每个机构要有明确的责任和目标，每个监管机构都应具备操作上的独立性、透明的程序、良好的治理结构和充足的资源，并就履行职责情况接受问责。同时，为促进有效监管银行创造先决条件。这些条件包括：①稳健且可持续的宏观经济政策；②完善的公共金融基础设施；③有效的市场约束；④高效率解决银行问题的程序；⑤提供适当的系统性保护（或公共安全网）的机制。

近年来，一些国家不断发生金融危机，这些国家总结经验教训，正在酝酿金融体制的重大改革，其中加强监管主体的独立性是重要的一条。例如，日本从1998年4月1日起，随着修改后的《日本外汇法》的实施，以“自由、公平和全球化”为宗旨的日本金融改革正式启动。新的《日本银行法》旨在加强日本银行作为中央银行的独立性，使其更好地行使中央银行的职能。

2. 依法监管原则

虽然各国金融管理体制和监管风格有所不同，但在依法监管这一点上是共同的，这是由金融业的特殊地位所决定的。所以，金融监管最主要的特点，一是金融机构必须接受金融监管机构的监督与管理，不能有例外；二是金融监管必须依法进行。只有保持管理的权威性、严肃性、强制性和一贯性，才能保证它的有效性，而要达到这一点，金融法规的完善和依法管理是不可缺少的。

3. 自我约束和外部强制相结合的原则

从监管风格上来说，世界各国金融监管工作差异较大。美国和日本以外部强制监督管理为特征，而英国与许多西欧国家则更强调在诱导劝说基础上的自我约束、自我管理。不同监管风格产生于不同的社会背景之下。不同的监管风格各有利弊，可以相互补充。但是，无论是以外部强制监督为主的国家，还是以内部自我约束为主的国家，都需要有机配合，缺一不可。

外部监督机构（即发照机关）必须有权制定发照标准并拒绝一切不符合标准的申请。发照程序必须至少应包括审查银行等金融机构的所有权结构、董事和高级管理层、经营计划和内部控制，以及包括对资本金在内的预计财务状况等。当报批的所有者是外国银行时，首先应获得其母国金融监管机构的批准。监管程序的一个重要部分是监管者有权制定和利用审慎法规和要求来控制风险，其中包括资本充足率、贷款损失准备金、资产集中、流动性、风险管理等预防性方面的监管。

自我约束的目的是确保商业银行等金融机构的业务能根据银行董事会制定的政策以审慎的方式经营。其主要内容包括：①组织机构（如职责的界定、贷款审批的权限分离和决策程序）；②会计规则（如对账、控制单、定期试算等）；③“双人原则”（如不同职责的分离、交叉核对、资产双重控制和双人签字）。

4. 稳健运营与风险预防原则

金融机构安全稳健地经营业务，是各国都应坚持的金融管理政策之一。安全稳健与风险预测及风险管理密切相连。安全稳健是一切金融监管机构监管工作的基本目标，而要达到这一目标就必须进行系统的风险监测与管理。因此，所有监管技术手段、指标体系，无一不着眼于金融业的安全稳健以及风险性预防管理。

同时，监管者必须掌握完善的监管手段，以便在银行未能满足审慎要求或存款人的安全受到威胁时采取纠正措施。在极端情况下，如果银行或其他金融机构已不具备继续生存能力，金融监管机构可参与决定该机构被更健康的金融机构接管或合并。当所有的办法都失败后，金融监管机构必须有能力关闭或者参与关闭不健康金融机构以维护金融体系的整体稳定性。

5. 母国与东道国共同监管原则

随着经济全球化的发展，跨国银行等金融机构日趋增多，跨国银行的母国与东道国对其监管应有明确的责任。《有效银行监管的核心原则》 规定了母国金融监管机构的责任，具体如下：银行监管者必须实施全球性并表监管，对银行在世界各地的所有业务进行充分的监测并要求其遵守审慎经营的各项原则，特别是其外国银行、附属机构和合资机构的各项业务。东道国金融监管机构的责任是：银行监管必须要求外国银行应按东道国国内机构遵循的高标准从事当地业务，而且从并表监管的目的出发必须有权分享其母国金融监管机构所需的信息。母国与东道国建立联系，交换信息，共同完成跨国银行等金融机构的监管。

12.3.3 金融监管的内容

对金融监管的内容可进行以下分类：一是按监管范畴划分为金融机构行政监管和业务监管。前者是对各金融机构的设立、撤并、升格、降格、更名、迁址、法人资格审查、证章牌照管理、业务范围界定、资本金年审等的监管；后者是对金融机构的经营范围、存贷款利率、结算、信贷规模、资产负债比例、现金、信贷资产质量、经营风险、账户、业务咨询、存款准备金等的管理、监测和检查。二是按监管性质划分为合规性监管与风险性监管。前者是指对金融机构设立的审批、信贷资金管理、中央银行基础货币监管、结算纪律监管、账户管理的监管、外汇外债监管、金融市场监管、社会信用监控、金融创新规范化监管、章证牌照真实性检验等；后者是指监测金融机构的资本充足性、资产流动性、资产风险性、经营效益性等风险性指标。三是按监管的主要内容或范围划分为市场准入监管、业务运营监管和市场退出监管。

下面将从监管的内容或范围来介绍金融监管。

1. 市场准入监管

金融机构作为特殊企业，通过聚集社会闲置资金再运用于社会之中，具有债务主体和债权主体双重身份，特别是作为债权主体在资金营运过程中稍有不慎，将会产生巨大风险，影响其偿还债务，严重的将会引发金融危机，造成社会经济动荡。因此，金融监管机构必须加强对金融机构的监管。

所有国家对金融机构的监管都是从市场准入开始的。市场准入是指政府行政管理部门按照市场运行规则设立或准许某一行业及其所属机构进入市场的一种管制行为。各个国家的金融监管机构一般都参与金融机构的审批过程。金融机构的设立申请一般主要包括：一是注册资本（营运资本），主要监管资本充足率指标；二是具有素质较高的管理人员；三是具有最低限度的认缴资本额。对新设金融机构的审批，即“市场准入”。

新金融机构的入市会加剧竞争，提高金融业的效率，但也会增大金融风险。在市场需求没有大幅增长的情况下，新金融机构的过量进入必然会导致行业的平均盈利水平降低，从而使抵御风险能力减弱，如果让先天不足的金融机构进入市场，则意味着在金融体系中埋下了严重的风险隐患。对金融机构市场准入的控制是进行有效金融监管的首要环节。把好市场准入关，可以事先将那些有可能对金融体系健康运转造成危害的害群之马排除在外。金融机构市场准入监管的目标是通过在金融机构审批环节上对整个金融体系实施有效的控制，保证银行、信托投资公司及其他金融机构的数量、结构和规模符合国家经济金融发展规划和市场需要，并与金融监管机构的监管能力相适应。

设立金融机构、从事金融业务必须有符合法律规定的章程，有符合规定的注册资本最低限额，有具备任职专业知识和业务工作经验的高级管理人员，有健全的组织机构和管理制度，有符合要求的营业场所、安全防范措施、与业务有关的其他设施。其中，资本金、高级管理人员任职资格和经营业务范围是核心内容。资本金监管包括注册资本最低限额管理和金融机构股东资格管理。高级管理人员任职资格监管是指对拟任金融机构的董事长、副董事长、行长（总经理）、副行长（副总经理）以及分支机构的行长（总经理）、副行长（副总经理）的资格进行审查和确认。业务范围监管，指核定新增金融机构的业务范围。一般来讲，非银行金融机构不允许吸收公众存款，但银行能否从事非银行业务，各国法律规定不尽相同。

2. 市场运作过程监管

金融机构经批准开业后，金融监管机构还要对金融机构的运作过程进行有效监管，以便更好地实现监管目标的要求。例如，对商业银行的监管一般包括资本充足率监管、流动性监管、业务范围的监管、贷款风险的控制、外汇风险管理、准备金管理和存款保险管理。

（1）资本充足率监管

资本充足率是指资本总额与加权风险资产总额的比例。资本充足率反映商业银行在存款人和债权人的资产遭到损失之后，该银行能以自有资本承担损失的程度。对于商业银行的资本金，除注册时要求的最低标准外，一般还要求商业银行自有资本与资产总额、存款总额、负债总额以及风险投资之间保持适当的比例。商业银行在开展业务时要受自由资本的制约，不能脱离自有资本而任意扩大业务。在这方面，1988 年《巴塞尔协议》关于核心资本和附属资本与风险资产的4%和8%的比率规定，已经被世界各国普遍接受，作为对银行监管中资本充足率的最重要、最基本的标准。

2004 年 6 月修订的《新巴塞尔协议》不仅包括原有的 8%的资本充足率的最低要求，还提出了监管部门对商业银行资本充足率进行监督检查的新规定。在信用风险和市场风险的基础上，补充了对操作风险计提资本的要求。2007 年 2 月 28 日，中国银监会发布了《中国银行业实施新资本协议指导意见》，标志着我国正式启动了实施《巴塞尔新资本协议》的工程。中国版巴塞尔协议Ⅲ——《商业银行资本管理办法》自 2013 年起正式实施，对商业银行资本充足率提出了更高要求。《商业银行资本管理办法》规定，系统重要性银行和非系统重要性银行资本充足率分别不得低于 11.5%和 10.5%，对核心资本充足率最低要求分别为 9.5%和 8.5%，并设置六年缓冲期。

（2）流动性监管

各国金融监管机构对商业银行的流动性同资本充足性一样重视。流动性监管既涉及本币流动性，也涉及外币流动性。有的国家对这两个指标分开管理，有的国家合在一起管理，统一规定一个标准。以考查商业银行资产负债期限和利率结构搭配是否合理为基础对流动性进行系统的评价是流动性监管的趋势。

（3）业务范围的监管

金融机构可经营哪些业务，不可以经营哪些业务一般是有限制的。一些国家把商业银行业务与投资银行业务分开，并禁止商业银行认购股票；一些国家则限制银行对工商企业的直接投资。有的国家禁止在银行内把银行业务与非银行业务混合在一起，但允许通过银行控股公司、附属机构等参与某些风险较大的非银行活动；有的国家允许银行经营非银行业务，但限制投资规模；有的国家对银行经营的业务种类很少施加限制。

（4）贷款风险的控制

追求最大限度的利润是商业银行经营的直接目的，由于获利越多的资产，风险相对就越大，因而，大多数国家的金融监管机构都尽可能限制贷款投向的过度集中，通常限制一家银行对单个借款者提供过多的贷款，以分散风险。分散风险既是银行的经营战略，也是金融监管的重要内容。经验表明，在经济、金融环境不断变化的情况下，任何形式的风险集中都有可能使一个营运正常的银行步入险境。因此，如何对风险集中进行准确的估价和有效的控制，成为近年来备受关注的一个问题。

（5）外汇风险管理

在外汇风险领域里，大多数国家对银行的国际收支趋向很重视，并制定适当的国内管理制度，但各自的管理制度有着显著的差别。美国、法国、加拿大等国对外汇的管制较松，而英国、日本、荷兰、瑞士等国对外汇的管制较严。

（6）准备金管理

银行的资本充足性与其准备金政策之间有着内在的联系，因此对资本充足性的监管必须考虑准备金因素。金融监管机构的主要任务是确保银行的准备金是在充分考虑谨慎经营和真实评价业务质量的基础上提出的。各国金融监管机构当局已经普遍认识到准备金政策和方法的统一是增强国际金融体系稳健性的一个重要因素，也有助于银行业在国际范围内的公平竞争。

（7）存款保险管理

为了维护存款者利益和金融业的稳健经营与安全，有些国家建立了存款保险制度。其主要指在金融体制中设立负责存款保险的机构，规定本国金融机构按吸收存款的一定比率向专门保险机构缴纳保险金，建立存款保险准备金，在金融机构出现信用危机时，由存款保险机构向金融机构提供财务支援，或由存款保险机构直接向存款者支付部分或全部存款，从而保护存款人利益，维护银行信用，稳定金融秩序的一种制度。

存款保险制度是市场经济条件下保护存款人权益的重要措施，是金融安全网的重要组成部分。党的十八届三中全会《关于全面深化改革若干重大问题的决定》和2015年的《政府工作报告》均明确提出建立存款保险制度的要求。实践证明，存款保险制度在保护存款人权益、及时防范和化解金融风险、促进银行业金融机构健康发展、维护金融稳定中发挥了重要作用，已成为国际上普遍实施的一项金融业基础性制度安排。我国《存款保险条例》已经于2014年10月29日经国务院第67次常务会议通过，自2015年5月1日起正式施行。

3. 市场退出的监管

市场退出监管是指金融监管机构对金融机构退出金融业、破产倒闭或合（兼）并、变更等的监督管理。金融机构退出市场，表明该金融机构已经停止经营金融业务，依法处理其债权债务，分配剩余财产，注销工商登记，其最终结果是该金融机构法人资格的消灭。金融机构市场退出的原因和方式可以分为主动退出与被动退出两类。主动退出是指金融机构因为分立、合并或者出现公司章程规定的事由需要解散，因而退出市场的。其主要特点是“主动地自行要求解散”。被动退出则是指由于法定的理由，如由法院宣布破产或因严重违规、资不抵债等原因而遭关闭，金融监管机构依法关闭金融机构，取消其经营金融业务的资格，金融机构因此退出市场。

各国对金融机构市场退出的监管都通过法律予以明确，并且有很细致的技术性规定，归纳起来有以下三类处理方式。

（1）对危机金融机构的拯救

对于陷入困境的大型金融机构，一般先通过各种救助方式予以拯救，破产清算是各国政府竭力避免的市场退出方式。其中主要救助措施有重新注资、接管、国有化、收购或合并等方式。

（2）金融机构完全退出市场

在市场经济条件下，少数金融机构的倒闭不仅符合优胜劣汰的市场经济原则，也对提高社会资源配置效率具有重要意义。在这种情况下，政府和金融监管机构应当考虑如何减少金融机构市场退出对社会经济和金融体系的冲击，以及充分保证广大债权人的权益等问题。金融机构主要通过解散、撤销与关闭、破产清算等方式退出市场。

（3）放宽对危机金融机构的监管标准

如果通过评估，认为陷入危机的大型金融机构经营管理稳健、人力资本雄厚。为了减少金融机构重组或倒闭带来的负面影响，可以考虑放松金融机构的管制。在分支机构的设立、跨业经营、存贷款利率以及国内外资金流动等方面，为该机构提供带有一定歧视性和垄断性的“特许经营”制度安排。但是，这一选择必须以完善的立法和监管为前提，并辅之以其他手段。否则，片面为挽救危机金融机构而放松管制，会导致金融机构的“道德风险”，形成险上加险的局面。

2014年，中国国务院印发《关于促进市场公平竞争维护市场正常秩序的若干意见》，提出七个方面工作任务，包括放宽及改革市场准入制度，大力减少行政审批事项、禁止变相审批、打破地区封锁和行业垄断、完善市场退出机制。放宽市场准入的同时，国务院特别强调了完善市场退出机制。对于违反法律法规禁止性规定的市场主体，对于达不到节能环保、安全生产、食品、药品、工程质量等强制性标准的市场主体，应当依法予以取缔，吊销相关证照。

阅读资料

冰岛的“国家破产”

冰岛是一个美丽富饶的北欧温泉岛国，被联合国选为全球最适宜居住的国家。由于受到世界金融危机的影响，一度面临着“国家破产”的危险。

2005年，冰岛人均国内生产总值达到54 975美元，位居世界第三。除了人均国内生产总值高之外，冰岛还是世界上第二长寿的国家，其人类发展指数世界排名第一，被誉为“世上最幸福国家”。如今，冰岛市值排名前3位的银行已全部被政府接管，冰岛货币克朗2010年以来贬值已超过一半，2010年10月9日，被冰岛政府接管的3家银行的债务总额达610亿美元，相当于冰岛国内生产总值的12倍。

导致冰岛危机的根本原因是政府没有进行有效的金融监管，反而鼓励银行的投机行为。冰岛和欧洲的其他国家一样，对自己的金融体系进行了私有化、放松了管制。私有化之后带来了投资的繁荣，以及资产价格的上升、资产价值的泡沫、房价的上涨、股票市场的“繁荣”。国际金融市场的贷款人愿意把资金无限制地贷到冰岛，银行体系出现了问题，但没有得到很好的监管。作为银行监管机构的冰岛中央银行，没有履行其职责，更没有能力完全了解本国银行所面临的风险。雷曼兄弟破产之后，银行没有任何生存的机会，投资者的信心消失了。这个“天堂般”的国度成了第一个濒临“破产”的国家。

（资料来源：http://www.jinben.com.cn）

12.3.4 金融监管的制度安排

1. 金融监管体制的类型

金融监管的制度安排即金融监管体制，是指金融监管机构对金融机构和金融市场施加影响的机制以及监管体系的组织结构。其实质上就是由谁来监管、由什么机构来监管和按照什么样的组织机构进行监管，相应地由谁来对监管效果负责和如何负责的问题。由于各国历史文化传统、法律、政治体制、经济发展水平等方面的差异，金融监管机构的设置颇不相同。从各国金融监管的实践来看，金融监管体制一般可分为一元多头式、二元多头式和集中单一式。不论哪一种金融监管体制，其选择主要取决于是否有助于防范金融危机，是否会降低监管成本，是否提高监管效率，是否会影响货币政策的制定和实施，以及各国国情等因素。

（1）一元多头式金融监管体制

一元多头式金融监管体制又称为单线多头式金融监管体制或集权多头式金融监管体制，是指全国的金融监管权集中于中央，地方没有独立权力，即所谓的“一元”；在中央一级由两家或两家以上监管机构共同负责的监管体制，即所谓的“多头”。一元多头式金融监管体制以德国、法国和日本（1998年以前）为代表。这种模式反映这些国家权力集中的特性和权力制衡的需要。

一元多头式金融监管体制的优点是，有利于金融体系的集中统一和监管效率的提高，但需要各金融管理部门之间的相互协作和配合。从德国、法国和日本的实践来看，人们习惯和赞成各权力机构相互制约和平衡，金融监管机构之间的配合是默契的、富有成效的。然而，在一个不善于合作与法制不健全的国家，这种体制难以有效运行，也存在诸如机构重叠、重复监管等问题。

（2）二元多头式金融监管体制

二元多头式金融监管体制也称为双线多头式金融监管体制或分权多头式金融监管体制，是指中央和地方都对金融机构或金融业务拥有监管权，即所谓的“二元”；不同的金融机构或金融业务由不同的监管机关实施监管，即所谓的“多头”。

这种监管体制适用于地域辽阔、金融机构多而且情况差别大，或政治经济结构比较分散的联邦制国家，如美国和加拿大。其优点是能较好地提高金融监管的效率，防止金融权力过分集中；因地制宜地选择监管部门，有利于金融监管专业化，提高对金融业务服务的能力。但是，这种监管体制也存在一些缺点，如管理机构交叉重叠容易造成重复检查和监督，影响金融机构业务活动的开展；金融法规不统一，使不法的金融机构易钻监管的空子加剧金融领域的矛盾和混乱，降低货币政策与金融监管的效率。

（3）集中单一式金融监管体制

集中单一式金融监管体制又称为集权式金融监管体制或一元集中式金融监管体制，是指由中央的一家监管机构集中行使金融监管权。在历史上，这种监管模式较为普遍，这一机构通常是各国的中央银行。这种监管模式在发达国家和发展中国家都很普遍。英国的金融服务监管局、荷兰的中央银行都是对金融业全面进行监管的监管机构。大多数发展中国家的银行监管体系也是这一种，如埃及、坦桑尼亚、巴西、菲律宾等国，都由中央银行负责监管银行体系。

发达国家实行这种模式是在经济金融高度发达、基本实现了经济金融一体化的基础上形成的，是与其完善的市场体系、高度发达的经济水平和中央银行或其他金融监管机构拥有较大独立性相适应的。发展中国家采用这种模式是由于国内市场体系不完备，金融制度结构比较简单，客观上需要政府通过中央银行统一干预。这种监管体制的优点是金融管理集中，金融法规统一，金融机构不容易钻监管的空子；能为金融机构提供良好的服务。但是，这种监管体制易使金融监管机构养成官僚主义作风，滋生腐败现象。

2. 部分发达国家的金融监管体制

（1）美国的金融监管体制

最早的金融监管制度产生于美国。以1864年国民银行制度确立为标志，美国建立了财政部货币监理局，设立了存款准备金制度，结束了以州为单位的单线监管状态，开始了联邦和州的二元监管历史。1913 年，美国总统托马斯·W. 威尔逊（Thomas W. Wilson）签署《联邦储备银行法》，建立了联邦储备体系，终结了美国没有中央银行、货币供应混乱的历史，成为世界近代金融监管工作的开端。1929～1933 年的经济大萧条催生了《1933 年美国银行法》。该法律的基调是禁止金融业混业经营，使美国的金融业进入分业经营时期。相应地，金融监管也采取了多头分业监管的体制。

20 世纪 70 年代末，美国开始进行金融监管改革，一度放松了金融管制。1991 年年底，美国国会通过《1991 年联邦存款保险公司改进法》，据此强化了金融监管。1999 年，美国通过《金融服务现代化法案》，该法案确立了美国金融业混业经营的制度框架。美国金融监管机构也进行了相应的调整：由美联储作为混业监管的上级机构，对混业经营的主要组织机构金融持股公司实行统一监管；货币监理署（Office of Comptroller of the Currency，OCC）等监管机构对商业银行、证券公司和保险公司进行专业化监管。这样，美国形成了美联储综合监管和其他金融监管机构专业监管相结合的新体制（见图 12.1）。

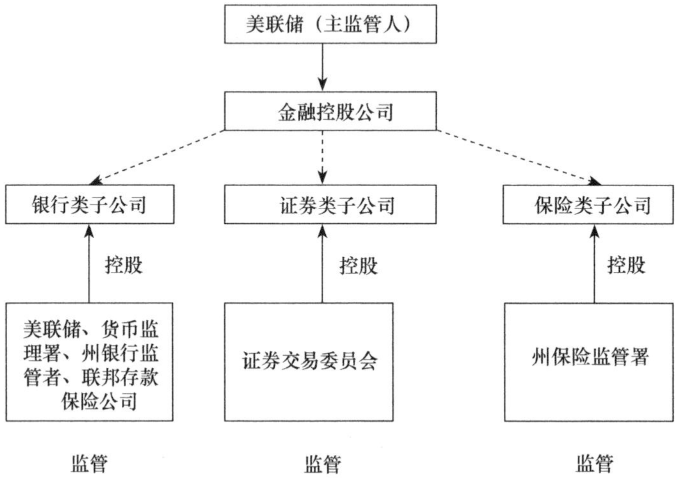

图 12.1 美国的金融监管体制

2008 年 3 月，美国财政部公布了金融监管改革蓝图。其主要的改革建议包括一些短期和中期的改革建议，并提出了长期的概念化的最优监管框架。奥巴马政府上台以后，针对金融危机中存在的问题，针对美国金融监管不力的现状，提出要进行彻底的金融改革。2009 年 6 月 17 日，美国政府正式公布了自 1929 年“大萧条”以来最彻底的全面金融监管改革方案，称为美国金融监管体系改革的“白皮书”。这份长达 88 页的改革方案几乎涉及美国金融领域的各个方面，从更严格的消费者保护政策到出台对金融产品更为严格的监管规则，这一计划把目前游离在监管之外的金融产品和金融机构，都要置于联邦政府的控制之下。改革目的旨在全面修复美国现有金融监管体系，防止类似当前危机的再度发生。在“白皮书”基础上，制订了“金融监管改革法案”（《华尔街改革和消费者保护法案》）。这个法案于 2009 年 12 月由美国美国众议院通过，2010 年 5 月参议院又通过了“金融监管改革法案修正案”，修正案与原来的法案没有多大区别，只是增加了美联储的权力，让美联储恢复对规模较小银行的监管。原来的法案只给予美联储对大型金融机构进行监管的权力。美国国会2010年7月15日通过最终版本金融监管改革法案。美国总统奥巴马7月21日签署金融监管改革法案，使之成为法律，标志着历时近两年的美国金融监管改革立法完成，华尔街正式掀开新金融时代序幕。

（2）德国的金融监管体制

德国金融监管框架源于1961年通过的《银行法案》。该法案授权成立联邦银行监督局，并规定由该局在德意志联邦银行配合下对银行业进行统一监管。由于德国银行业可以同时经营证券业务和保险业务，联邦银行监督局事实上是一个综合金融监管机构。联邦银行监督局制定和颁布联邦政府有关金融监管的规章制度，监督重大股权的交易，防止滥用内部信息等。德意志联邦银行负责对金融机构的各种报告进行分析，并负责日常的监管活动。联邦银行监督局并无分支机构，必须依靠德意志联邦银行的分支机构和网点，这使德意志联邦银行的监管地位也较为突出。

除此之外，德国的金融监管机构还有负责对证券机构和证券业务监管的联邦证券委员会，负责对保险机构与保险业务监管的联邦保险监督局。

（3）日本的金融监管体制

传统的日本金融监管方式被形象地称为“护卫舰式”。“护卫舰式”金融监管实际上是政府以“航速最慢的舰船——效率最差的银行”体制为标准，决定各种监管措施。大藏省和日本银行长期共同行使金融监管权。1978年日本开始金融自由化改革，但直到1998年4月，日本的金融改革一直以渐进式为主，由政府主导，并主要集中在利率市场化及放松金融管制方面。

1998年4月1日生效的新的《日本银行法》是金融改革重心转向监管体制的重要标志。1998年6月22日，日本成立了单一的金融监管机构——日本金融监督厅，原由大藏省行使的民间金融机构监督与检查职能、证券交易监督职能移交金融监督厅。2000年7月，日本在金融监督厅的基础上成立了金融厅；2001年1月，进一步将金融厅升格为内阁府的外设局，全面负责金融监管工作。财务省仅保留与金融厅一起对存款保险机构的协同监管权，以及参与金融机构破产处置和危机处理的制度性决策。日本银行根据《日本银行法》的规定，拥有对所有在日本银行开设账户、与日本银行存在交易的金融机构进行检查的权力。

3. 中国的金融监管体制

1984年以后，中国人民银行专门行使中央银行的职能，以国家金融监管机关的姿态出现，至20世纪90年代，一直承担着银行业、证券业、保险业的统一监管职能。1998年之前，中国人民银行内设银行司、非银行司、保险司、外资金融机构管理司及农村合作金融司五大部门。

改革开放以来，我国金融市场有了较快发展，证券市场出现过度投机行为，市场风险有增无减，金融机构严重违规经营，特别是1992年8月10日，深圳发生了震惊全国的股票争购风波，导致了1992年下半年出现经济泡沫。1992年12月，国务院为了规范证券市场发展，决定将证券监管职能从中央银行分离，成立了中国证监会。1998年6月，中国人民银行将证券监管职能移交给中国证监会，实现了银行业与证券业的分业监管。随着我国保险业的飞速增加，在保险市场繁荣的同时，也出现了保险业务竞争混乱的现象，规范保险市场发展成为当务之急。1998 年 11 月 18 日，中国保监会成立，保险监管职能从中国人民银行分离。2003 年 4 月 28 日，中国银监会挂牌成立，我国银行业监管职能从中国人民银行分离。由此，形成了中国银监会、中国证监会、中国保监会三足鼎立的分业监管格局。

从目前我国金融监管体制来看，基本上属于一元多头式体制。我国现行的“一行三会”分业监管模式，开始于 1997 年金融危机过后，在此后相当长的一段时间内，发挥了重要的作用。中国银监会、中国证监会、中国保监会与中国人民银行各司其职，分工合作，共同承担金融业的监管责任。

为了适应金融机构业务范围上的拓展，“一行三会”联合监管也设立了联席制度。2013 年 8 月，国务院发布《国务院关于同意建立金融监管协调部际联席会议制度的批复》，文件表示：“联席会议由人民银行牵头，成员单位包括银监会、证监会、保监会、外汇局，必要时可邀请发展改革委、财政部等有关部门参加。”

但是随着中国金融业的快速发展，分业监管在当下的金融业运行中，一方面监管效率低下，另一方面，在应对一些金融创新和国际化程度不断提高的问题时，显得力不从心。随着中国金融业步入混业时代，对于“超级监管者”的呼声越来越高。

习近平总书记在关于《中共中央关于制定国民经济和社会发展第十三个五年规划的建议》的说明中指出，近年来，我国金融业发展明显加快，特别是综合经营趋势明显。这对现行的分业监管体制带来重大挑战。2015 年十八届五中全会作出的“加强金融宏观审慎管理制度建设，加强统筹协调，改革并完善适应现代金融市场发展的金融监管框架，健全符合我国国情和国际标准的监管规则，实现金融风险监管全覆盖”的重大部署，是我国深化金融监管体制改革的指南，改革现行金融监管体制势在必行、刻不容缓。据此，需要认真研究论证当前我国金融市场发展的基本方向，在金融创新和互联网金融发展背景下，综合监管、功能监管，以此选择适应现代金融市场发展的监管框架。

12.4 金融监管的国际协调

金融自由化和金融创新使现代金融的发展越来越全球化。在经济全球化的大背景下，如果说在一国境内的监管是必要的，那么在国际金融市场上进行监管合作也是同等重要的。由于监管主体的复杂性、监管对象的广泛性以及各个国家利益的冲突，金融监管的国际化面临着许多新的挑战，同时，金融监管的国际化趋势也越发明显。

12.4.1 金融国际化给金融监管带来的挑战

金融国际化是指一国的金融活动超越本国国界，脱离本国政府金融管制，在全球范围展开经营、寻求融合、求得发展的过程。

金融国际化对金融监管带来的挑战主要表现在以下四个方面。

1. 在金融活动国际化与金融监管国别化之间的矛盾日益加深

就国际金融监管角度来看，当金融活动的监管还是单个国家政府的事情，金融监管行为还被限制在国家主权地理区域之内的时候，就意味着无法对国际金融活动进行有效的监管，即面临监管真空的危险。在国际金融风险日益加大之际，监管真空无疑会带来严重的后果。

2. 金融国际化加大了监管者和被监管者之间的信息差异

本来，监管者和被监管者之间就存在着信息不对称：被监管者对自己所经营的业务拥有完整的信息，而监管者除了一些法律所要求披露的信息之外，并不能准确、及时、全面地掌握被监管者的信息。被监管者的国际化更加强化了这种不对称性。在金融国际化的过程中，金融机构的组织结构和业务结构日趋复杂，国际经营和交易业务大量以表外业务的形式开展，金融监管机构根本无法及时完整地获得信息。这就使监管者实施有效监管的难度越来越大。

3. 国际金融业务的创新使监管机构面临崭新的监管对象

金融创新也使金融机构资产负债的表外业务大量增加，单纯的资产负债表难以反映金融机构的真实经营情况。层出不穷的金融创新使衍生金融工具大量涌现，这些衍生金融工具在为交易主体提供风险转移和风险规避手段的同时，也因其具有以小博大的杠杆效应增加了市场风险，使金融机构业务操作的复杂程度和投资组合调整的速度加剧。这些都导致金融监管机构无法对其进行及时有效的监管。

4. 金融机构的集团化和业务综合化与金融监管分散化的矛盾

金融集团复杂的业务结构和风险结构本身，使金融监管极为困难。问题还在于，目前许多国家实施的还是分散化的金融监管。这就使如何对进入本国的国际金融集团实施有效监管成为一个亟待解决的问题。

12.4.2 金融监管国际协调的基本内容

目前，国际社会对金融监管的国际协调已经取得了广泛的共识：首先，监管者之间的合作和信息交流不应该存在任何障碍，无论是在国内还是在国际上；其次，要保证监管主体之间共享信息的保密性；最后，监管者对合作必须持前瞻性的态度，无论是作为援助和信息的提供者或者需求者。这样，国际金融监管协调活动主要在以下几个领域进行：改善主体之间的信息交流，建立信息共享机制；加强对跨国金融机构的监管；对跨国金融机构实施并表监管；建立统一的国际监管标准；对金融集团的监管。

1. 监管信息的交流和共享

信息交流和共享是实现有效监管的重要前提条件。目前，国际上的信息交流机制主要有双边合作和多边合作两种形式。

双边合作是指两国之间为了保证信息交流的稳定性，一般通过协议的形式来实现，有以下几种形式。

1）两国相互向对方提出各自应尽的义务的谅解备忘录，但没有强制的法律约束力。谅解备忘录的另一种形式是金融信息共享协定，具体规定了在两个国家同时营业的公司定期向双方的金融监管机构披露有关信息。

2）双方援助协议。当东道国金融监管机构需要获得另一个国家跨国金融机构的信息资料或实施检查时，就必须签订双边援助协议。

3）非正式的信息交流或信息共享的安排。这主要通过监管者之间的个人关系来实现。

多边合作主要通过国际金融监管组织的监管建议和监管标准来实现。信息交流和信息共享机制的建立在各个国际金融监管机构的监管协调活动中占据非常重要的地位。1990 年 4 月，巴塞尔银行监管委员会专门制定了《银行监管当局之间的信息交流》的文件。此外，《对国外银行的监管原则》、《对国际银行集团及其境外机构的监管标准》、《跨境银行监管》等有关跨境银行监管的文件中对信息交流也给予了充分的注意，作出了多方面的安排。此外，银行业、证券业、保险业之间的信息交流及信息共享也随着国际金融集团的兴起而得到了国际金融界的重视。

2. 有关国际银行监管的范围和责任

1975 年，巴塞尔银行监管委员会首次提出了划分银行国外机构监管责任的原则，这个原则在 1975 年 12 月得到了十国集团中央银行行长的批准。这些原则包括：①银行国外机构的监管是母国和东道国的共同责任；②任何银行国外机构都不能逃避监管；③银行国外机构的流动性监管主要是由东道国负责；④对分行的偿付能力的监管是母国的责任，而对国外附属机构或称子行的偿付能力的监管则是东道国负责；⑤实际的合作可以由东道国和母国之间的信息交流来推进，也可由授权银行检查机构在东道国的领土内代表母国来进行。

虽然这些原则的提出是国际金融监管合作的一个重大的进步，但是也受到广泛的批评，尤其是 1982 年阿姆博西诺银行的倒闭更让人们看到了只注意监管责任的划分是不够的。为此，1983 年 5 月，巴塞尔银行监管委员会制定《对银行国外机构的监管原则》，强调对银行国外机构的充分监管，不但要求在母国和东道国金融监管机构之间适当地划分责任，而且要求在二者之间进行联系与合作。

1992 年，巴塞尔银行监管委员会根据国际银行业的新发展重新审查了协调国际银行监管的安排。该年 7 月，巴塞尔银行监管委员会以 1983 年《对银行国外机构的监管原则》为基础，制定了《对国际银行集团及其境外机构的最低监管标准》，希望成员国金融监管机构共同遵守。该最低标准有以下四条：①所有国际银行集团和应由有能力从事并表监管的母国金融监管机构实行监管；②跨国银行机构的成立，应事先得到东道国金融监管机构和银行集团所在国金融监管机构的同意；③金融监管机构在担当母国监管者角色时有权从其所辖银行或银行集团的跨国银行机构索取信息；④如果一家东道国金融监管机构判定最低标准中的任何一项没有达到，金融监管机构应施加限制性措施，包括禁止银行机构的成立，以满足与上述最低标准相一致的审慎性考虑。

1996 年，巴塞尔银行监管委员会向第九届国际银行监管大会提交了关于跨境银行监管文件报告，就克服金融监管机构对国际性银行跨国业务进行有效监管过程中所遇到的一些障碍进一步提出建议。来自 140 个国家的金融监管机构对这一报告进行了详细的讨论，并准备尽力在本国实施。

3. 并表监管

在银行业务日趋国际化的今天，金融监管机构只有全面了解每家银行在全球范围内的业务，才能对该银行是否稳健经营作出合理的判断。1979 年 3 月，巴塞尔银行监管委员会在公布的《对银行国际业务的并表监管》中首次提出了并表监管的原则。所谓并表监管，是指在银行于各地所从事的全部业务的基础上，母银行和母国金融监管机构对整个银行或银行集团进行监管。也就是说，并表监管是一个金融监管机构对银行集团的总体经营进行监管的过程。这里所说的银行集团，既包括直接的分支机构与子公司，也包括非银行公司和金融附属公司。并表监管并不等于会计并表。合并的会计报表是并表监管的一个重要的信息来源，但是并表监管所关注的信息远远超出会计报表的范围。

并表监管原则贯穿于巴塞尔银行监管委员会针对跨国银行所提出的建议和标准当中。在 1997 年 9 月发布的《有效银行监管的核心原则》中，巴塞尔银行监管委员会再次把并表监管作为重要原则加以强调。在欧盟内部，并表监管也作为银行监管的一项基本原则被接纳。并表监管已成为国际社会普遍承认的一种国际监管协调机制。

4. 国际监管标准的建立

建立统一的国际监管标准是个各国际监管协调组织的目标，同时也是国际监管协调的一种有效的形式。自 20 世纪 80 年代以来，国际监管协调组织纷纷提出了各自领域的监管标准，如巴塞尔银行监管委员会的《巴塞尔协议》，国际保险监管联合会（International Association of Insurance Supervisors，IAIS）提出的保险公司资产管理业务的监管标准，等等。其中，以巴塞尔协议的银行资本标准最为成功。

5. 对金融集团的监管

金融集团的出现给传统的监管体制带来了巨大的冲击，同时也产生了一系列监管漏洞，使监管的有效性大打折扣。鉴于大型金融集团的倒闭将严重威胁到全球金融体系的安全，1993 年年初，巴塞尔银行监管委员会（BCBS）、国际证券委员会（IOSCO）和国际保险监管联合会（IAIS）成立了一个三方小组，开始研究对大型金融集团的监管问题，并于 1995 年 7 月发布了《金融集团的监管》文件，首次对金融集团的监管问题进行了系统的规范。三方小组认为，所谓金融集团是指“在同一控制权下，完全或主要在至少两个不同的金融部门（银行、证券、保险）大规模地提供服务的集团公司”。当然，金融集团也包括“混合型集团”，即那些不仅提供金融服务，而且还提供非金融服务的集团。在文件中，三方小组明确了监管者在金融集团监管方面存在的问题，并讨论了解决问题的具体方法。其中包括金融集团监管的全面方法；资本充足率的评价方法和避免双重计算的方法；集团内部风险暴露的影响；在检查股东的资格和经营者的任职资格及品行时存在的问题；集团结构的透明度；负责金融集团不同机构监管之间的审慎监管的信息交流等。

1996 年，三方小组升级为联合论坛，由 13 个国家的金融监管机构的代表组成。1999 年 2 月，联合论坛公布了《多元化金融集团监管的最终文件》，第一次就多元化金融集团的监管原则与方法提出了具体的指导意见，并明确 4 项基本原则，即资本充足原则、适宜性原则、信息分享原则和协调员制度。

2005 年 1 月起正式实施的《金融集团指令》是欧盟有关金融集团监管的基本法律文件。该《指令》首次对金融集团进行了全面界定，在既有的单独监管和部门监管两级体系基础上引入了集团层面的补充监管，形成了三级监管体系，并创设了协调人制度以促进信息共享和监管合作。

在 2008 年次贷危机以及 2009 年欧债危机接连爆发后，对金融集团的整体性监管更是凸显出重要性。为适应这一监管形势的需要，联合论坛进一步完善了金融集团监管原则，构建出更为清晰、明确的监管制度框架，也就是 2012 年版《金融集团监管原则》报告。整体上看，2012 年版报告进一步扩大了金融集团监管原则的适用范围。新的报告包括五大部分共 29 条原则，每条原则都提出了实施标准，并作了相应解释。

12.4.3 金融监管的国际组织

当前的国际金融组织对维护国际金融体系的稳定、促进各国金融体系的稳定持续发展起着举足轻重的作用。每个国际金融组织都是有效协调国际金融监管政策的交流平台，对国际金融监管制定统一有效的措施、建立有效的合作机制、防范金融风险的大规模扩散发挥着重要的作用。因此，国际金融组织同时也是国际金融监管协调的有效形式。

1. 国际货币基金组织

国际货币基金组织的宗旨决定了其主要从宏观角度观察问题，关注的是一国金融危机是否会引发一国宏观经济的不稳定，进而关注是否会引发国际金融体系的系统危机。国际货币基金组织日益认识到，必须将一国银行业的有效监管纳入自己金融监督的安排之中，巴塞尔银行监管委员会也希望借助国际货币基金组织的权威地位，更进一步地推行有效的银行监管。

国际货币基金组织明确提出了其介入银行监管的几项任务和原则。

1）为发展国际统一的标准作出贡献，并保证统一标准适合于发展中国家。

2）帮助传播这些标准。

3）协助监测在适应和遵循这些标准中所取得的进展。

4）帮助重组银行业和金融体系。

针对国际金融领域风险连锁的趋势，国际货币基金组织建立了金融市场预警系统，要求其 181 个成员及时提供国民生产总值、外汇储备、贸易差额、通货膨胀率和货币供应量等有关经济指标。同时，国际货币基金组织还将开辟联网公告栏，定期发布 16 种不同类别的经济资料。

2. 世界银行

世界银行在致力于世界经济发展的同时，对国际金融体系起到了重要的稳定作用。世界银行督促各国完善金融监督体制，加强国际间的金融监管合作，为各国协调金融监管政策、及时沟通金融风险信息提供了良好的交流平台。通过对世界各国的贷款项目的监督，世界银行对贷款对象进行了严格的分类与要求，对出现问题的国家的贷款进行更为严格的审批。在特殊时期，世界银行也会帮助出现金融危机的国家渡过难关。这些作用对金融监管的国际合作发挥了积极影响，使世界银行成为国际金融监管的重要力量。

3. 国际清算银行

国际清算银行的主要任务是“促进各国中央银行之间的合作并为国际金融业务提供新的便利”。因此，国际清算银行成了各国中央银行进行合作的理想平台，为各国金融监管机构及时沟通信息，防止风险扩散，尽早化风险于无形提供了良好的平台。同时，也是各国金融监管机构协调监管政策、协同监管行动的有效机制。

国际清算银行在一国的国际清算出现异常现象时会及时介入，监督异常资金的来源与去向，及时化解国际金融风险，防止风险的过度膨胀和扩散。同时，由于为各种委员会和专家组提供常设秘书处，在客观上成为国际银行业监督的中心和基地。因此，在国际金融监管的合作中，国际清算银行发挥的作用非同一般。

4. 世界贸易组织

世界贸易组织的《服务与贸易总协定》是有约束力的国际条约，在5个方面涉及金融监管问题，即市场准入、国民待遇、透明度、最惠国待遇和发展中国家特殊待遇。世界贸易组织于1997年12月13日签署了专门针对金融服务的《金融服务协议》。《金融服务协议》将《服务与贸易总协定》扩展到金融服务方面，在最惠国待遇基础上，把全球银行、保险、证券和金融信息贸易都纳入了管理和争端解决体制之内，在广泛的基础上协调、统一及解决争端，有力地推动了金融监管法制国际化的进程，有助于统一监管国际规则的形成。

5. 巴塞尔银行监管委员会

巴塞尔银行监管委员会（BCBS）为成员国在银行监管问题上的合作提供条件。根据十国集团中央银行行长的要求，巴塞尔银行监管委员会的主要工作原本是为国际银行提供一个“早期预警”系统。其后，随着银行业国际化的不断推进，巴塞尔银行监管委员会的工作重点转移为堵塞国际监管中的漏洞，提高监管水平，改善全球监管质量。其主要内容如下：①交换各国在监管安排方面的信息；②提高国际银行业务监管技术的有效性；③建立资本充足率的最低标准以及研究在其他领域制定标准的有效性。在国际监管方面，巴塞尔银行监管委员会遵循以下两条原则：①没有任何境外银行机构可以逃避监管；②监管应当是充分的。

巴塞尔银行监管委员会并不具备任何凌驾于国家之上的正式监管特权，因为其文件从不具备亦从未试图具备任何法律效力。不过，巴塞尔银行监管委员会制定了广泛的监管标准和指导原则，提倡最佳监管做法，期望各国采取措施，根据本国的情况通过具体的立法或其他安排予以实施。巴塞尔银行监管委员会鼓励采用共同的方法和标准，但并不强求成员国在监管技术上的一致性。

6. 国际证券委员会

国际证券委员会（IOSCO）是由各国证券与期货监管机构组成的一个专业性组织，是国际证券业监管者合作的中心，主要任务是促进各国在证券监管方面的国际合作。到目前为止，该组织已通过了110多个决议，所建立的原则与标准对于建立有效的国际证券监管合作机制起到了重要作用。

国际证券委员会的主要工作是鼓励和帮助其成员委员会制定双边和多边监管合作协议，在抑制和惩治证券业欺诈活动的国际合作中，发挥了重要的组织作用。1994 年 10 月国际证券委员会的技术委员会发表了《监管不力和司法不合作对证券和期货监管者所产生问题的报告》，介绍了工作小组成员从不合作的司法机构获取信息的方法，强调了在减少证券欺诈方面进行相互合作的益处。同年，该工作小组通过了一份《承诺国际证券委员会组织监管标准和相互合作与援助基本原则的决议》，要求所有成员国对其是否能够向国外证券和期货监管者提供相互援助与合作作出一个书面的评估，这种“自我评估方法”促进了对成员国当前形势的详细信息的收集，不仅是有关法律与规则的信息，而且也是有关成员国援助国外监管机构的能力的信息。

7. 国际保险监管者联合会

成立于 1994 年的国际保险监管者联合会（IAIS）是一个推动国际保险监管协调与合作的组织，现已有成员 180 个。国际保险监管者联合会致力于保护投保者的利益和保险市场的稳定与效率，推动国际保险业更广泛的监管合作。国际保险监管者联合会的宗旨是：为各国监管者提供会晤与相互交流的场所与机会；及时向成员传达保险业监管发展的最新信息；制定各国协调一致的、非强制性的监管标准等。国际保险监管者联合会还成立了专门的新兴市场经济委员会，制定和发布了《新兴市场经济保险规则及监督指南》。国际保险监管者联合会与国际证券委员会和巴塞尔银行监管委员会一起构成了推动国际金融监管合作的重要力量。

中国保监会于 2000 年加入国际保险监管者联合会以来，一直积极参与其各项相关工作，特别是国际金融危机爆发以来，大力支持和深入参与国际保险监管者联合会所领导的国际保险监管改革，发挥了重要作用。

2008 年金融危机爆发后，国际保险监管者联合会积极参与国际金融监管改革进程，于 2009 年 6 月启动战略调整，引领国际保险监管改革。国际保险监管者联合会参照巴塞尔银行监管协议，建立全球统一的保险监管规则，即针对国际活跃保险集团（IAIG）的“国际保险集团监管共同框架”（共同框架），这标志着全球保险监管开始走向统一，将对世界各国的保险监管制度产生实质性影响。2013 年，国际保险监管者联合会宣布将针对 IAIG 制定以风险为基础的全球保险资本标准（ICS）并纳入共同框架，共同框架计划于 2019 年开始正式实施。

小　结

金融脆弱性指一切融资领域（包括金融机构融资和金融市场融资）中的风险积聚。商业银行的脆弱性是指商业银行由于资产负债结构的特征，在外在因素或信息的冲击下，易于导致存款人心理恐慌，进而挤兑商业银行的这样一种特性。金融市场的脆弱性，往往从价格波动的角度来研究。金融资产价格的过度波动是金融体系脆弱性积累的重要来源。

金融危机是指在金融市场上，由于金融秩序不完善、市场机制不健全、交易风险管理水平差、国际游资的冲击等原因而引起各种程度不同的金融混乱现象。其表现是银根收紧、银行发生挤兑或停兑、金融机构倒闭、固定汇率制度崩溃、外汇储备耗尽等。

金融危机形成过程大致分为危机的潜伏阶段、危机爆发阶段、危机扩散阶段和经济复苏阶段。

金融监管是指中央银行或其他金融监管机构依据法律法规的授权对整个金融业（包括金融机构以及金融机构在金融市场上所有的业务活动）实施的监督管理。就广义而言，其体系一般包括金融监管当局的监管、行业自律机构的监管、中介机构的监督和社会舆论的监督。

从监管的主要内容或范围来看，金融监管主要包括市场准入监管、业务运营监管和市场退出监督三个方面。

金融监管的制度安排是指金融监管机构对金融机构和金融市场施加影响的机制以及监管体系的组织结构。从监管机构的监管范围划分，可分为集中监管体制和分业监管体制。目前，我国金融监管体制基本上属于分业监管的模式。中国银监会、中国证监会、中国保监会这 3 个金融监管部门各司其职、分工合作，共同承担金融业的监管责任。

金融国际化带来的金融机构的跨国经营和金融风险的国际传播对国际金融监管的协调提出了迫切的需要。国际金融监管协调活动主要在以下几个领域进行：改善主体之间的信息交流，建立信息共享机制；加强对跨国金融机构的监管；对跨国金融机构实施并表监管；建立统一的国际监管标准；对金融集团的监管。

国际金融组织对维护国际金融体系的稳定、促进各国金融的稳定持续发展起着举足轻重的作用。目前，主要的国际协调组织包括国际货币基金组织、世界银行、国际清算银行、世界贸易组织、巴塞尔银行监管委员会、国际证券委员会、国际保险监管者联合会等。

案例分析

危机后的美国金融监管改革

针对国际金融危机后金融监管领域暴露出的一系列问题，美国启动了被称为大萧条以来最严厉的金融监管改革。在整合此前参众两院各自所提方案的基础上，美国国会于2010 年 6 月 25 日通过了最新的金融监管改革法案。从刚刚通过的金融监管改革法案的核心内容来看，美国朝野一致将监管的重点由着重于发挥市场的自由要素转向重于普济要素。这反映了美国试图正通过金融监管理念和体系的重塑，形成国家新的金融竞争力。

此次金融监管改革法案扩大了金融监管范围和对象，通过加强对金融市场的全面监管达到消除系统性风险的目的，改革后监管的范围和对象更加全面、更加广泛。该法案吸取了金融危机中对于影子银行体系的监管教训，全面将之前缺乏监管的场外衍生品市场、对冲基金、私募基金及其他非银行金融机构等纳入监管视野，使金融监管覆盖了以往的监管盲区，形成了更为全面的金融监管视角。美国金融监管改革法案的一个内容，是对于衍生金融产品条款，以及银行投资对冲基金和自营交易的限制。该法案要求，对冲基金和私人资本运营公司需要在美国证券交易委员会注册，大型金融机构的运作并购、相关抵押贷款的发放和信用评级的制定，以及各种衍生工具的交易等，必须被纳入监管，接受监督。例如，法案规定银行在打包贷款时必须将相关风险在资产负债表中体现，银行进行对冲基金和私募基金等投机性交易，最高投资额不能超过其资本的 3%，政府将对资产超过 500 亿美元的银行和 100 亿美元的对冲基金征收特别税等。在银行分拆衍生品业务方面，最终议案放松了早前议员建议的严禁华尔街大银行从事衍生品交易的相关内容。最后通过的法案要求银行需分拆风险最大的衍生品交易，但是可保留利率、外汇、黄金、白银等衍生品交易。

此次改革明确了系统性风险评估和管理的方式。作为该金融监管改革法案的一个重要内容，该法案彻底改革了政府官员评估和应对可能给经济带来系统性风险的方式。在最新的法案中，授权美联储对于大型、复杂金融企业的监管权，并创建一个由联邦金融监管机构组成的金融稳定监督委员会（Financial Stability Oversight Council）。同时，法案还将首次授权联邦监管机构接管并分拆濒于倒闭边缘的金融服务公司。将确立一个新的架构来解散对整体经济构成危险的公司，允许美国财政部为相关解散费用提供资金，政府必须在使用一切政府资金前确定一个偿还计划，而这些资金将由倒闭公司资产、债权人以及针对资产超过 500 亿美元的金融公司征收的费用来偿还。这一系列措施，体现了美国重视实施对于系统性风险的监管，实现国家金融稳定的最终目标。

此次改革注重对于消费者利益的保护，体现了从“买者自负”到“卖者有责”的监管理念转变。金融消费者利益的保护不足是导致此次金融危机的重要原因，美国政府深刻汲取此次金融危机的经验教训，将金融消费者权益保护作为危机后金融监管改革的重中之重。在 6 月 25 日国会通过的新的金融改革法案中，明确将设立强大的消费者金融保护机构，确保美国消费者在抵押贷款、信用卡和其他金融产品消费时能得到清晰明确的信息，并保护他们不受隐性费用的侵害，以对付为追求利润而不负责任的信用卡公司和购房借贷公司。

（资料来源：王光宇．2010．美国金融监管改革最新进展及其借鉴．银行家，7：84-88）

【案例思考】

1．如何看待金融创新和金融监管之间的关系？
2．美国对金融监管的改革能否有效防范金融风险？
3．美国金融监管的改革对我国金融监管有什么启示？

思考题

1．简述金融脆弱性与金融危机之间的关系。
2．简述金融全球化的背景下金融危机具有的国际传播效应及其主要防范措施。
3．简述金融监管的主要内容。
4．简述我国现行金融监管体制的主要内容。
5．简述金融国际化给金融监管带来的挑战。
6．简述金融监管国际协调的主要内容。
7．简述我国参与国际金融监管协调的情况。

在线学习

1．进入方式

授课视频路径：输入网址“http://www.upln.cn/”→“教学资源中心”→“资源共享课”，单击“货币金融学”（杨秀萍教授主讲），观看本章的教学视频。

2．学习方式

进入本章授课视频，自主完成“练习、作业、测验、案例”等，并通过网页提供的“在线测验、试卷答题”等形式检验自己对知识的掌握情况。

第 13 章

金融发展与创新

知识目标

1. 熟悉金融发展理论的演进，理解发展中国家货币金融发展的特征。
2. 掌握金融抑制、金融深化、金融约束理论的主要观点与政策主张。
3. 掌握金融创新的含义和动因。
4. 掌握金融创新的内容。
5. 理解互联网金融的运作原理与特征。
6. 掌握互联网金融的模式、作用与影响。

基本概念

金融发展　金融抑制　金融深化　金融约束　金融自由化　金融创新
互联网金融　第三方支付　移动支付　互联网货币　网络贷款
P2P　众筹融资

开篇案例

民间借贷面临崩盘，老板纷纷“跑路”

2011 年以来，温州频繁曝出民间借贷资金链断裂老板“跑路”的消息，其中还有不少担保公司老板“跑路”的传闻。

进入 9 月后，在温州的网站和微博，都在流传着一份《近期温州老板“跑路”清单》，其中涉案金额都达到了几千万、几亿，甚至十多个亿的规模。

民间高利贷危机事件在温州的频频爆发，是否预示着整个温州高利贷行业的危机将不期而至？

温州某担保公司的老板表示，在温州龙湾区永强那边，有许多担保公司老板都“跑路”了，网上也传得沸沸扬扬的。

担保公司的钱不是自己的，基本都是从民间借款来的，一般是普通家庭把钱交给中间人，中间人再把钱交给公司，是层层上交的金字塔形式。一个担保公司老板“跑路”后，成百上千个普通家庭的借款就血本无归。

中国人民银行温州中心支行最新公布的《温州民间借贷市场报告》显示，温州民间借贷极其活跃，有 89%的家庭个人和 59.67%的企业参与民间借贷，目前温州民间借贷规模高达 1100 亿元。如此天量的民间借贷资本从何而来？

温州中小企业发展促进会会长周德文归纳说，相当一部分机构和个人一直在从事民间借贷活动，资本越滚越大。此外，这些年来温州对外投资实现了增值，金融危机以来，山西煤改、迪拜危机、楼市限购、股票暴跌，这些钱都回流到了温州，受高额利益驱使，便进入了民间借贷。那么高额的民间借贷面临崩盘的风险的原因何在呢？

面对上述情况，我们不禁产生了很大的疑问，为何民间借贷资本如此之大？参与者难道事先没有预料其所面临的风险吗？

这两个问题应该从多角度解答。温州面临的民间借贷崩盘的风险，表象看，其一是炒作之风盛行之下的民间赌博行为，如：炒房、炒地，搞财富传销；其二是可以为一些人提供洗钱平台。但是，从深层次原因看，既有长期的金融体制方面的制度性残缺，也有金融资源配置的制度性失衡，更有投机浮躁之风导致的实业萎靡。我国一些学者已经多次证明，就金融供给而言，国有部门对经济增长的贡献率约为 40%，贷款却占金融机构贷款总量的 80%；非国有部门的经济增长贡献率约为 60%，其贷款却只占正规金融机构贷款总量的不到 20%。以温州市为例，中小企业能够从银行等主流金融机构获得贷款的比例只有 10%左右，80%以上依靠民间借贷生存，这就是麦金农所言的“金融抑制”的效应。

（资料来源：根据 http://news.house365.com/gbk/hzestate/system/2011/09/23 资料整理）

温州的民间借贷行为为什么会如此突出？正规金融机构的信贷总量在国有和非国有部门的配置中为何会表现出不均衡？这是金融资源要均衡配置进而提高金融服务实体经济的效率问题。这些问题的解决，离不开是金融发展、金融创新与金融制度建设。本章正是围绕上述问题，学习三个方面的内容：金融发展、金融创新和互联网金融。

13.1 金融发展

13.1.1　金融发展理论概述

金融发展理论作为一个理论体系的形成，是在 20 世纪 70 年代。所谓金融发展理论，主要是以金融发展与经济发展之间的关系作为研究对象，通过揭示金融变量的变化、金融制度的变革对经济发展产生的影响，为发展中国家促进经济发展所应采取的金融政策提供理论依据。关于金融发展的概念，到目前为止理论界还没有给出统一的表述。不同的学者有不同的认识。但是，无论如何，金融发展的核心问题是关于金融与经济的关系问题，是金融适应经济的发展并如何推动经济增长的问题。关于金融发展的研究，经历了从理论创立到实践检验的过程。

1. 金融发展理论的开创性研究

美国斯坦福大学教授约翰·G. 格利（John G. Gurley）和爱德华·S. 肖（Edward S. Shaw），在他们于1955年9月发表的《经济发展的金融方面》和1956年5月发表的《金融中介体和储蓄——投资过程》两篇论文中，对金融发展做了开创性的研究，揭开了金融发展理论研究的序幕。在格利与肖看来，所谓的金融发展，主要是指各类金融资产的增多和各种金融机构的设立。他们通过建立基本模型，分析了金融在经济中的作用。主要体现在如何把储蓄者的储蓄转化为投资者的投资，从而提高全社会的生产性投资水平。格利与肖的理论涉及金融制度变革等金融发展的深层次因素，为后续的研究指明了方向。

金融发展与经济增长关系的理论研究真正开始于20世纪60年代。1969年，美国耶鲁大学经济学家雷蒙德•W.戈德史密斯（Raymond W. Goldsmith）出版了《金融结构与金融发展》（Financial Structure and Development）一书，对长达近200年的金融发展史及样本性工业化国家的金融结构现状进行了比较研究，创建了衡量一国金融结构和金融发展水平的各种数量指标，考察了金融结构与金融发展和经济增长的关系，归纳出了各国金融发展的一般规律，奠定了金融发展理论研究的基础，从而成为金融发展理论的鼻祖。戈德史密斯认为，所有的金融现象都可归纳为金融工具、金融机构和金融结构三个方面。其中，各种金融工具和金融机构的形式、性质及其相对规模共同构成一国金融结构的特征。他认为，金融发展是指金融结构的变化。为了反映各国金融发展的差异，应从比较它们的金融结构入手。因此，戈德史密斯提出了衡量一国金融结构的8类指标，其中最著名的即“金融相关比率”（financial interrelation ratio，FIR）指标。他指出，金融相关比率可以定义为全部金融资产价值与全部实物资产（即国民财富）价值之比。比例中，国民财富用国民产值代替。他指出，这是衡量金融上层结构相对规模的最为广义的指标，也是衡量一国金融发展水平的主要单一特征。而归根结底，金融相关率是由一国经济结构与基本特征决定的。在比较分析的基础上，戈德史密斯得出结论，认为就基本发展趋势而言，各国金融发展道路的差别并不是很大，不仅发达国家的金融发展过程非常相似，而且发展中国家也会迟早走向同样的发展道路。就各国金融相关率、金融结构的变化上，也呈现出一定的规律性，只是在战争和通货膨胀时期才会出现偏离现象。戈德史密斯总结出了12条金融发展的一般规律。并指出在大多数国家，经济与金融的发展之间存在着大致平行的关系，而随着总量的和人均的实际收入及财富的增加，金融上层结构的规模和复杂程度亦增大。

戈德史密斯的理论贡献主要包括三个方面：①首先提出并系统分析了金融结构概念，认为金融发展就是指金融结构的变化。分析并提出金融结构衡量指标及金融结构类型。②研究并揭示金融发展的内在路径和规律。这些规律对当前发展中国家的金融发展仍然具有重要的借鉴价值。③提出金融发展与经济增长关系问题的重要性和研究方向。

2. 金融发展理论的创立

1973年，美国斯坦福大学教授罗纳德·L.麦金农（Ronald I. McKinnon）和爱德华·S. 肖分别出版了著作《经济发展中的货币和资本》（麦金农）和《经济发展中的金融深化》（肖）。这两本书的出版，标志着金融发展理论的创立。书中两人从不同的角度对发展中国家金融发展与经济增长的辩证关系做出了开创性的研究。在这两本书及以后的一些文献中，两人分别提出了金融深化论和金融抑制论。金融深化论和金融抑制论都是强调金融在经济发展中的作用，强调发展中国家应消除金融抑制走向金融深化，因此也可以将其统称为“金融深化论”。这一理论在详细分析发展中国家货币金融的特殊性的基础上，提出了与传统金融理论迥然不同的政策主张，其实质就是主张发展中国家要实行金融自由化改革，以此来促进经济的快速发展。

阅读资料

金融发展理论奠基人——罗纳德·I. 麦金农

罗纳德·I. 麦金农长期执教于美国斯坦福大学经济系。他长期为国际货币基金组织、世界银行、亚洲开发银行以及广大发展中国家政府提供货币政策和经济金融发展的专业咨询。

麦金农是世界上首先分析金融抑制对经济发展构成严重阻碍的经济学家。他的第一本著作《经济发展中的货币和资本》成功地分析了金融抑制的危害，成为金融发展理论的奠基之作。他在《经济自由化的顺序——向市场经济转型中的金融控制》一书中给出了金融自由化的政策顺序，对发展中国家特别是包括中国在内的中央计划经济国家的转型产生了深远影响。

（资料来源：http://baike.baidu.com/view/591039.htm）

3. 金融发展理论的发展

托马斯·赫尔曼（Thomas Hellmann）、凯文·穆尔多克（Kevin Murdock）和约瑟夫·斯蒂格利茨（Joseph Stiglitz）从有效需求观点和信息不对称角度对传统的金融深化论提出挑战，认为金融深化论所竭力倡导的金融自由化战略需要很严格的条件，其理论假定前提为瓦尔拉斯均衡的市场条件，这在现实中难以成立，发展中国家和转型国家通常不具备金融自由化所需的先决条件，必须另辟蹊径，从而提出金融约束论，认为金融约束是一种可行的选择。

13.1.2　金融抑制

1. 金融抑制的含义

根据麦金农 1973 年在《经济发展中的货币和资本》一书中的分析，金融抑制是指政府对金融体系和金融活动的过多干预压制了金融体系的发展，而金融体系的不发展又阻碍了经济的发展，从而造成抑制与落后的恶性循环。

2. 金融抑制的表现

根据麦金农和肖等的分析，发展中国家金融抑制表现如下：

1）金融资产形式单一，规模有限。主要表现在金融资产仅限于现金、活期存款、定期存款及初级市场上的政府债券。由于银行等储蓄机构仅仅开办存贷款业务，而且期限单一、利率缺乏弹性，无法满足储蓄和借贷双方对金融资产“三性”方面的要求；商业信用不畅，使商业票据无法广泛流通。另外，证券市场的交易品种有限，也制约了投资者对金融资产的选择。

2）金融体系存在着明显的“二元结构”。这是指现代化金融机构与传统金融机构并存。金融体系被分割为两部分：一是以现代管理方式经营的大银行和其他金融机构（包括外国金融机构），它们主要集中在经济和交通发达的大城市；二是以传统方式经营的钱庄、当铺、合会等民间金融机构，它们主要分布在经济落后的小城镇和广大的农村地区。这种状况使货币政策和传导机制受到严重的限制和扭曲，从而难以发挥预期的效应。

3）金融体系发展不平衡，金融机构单一。发展中国家的金融机构单一，商业银行在金融活动中居于绝对的主导地位，专业化程度不高，经营效率低下。非银行金融机构极不发达，无法有效地发挥其功能，整个金融体系效率下降。

4）直接融资市场发展落后。发展中国家经济发展的严重不确定性抑制了直接融资的发展，因而证券市场上的交易品种和数量十分有限，主要为政府融资而存在，限制了通过多种渠道、多种方式大规模组织和融通社会资金的能力，从而导致资本形成不足，企业融资主要靠自我积累和银行贷款。

5）金融市场不健全。由于经济上的分割性，银行和非银行金融机构等多局限于各自的传统领域活动，它们之间缺少一个完整的、有机的短期货币市场来连接，再加之同业拆借的资金量不足，使金融市场效率非常低下。

6）金融资产价格扭曲，无法反映资源的相对稀缺性。由于政府对利率和汇率实行严格的管制，导致实际利率偏低，本国货币的币值估值较高。致使金融市场特别是国内资本市场价格发生扭曲，利率和汇率不足以反映资本的稀缺程度。

3. 金融抑制的根源

金融抑制的出现有着复杂的经济、政治和社会历史根源。麦金农和肖认为，发展中国家金融抑制的根源表现在以下几个方面。

1）经济的分割性。经济的分割是指资金、技术、土地、劳动力等生产要素分散在零散的经济单位中，国内市场也处于分割状态。“分割经济”决定了金融体制的割裂与脆弱，有限的金融机构不能充分发挥“导管”作用，投资局限于本行业内，“内源融资”减少了企业和个人储蓄倾向，导致“储蓄不足”，这种现象是发展中国家的常见病，它影响了社会再投资能力，导致效益损失，给政府进行人为干预制造了“最佳”借口。可见，经济的分割性是造成金融抑制的一个重要原因。

2）政治因素。由于多数发展中国家是摆脱殖民统治后取得独立的，所以新政府对于国家主权有强烈的控制欲望。他们宁可相信政府干预，也不相信市场来操纵国民经济命脉。为此，他们常常通过众多的经济管理部门和管理政策体现政权的力量，对金融活动进行强制干预，这恰恰是金融抑制的突出表现。

3）恐惧高利贷和通货膨胀。从逻辑推论，高利贷势必导致成本推进通货膨胀。为了控制通货膨胀，多数发展中国家往往实施财政计划和信贷配给，规定贷款利率上限，实际利率与名义利率相差甚远，甚至为负数。配给制带来特权与腐败，流通中名义货币量未受有效控制，通货膨胀的隐患存在。

4. 金融抑制的主要政策表现

麦金农等所描述的发展中国家的金融抑制在政策上的主要表现包括以下几个方面。

（1）规定名义存贷款利率

发展中国家一般都对贷款和存款的名义利率进行控制，时而采取规定上限的形式，时而采用规定某一百分比的形式。这种低的或负的及不确定的实际存款利率，压制了社会对金融中介机构实际债权存量的需求。同时，这些措施使间接融资表层化，限制了这一金融过程提供用于投资的储蓄的能力。存在贷款低利率甚至负利率时，只能依靠信贷配额来消除对中介机构贷款的过高要求。中介机构的贷款利率水平往往偏低，某些利率还为特殊类别的借款人带来净补贴收益。

（2）控制金融机构

1）规定较高的法定存款准备金率。在一些发展中国家，商业银行将存款的很大一部分作为不生息的准备金存放在中央银行，贷款组合中另有很大一部分由中央银行直接指定。同样，储蓄银行将存款的一部分作为不生息的准备金，还有一部分投放于低收益的住房债券。

2）政府通过干预限制外源融资。在金融抑制下，政府对外源融资进行控制，由政府决定外源融资的对象。在发展中国家，政府出于对金融体系和资金分配进行控制的目的，对金融机构的设立及经营活动严加管制，致使现代金融机构不足，商业竞争无法充分展开。

3）特别的信贷机构。发展中国家还通过一些特别的信贷机构进行金融抑制。中央银行掌握了这一非常重要的资源，将廉价的信贷资源导引至不同的特别银行机构，这些银行机构依次以非均衡的低利率将资金用于促进出口、对小农户的信贷和政府想补贴的工业项目，如此等等。于是，这些银行机构就承担了部分政府的功能，中央银行的信贷也可以直接流向财政部，以弥补政府的预算赤字。

（3）高估外汇汇率

为了保持本币的稳定，发展中国家往往将本币价值钉住一种坚挺的硬通货。然而，发展中国家的经济情况却无法同拥有硬通货的发达国家相比，在实际执行过程中，出现了本币价值的高估。由于这种高估，汇率无法真实反映本币价值，国内商品的出口受到很大限制。于是，政府便采取出口补贴和出口退税等措施，鼓励国内企业扩大出口，而且这种出口往往也只是限定在政府规定的具有出口自主权的企业之中，更多的没有出口自主权的企业则得不到这种补贴，只能将出口商品交给有出口自主权的企业，企业无法在同一水平上竞争。

上述金融抑制表现都是人为的政策抑制手段，这些政策性的抑制措施在特定历史时期能起到积极作用，但是在经济向纵深发展阶段会显露出诸多弊端。

13.1.3 金融抑制的产生的负效应

由于金融与经济的密不可分性，金融抑制会对经济发展产生一些负效应，概括如下。

1. 负收入效应

通常，公众和企业所持有的实际货币余额（M/P）越多，储蓄和投资越多，所带来的生产增长和收入提高。在发展中国家，情况却相反：大多数国家处于金融抑制状态，同时许多国家还存在严重的通货膨胀，因此，为了逃避通货膨胀，减少以货币形式保有的储蓄，名义利率受到限制，投资来源枯竭，进而使国民收入长期停滞不前。

2. 负储蓄效应

在许多发展中国家，由于市场分割和经济货币化程度不高，货币在经济中所起作用受到很大限制。在通货膨胀率很高，规定名义利率上限的实际利率更低，储蓄倾向下降，人们用购买物质财富、增加消费支出和向国外转移资金的办法回避风险。加之金融资产单调，流通变现困难，储蓄倾向降低。最终结果影响了储蓄占国民收入的比重。

3. 负投资效应

发展中国家为实现“工业现代化”，常利用国家集权模式将有限资金投向大规模、高技术的新兴产业，限制了向传统部门投资，但因为技术条件限制，这些产业不能带来较高的投资收益，使投资的边际生产力大大降低，造成了资金的浪费，同时，这种投资政策也无形中限制了向其它传统部门的投资，特别是阻碍了农业和轻工业的正常发展，粮食和原材料进口增加，甚至靠外援。对农业和小规模生产行业的资金歧视，影响出口增长，使国民经济对外依赖性增强。

4. 负就业效应

金融抑制战略对传统经济部门的限制迫使大量劳动力涌向城市。而城市的规划者忽略人口众多的国情，热衷于建立资本密集型的工厂和企业，吸纳劳动力能力有限。未被吸纳劳动力形成声势浩大的“城市贫民阶层”。伴随生产发展和技术进步，那些已经就业的劳动者也将面临失业的可能，失业更加普遍，贫富分化加剧。

肖与麦金农的核心思想是实行金融自由化，允许实际利率在市场机制的作用下，自动地趋于均衡，从而加快发展中国家经济增长速度。

13.1.4 金融深化

1. 金融深化的含义

根据1973年肖在《经济发展中的金融深化》一书中提出的金融深化论。认为发展中国家要想促进经济发展，就必须认识到金融对经济的重要影响。要发挥金融对经济的促进作用，就应该放弃所奉行的“金融压抑”政策，实行“金融深化”。

麦金农从“导管效应”的角度出发，肖从金融中介的角度出发，得出了相同的结论，即金融深化的核心是放开利率管制。其实质就是金融自由化。

2. 衡量金融深化程度的指标

根据金融结构论与金融深化论，衡量一国金融深化程度的常用指标主要有以下几个。

1）金融存量指标。金融存量指标是反映一国在某一时点的金融发展状况的指标体系。这些指标包括以下几个方面：①货币化比率。货币化比率即用广义货币存量与国民生产总值之比（M_2 / GDP）来表示。麦金农和肖认为，与金融深化相伴随的是流动性资产存量的增加，由于金融资产的流动性大于实物资产，因此在宏观上这一过程就体现为一国金融资产存量与国民收入之比的提高。但是，随着经济的发展，人们认识到经济货币化仅仅是金融深化的初级表现，或者说经济货币化程度指标还不能全面而正确地反映一国金融发展和金融深化，因此当经济发展到一定程度之后，货币量和准货币量的增长便会趋缓，非货币性金融工具（如各类债券、票据、股票等）则会快速增长。②金融相关比率。金融深化会导致金融资产结构的变化，因此一定时点上各金融资产存量之间的比例关系是反映金融深化程度的又一指标。由于货币化比率缺陷的存在，目前在学术界得到广泛认可的衡量方式是经济金融化。学术界普遍认为经济金融化更能反映一国的金融深化程度。在经济学中，通常以戈德史密斯提出的金融相关比率作为衡量一国经济金融化程度的指标。

2）金融流量指标。金融流量指标，即利用一个时段内的金融发展状况来反映一国的金融深化程度。这些指标包括以下几个方面：①投资来源构成中财政所占的比重。肖指出，随着金融深化的深入，投资中财政所占的比重应当逐渐降低；②居民总储蓄中银行储蓄所占的比重，从理论上说，这一比重将随着金融深化程度的加深而降低；③企业融资中银行贷款的比重变化。金融深化将使这一指标有逐渐缩小的趋势。

3）金融工具的多样化。金融资产包括了流通中的现金、金融机构存款余额、各种债券余额、股票筹资额和市价总额、保险费收入等。随着金融化程度的加深，广义货币会继续增长，但其在金融资产或金融工具中的比重会不断降低。因此，金融资产与广义货币的比值可以用来表示金融工具的多样化程度。金融工具的多样化能反映一国金融发展在质上的进步，或者说是金融深化的深层次体现。

4）金融资产价格指标。金融资产价格指标，即用金融市场的各种价格水平来表现金融深化的程度。这是金融深化与否最重要的表现，肖认为这一指标体系“也许是金融深化与否的最明显的表现”。它包括以下几个方面：①实际利率水平。这一指标与金融深化程度是正相关的。在金融不够发达的经济体中，金融资产的需求被低水平的实际利率所抑制，初级证券的供给被信贷配额所压制，甚至场外非法市场也被反高利贷法和政府的管制所压制。而金融深化则意味着，利率必须准确地反映客观存在的、能替代即期消费的投资机会的多少和消费者对延迟消费的非意愿程度，因此，实际利率通常比较高，而各种利率之间的差别则趋于缩小。②利率的期限结构。金融深化会促使利率的期限结构渐趋合理并能反映消费者延迟消费的非意愿程度。③实际汇率水平。金融抑制的另一个表现是，在官方的即期外汇市场上，本币的币值被高估，但是在外汇黑市和远期外汇市场上，本货币的贴水率却很高。而金融深化意味着汇率的扭曲得以纠正，外汇黑市和远期外汇市场上本币的贴水率下降。

5）金融体系的规模和结构。在金融发展不够充分的经济体中，银行系统包揽了有组织的金融活动，其他金融活动则只能通过外汇交换及由高利贷者和互助团体组成的非法市场进行。而金融深化会扩大金融体系的实际规模，同时给银行之外的其他金融机构（如证券交易商和保险公司）带来获利机会。因此，金融深化意味着金融职能和金融机构的专业化，同时相对于外汇市场和场外非法市场而言，有组织的国内金融机构和金融市场将有较大的发展。

3. 金融深化的效应分析

麦金农和肖认为，以取消利率和汇率管制为主的金融深化具有一系列正效应。

1）收入效应。正收入效应是指货币对国民经济的促进作用；负收入效应是指货币供应所耗费的实物财富和劳动。金融深化提高有利于经济发展的正收入效应，降低其负收入效应。因为金融深化使实际货币余额增长，从而使实际国民收入增长。

2）储蓄效应。储蓄效应表现在两个方面：一是上述所说的金融深化引起的实际国民收入增加，带动储蓄按一定比例增加；二是金融深化提高了货币实际收益率，导致整个社会储蓄倾向的提高。

3）投资效应。投资效应包括两个方面的含义：一是通过储蓄效应增加了投资总额；二是金融增长提高了投资效率。肖认为，投资效率的提高主要有以下四个原因：①金融深化统一了资本市场，缩小了地区间和行业间投资收益的差异，提高了平均收益率；②促使金融增长的政策减少了实物资产和金融资产未来收益的不确定性，促使投资者对短期投资和长期投资作出较为理性的选择；③资本市场的统一为劳动力市场、土地市场和产品市场的统一奠定了基础，促进资源合理配置和有效利用，发挥生产的相对优势，并能从规模经济中得到好处，进而提高投资的平均收益率；④金融的增长促使建筑物、土地和其他本来不易上市的实物财富可以通过中介机构或证券市场进行交易和转让，资本的自由转移提高投资的效率。

4）就业效应。货币收益率的上升提高了资金成本，投资者以劳动密集型的生产代替资本密集型的生产，这样，整个社会的就业水平相应提高。这一效应对大多数发展中国家而言是重要的，因为这些国家往往存在着大量的剩余劳动力，而资本却相对稀缺。因此，通过劳动密集型的生产替代资本密集型的生产，既可充分利用这些发展中国家所拥有的剩余劳动力，又可以缓解资本供求的矛盾，使有限的资本得到更合理的配置和更有效的运用。

4. 金融深化的政策主张

麦金农和肖的理论从不同角度揭示了金融深化对经济增长产生的正效应，并得出了相应的政策理论。

1）取消利率的人为限制，让利率真实反映现实需求。为了吸引更多的储蓄资金转入投资，实际利率必须为正数，因为只有正的利率才有利于更多地吸引储蓄资金转化为投资，而负利率会阻碍资本形成。要将负利率转变为正的市场利率，可采用两种方法：①提高名义利率，使之高出实际的通货膨胀率；②通过有效抑制通货膨胀，降低通货膨胀率而使实际利率为正。抑制通货膨胀不仅有提高实际利率的作用，还有稳定货币、促进经济稳定增长的作用。

2）减少对金融业的干预，促进金融业的发展与竞争。可采取如下措施：①放松金融机构准入限制。政府应进行彻底的金融体制改革，允许非国有、非银行金融机构的存在和发展；放宽金融机构的开业条件，改变国家高度垄断金融业的局面，促进金融业的市场竞争。②鼓励与促进民营金融机构的发展。政府应特别支持农村地区和不发达地区的金融机构的发展，如农业银行、农村信用社、农村贷款协会等，促进农村和落后地区的金融机构发展。③放宽对金融市场的管制。要放宽对金融工具发行和流通的控制，发展规范化的金融市场体系，培育有组织的金融市场主体，允许资本工具的市场流通，使金融市场成为分配资金、调节资源分配的重要渠道。

3）放松对汇率的管制，使利率真正反映外汇市场的供求。汇率的自由浮动是外汇市场发挥积极作用的基本条件。发展中国家因为顾虑国际收支的平衡与本国经济的国际竞争力，往往管制汇率，结果导致了汇率与市场供求严重脱节且越来越封闭，对国内的经济发展产生严重的抑制作用。金融深化要求政府放松对外汇的管制和对汇率的控制，逐步形成汇率的市场形成机制和自由浮动机制，使其真实地反映市场供求状况。外汇管制的放松，可使高估的本币币值自然回落，有利于鼓励本国的产品出口与外资流入，同时也能抑制不必要的出口，从而有利于国际收支状况的改善。当然，由于发展中国家的经济基础比较薄弱，承受力较差，因此，外汇和汇率的管制应逐步放开，以免引起本币的过度贬值和由此造成的经济动荡。

4）放弃以通货膨胀促进经济增长的做法。在金融抑制条件下，经济增长受阻，此时实行通货膨胀政策，既不利于储蓄，也不利于实际投资的增加，反而会导致金融抑制和经济停滞的恶性循环加剧，因此，政府通过平抑物价与稳定货币的政策，为金融体系有效吸收存款和发放贷款创造条件。这样，一方面可使社会储蓄率上升；另一方面在市场利率均衡的条件下储蓄资金可大大促进实际投资的增长和国民收入的提高，使经济在非通货膨胀情况下稳定增长，形成金融与经济发展相互促进的良性循环。也就是说，通过金融深化来促进经济增长。

5）努力发掘本国资本潜力，减少对外资的依赖。发展中国家内部有可支配资金的潜力，应该可以通过金融深化来求得资金上的自助，避免过分和长期地依赖外国资金。当然，国内资金来源还要依靠促进经济来获得。

6）实施财税体制与外贸体制的改革。金融深化要求改革财税体制，一是通过财税体制改革消除财政赤字，抑制通货膨胀；二是通过财税体制改革使财政部门放弃对金融活动的干预，减少财政性投资、直接拨款和行政性的资金调拨分配，以发挥金融系统的资金调配功能；三是通过财税体制改革简化税种和税收管理成本，并放弃对金融资产收入的歧视性税收政策。在外贸体制改革方面，在汇率自由浮动与外汇市场放松管制的条件下应逐步取消出口的歧视性关税，推进对外贸易的自由化。

13.1.5 金融约束

1. 金融约束的含义及其理论内容

金融发展理论的另一个分析框架是金融约束论（financial restrain）。进入 20 世纪 90 年代，金融发展理论研究成果不断推出，信息经济学亦发展迅速，其研究成果被广泛应用，为金融发展理论的研究构筑了微观基础。1996 年，以托马斯·赫尔曼、凯文·穆尔多克、约瑟夫·斯蒂格利茨为代表的新凯恩斯主义经济学家在麦金农和肖的金融深化论基础上，从不完全信息的角度提出了金融约束论，重新审视了金融自由化改革与加强政府干预的问题。

金融约束论认为，麦金农和肖的“金融深化论”的前提假设是瓦尔拉斯均衡市场条件，这在现实中是难以成立的。况且，由于经济中存在着信息不对称、代理行为、道德风险等，即使在瓦尔拉斯均衡市场条件下，资金资源也难以被有效配置，金融市场会出现失灵，所以政府的适当干预是十分必要的。

金融约束论认为，政府对金融部门选择性地干预有助于而不是阻碍金融深化，提出经济落后、金融发展程度较低的发展中国家应实施金融约束政策，在一定的前提下，即宏观经济稳定、通货膨胀率低且可以预测、正的实际利率等条件下，通过对存贷款利率加以控制，对市场准入、市场竞争以及资产替代加以限制等措施，来为金融部门和生产部门创造租金，并提高金融体系运行的效率。

金融约束论中的所谓金融约束是一种选择性干预政策，是指政府通过制定一系列的金融政策，在金融部门和生产部门创造租金机会刺激金融部门和生产部门的发展，从而促进金融深化。这里的租金是指超过竞争性市场所能产生的收益，即政府可以通过控制存款利率使其低于竞争性均衡利率水平（但保持实际利率为正），从而为银行创造获取租金的机会。也可以采用市场准入限制、定向配给的政策来创造租金。只要政府使银行或企业获得了超出竞争性市场所能得到的收益，而政府本身并不瓜分利益，就可以说政府为它们创造了租金。与金融抑制不同，金融抑制是使政府从金融部门攫取租金。

金融约束的本质是政府通过制定一系列的金融政策给微观企业创造租金机会，而不是直接向微观企业提供补贴。

2. 金融约束论的政策主张

金融约束论认为，要使金融约束发挥作用，必须具备一定的前提条件，具体包括宏观经济稳定、通货膨胀较低并是可预测的及正的实际利率。在此前提条件下的政策主张包括以下几个方面。

1）利率控制。通过存款利率控制，为银行部门创造了租金机会。政府可通过控制贷款利率在银行部门和企业部门之间配置租金，同时也能使一部分低预期收益的企业退出正式借款渠道，从而起到调节借款企业信贷分配的作用。

2）限制资产替代。金融约束的一项重要政策内容是限制将正式金融部门中的存款转化为证券、国外存款、非正式金融部门的存款和实物资产等其他资产形式。金融约束理论从一个新的视角提出了通过在民间部门创造租金来激励银行和企业，使之有更大的动力增加商品和服务，以摆脱竞争性均衡状态下商品和服务的供给不足，走出了“管制”与“完全自由化”两条极端的思路，因而具有重大的理论意义和现实可取之处。

3）限制银行业的竞争，尤其是破坏性的竞争。政府应严格控制银行业的市场准入，至少要保证新的进入者不能侵蚀先进入银行所必需的租金。虽然限制银行业竞争可能使得一些效率较低的银行也受到了保护，但这一成本远低于安全的金融体系给整个经济带来的收益。

事实上，金融约束是发展中国家从金融抑制状态走向金融自由化过程中的一个过渡性政策，它针对发展中国家在经济转轨过程中存在的信息不畅、金融监管不力，发挥政府在市场失灵下的作用，因此并不是与金融深化完全对立的政策，相反是金融深化理论的丰富与发展。但是，金融约束论还不是一种十分成熟的理论，金融约束策略也存在不足。必须明确的是，金融约束政策仅仅是市场的补充而不能取代市场，这一政策的实施也不是长期的，只是一个过渡，是特定时期的特殊政策，最终还是要由市场来解决问题。

13.1.6　发展中国家的金融自由化改革

1. 金融自由化的含义

20 世纪 70 年代末 80 年代初，一些发展中国家开始金融自出化实践，进入 1997 年，一些发达国家也纷纷宣布实行具有金融自由化色彩的金融改革。其内容主要是放松金融管制，对银行、保险和证券业从分业管理走向混业经营，即商业银行在传统的存贷款业务、中间业务基础上还可以从事保险及投资银行等业务，非银行金融机构也可以从事原来禁止它们涉足的银行业务。

金融自由化（financial liberalization），是指 20 世纪七八十年代以来西方国家普遍放松金融管制后出现的金融体系和金融市场充分经营、公平竞争的趋势。金融自由化一般包括以下 4 个方面的内容。

1）价格自由化。即政府要放弃对利率和汇率的人为干预，逐步实现利率、汇率自由化，以便利率和汇率能正确地反映资金和外汇的供求关系。充分发挥公开市场操作、再贴现和法定存款准备金率等货币政策工具的市场调节作用。

2）业务自由化。即允许各类金融机构从事交叉业务，进行公平竞争，即所谓的混业经营。

3）金融市场自由化。即放松各类金融机构进入金融市场的限制，完善金融市场的融资工具和技术，完善金融市场的管理。

4）资本流动自由化，即放宽外国资本、外国金融机构进入本国金融市场的限制，同时也放宽本国资本和金融机构进入外国市场的限制。

在金融自由化改革的同时，为了保证改革的成功，还必须进行财政和外贸等方面的配套改革，为金融深化提供良好的经济环境，以促进金融深化的发展。因此认为，金融自由化是推动金融发展的从而推动经济发展的重要动力。

2. 发展中国家金融自由化改革的尝试

20 世纪 70 年代以来，在自由主义思潮的影响下，许多发展中国家进行了金融自由化的尝试。发展中国家的金融自由化首先从拉丁美洲国家开始，其他国家纷纷模仿。纵观发展中国家金融自由化历程，主要尝试了以下几方面的内容。

1）实行利率自由化策略。不少发展中国家解除了利率管制，更多的国家则是对利率采取较为灵活的管理方式。由于利率自由化加剧金融市场竞争，银行特许权价值降低，垄断性利润由于竞争的加剧而趋于消失，导致银行部门的风险管理行为扭曲，放弃实体经济的生产项目投资，转向从事高风险、高回报的金融投机，以扩大杠杆率提高收益率水平，最终导致金融市场机制扭曲，金融资产价格膨胀，产生经济泡沫。同时，由于官定利率大大低于潜在起作用的市场利率，出现了信贷分配上的官商勾结、以权谋私等问题。

2）放松金融业务与机构准入限制。以放松金融机构业务范围的限制的金融自由化措施，使许多发展中国家降低了金融机构与金融业务准入门槛，从积极的角度看促进了金融同业的竞争和金融业发展，但是也会产生一些不良后果。因为金融自由化使金融业由分业经营走向混业经营。同时，市场准入的自由常常使银行努力保留或抢占市场份额，它们在不熟悉的领域拓展业务，而银行往往会低估那些领域的风险，促使金融机构积累了大量的不良贷款。亚洲金融危机是对金融自由化后果的充分暴露。由于缺乏相关的法律法规安排，缺乏有针对性的监管，使金融机构不正当的内部交易或关联交易隐蔽的风险以及高财务杠杆风险难以被及早发现，大量违规资本被非法操作，使风险在整个金融系统内部传递，产生多米诺骨牌效应，增加整个金融体系的不稳定性。

3）采取汇率资本流动自由化策略。发展中国家的管制汇率往往对本币高估，汇率放开后，可能出现本币大幅度贬值，对进口依赖较强的国家就会引发通货膨胀。资本账户的开放使资本自由流动成为可能，大量的国际游资会在本国利率水平高的时候大量涌入引起外汇占款增加，在没有相应的对冲措施或者对冲不充分的情况下，造成本国信用的扩张，引发较高的通货膨胀。同时，大量企业可能借此大量借债，信贷激增的结果是巨额贷款损失和随之而来的银行资产负债状况的恶化。特别当外国资本涌入证券市场和房地产市场时，极易引发泡沫经济，造成虚假繁荣。随着资本项目的开放，曾一度远离国内和国际竞争又为政府干涉所累的金融体系的薄弱性就会暴露无遗。而当泡沫被挤出，利率下降，外资疯狂退出，导致流动性不足，恶化国际收支平衡，引起金融体系的危机，对宏观稳定产生负面冲击。

阅读资料

发展中国家金融自由化概览

智利于1973年推行了一揽子经济自由化改革措施，包括利率、汇率自由化和资本自由流动。乌拉圭于1976年和1977年分两次将利率上限提至90%，使利率上限形同虚设。资本流动限制也被同步取消。墨西哥、巴西和阿根廷也进行了类似的改革。这一时期，拉丁美洲国家的金融自由化以激进为特征。

亚洲的金融自由化则带有明显的渐进特征。新加坡在20世纪70年代中期实现利率自由化，外汇管制在1978年完全解除。菲律宾在1981年年底取消将银存款利率的上限。马来西亚在1987年实现了存款利率自由浮动，贷款利率限制在1992年2月取消。韩国在1988年实现了部分存款自由化，1993年11月，除了政策贷款，所有的贷款利率都实现自由浮动。1992年1月，泰国的存款利率实现自由浮动；1992年6月，贷款利率上限取消，利率自由化完成。

非洲国家的金融自由化始于20世纪80年代中期，从1983年到1991年，加纳、南非、赞比亚、肯尼亚、尼日利亚、突尼斯、津巴布韦、埃及等先后实现了存贷款利率的自由化。不过，在整体上，非洲的金融自由化进展最为迟缓，成效相对小一些。

东欧国家、独联体国家等转型经济体在1991～1995年基本完成了金融自由化改革。

值得注意的是，亚洲金融危机爆发后，国际上反对金融自由化，要求重新加强金融管制的呼声一浪高过一浪，国内也有不少关于金融自由化被遏制的预言。然而，现实的结果是，亚洲国家进一步开放了金融市场，拉丁美洲的主要国家则开始积极探讨货币美元化。

（资料来源：潘淑娟．2008．货币银行学．北京：中国财政经济出版社）

4）缩减信贷计划的控制范围。实施金融自由化之前，许多发展中国家政府对信贷分配实行指导性计划管理。在政府影响力较强的国家，所谓的指导性信贷计划起着指令性计划的作用，人为地干预资金的市场调节，导致资源配置的浪费和无效。金融自由化使许多国家缩小了指导性计划的实施范围，一些国家甚至完全取消了指导性计划，如阿根廷、智利等。

3. 发展中国家的金融自由化改革的经验教训

发展中国家金融自由化改革的进展状况是相当不平衡的。在已经进行的改革中，既有成功的经验，也有失败的教训。世界银行《1989 年世界发展报告》的主题就是金融自由化改革，其总结的教训主要有以下几点。

1）以金融自由化为基本内容的改革一定要有稳定的宏观经济背景。如果宏观经济不稳定就实行金融自由化，会因高通货膨胀率而导致利率和汇率浮动，从而使资金出现不规则流动，最终结果是引起众多企业和银行破产。可见，宏观经济稳定是金融改革的大背景。

2）金融自由化的改革必须与价格改革或自由定价机制相配合。若要避免金融自由化所产生金融市场价格的扭曲，从而导致资源配置的错位，根本的问题是要形成合理有效的市场定价机制，解除政府管制下的行业垄断和金融机构的准入限制。

3）金融自由化改革并不是要完全取消政府的干预，而是要改变直接干预的方式。实施金融自由化并非取消政府的作用，而是要以法律和经济干预取代人为干预。

4）政府当局在推行金融自由化改革和价格改革政策时，必须预先判断出相应价格变动对不同集团利益的影响，并出于公平原则和政治均衡要求的考虑，适当采用经济补偿手段。

5）发行直接融资工具，活跃证券市场。实行金融自由化的国家无不积极发展证券市场。具体做法是：增加可流通金融工具的发行量，培育证券一级、二级市场，完善有关的证券管理法规，适时对外开放证券市场。

金融自由化与金融约束相比，二者并不存在本质上的矛盾。金融自由化强调政府放弃对金融领域的过分干预和保护，以此推进金融深化进程，而金融约束并不急于否定政府的干预，认为政府选择性干预有助于而不是阻碍了金融深化。金融约束的最优水平就是政府干预金融的广度和深度应随着金融深化的加深而下降。由此可见，对金融约束和金融自由化关系的正确理解是，金融深化是最终目的，金融约束和金融自由化都是达到金融深化的手段。两者的区别仅在于它们处于不同的金融深化阶段以及相对应的政府干预弱强。因此，金融约束不是静态的政策工具，相反是随着经济不断成熟而进行调整的一系列政策。

13.2 金融创新

金融创新（financial innovation）是西方金融业发展的一个重要趋势。金融创新突破了金融业多年传统的经营局面，在金融工具、金融方式、金融技术、金融机构及金融市场等方面均进行了明显的创新、变革。这个趋势从 20 世纪 60 年代后期即已开始，70 年代各种金融创新活动日益活跃，到 80 年代已经形成全球趋势和浪潮。金融创新浪潮的兴起及迅猛发展，给整个金融体制、金融宏观调节乃至整个经济都带来了深远的影响。

13.2.1 金融创新的含义

金融创新是各种金融要素的重新组合，是金融机构为追求微观利益和金融当局为提高金融业宏观效益而发生的金融创造性变革，主要指新的金融产品、金融业务、金融市场、金融机构、金融制度的创造和推广。

金融创新是一个动态的概念，并不是一个国家特有的现象，而是出现在各个国家和全球范围内的共同趋势。金融创新可以通过政府和市场两条途径产生。政府通过金融立法和有关管理条例的变更可以引导金融创新，其主要动力来自政府，故称为政府主导型金融创新。市场主导型金融创新是由于市场条件或环境发生变化产生了对新型金融工具的需求，金融机构根据金融市场变化和金融服务的市场需要，通过供给有效金融产品和金融服务出现的金融创新。在不同的历史时期，金融创新的环境、背景不同，因而金融要素重新组合的基础就不同，表现的特征不同，对经济的影响也不同。

13.2.2 金融创新的动因

1. 规避金融管制产生金融创新

由于金融业比其他行业监管更加严格，因此政府管制是该行业创新的一个非常重要的刺激因素。20 世纪 30 年代资本主义世界经济大危机之后，西方各国纷纷立法对银行业经营实行极为严格的管理和限制，其中以美国为最，因而规避管理法规的金融创新也多出自于美国。商业银行在利益最大化驱使下，千方百计绕过管制障碍限制壁垒，实行金融创新。例如，直到 1980 年，美国大多数州的法规都是禁止商业银行对支票账户存款付息的，而且通过 Q 条例，美联储对定期存款可支付的利息设定了最高限。规避这种存款利率上限的要求，导致了金融创新。可转让支付命令账户便是为了应对 Q 条例的限制而创新出的，它不受支票账户的限制，也可以支付利息的特性使得美国的一些储蓄贷款协会和互助储蓄银行获得了较高的利润。这种金融创新在一定程度上冲破了传统金融监管，促进了金融业的发展，推动了市场创新和金融一体化，提高了金融服务效率。

2. 市场竞争加剧迫使金融创新

竞争是市场经济的重要规律之一，竞争在市场经济中无处不在。随着现代经济一体化和市场的国际化，金融领域的发展极为迅速，金融机构的种类、数量急剧增加，金融资本高度集中，同时向国外市场发展。由此伴随而来的金融机构之间的竞争也日趋激烈，而且面临的风险更大，特别是在经济危机时，市场经济优胜劣汰的本能机制，在金融领域里演绎得更加充分，金融机构倒闭、合并、重组的实践屡见不鲜。所以，为了在竞争中生存与发展，在市场上立于不败之地，金融机构就需要不断地改革与创新。

3. 规避金融风险需要金融创新

金融业的安全性经营原则驱使银行更注重在经营过程中的风险规避和化解，而影响金融产品需求的重大经济因素即是利率的波动。20 世纪 60 年代以来，通货膨胀日益成为困扰经济发展的难题，到了 70 年代，通货膨胀与经济停滞并存，美国、英国等国的通货膨胀率均达到两位数以上。长期的高通货膨胀率带来了市场利率的上升，并且波动剧烈。利率的剧烈波动导致巨额资本溢价或资本损失，使投资收益具有极大的不稳定性。美国在 70 年代为应对利率风险而进行了一系列的金融创新，如可变利率债券、可变利率存款单、可变利率抵押契约、可变利率贷款等。

4. 技术进步推动金融创新

20 世纪六七十年代以电子计算机为核心的现代信息技术、通信技术的迅猛发展促使金融业发生了深刻变革，有力地支撑和推动了金融创新的兴起和蓬勃发展。高新技术被逐步应用到金融机构的业务处理过程之中，为金融创新提供了技术上的支持，成为技术型金融创新的源动力，促进了金融业的电子化发展。技术进步引起了银行结算、清算系统和支付的创新，银行信用卡就是一个最好的例子。电子计算机和现代通信技术的运用为技术相对复杂的金融创新工具提供了保证，使金融机构能够对结构复杂的创新进行设计和定价，能连续地观察和控制经营创新工具产生的风险。没有技术进步的支撑和保障，金融创新无能为力。

13.2.3　金融创新的内容

1. 金融业务创新

业务创新是指商业银行利用新的思维、新的组织方式和新的技术，构造新型的融资模式，通过其经营过程，取得并实现其经营成果的活动。从负债业务的角度来看，商业银行通过对传统业务的改造、新型存款方式的创设与拓展，使存款工具由单一功能向多功能方向发展；电子计算机在金融领域的广泛应用驱使存款业务操作电算化，开户、存取款、计息、转账等业务均由电子计算机来完成；为了迎合市场上不同客户的不同需求，新型的类似可转让支付命令账户、自动转账服务、协议账户、个人退休金账户等账户类型不断涌现。从资产业务的角度来看，贷款证券化是最具创新的金融工具。贷款证券化作为商业银行贷款业务与国债、证券市场紧密结合的产物，是商业银行贷款业务创新的一个重要表现，极大地增加了商业银行资产的流动性和变现能力。与市场利率紧密联系的贷款业务也层出不穷，如浮动利率贷款、可变利率抵押贷款等。贷款业务的多样化使贷款形式更加灵活，利率更能适应市场变化。

2. 金融制度创新

金融制度创新主要体现在国内金融制度创新与国际金融制度创新。

发展中国家金融制度创新主要表现为以下几点：①从计划管理型金融体制向市场竞争型金融体制的创新发展；②从封闭金融模式向开放金融模式的创新发展；③从单一国有制金融机构向多样所有制金融机构创新发展。

发达国家的金融制度创新主要体现在金融法规的修改和调整，美国政府在 1999 年通过的《现代金融服务法案》打通了金融混业经营的隔离墙；加拿大国会在 1992 年对《银行法》进行了大幅度修改，允许商业银行通过附属公司从事信托、保险和证券业务，2001 年通过了《C-8 法案》允许建立银行控股公司、保险控股公司，促进了金融集团的快速发展。2010 年 7 月 21 日，奥巴马签署金融监管改革法案——《多德—弗兰克华尔街改革与消费者保护法》，标志着次贷危机后历时近两年的美国金融监管改革立法完成，华尔街正式掀开新金融时代序幕。法案致力于保护消费者、解决金融业系统性风险等问题，旨在避免 2008 年的金融危机重演。

3. 金融工具创新

近些年来最显著的金融创新特征之一就是大量的新型金融工具被广泛创造并发展开来。首先，存款工具不再局限于活期存款、定期存款和储蓄存款等传统形式，可转让支付命令账户、自动转账服务账户、货币市场存款账户等新型账户被逐步推广并被客户接受。新型账户的出现为客户提供了更多的选择，充分满足了存款人对安全性、流动性和盈利性的多重需求。其次，衍生金融工具的出现无疑使当代金融市场发生了划时代的变化，使人们充分认识到金融资产保值和规避风险的方式和手段，为金融业带来了传统避险工具所无法起到的保值、创收作用。但是，如果运用失当，衍生金融工具也将会使市场参与者遭受严重损失，甚至危及整个金融市场的稳定与安全。

13.3 互联网金融

作为 20 世纪最伟大的科技发明之一，互联网正在逐步改变着金融体系的旧有运行模式和市场结构。自 20 世纪 90 年代以来，随着网络技术的快速发展，互联网在降低金融服务交易成本、增进金融服务可得性方面的优势逐渐显现。金融机构开始利用互联网技术改造传统服务，互联网技术与金融的融合发展趋势初现端倪，特别是移动支付、社交网络、搜索引擎和云计算等技术，对金融业运营模式产生了根本的影响，网络信贷、众筹融资、互联网支付、比特币等名词已经被大众熟知。2012 年，著名学者谢平提出“互联网金融”这一概念。2013 年 4 月，恒顺电子旗下书迷基金网推出了“现金宝”，但由于有限的影响力未能赢得市场响应。2013 年 6 月 13 日，阿里巴巴旗下第三方支付平台“支付宝”推出“余额宝”并迅速热销，随后，各互联网公司、银行纷纷推出各自的“宝宝类”货币基金产品，掀起了互联网货币基金产品的竞争热潮。中国人民银行发布的 2013 年第二季度“中国货币政策执行报告”中首次在官方文献中使用了“互联网金融”一词，随后该名词也被写入了 2014 年国务院政府工作报告，标志着互联网金融的概念正式得到官方的认可。

13.3.1 互联网金融的运作原理

1. 互联网金融的含义

互联网金融是依托互联网信息科技（如移动支付、云计算、社交网络和搜索引擎等），秉承互联网精神（分享、协作、自由、平等、普惠、民主等），进行资金融通、支付交易、金融信息交换等金融活动的新模式。互联网金融不是互联网和金融业的简单结合，而是在实现安全、移动等网络技术水平上，被用户熟悉接受后（尤其是对电子商务的接受），自然而然为适应新的需求而产生的新模式及新业务。它是传统金融行业与互联网精神相结合的新兴领域。当前互联网＋金融格局，由传统金融机构和非金融机构组成。传统金融机构主要为传统金融业务的互联网创新以及电商化创新、APP 软件等；非金融机构则主要是指利用互联网技术进行金融运作的电商企业、（P2P）模式的网络借贷平台，众筹模式的网络投资平台，挖财类（模式）的手机理财 APP（理财宝类），以及第三方支付平台等。

2. 互联网金融的运作原理

互联网金融融合了互联网信息科技的创新，以互联网支付、第三方支付改变传统支付模式，以云计算和互联网信息搜集处理技术，拓宽了传统的人工信息搜集和处理方式，提高了资源配置的效率，推动了资源的优化配置。其运作原理突出表现在如下几个方面。

1）电子支付、第三方支付和免费支付。电子支付使得即使是跨地区交易也可以即时支付；第三方支付则使得免费支付成为可能，不同银行不同地区的转账、支付可以即时免费完成，降低了用户的支付成本。

2）大数据高速处理能力。通过社交网络、搜索引擎和云计算等方式对金融信息进行搜集整合互联网金融的信息处理，是它与传统金融中介和市场的最大区别，核心是大数据替代传统的风险管理和风险定价。总的效果是在云计算的保障下，资金供需双方信息通过社交网络得以揭示和传播，经搜索引擎组织和标准化，最终形成时间连续、动态变化的信息序列。由此可以给出任何资金需求者的风险定价或动态违约概率，而且成本极低。这样，金融交易的信息基础（充分条件）就满足了。

3）脱媒化的资源配置。互联网金融中资源配置的特点是资金供需信息直接在网上发布并匹配，供需双方直接联系和交易，不需要经过银行、证券公司和交易所等金融中介和市场。可能的情景是贷款、股票、债券等的发行和交易在社交网络上进行，也就是去中介化、去中心化、“脱媒”。互联网金融模式使个体之间直接金融交易突破传统的安全边界和商业可行边界，焕发出新的活力。互联网技术使得金融信息搜集和处理方式得以更高效率和更低成本完成资源更加优化的配置。

3. 互联网金融的特征

不管互联网给金融注入了多少互联网精神的要素，不可改变的是：互联网金融的本质不是互联网，而是金融。互联网金融还是按照金融的逻辑在运行、演变和发展的，从其内容、方式、表现、影响等方面看，它主要有以下特征。

（1）互联网金融的创新性

互联网金融创建了金融业务运营的新载体和新模式。互联网金融是在网上商品销售、网上货币支付模式创新的基础上形成的一种全新的投融资模式，它的形成过程就是一个不断创新的过程。首先是商品销售和购买的模式创新，即互联网＋商贸＋物流模式。其次是商品交易货币支付的模式创新，即互联网＋第三方货币支付模式。再次是货币投融资的模式创新，即互联网＋货币基金模式＋互联网成为资金融通、货币基金运行的新载体和新模式。

（2）互联网金融的高效性

互联网金融的高效性主要体现在三个方面，首先是吸收社会闲散的消费资金的高效性。商业银行和证券市场有利于吸收大额资金及小额的用于投资的资金，但缺少吸收社会闲散的消费资金的平台，互联网金融的优越性在于通过各种用于消费购买的支付平台，有效地吸收全社会的闲散消费资金，从而能够集腋成裘形成既高效又稳定的资金流。其次是拓展市场规模的高效性。由信息网络技术支撑的网上购物，彻底打破了地方政府保护对市场造成的分割，从而真正统一了国内市场，同时也使每种商品的销售扩展到全国，扩大了市场规模和盈利规模。再次是低成本带来的高效性。互联网金融降低了信息不对称的风险和高昂的成本，低成本地解决了信息评估和信息真实问题。互联网投融资的直线对接，省去了传统金融机构用于房地产购买、租金、人员雇佣，硬件设备等的巨额支出，大大降低了金融业务空间布局的运营成本。

（3）互联网金融的融合性

互联网销售打破了传统金融时空上的限制，理论上只要网络和移动通信能到达的地方，都是互联网金融的市场范围。金融产品和服务在网络平台上架，合同和协议在线完成，只需要轻松的支付，就可以完成交易。互联网金融体现出了商卖、消费与投融资的紧密结合。

（4）互联网金融的公正性

传统金融行业对进入者的专业知识技能要求较高，对参与资金规模要求较大，使金融活动主要局限在少数人群当中。而互联网金融通过互联网将金融产品和服务的协议内容、交易方式变得简单、便捷，并整合了网络客户群的金融需求，将资金准入门槛降低，使更多人可以参与到金融活动中来。在互联网的购物平台、支付平台和融资平台上，无论个人还是企业、无论大资本还是中小资本，合作者间信息共享、信息对称，改变了以往弱者不知情的状况；由于能够准确、快捷地了解当事人的信用信息，互联网金融，不仅为处于市场竞争劣势但具有发展前景的小微企业和民众开辟了投融资渠道，而且降低了进入门槛，使小资本、微资金也能获得以往只有大资本才享有的高回报。

13.3.2 互联网金融的模式

互联网金融模式划分为六大类，即传统金融机构互联网平台、第三方支付和移动支付、互联网货币、基于大数据的征信和网络贷款、P2P 网络借贷、众筹融资。

1. 传统金融机构互联网平台

传统金融机构互联网平台体现了互联网对金融机构和市场的物理网点、人工服务等的替代，包括网络银行、网络证券、网络保险等。

1）网络银行。网络银行是指银行通过网络信息技术，进行内部的信息处理，实现银行的网上支付等日常业务，有效替代了网点和人工服务。网络银行分两种：一种是依托实体的银行，拥有实体网点、人工服务，即由实体银行发展而来；另一种是纯网络银行，没有实体银行为依托，通过网络通讯实现金融服务。前者比较普遍，几乎每一个传统的实体银行都有了网络银行服务，中国最早实现网络银行功能的是中国银行；后者开始出现在 1995 年 10 月，美国第一家网络银行——安全第一网络银行（Security First Network Bank，SFNB）成立。如今比较知名的纯网络银行有 ING Direct，截至 2013 年，公司在全世界拥有 1500 万客户，已经发展成为全美最大的网上银行。

2）网络证券。网络证券是指证券公司通过互联网信息技术，提供投资资讯（市场讯息、证券行情）、网上证券投资顾问、股票网上发行、买卖委托与推广等多种证券投资理财服务，替代了传统证券营业网点人工业务的证券服务模式。

3）网络保险。网络保险指保险公司或者其他中介机构运用互联网来开展保险业务的方式。一些保险公司网上保险的业务量已经发展到一定规模，并且还出现了一些纯粹的互联网保险公司。1999 年 7 月，日本出现首家完全通过互联网推销保险业务的保险公司，这家保险公司由总部位于美国的艾夫莱克（AFLAC）公司和日本电信共同投资设立和管理，服务对象定位于 40 岁以下的客户。美国 INSWEB 公司是全球目前最大的保险电子商务站点，在业界有着非常高的声誉，被福布斯称为网上最优秀站点，该网站涵盖了汽车、房屋、医疗、人寿、宠物等方面的保险业务。

2. 第三方支付和移动支付

1）第三方支付（Third-Party Payment）狭义上是指具备一定实力和信誉保障的非银行机构，借助通信、计算机和信息安全技术，采用与各大银行签约的方式，在用户与银行支付结算系统间建立连接的电子支付模式。

根据央行 2010 年在《非金融机构支付服务管理办法》中给出的非金融机构支付服务的定义，从广义上讲第三方支付是指非金融机构作为收、付款人的支付中介所提供的网络支付、预付卡、银行卡收单以及中国人民银行确定的其他支付服务。第三支付已不仅仅局限于最初的互联网支付，而是成为线上线下全面覆盖，应用场景更为丰富的综合支付工具。

从发展路径与用户积累途径来看，目前市场上第三方支付公司的运营模式可以归为两大类：

一类是独立第三方支付模式，是指第三方支付平台完全独立于电子商务网站，不负有担保功能，仅仅为用户提供支付产品和支付系统解决方案，以快钱、易宝支付、汇付天下、拉卡拉等为典型代表。以易宝支付为例，其最初凭借网关模式立足，针对行业做垂直支付，而后以传统行业的信息化转型为契机，凭借自身对具体行业的深刻理解，量身定制全程电子支付解决方案。

另一类是以支付宝、财付通为首的依托于自有 B2C、C2C 电子商务网站提供担保功能的第三方支付模式。货款暂由平台托管并由平台通知卖家货款到达、进行发货；在此类支付模式中，买方在电商网站选购商品后，使用第三方平台提供的账户进行货款支付，待买方检验物品后进行确认后，就可以通知平台付款给卖家，这时第三方支付平台再将款项转至卖方账户。

第三方支付公司主要有交易手续费、行业用户资金信贷利息及服务费收入和沉淀资金利息等收入来源。比较而言，独立第三方支付立身于 B（企业）端，担保模式的第三方支付平台则立身于 C（个人消费者）端，前者通过服务于企业客户间接覆盖客户的用户群，后者则凭借用户资源的优势渗入行业。

2）移动支付主要指通过移动通信设备、利用无线通信技术来转移货币价值以清偿债权债务关系。近年来我国移动支付发展迅速，移动支付的形式更加多样化，出现了短信支付、NFC 近场支付、语音支付、二维码扫描支付、手机银行支付、刷脸支付等移动支付方式。在移动支付产生以前，客户与第三方支付公司建立联接主要通过电脑端实现，移动支付诞生以后，客户与第三方支付公司的联系逐渐向手机端转移。

3. 互联网货币

(1) 互联网货币的概念

互联网货币，又称为虚拟货币、数字货币或者电子货币，这与我们现实中使用的货币全然不同。在“互联网社会形态”里，人们根据自己的需求成立或者参与社区，同一社区成员往往基于同种需求形成共同的信用价值观，互联网货币就是在此基础上形成的“新型货币形态”。

以虚拟货币为蓝本，我们从以下特征来定义互联网货币：①由某个网络社区发行和管理，不受监管或监管很少，特别是不受或较少受到中央银行的监管；②以数字形式存在，运用技术手段可以不被轻易损害；③网络社区建立了内部支付系统；④被网络社区的成员普遍接受和使用；⑤可以用来购买网络社区中的数据商品或实物商品；⑥可以为数据商品或实物商品标价。

(2) 互联网货币的影响

互联网货币作为货币的一种新形态，将会对传统货币理论、货币政策产生重大影响。

1）互联网货币的内在风险。首先，互联网货币发行者的信用比不上中央银行，相关支付功能也比不上中央银行管理的支付清算系统（比特币的内在风险主要来自算法的可靠性）。互联网货币在交易和支付中不可避免会遭遇信用风险、流动性风险、操作风险、支付安全问题，“发行者欺诈”是最大的风险。其次，互联网货币有很强的匿名特征，监管难度大，可能被用于非法活动（比如洗钱），造成法律风险和声誉风险。最后，互联网货币价格有不稳定因素，原因包括方案不成熟、部分用户缺乏信心、交易量低、没有明确的法律、投机买卖和网络攻击等。

2）互联网货币对货币政策的影响。互联网货币对实体经济最大的影响源于其对货币市场货币量的影响，货币存量的多少直接影响了一般价格的变化，进而影响到整个金融市场的基础定价。此外，互联网货币导致的货币规模的变动致使相机行事的货币政策制定会面临更多的不确定性。

3）互联网货币对物价稳定的影响。互联网货币的过量发行会造成数据商品的通货膨胀。同时，互联网货币会通过多种渠道影响实物商品的价格，包括：互联网货币介入实体经济活动，甚至在一些场合替代法定货币，产生“挤出效应”；互联网货币影响法定货币的流动速度。

4）互联网货币对金融稳定的影响。互联网货币对金融稳定的影响，目前主要来自互联网货币兑换法定货币的汇率波动，这在比特币上表现得尤为明显。

4. 基于大数据的征信和网络贷款

大数据技术使得“一切数据皆信用”成为可能，个人征信从根本上来讲是由大数据技术支撑的。以大数据为代表的IT新技术的应用，给征信体系建设带来了新思路，互联网上的海量信息成为征信体系的新数据源，原来海量庞杂、看似无用的数据，经过清洗、匹配、整合和挖掘，可以转换为信用数据。基于大数据技术，在民间形成了一套颠覆性的征信体系，可以通过海量的在线数据分析，建立模型来判断用户的信用程度。

（1）基于大数据的征信

基于大数据的征信，是基于大数据分析以评价个人或企业的信用情况，由于互联网企业在开发核心业务的过程中，逐渐产生了传统银行所不具备的客户行为数据，而这些数据一定程度上更能反映客户的社会关系和经济行为特征，更能反映客户的贷款需求和信用状况。这与官方大数据库相比，两者具有明显的互补特征。

现有的征信大数据主要来源于银行，主要是对已有贷款客户的信用记录。比如中国人民银行征信中心的大数据主要来源于金融机构采集的客户贷款信用交易信息和对信用主体有直接、明确影响的非信用交易信息，而且以金融行业的信贷数据为主、非信用交易信息为辅。

互联网金融企业的数据来源于核心业务，主要是初始的核心业务，但也有一些公司通过客户授权的关联账户取得数据信息。例如，百度主要拥有两种具有优势的大数据：以用户搜索为基础表现出的客户需求数据;以爬虫和阿拉丁为基础获取的公共网络数据。而阿里巴巴主要拥有电商交易数据和客户评价的信用数据，在当前的数据挖掘能力水平上，这两种数据更容易分析出商业价值。除此之外，阿里巴巴还通过投资微博和高德掌握了部分社会公众的社交数据。腾讯则拥有用户关系数据以及由此产生的社交网络数据，这些数据可以用于分析客户的生活行为，并从中挖掘出社会、政治、商业、文化、健康等领域的信息，甚至用于预测客户或市场的未来趋势。

以借贷人为例，依托于大数据技术支撑的征信体系，借贷人只需提供姓名和身份证，贷款企业就可以对借贷人的个人信息进行数据分析，得出其授信额度，省却了审贷的环节。依赖大数据分析，互联网金融业不仅解决了信息不对称和信用问题，还可以为客户提供更有针对性的特色服务和多样化产品，降低交易成本和风险，使小微企业和个人受益。

（2）基于大数据征信的网络贷款

基于大数据征信的网络贷款是指互联网企业利用云计算、搜索引擎等技术，将电子商务平台上积累的客户信用数据和行为数据映射为企业和个人的信用评价，批量发放小额贷款的模式。

同传统贷款业务一样，征信是网络贷款的首要问题。但网络贷款的操作模式、数据内容、渠道方式较传统贷款存在明显的差别：

1）操作模式。大数据网络贷款的操作主要通过网上申请，这种转变减少了纸质贷款申请填写、递交、审核、内部流转、风险评估等环节，提高了贷款效率、降低了贷款交易费用。

2）数据来源。大数据网络贷款对客户评估的数据，主要来源于客户属性、网上交易记录、网上信用评价、网上交易习惯、社交网络信息，以及财务信息；传统的贷款对客户评估的数据，主要来源于客户财务报表和担保抵押。前者数据更有利于反映客户真实的经济状况和未来的收入趋势，更能反映客户的信贷风险。

3）风险控制。大数据网络贷款依靠贷后实时监控、系统自动扣款、鼓励提前还款控制信贷风险，通过网络实时监测客户信贷资金运用和风险状况，并且通过系统自动扣款保障还款的及时性；在传统的贷款中，银行很难实时掌握客户经营状况和资金流信息，也很难实现主动扣款，除非客户向指定账户存入足额资金。因此，大数据的网络贷款具备了传统银行贷款所不具备的诸多优势。

5. P2P 网络借贷

(1) P2P 的概念

P2P 网络借贷（peer-to-peer lending），是指通过第三方互联网平台进行资金借、贷双方的匹配，需要借贷的人群可以通过网站平台寻找到有出借能力并且愿意基于一定条件出借的人群，帮助贷款人通过和其他贷款人一起分担一笔借款额度来分散风险，也帮助借款人在充分比较的信息中选择有吸引力的利率条件。

P2P 借贷并非只是一种技术手段，而是理念与方法的革新。与传统金融行业相比，目前 P2P 规模并不大，但发展速度惊人。P2P 网络借贷发展模式主要有三种：①无抵押无担保的纯中介型平台，平台不对贷方担保，贷方违约，借方损失自负；②无抵押有担保型平台，平台对贷方担保，贷方违约，平台偿还借方资金和利息并向贷方追偿；③有抵押有担保型平台，平台要求贷方出具抵押物，以控制违约风险。

(2) P2P 的发展概况

在 P2P 网络借贷进入我国之前，其在国外先后催生了英国的 Zopa、美国的 Prosper 等几种比较有代表的平台模式。2007 年 6 月我国首家 P2P 网络借贷平台——拍拍贷成立。P2P 借贷平台在中国陆续出现并呈快速发展趋势，平台数量从 2009 年的 9 家增长到 2012 年的 110 家。截至 2013 年年底，至少有 238 家活跃的 P2P 借贷平台，整体数量在 700 家到 800 家之间，成交额超过 1000 亿元人民币。2015 年全国 P2P 网贷成交额突破万亿，达到 11 805.65 亿，同比增长 258.62%；历史累计成交额 16 312.15 亿元。

(3) 风险与监管

P2P 网络借贷面临的风险主要包括法律风险、信贷技术风险和平台欺诈风险等，这就需要从行业自律和政府监管两方面加以监管。行业自律包括必要财务数据的透明、运营关联性的合理切割、投资者风险的必要说明、独立意见机构（第三方支付机构、独立审计机构、独立律师事务所、独立资产评级机构）的监督管理、行业自律组织与行业标准的制定等。对于涉及公众利益的金融行为，仅有行业自律是不够的，必须有严格的他律。政府部门需要研究确定 P2P 网贷平台机构性质，确定监管主体、监管内容和监管形式；从监管内容上看，主要从资金流动性、行业准入门槛、机构风险评级机制和控制措施等方面加强严格审慎监管。

6. 众筹融资

(1) 众筹融资的概念

众筹融资（crowd funding）是指大众筹资或群众筹资，是指用团购＋预购的形式，向网友募集项目资金的模式。众筹的本意是利用互联网和 SNS 传播的特性，让创业企业、艺术家或个人对公众展示他们的创意及项目，争取大家的关注和支持，进而获得所需要的资金援助。众筹平台的运作模式大同小异——需要资金的个人或团队将项目策划交给众筹平台，经过相关审核后，便可以在平台的网站上建立属于自己的页面，以向公众介绍项目情况。

（2）众筹融资的运作原理

众筹融资平台迅速崛起是因为具有符合众筹融资逻辑、解决融资信息和降低融资成本的关键功能。

1）作为资金需求的一方——创新项目的管理者（生产者）与众筹融资平台进行信息交流，听取平台的建议，按照平台规则发布较为详细的项目信息、发展计划、股权配置以及奖励回报等信息。

2）创新项目在众筹融资平台发布后，资金提供方在平台上输入出资条件、搜寻符合条件的创新项目，直接与项目管理者进行谈判；或者委托银行进行投资，银行可以投资既定的项目，也可以投资符合条件的非既定项目，类似于信托贷款。这一过程的参与者更多的是小额投资者自主在平台上查找各自偏好的项目进行投资。

3）随着资金的划转，项目管理者启动生产，逐步向出资者派发收益。

（3）众筹融资的发展概况

美国是众筹平台最活跃的国家，截至 2013 年 11 月，其平台数目为 344 家，占全球众筹平台数的一半左右，筹资额也遥遥领先。美国的众筹平台涵盖了创意、商业、慈善、教育、人权等广泛的领域，几乎无所不包。其中影响力最大的众筹平台是 Kickstarter 和 Indiegogo。

美国众筹平台 Kickstarter 的巨大成功激起了国内创业者的热情，他们纷纷期待打造“中国的 Kickstarter”。2011 年 6 月，国内首家众筹平台“点名时间”上线运营，同年 11 月首家股权众筹平台“天使汇”上线。据不完全统计，截至 2013 年年底，众筹平台数量已有 16 家。世界银行预测，到 2025 年，全球发展中国家的众筹投资将达到 960 亿美元，中国有望达到 460 亿～500 亿美元。

由于互联网金融正处于发展期，目前的分类也仅仅是一个阶段的粗浅分类，随着互联网金融快速发展，新的分类模式还需要进一步的探讨。

13.3.3 互联网金融的发展与规范

1. 互联网金融的作用与影响

互联网金融的创新和积极尝试，对我国金融业的发展产生的重要影响是不可磨灭的，其互联网思维为金融机构找到了发展方向，改变了传统金融的经营模式，金融机构更加注重交互、去中心化、定向精准营销。在冲击着传统金融机构的垄断地位的同时极大地促进了金融资源的有效配置。

1）互联网金融成为小微企业融资的重要平台。传统融资模式导致了小微融资的巨大缺口，相比之下，互联网小微金融具有成本低、风险小，辐射范围广，资金周转灵活等特点，其依托于数据与互联网所开创的量化放贷模式与小微金融业务的需求十分匹配，恰恰是弥补这一缺口的利器。互联网金融成为小微企业融资的主流模式，拥有无比广阔的发展潜力。

2）互联网金融对一国经济金融产生重大影响。互联网金融对传统金融机构影响很大，导致商业银行支付功能边缘化，对金融机构的传统业务渠道有一定的挤占效应，并且对传统金融机构的数据和信息处理能力提出新的挑战，推动传统金融走向互联网化；互联网虚拟货币对现实通货的替代作用会影响货币政策的针对性、有效性；互联网金融给监管部门带来很大的挑战并推动相关法律法规的完善；互联网金融一定程度上改变了人们的理财方式和理财观念。

整体来说，互联网金融的出现不仅弥补了以银行为代表的传统金融机构服务的空白，而且提高了社会资金的使用效率，更为关键的是将金融通过互联网而普及化、大众化，不仅大幅度降低了融资成本，而且更加贴近百姓和以人文本。它对金融业的影响不仅仅是将信息技术嫁接到金融服务上，推动金融业务格局和服务理念的变化，更重要的是完善了整个社会的金融功能。互联网金融的发展壮大会给银行业带来一定的冲击，但也为基金公司、证券公司、保险公司、信托公司等带来了新机遇。随着互联网金融深入发展，其将进一步推动金融脱媒，挑战传统金融服务的方式方法，改变金融业内各方的地位和力量对比。互联网金融的影响是全方位的，改变的不仅仅是一个行业的状态和格局，不仅仅是新生事物带来的新法律新监管方式，更是极大地改变了社会金融供需的匹配效率、方式以及均衡状况，进而深刻地影响了人们的生活方式。

2. 互联网金融健康发展有待规范

互联网金融在成为小微企业融资的主流模式，成为助推经济发展的新动力的同时，由于其基于网络平台的特点，互联网金融具有天生的安全隐患，蕴含着特有的风险。与传统的实体金融模式相比，互联网金融更容易导致金融风险交叉传染，迅速放大传统金融风险，交易确认的虚拟性增大了信用风险，网络投机、欺诈等违法行为加剧了整个金融体系的内在脆弱性。因此，互联网金融能否发挥出特有的优势，引导和规范互联网金融健康发展已成为关键。

鉴于互联网金融蕴含着上述特有的风险，如何规范互联网金融健康发展，成为政府和金融监管部门面临的新的挑战。政府和金融监管部门应该在加强互联网金融法律法规建设、法制建设、增强监管能力、完善社会信用体系、完善消费者权益保护机制和积极推动国际监管合作等方面做出努力。

小 结

金融发展的核心问题是金融与经济的关系问题，是金融适应经济的发展并如何推动经济增长的问题。

金融抑制是指政府对金融体系和金融活动的过多干预压制了金融体系发展，而金融体系的不发展，又阻碍了经济的发展，从而造成压制与落后的恶性循环。

金融深化的实质是放弃政府对金融领域的过度干预和保护，依靠市场机制的作用提高金融体系的效率，优化金融结构和金融资源的合理配置，形成投资、就业、收入和结构优化的正效应，从而建立起经济发展和金融发展的良性循环。

衡量一国金融深化程度的常用指标包括货币化比率，金融相关率等金融存量指标和系列金融流量指标，金融工具的多样化，金融资产价格指标，金融体系的规模和结构等。

金融深化具有收入效应、储蓄效应、投资效应、就业效应等系列正效应。

金融约束论的主要思想是主张在经济落后、金融深化程度低的发展中国家，政府对金融部门有选择性地进行干预，如控制存贷款利率、市场准入及竞争、限制资产替代等，以此在金融部门和生产部门创造租金，提高金融体系的运行效率。

金融约束论的政策主张包括利率控制；限制银行业的竞争，尤其是破坏性的竞争；限制资产替代。

金融自由化包括 4 个方面的内容：一是价格自由化；二是业务自由化；三是金融市场自由化；四是资本流动自由化。

发展中国家金融自由化改革的进展状况是相当不平衡的。在已经进行的改革中，既有成功的经验，也有失败的教训。

金融创新是各种金融要素的重新组合，是金融机构为追求微观利益和金融当局为提高金融业宏观效益而发生的金融创造性变革，主要指新的金融产品、金融业务、金融市场、金融机构、金融制度的创造和推广。

金融创新的动因主要是规避金融管制产生金融创新、市场竞争加剧迫使金融创新、规避金融风险需要金融创新、技术进步推动金融创新。

互联网金融是依托互联网信息科技（如移动支付、云计算、社交网络和搜索引擎等），秉承互联网精神（分享、协作、自由、平等、普惠、民主等），进行资金融通、支付交易、金融信息交换等金融活动的新模式。

互联网金融模式划分为六大类：传统金融机构互联网平台、第三方支付和移动支付、互联网货币、基于大数据的征信和网络贷款、P2P 网络借贷、众筹融资。

互联网金融的创新和发展极大地促进了金融资源的有效配置，成为小微企业融资的重要平台。互联网金融对一国经济金融产生重大影响。

互联网金融由于其基于网络平台的特点，互联网金融具有天生的安全隐患，蕴含着特有的风险。因此，互联网金融能否发挥出特有的优势，引导和规范互联网金融健康发展成为关键。

案例分析

2003 年，为解决网上交易过程中信用和支付问题，阿里巴巴推出“支付宝”业务，随后“支付宝”业务因阿里巴巴电子商务交易量的迅速膨胀而始终占据国内第三方支付市场第一的市场份额。阿里巴巴在电子商务开展的过程中，逐步形成了自成一体的电子商务生态圈，并在生态圈中积累了海量的用户交易信息。依托大数据和云计算技术，阿里巴巴于 2010 年推出了阿里小额贷款业务，阿里小额贷款业务可以说是基于用户交易信息。依托“支付宝”渠道开展的网络融资业务；随后，阿里巴巴于 2013 年推出“余额宝”业务，通过与基金公司的跨平台合作，实现了对网民的碎片化理财的整合，使得“支付宝”摇身一变，变相成为具有“存款功能”的平台；马云豪言，如果银行不改变，我们就改变银行。金融创新与互联网金融引来了各方前所未有的关注。2014 年 9 月 19 日，阿里巴巴集团在美国纽约证券交易所实现首次 IPO，募集资金达 218 亿美元而成为美股市场上最大的 IPO。

（资料来源：根据阿里巴巴网站资料整理）

【案例思考】

1．阿里巴巴上述业务发展过程，在哪些方面体现了与传统金融模式的不同？

2．阿里巴巴集团选择了在美国纽约证券交易所上市而不是在中国深交所或上交所上市，为什么？

思考题

1．什么是金融抑制？其主要表现有哪些？
2．金融抑制的主要政策表现有哪些？
3．什么是金融深化？衡量金融深化程度的指标有哪些？
4．金融抑制论和金融深化论对我国的金融发展有哪些指导意义和警示作用？
5．什么是金融约束？金融约束论的政策主张是什么？
6．发展中国家的金融自由化给我国提供了哪些经验教训？
7．金融创新的含义和动因是什么？
8．简述金融创新的内容。
9．简述互联网金融的模式。
10．试述互联网金融与传统金融的区别及其对经济金融的冲击和影响。
11．试述互联网金融蕴含的风险及如何规范互联网金融健康发展。

在线学习

1．进入方式

授课视频路径：输入网址“http://www.upln.cn/”→“教学资源中心”→“资源共享课”，单击“货币金融学”（杨秀萍教授主讲），观看本章的教学视频。

2．学习方式

进入本章授课视频，自主完成“练习、作业、测验、案例”等，并通过网页提供的“在线测验、试卷答题”等形式检验自己对知识的掌握情况。

参考文献

艾洪德，范立夫. 2005. 货币银行学. 大连：东北财经大学出版社.

爱德华·S. 肖. 1988. 经济发展中的金融深化. 邵伏军，等译. 上海：三联书店出版社.

白钦先，刘刚，杨秀萍，郭翠荣. 2013. 各国金融体制比较. 北京：中国金融出版社.

蔡志刚. 2004. 中央银行独立性与货币政策. 北京：中国金融出版社.

曹龙骐. 2010. 金融学. 3版. 北京：高等教育出版社.

陈雨露. 2008. 国际金融（精编版）. 北京：中国人民大学出版社.

崔满红. 2015. 货币银行学原理. 7版. 北京：中国金融出版社.

戴国强. 2005. 货币银行学. 上海：上海财经大学出版社.

戴国强. 2006. 货币金融学. 上海：上海财经大学出版社.

丹尼尔斯，范户斯. 2005. 国际货币与金融经济学. 北京：高等教育出版社.

杜佳. 2006. 货币金融学. 北京：清华大学出版社.

范方志. 2007. 中央银行独立性：理论与实践. 北京：经济管理出版社.

费兰克·J. 法博齐，弗兰科·莫迪利亚尼，弗兰克·J. 琼斯. 2010. 金融市场与金融机构基础. 孔爱国，等译. 北京：机械工业出版社.

郭田勇. 2009. 金融监管学. 北京：中国金融出版社.

胡庆康. 2011. 现代货币金融学教程. 4版. 上海：复旦大学出版社.

黄达. 2000. 货币银行学. 北京：中国人民大学出版社.

黄达. 2009. 金融学. 2版. 北京：中国人民大学出版社.

黄宪，赵征，代军勋. 2004. 银行管理学. 武汉：武汉大学出版社.

贾康. 2010. 中国政策性金融向何处去. 北京：中国经济出版社.

姜波克. 2011. 国际金融新编. 上海：复旦大学出版社.

蒋先玲. 2015. 货币金融学. 北京：机械工业出版社.

金圣才. 2008. 货币金融学笔记和课后习题详解. 北京：中国石化出版社.

卡马. 2003. 现代货币、银行与金融市场. 聂丹，译. 上海：上海人民出版社.

康书生，鲍静海. 2007. 货币银行学 北京：高等教育出版社.

雷蒙德·W.戈德史密斯. 1994. 金融结构与金融发展. 周朔，等译. 上海：上海人民出版社.

李成. 2007. 金融监管学. 北京：高等教育出版社.

李志辉. 2004. 商业银行业务经营与管理. 北京：中国金融出版社.

刘建国，钱丽霞. 2009. 货币银行学. 上海：华东理工大学出版社.

罗红卫. 2010. 经济学原理. 北京：经济科学出版社.

罗纳德，麦金农. 1997. 经济发展中的货币与资本. 卢骢，译. 上海：上海人民出版社.

马杜拉. 2010. 金融市场与机构. 何丽芬，译. 北京：机械工业出版社.

马克思. 2004. 资本论（第一卷）. 北京：人民出版社：118.

马亚. 2010. 金融学. 北京：中国人民大学出版社.

曼昆．2009．宏观经济学．6 版．张帆，等译．北京：中国人民大学出版社．

曼昆．2011．宏观经济学．7 版．卢远瞩，译．北京：中国人民大学出版社．

茆训诚．2011．金融学概论．北京：机械工业出版社．

米尔顿•弗里德曼，安娜•J．施瓦茨．2009．美国货币史．巴曙松，等译．北京：北京大学出版社．

米什金，埃斯金．2010．金融市场与机构．李健，贾玉革，等译．北京：中国人民大学出版社．

米什金．1998．货币金融学．4 版．李扬，等译．北京：中国人民大学出版社．

米什金．2009．货币金融学．钱炜青，高峰，译．北京：清华大学出版社．

米什金．2011．货币金融学．郑艳文，荆国勇，译．北京：中国人民大学出版社．

潘淑娟．2008．货币银行学．北京：中国财政经济出版社．

平狄克，鲁宾费尔德．2004．微观经济学．张军，罗汉，尹翔硕，等译．北京：中国人民大学出版社．

祁敬宇，祁邵斌．2011．金融监管案例评析．北京：首都经济贸易大学出版社．

钱水土．2014．货币银行学．2 版．北京：机械工业出版社．

阮加，韦桂丽，张晓明．2010．中央银行学．北京：清华大学出版社，北京交通大学出版社．

斯特凡•瑞比．2011．通货膨胀来了：最好的防御措施．王煦逸，等译．上海：上海财经大学出版社．

谈儒勇．2000．金融发展理论与中国金融发展．北京：中国经济出版社．

谭中明．2013．货币金融学．合肥：中国科学技术大学出版社．

托马斯．1999．货币、银行与金融市场．马晓萍，等译．北京：机械工业出版社．

王楚明．2011．货币金融学．上海：立信会计出版社．

王广谦．2007．中央银行学．北京：高等教育出版社．

卫新江．2005．金融监管学．北京：中国金融出版社．

魏文静，牛淑珍．2010．金融学概论．上海：上海财经大学出版社．

谢平，邹传伟，刘海二．2014．互联网金融手册．北京：中国人民大学出版社．

辛波，马宇．2010．金融学．北京：中国金融出版社．

姚长辉．2002．货币银行学．北京：北京大学出版社．

殷孟波．2014．货币金融学．北京：中国金融出版社．

约翰•G.格利，爱德华•S.肖．1994．金融理论中的货币．贝多广，译．上海：上海人民出版社，三联书店上海分店．

张红伟．2016．货币金融学．2 版．北京：科学出版社．

张满林，蔡春霞．2010．经济学原理．北京：中国经济出版社．

张玉智．2009．货币银行学．北京：中国铁道出版社．

赵晓，陈光磊．2011．通胀经济来了．南京：凤凰出版社．

朱孟楠．1999．国际金融学．厦门：厦门大学出版社．

朱新蓉．2010．货币金融学．北京：中国金融出版社．

Burton M, Lombra R. 2007. The Financial System and the Economy. Principles of Money and Banking. 4th. China Renmin University Press.

Cecchetti S G. 2006. Money, Banking, and Financial Market. New York:McGraw Hill Companies, Inc.